주체의 각성

주체의 각성

주체의 각성

THE SELF AWAKENED

로베르토 웅거 지음
이재승 옮김

앨피

일러두기

●
이 책의 저자인 웅거는 글에 주석을 달지 않는다. 이 책 역시 원서에 주석이 없다.

●
| | 안에 들어간 설명은 옮긴이주이다.

웅거가 그려 보이는 원대한 주체의 길

20대에 하버드 종신교수가 된 천재

로베르토 웅거*Roberto Mangabeira Unger(1947~)*는 법학 연구자들을 제외하고 국내의 일반 독자들에게는 생소한 인물이다. 그는 하버드 로스쿨의 법철학 교수이자 브라질의 정치인이다. 1969년에 하버드 대학 로스쿨에서 강의를 시작하여 29세 때인 1976년에 종신교수가 되었으며, 2000년에 하버드 대학의 로스코 파운드 교수*Roscoe Pound Professor of Law*가 되었다. 사상적으로 보면, 68세대의 뉴레프트 사상가로서 70년대 후반 미국에서 비판법학을 창설하였다. 학문적으로 칸트, 헤겔, 프루동, 마르크스, 베버, 베르그송, 프랑크푸르트학파의 영향을 받은 그는 지금도 진보적 대안을 제시하는 데 집중하고 있다. 그는 무기력한 '제3의 길'을 거부하고 사회민주주의를 혁신하려는 급진민주주의자에 해당한다.

웅거의 학문적 성과에 대해서는 평가가 엇갈리지만, 그가 쓴 수많은 저작에 대해 엄청난 양의 서평이 쏟아졌다. 특히 1987년《노스웨스턴 대학 법학지*Northwestern University Law Review*》는 81권 4호 전체를 웅거의 '정치학 3부작'에 바쳤다. 페리*Michael Perry*, 웨스트*Cornel West*, 선스타인

Cass R. Sunstein, 볼*Milner S. Ball*, 던*John Dunn* 등 15인의 학자가 웅거의 저작에 대한 논문을 기고하였다. 페리는 권두언에서 웅거의 저작을 '중요한 지적 사건'이라고 규정하였으며, 실용주의 철학자 로티*Richard Rorty*도 이러한 호평에 동참하였다.(같은 잡지, 82권) 반면에 야크*Bernard Yack*나 샤피로*Ian shapiro*는 웅거의 이론이 막연하며 구체적으로 무엇을 해야 하는지 알 수 없다는 취지로 비판했다.(*Harvard Law Review* Vol. 101, 1988, p. 1969 ; *Political Theory*, Vol. 17, 1989, p. 481) 영국의 마르크스주의자 콜린스*Hugh Collins*는 웅거의 저작《비판법학운동*The Critical Legal Studies Movement*》(1986)을 지배 법학에 대한 비판으로서 "이 운동 중 유일하게 신뢰할 만한 부분"이라고 평가하였다.(*Journal of Law and Society*, Vol. 14, 1987, p. 388)

웅거의 이론이 추상적인 것은 사실이다. 그러나 그의 연구가 비판법학의 발전 과정에 놀라울 정도로 많은 영감을 불어넣은 것도 사실이다. 더 놀라운 것은, 그가 조국 브라질의 현실정치에 깊이 관여하면서 자신의 사상을 구체화하고 심화시켰다는 점이다.

웅거가 구출하려는 실용주의

이 책《주체의 각성》(2007)은 우리에게 무엇을 줄 수 있는가? 이 책은 '무제약적 실용주의Pragmatism Unbound'라는 부제를 달고 있다. 거의 잊혀진 실용주의, 리처드 로티가 가까스로 숨길을 터 준 실용주의를 웅거는 급진화해야 한다고 주장한다. 역사적으로 볼 때 실용주의와 이를 표방하는 정치인들은 보통 사람들에게 희망을 주겠노라 장담했지만, 정작 중요한 개혁 앞에서 나가떨어졌다. 결과적으로 실용주의는 현상 유지의 수사로 전락하였다. 보수 세력이 거리낌 없이 집권 플랜의 포장지로 사용할 만큼, 실용주의는 권력과 자본의 편의주의가 되고 말았다. 그러니 이제 누가 실용주의를 두려워하겠는가! 실용주의는 정말 아무것도 아닌 게 되었다. 웅거는 이러한 시대 흐름에 맞서 실용주의를 원래의 정신으로 되돌리고자 한다.

웅거는 실용주의에서 미래지향적이고 실험주의적인 정신을 구출하고 이를 영구적인 사회변혁과 인간 해방의 지렛대로 사용한다. 웅거는 현실과 미래의 관계에 대하여 완전하게 말한다. "현실주의자가 되기 전에는 예언가가 될 수 없다는 것도 사실이다. 현실주의자가 되기 위해서는 우리 자신이 예언가가 되지 않으면 안 된다는 것도 사실이다."(《법분석의 사명What Should Legal Analysis Become?》) 예언가는 현재 안에서 미래를 찾아내는 사람이다. 어쩌면 예언가가 되기 전까지는 현실을 이해한 것이 아니라고 해야 할 것이다. 실용주의는 실험주의로 인해 현재와 미래를 실천적으로 연결시킨다. 물론 웅거가 실용주의를 부활시키자고 이 책을 낸 것은 아니다. 그는 인간을 대변하고 일깨우기 위해서라고 서문에서 밝히고 있다.

한국 사회는 지난 몇 년간 깊은 퇴행을 겪었다. 개혁 세력은 우왕좌왕하며 기회를 허비했다. 모든 나쁜 것은 이른바 개혁 세력에게서 시작되어 보수 세력에 의해 종결된다는 철칙을 또다시 확인했다. 이제 우리는 혁신의 길과 프로그램을 어떻게 만들어야 하는지를 진지하게 고민해야 한다. 선거에서 승리하는 것만으로는 부족하다. 혁신의 바퀴가 스스로 굴러갈 때까지 우리는 자신을 깨우고 타인을 깨우고 연대를 이루어야 한다. 그러한 혁신의 길을 찾고자 이 웅거의 최근작을 꺼내 들었다. 웅거의 사고가 정답이라고 단언하지는 않겠다. 그러나 개혁을 고민하는 사람이라면 분명 공유할 만한 자산이 될 것이라고 확신한다. 특히 민주주의의 심화와 보통 사람들의 역량 강화가 서로 의존할 수밖에 없다는 지점에서 깊이 공명하며 브라질 교육철학자 파울로 프레이리*Paulo Freire(1921~1997)*를 떠올렸다. 사람만이 바꿀 수 있다. 일부 비판가들은 웅거에게서 "터무니없는 열정"(야크)을 보지만, 또 누군가는 분명 '사회 개혁의 철학적 문법'을 발견할 것이다.

미국 비판법학 운동의 창시자

웅거의 인생사는 예사롭지 않다. 아버지는 독일계 미국인이고, 어머니는 유명한 브라질 정치 가문의 후예이다. 그래서 그의 이름에 포르투갈어와 독일어가 함께 들어갔다. 웅거의 외할아버지 옥타비오 망가베이라*Octávio Mangabeira*는 브라질 바히아 공과대학에서 천문학 교수를 하다가 정치에 입문하여 20년대 후반에 브라질 외무장관을 역임했다. 브라질의 독재자 바르가스*Vargas* 집권기(1930~1945)에 투옥과 추방을 반복했던 옥타비오는 1945년에 귀국하여 중도좌파 정당을 창당하고 1946년 브라질 연방의회 의원으로 선출되었으며, 1947년에 바히아 주지사, 1958년에 상원의원이 되었다.

웅거의 아버지 아서 웅거_Arthur Unger_는 독일 드레스덴에서 태어나 어린 시절에 미국으로 귀화하여 법률가로 성공했다. 웅거의 어머니 에딜라 망가베이라_Edyla Mangabeira_는 시인으로서 여러 권의 시집을 펴냈으며, 언론인으로서 사회운동에 관한 회고록《세 번의 추방과 하나의 전쟁_Três exílios e uma guerra_》을 출판하였다. 웅거의 어머니와 아버지는 외할아버지가 망명한 미국에서 만났다고 한다. 1947년 브라질 리우데자네이루에서 태어난 웅거는 뉴욕에서 부모와 함께 살면서 방학이 되면 브라질의 외할아버지와 함께 지냈고, 이때 외할아버지와 나눈 대화가 소년 웅거의 정치관에 큰 영향을 주었다. 웅거의 어머니는 웅거가 일곱 살 때 플라톤의《국가》를 읽어 주었다고 한다.

열한 살 때 아버지가 사망하면서 웅거는 어머니와 함께 브라질로 돌아와 예수회 학교에서 포르투갈어를 배웠으며, 1969년 브라질에서 법과대학을 졸업했다. 같은 해에 하버드 대학 로스쿨에 가서 LLM(법학석사) 과정을 마친 웅거는, 1년 더 하버드에 머무르다 귀국을 준비하던 중 브라질 군부독재의 탄압이 강화되자 일단 귀국을 보류했다. 이때 하버드 로스쿨에서 23세의 웅거에게 법철학을 강의할 기회를 부여하였다. 웅거는 1976년 29세의 나이에 하버드 대학교의 종신교수가 되었고, 같은 해에 구겐하임 펠로우십Guggenheim Fellowship을 수상했다.

웅거는 1975년에《지식과 정치Knowledge and politics, Free Press》를, 1976년에《근대사회에서의 법Law in Modern Society》을 출판하여 근대사상의 법적·정치적·도덕적·인식론적 기초를 분석 비판했다. 근대 서구의 법의 기원을 밝혀 법학계의 주목을 받은 그는, 70년대 후반에 케네디Duncan Kennedy, 호위츠Morton Horwitz와 더불어 미국 비판법학Critical Legal Studies 운동의 창시자가 되었다. 최근에는 미국의 비판법학과 멀어졌지만, 그의 저작은 자유주의 법학에 대한 비판적 자원으로서 확고한 지위를 차지하고 있다. 이 책《주체의 각성》에서도 자유주의 법학에 대한 쉼 없는 비판을 볼 수 있다.

대권을 꿈꾼 오바마의 스승

웅거의 정치적 활동은 미국이 아닌 브라질에 초점이 맞춰져 있다. 그는 안식년이면 어김없이 브라질로 돌아가 사회운동에 헌신했다. 70년대 후반부터 브라질 군부독재에 반대하는 야당 세력의 일원이 되었으며, 1980년에는 브라질의 야권대연합인 브라질민주운동당(PMDB)을 창당하는 데 관여하여 직접 창당 선언문을 기초하기도 했다. 그러나 우파들이 민주행동당의 권력을 장악하자 웅거는 이 당을 떠나 1981년 브라질민주노동당(PDT)에 가입했다. 그 후 1992년 브라질사회주의인민당(PPS, 공산권 붕괴 후 브라질 공산당에서 이탈한 세력들이 사회민주주의를 표방하며 수립한 당) 창당에 관여하였으며, 1998년과 2002년 대통령 선거에서 사회주의인민당 후보 치로 고메스_Ciro Gomes_를 연이어 지원했으나 고메스는 한 번도 결선투표에 오르지 못했다. 웅거는 두 번의 결선투표에서 브라질노동자당(PT) 후보 룰라 다 실바_Luiz Inácio Lula da Silva_를 지시하였고, 불라는 패배를 거듭한 끝에 2002년 대통령에 당선되었디.

룰라가 집권하자, 웅거는 본격적으로 정치적 야망과 대의에 시동을 걸었다. 웅거는 이미 2000년에 리우데자네이루 시장 출마를 위한 당내 예비경선에 참여한 적이 있다. 당시 웅거의 승리가 점쳐지자 그의 영향력 확대를 우려한 당 지도부가 예비경선을 중지시켰다고 한다. 웅거는 2006년 대통령 선거에서 브라질공화당(PRB) 후보로 출마하려 했으나, 공화당이 후보를 내지 않고 노동자당의 룰라를 지지하

    옮긴이 서문_웅거가 그려 보이는 원대한 주체의 길

기로 결정하면서 그의 꿈은 좌절되었다.

웅거는 2007년 6월부터 2년간 룰라의 제2기 행정부에서 장기계획부 장관을 역임하였다. 하버드 대학의 복귀 연한 때문에 2년 만에 장관직을 사임하고 대학으로 돌아가야 했다. 장관 시절에 그는 아마존 원주민들에게 토지권을 부여하여 원주민의 삶과 아마존 삼림을 동시에 보존하는 방안을 제시하였다. 한편 웅거는 오바마의 스승으로 그가 로스쿨 학생 시절 큰 영향을 미친 인물로 알려졌는데, 2012년 5월 오바마가 진보적 의제 형성에 실패했다며 재선에 비관적인 전망을 내놓기도 했다.

정치학 3부작

웅거는 논문을 법학 잡지에 정기적으로 투고하지 않는다. 글은 엄청나게 쓰는데, 그의 책에는 각주가 없다. 그의 글에서는 억제할 수 없는 예언자 본능이 느껴진다. 그는 모든 저작에서 동일한 근본적인 주제, 사회 진보와 인간 해방을 반복하며 한없는 변주를 만들어 낸다. 그는 본인 말대로 68세대의 사상가이다. 웅거의 기본 사상은 이미 1987년에 정치학 3부작으로 제시되었다.(*False Necessity : Anti-Necessitarian Social Theory in the Service of Radical Democracy*, Cambridge U.P., 1987 ; *Social Theory : Its Situation and Its Task*, Cambridge U.P., 1987 ; *Plasticity Into Power : Comparative-Historical Studies on the Institutional Conditions of Economic and Military Success*, Cambridge U.P.)

이 3부작에 담긴 내용은 이 책《주체의 각성》에도 나타난다. 좋게 표현하면, 웅거는 40세에 이미 자신의 정치적·철학적 비전을 완성시켰다고 할 수 있다. '정치학politics'이라는 책 제목이나 책에 담긴 비전도 가히 '20세기의 아리스토텔레스'라고 부를 만하다. 이 방대한 3부작은 웅거의 중국인 세사 취시유안崔之元 칭화대학교 교수가 1997년에 단행본《정치학 핵심Politics : The Central Texts》으로 편집 출판하였다. 정치학 3부작의 제1권은 2004년에 버소Verso 출판사에서 수정판으로 나왔다.

정치학 3부작 외에 웅거의 저작으로《패션Passion, The Free Press》(1986),《비판법학운동》(1986),《법분석의 사명》(1996) 등이 있다. 90년대 중반을 넘어서는《민주주의의 실현Democracy Realized》(1998),《미국 진보주의의 미래The Future of American Progressivism : An Initiative for Political and Economic Reform》

(1998), 《좌파의 대안The Left Alternative》(2005), 《주체의 각성》(2007), 《자유 무역을 다시 상상하다Free Trade Reimagined : The World Division of Labor and the Method of Economics》(2007) 등 현실에 밀착한 일련의 정치적 저작을 펴냈다. 그의 관심 분야는 일반 철학, 법학, 정치학, 경제학, 종교, 심리학, 사회이론 등 미치지 않는 곳이 없다.

이 책의 5가지 키워드

이 책《주체의 각성》을 포함해《민주주의의 실현》과《좌파의 대안》은 90년대 이후 웅거가 브라질 현실정치에 깊이 관여하면서 쓴 책들이다. 특히 이 책《주체의 각성》은 브라질 대통령을 꿈꾸는 웅거의 정치적 프로그램이라고 할 수 있다. 이 책을 구성하는 웅거의 핵심 개념은 다음과 같다.

1 | 민주적 실험주의

웅거는 자기 저작의 정신을 '무제약적 실용주의' 또는 '급진적 실용주의radicalized pragmatism'라고 부르며, 이와 나란히 '민주적 실험주의democratic experimentalism'라는 용어를 사용한다. 이는 이 책에 담긴 웅거 사상의 포괄적 아이디어이다. 실용주의는 지속적인 시행착오와 실험을 통해서 지식의 진보를 달성하겠다는 포부이다. 그런데 이러한 근본적인 도전과 실험 정신을 상실한 실용주의가 우리 시대의 지배적인 철학이 되었다. 웅거는 이 잘못된 실용주의의 진로를 바꾸자고 제안한다. 비록 미국이라는 패권 국가의 국가철학이 되면서 그 진의가 상당 부분 변질되기는 했지만, 실용주의는 진보적 사상으로서의 강점을 다수 함축하고 있기 때문이다.

웅거는 행위주체성, 우연성, 미래지향성, 실험주의를 실용주의가 발전시켜야 할 근본 관념이라고 본다. 이 요소들은 제도와 구조를 우상처럼 숭배하지 않고 인간을 변화의 주체로 상정하고 각성시키고, 삶에 존재하는 우연성의 요소를 긍정하고, 동시에 미래의 요소를 현재 속에서 끌어내고, 현재의 제도와 구조를 혁신하는 것을 의미한다. 세상에는 이러한 관점과 양립하기 어려운 사고방식들이 존재한다. 대의제 민주주의를 역사적으로 검증된 민주주의의 공식이라고 보는 태도도 여기에 포함된다. 웅거는 이를 '민주적 완전주의democratic

perfectionism’라고 부른다. 이는 현존하는 정치제도나 민주주의를 본질화
하는 제도적 물신주의institutional fetishism에 불과하다. 웅거는 이러한 우상
숭배 관행을 타파하고 제도를 개혁에 우호적인 형태로 점진적으로
개혁해야 한다고 역설한다.

2 | 영구혁신

혁명적 역사관은, 정치적 대전복을 통해서 착취의 역사에 결말을
짓고 새로운 세상을 만들자는 관점이다. 이러한 역사관은 불가피하
게 인간과 역사의 최종 상태에 대한 완전한 방안, 달리 말해 종말론을
전제한다. 그러나 웅거는 혁명적 역사관이나 이런 의미의 종말론을
제시하지 않는다. 웅거에 따르면, 인간은 일정한 개혁 방향과 일련의
프로그램을 제시할 수 있을 따름이다. 개혁은 영구적인 과정이고, 구
조 역시 인간의 실험 대상에서 배제될 수 없다. 바로 ‘영구혁신permanent
innovation’이다. 철학사에서는 마르크스나 트로츠키가 영구혁명을 말하
였다.

웅거는 혁명, 곧 하나의 체제를 완전히 다른 체제로 바꾸는 것은 불
가능하다고 본다. 더구나 그것이 마지막이라고 보지도 않는다. 혁명

은 점진적이고 단계적으로만 가능하다. 궁극적인 상태는 아마도 인간의 잠재력이 완전히 개발되어 인간 스스로가 자신의 주인이 되는 상태일 것이다. 웅거에게 역사는 신이 아닌 인간이 더욱 신성한 존재가 되어 가는 과정이다. '더욱 신과 같이 되는 것to become more godlike'은 궁극 상태에 관한 설명이 아니라 점근주의적인 규제적 이념, 곧 멈추지 않는 인간성을 의미한다.

웅거는 변혁적 실천과 관련해서 '맥락 보존적인 활동과 맥락 변혁적인 활동'의 격차를 해소해야 한다고 강조한다. 맥락을 보존하는 활동은 일상적인 활동을 의미하며, 맥락을 변혁하는 활동은 구조를 바꾸는 비일상적인 운동이라고 할 수 있다. 웅거는 이 두 활동(운동) 간의 관계와 그 성격을 변화시기고자 한다. 일회석 대혁명으로 사회의 구조를 일거에 바꿀 수 있다고 생각하는 사람들은 구조 안에서 투쟁하는 것에는 큰 의미를 두지 않는다. 웅거는 이 두 활동의 간격을 줄이고, 구조에 대한 투쟁이 구조 안에서의 투쟁의 연장이어야 한다고 본다. 이 격차를 줄이면 매우 일상적으로 변혁이 이루어지고, 개혁의 비용도 그만큼 적게 든다는 것이다. 이와 반대로 격차가 커지면 변혁의 고통 역시 그만큼 커진다. 흔히 위기를 기회라고 하지만, 웅거는

 옮긴이 서문_웅거가 그려 보이는 원대한 주체의 길

위기(전쟁, 대공황, 파국)를 개혁의 기회로 만드는 식의 땜질 처방을 버리고, 위기가 없더라도 일상적으로 개혁을 수행할 수 있는 구조를 만들어야 한다고 주장한다. 이런 구조가 갖추어지면, 웅거가 말하는 민주적 실험주의의 맥박이 뛰는 사회가 될 것이다.

새로움의 영구적 창조, 시간의 실재성, 변화를 변화시키는 변화, 구조를 부정하는 구조 등 웅거의 관념에서 앙리 베르그송의 시간, 자유의지, 지속, 창조적 진화가 떠오른다.

3 | 사이비 필연성

웅거는 유럽의 사상가 중에서 마르크스에게 커다란 영감을 받았지만, 마르크스의 법칙적 진보나 결정론적 역사관을 거부한다. 웅거는 실증주의 사회과학의 피상성과 천박성을 비판하는 데 마르크스의 통찰을 원용하지만, 법칙적 사고방식이나 결정론을 거부하는 점에서는 베버를 닮았다. 웅거는 마르크스가 사회제도가 인간의 창조물이라는 점을 밝혀냈으면서도 거기에 심층구조가 존재하고 심층구조를 지배하고 가동시키는 고차적인 법칙이 존재한다고 주장함으로써 인간의 창조적인 개입과 변혁 가능성을 부정했다고 본다.(이것이 마르크스의 본래 입장인지 아니면 다른 마르크스주의자의 입장인지는 여기서 논하지 않겠다.) 웅거는 전통적인 사회이론, 자유주의나 마르크스주의처럼 사회질서가 필연적이고 자연적 결과라는 필연주의적 사고를 '사이비 필연성false necessity'이라며 거부한다. 웅거는 인간 사회가 특정한 방식으로 조직될 수밖에 없다거나 인간이 특정한 유형의 행동을 고수한다는 관념을 거부하고 인공물로서의 사회society as artefact와 사회의 가소성plasticity을 주장한다.

웅거는 물신주의(물신숭배)에 대한 비판에서 마르크스의 고전 사상을 수용한다. 근대 계몽주의 사상가들은 한결같이 사회나 국가는 인간의 필요를 위한 방편이라는 점, 즉 인공물임을 강조하였다. 사회계약론이 그 비근한 예이다. 그런데 이느 순간 인공물로서의 사회가 본질적이고 필연적인 것으로 취급되고, 마침내 인간에게 주인 행세를 하기에 이른다. 웅거에 따르면, 제도나 구조는 서로 상충하는 이해관계와 가치 표상을 지닌 인간들이 투쟁을 중단하면서 봉합된 것, 이른바 투쟁이 중단되면서 경화硬化된 것이다. 인간이 제도와 구조들을 변혁시킬 수 없다고 믿는 모든 견해(그것이 모더니즘이든 포스트모더니즘이든)를 웅거는 운명론, 사이비 필연성론, 제도적 또는 구조적 물신주

의로 규정한다. 웅거는 여기에서 마르크스의 물신주의 개념을 채택
하면서도, 마르크스의 일부 이론을 향해 사이비 필연성이라고 공박
한다.

4 | 사회민주주의

민주적 실험주의가 웅거 정치철학의 총론이라면, 사회민주주의는
각론이다. 사회민주주의를 논의하기에 앞서 이미 정치학 3부작에서
'권한강화 민주주의empowered democracy' 개념을 다각도로 사용했던 웅거
는, 이 책에서 '고에너지 민주주의high-energy democracy'를 말한다. 이를 엄
밀하게 정의하기는 어렵지만 정치 또는 민주정치를 개혁하기 위해
웅거가 제안한 정치적 민주주의 개념으로서, 나름의 급진민주주의
이론이라고 평가할 수 있다. 웅거는 이 개념들로써 투입과 산출, 과정
과 결과 모든 면에서 뜨거운 고활력, 고출력 민주주의를 담고자 한다.
웅거는 대규모 국가에서 대의제 민주주의를 대체하는 것은 비현
실적이라며, 대의제 방식과 직접민주주의 요소를 결합시켜야 한다고
주장한다. 대의제 구조 자체도 정치의 온도를 높이는 방식으로 개선
할 수 있다. 3권이 분립된 미국의 정치제도 아래서 대통령과 의회가

교착상태에 빠졌을 때 총선거 실시권을 부여하면 민주적인 목적을 달성할 수 있다는 것이다. 또한 그는 일반 대중의 정치 참여를 강조하고, 대중의 열정이 정당 구조와 연결되어야만 정치의 온도가 높아진다고 주장한다. 중앙정부와 지역정부 간의 차이도 주목하고, 지역단체에서 다양한 정치 프로그램을 가동할 방안을 제안한다. 한 마디로, 참여의 원칙에 입각하여 정치의 온도를 높임으로써 제도와 구조를 해동시키고 혁신하자고 제안한다. 요소요소에 브라질 개혁정치의 흔적이 배어 있는 주장이다.

웅거는 서구 사회에서 진보의 좌표로 간주되는 사회민주주의에도 비판의 칼날을 들이댄다. 그의 평가에 의하면, 유럽의 사회민주주의는 출범하자마자 공동화(空洞化)되었다. 웅거는 ① 노동시장의 불안정에 대한 노동자의 보호, ② 자본시장의 불안정성에 대한 생산적 자산의 보호, ③ 소시민계급의 보호, ④ 가족기업의 보호, ⑤ 중앙과 지방 및 기업과 노동자 간의 사회협정, ⑥ 조세를 통한 소득재분배 등을 서구 사회민주주의 원칙으로 꼽는다. 그런데 유럽의 사회민주주의는 모든 면에서 후퇴하였고, 특히 여섯 번째 방침을 유지하고자 나머지 모든 원칙에서 후퇴하였다는 것이다. 웅거는 서구 사회민주주의 체제의 문제점으로 세 가지를 지적한다. 첫째, 선진적인 경제 부문에 대한 진입 장벽이 높다는 점, 둘째로 사회연대가 전반적으로 부족하다는 점, 셋째로, 꿈과 이상과 관련해서 보통 사람들에게 탈출구가 없다는 점을 거론한다.

웅거는 진입 장벽을 낮추는 사회적 유연성의 확보, 연대의 활성화와 이를 위한 돌봄경제caring economy의 개발, 나아가 아동들에 대한 예언자적 교육과 보통 사람들에 대한 (평생)교육과 권한강화를 강조한다. 경쟁에서 낙오한 사람들에게 사회적 권리와 최저소득을 보장하는 것은 불가피하지만, 구조의 경직성이나 폐해는 방치하고 오로지 정부의 이전지출을 통해 문제를 해결하려는 현재의 해법은 지속 가능성이 없다고 단언한다. 소득재분배와 평등과 관련해서 누진세보다는 역진세가 진보적 기획에 유용할 수 있다는 논지를 펴고 있는 점은 이채롭다. 나아가 웅거는 대기업 중심의 경제 구성이 아니라 다양한 사법私法 체제를 강조하고, 소규모 기업 소생산자의 경제적 독립을 강조한다. 혁신된 사회민주주의 체제는 엘리트의 권위가 아니라 보통 사람들의 위대함이 그 중심을 차지해야 한다. 이로써 웅거가 개인의 권한강화를 역설한 이유가 밝혀진다. 이전지출에 종속된 자가 아니라 독립적이고 자율적인 주체만이 지속 가능하다. 여기에서 빈곤 퇴치 프로그램이나 프루동류의 사상을 엿볼 수 있다.

5 | 주체의 각성

이 책은 정치와 철학, 종교와 심리에 연결되어 있다. 앞에서 거론한 다양한 철학적 암시나 정치적 논의도 실제로는 인간의 주체성과 관련이 있다. 이 책은 사회와 문화의 구조가 인간에 대한 주인이 아니라, 인간이 바로 그 구조의 주인임을 전제한다. 실제로 웅거의 모든 수사학은 이 점에 집중되어 있다. 그는 예언자적으로 우리에게 다가온다. 현재까지 인간은 다양한 이유로 구조의 노예로 살아 왔으며, 스스로 의식을 수면발자저 강박 상태에 빠뜨렸다는 것이다. "감히 지성을 사용하라sapere aude!"라는 칸트식 계몽 구호가 떠오른다.

웅거는 인간의 주체를 깨움으로써 연대를 건설하고, 인간을 인간화하고 동시에 신성화해야 한다고 주장한다. 웅거는 인간성의 고양과 구조의 혁신, 인간 해방과 경제적 · 기술적 진보, 개인의 권한강화와 민주주의의 심화가 동시적으로 성취된다는 점을 강조한다. 이는 구조와 인간 사이에 끊임없는 교차 지대를 건설하는 작업을 요구한다. 웅거는 부정의 역량negative capability, 회귀적 능력recursive ability, 정신의 무궁무진성inexhaustibility, 뇌의 가소성과 이산적 무한성discrete infinity을 인간 정신의 징표로 삼는다. 인간은 필멸의 존재이지만 무한한 잠재력을 가진 존재이다. 인간에 비하면 구조는 유한하고, 구조에 비하면 인간은 무한하다. 웅거는 끊임없이 공감하고 연대해야 한다고 촉구한다. 구조의 혁신은 인간의 잠재적 역량의 무한성을 인정하고 인간의 주체성을 깨울 때 비로소 가능해진다. '주체의 각성'은 인간을 더욱 인간화하고 신성화하는 프로젝트이다.

미국 비판법학의 고전적 통찰

독자의 이해를 돕기 위해서 미국의 비판법학에 대해 몇 자 적는다. 프랑크푸르트학파가 전통 이론에 맞서 비판이론을 제시했을 때 그 명패는 학문적 방법론에 대한 문제의식뿐 아니라 자본주의 체제에 대한 비판을 함축하였다. 유사한 취지로 70년대 후반 미국에서 일군의 법학자들이 '비판법학'이라는 용어를 취했다. 웅거를 비롯해 케네디, 호위츠, 터시넷Mark Tushnet 고든Robert Gordon, 에이블Richard Abel, 게이블Peter

Gabel 등이 이 시대를 대변하는 법학자들이다. 비판법학은 한 마디로 말해서 자본주의 체제를 근본적으로 비판하는 법학이다.

미국 비판법학자들의 지적 기원을 미국의 법현실주의legal realism에서 찾기도 하지만, 대륙의 마르크스주의, 독일의 비판사회학, 프랑스의 구조주의, 해체주의 등 다양한 조류가 합류하여 미국 비판법학의 형성에 큰 영향을 주었다. 비판법학은 전형적으로 68세대의 학문이라고 할 수 있다. 비판법학의 주요한 주장들을 몇 가지로 정리하자면, 첫째로 자본주의 체제의 근본적인 모순을 비판하며, 둘째로 자본주의 법이데올로기로서 자유주의 법학과 권리담론의 불완전성과 한계를 비판하고, 셋째로 법리 논쟁에서 법언어와 법명제의 불확정성不確定性을 강조하고 거기에 인간적인 가치를 관철시키고, 넷째로 법의 중립성과 공정성의 허세를 비판하고 재판의 정치적 편향성을 드러내고, 다섯째로 법을 필연적이고 본질적인 것으로 사고하는 법물신주의를 비판하고 법과 사회를 인위적 창조물로 파악하고, 진보적 가치를 실현하기 위한 대안적 사회운동을 지지한다.

비판법학은 법철학과 법사회학, 헌법학, 노동법학, 형사법학, 법사학, 법여성학, 비판적 인종이론 등 다양한 영역에서 분화 발전하였다.

오늘날에도 비판법학의 고전적인 특성을 유지하는 잡지들이 적지 않다. 《*The Crit*》,《*Law, Culture and the Humanities, Unbound : The Harvard Journal of the Legal Left*》,《*The National Lawyers Guild Review*》,《*Social and Legal Studies*》,《*Law & Critique*》,《*the Australian Feminist Law Journal*》 등이 대표적이다. 웅거는 비판법학의 맹장 자리에 있다. 이 책에도 비판법학의 고전적 통찰이 그대로 묻어난다. 그러나 웅거의 학풍은 비판법학Critical Legal Studies이 아니라 '구성주의 법학Constructive Legal Studies'이라고 재미있게 말하기도 한다. 최근 일본 리츠메이칸 대학 오쿠보 명예교수에게, 비판법학자들이 '던컨 케네디는 비판법학의 교황이고, 웅거는 비판법학의 그리스도'*라고 칭한다는 이야기를 전해 들었다. 아마도 웅거의 선지자와 같은 글쓰기 방식, 브라질 태생의 이방인적 성격과 연관되는 평가가 아닐까.

---

*이 표현은 Schwart, Louis B., "With Gun and Camera through Darkest CLS-Land", Stanford Law Review, Vol. 36(1984), 419쪽에 등장한다.

　이 책에서 사의를 표해야 할 분들이 있다. 역자는 서울대학교 법과대학에서 심헌섭 교수님을 스승으로 모시며 법철학을 공부하기 시작하였고, 그분의 지도로 1997년에 박사학위를 받았다. 그분의 가르침이 없었더라면 역자의 자그마한 성취도 가능하지 않았을 것이라는 점을 밝힌다. 또 한 분의 선생에게도 감사를 드려야겠다. 역자는 90년대 초반에 민주주의법학연구회에 가입한 이후 학문적으로 뛰어난 여러 선생님들을 알게 되었다. 그중 한 분인 방송대 곽노현 교수(前 서울시 교육감)는 웅거의 책을 역자에게 건네주고 만날 때마다 웅거의 비전에 대하여 일장 연설을 하셨다. 그때 역자는 웅거가 뛰어난 상상력에 예언자적인 풍모를 지닌 '뇌 사용 전문가'라고 상상하였다. 곽 교수는 영미의 진보적 정치철학 전통이나 협업기업, 스페인의 몬드라곤, 스웨덴 사민주의 등을 설명해 주고, 역자의 사고가 사변으로 떨어지지 않도록 쉼 없이 일깨웠다. 그는 웅거의 세례를 받은 것 같았다. 웅거에 관해서라면 빠뜨릴 수 없는 또 한 분의 학자는 연세대 김

　　옮긴이 서문_웅거가 그려 보이는 원대한 주체의 길

정오 교수다. 김 교수는 웅거의《근대사회에서의 법》을 1994년에 국내에서 처음으로 번역 출판하였다. 김 교수는 그 후로도 법철학회지나 기타 학술지에 웅거의 사상을 깊이 추적한 글을 싣고, 웅거를 집중적으로 연구하여 문하에 웅거 연구로 학위를 받은 제자까지 두었다. 이분들의 말과 글이 없었더라면 이 책을 번역하려는 시도조차 하지 못했을 것이다.

비록 이 책의 번역을 마쳤지만 역자가 웅거의 철학적 사유를 제대로 이해했다고 말할 수는 없다. 웅거의 비전과 상상력, 수사학에 매료되어 시나브로 읽었다. 번역은 타인의 정신을 연주하는 것, 타인의 뇌 속을 여행하는 것이라 생각한다. 웅거는 이 책에서 자신의 다른 저작에서 사용한 이론과 개념을 대체로 반복하고 있다. 이 책 안에서도 동일한 주제와 사상이 반복되고 있지만, 웅거의 정치학 3부작이나《정치학 핵심》을 읽는다면 그 사유를 더욱 깊이 파악할 수 있을 것이다.

이 책을 마치는 데 사의를 표해야 할 분들이 또 있다. 책의 제목을 포함하여 철학적 용어를 번역하면서 건국대 통일인문학 이병수 교수님과 경상대 목광수 교수님의 도움을 받았다는 점을 밝혀야겠다. 방송대학교 강경선 교수의 권면과 수난, 기이한 송사訟事의 사연도 이 번역의 배경이 되었다. 마무리 단계에서 전문 번역가인 김태성 선생님께서 미숙한 영어를 꼼꼼히 지적해 주셨다. 윤현식 박사는 교정 단계에서 번역의 결함을 여러 군데 지적해 주셨다. 이분들께 고마움을 표하며, 특히 윤현식 박사의 빼어난 학식이 적소에 활용되기를 희망한다. 《국가범죄》의 출판에 이어 이번에도 엄정한 교열 작업을 해주신 앨피출판사에도 다시 고마움을 표한다. 번역의 압박에서 벗어나 웅거를 독자로서 만나고 싶다.

2012년 11월

일감호수 옆에서

이재승

---

*웅거에 대한 역자의 발전된 해제는 《민주법학》 51호(2013. 3), 〈웅거의 사회변혁이론〉 참조.

시대의 철학

실용주의는 오래전에 인간을 온갖 독단에서 해방시키겠다고 약속했다. 실용주의는 별들의 관점에서 인간 세상을 내려다보지 않겠다고 약속했다. 실용주의는 인간을 옭아매는 제도적·개념적 구조들에 맞서 투쟁하는 인간들의 역경을 포용하겠다고 약속했다. 인간에게 깊은 각성, 위대함과 더 큰 활력을 불어넣고자 이 구조들을 이완시키고 혁신하는 데 이바지하겠다고 약속했다. 그러나 실용주의는 이러한 약속들 중 그 어느 것도 제대로 이행하지 않았음에도 '시대의 철학the philosophy of the age'이 되었다.

실용주의는 오히려 시대의 문제 앞에서 뒷걸음질 치고 순치됨으로써 시대의 철학으로 상승했던 것이다. 실용주의는 신봉자들의 수중에서 지혜의 얼굴을 한 노인네로 전락했다. 그 신봉자들은 자신들이 완전히 성숙한 정신에 이르렀다고 생각할 테지만, 실용주의는 망했다. 오늘날 이론의 영역에서든 정치의 영역에서든 원대한 기획에 대한 자신감을 상실하면서 사람들은 그 기획들을 더욱 희망적인 형태로 복원하고 변혁하는 방법을 찾기보다는 기획 없이도 살아가는 방법을 터득해 왔다. 꽁무니 빼기, 적당한 방어선에서 버티기, 수수방관의 기다리기, 사슬에 묶인 채로 노래하기 등과 같은 교리들이 우리 시

대의 지배적인 철학이 되었으며, 이런 것들이 대학교수들의 저작이
나 유식한 시사 토론의 분위기를 휘어잡고 있다. 바로 이러한 교리를
대변하는 가장 영향력 있는 공식들 다수가 '실용주의'라는 명패를 쓰
고 있다.

이 책은 실용주의의 대변자로 짐작되는 윌리엄 제임스나 존 듀이,
마르틴 하이데거나 루트비히 비트겐슈타인의 작품을 어떻게 읽어야
하는지를 논하려는 것이 아니다. 이 책은 사상사에서 흔히 실용주의
라고 부르는 경향들이 철학적으로나 정치적으로 핵심을 상실했으며,
그 신봉자들의 입맛에 따라 아주 허접하게 변질되었다는 전제에서
출발한다. 물론 진로를 바꾸기에 너무 늦은 때란 결코 없다. 나는 여
기서 왜 진로를 바꾸어야 하는지 그 근거를 제시하고, 어떻게 바꾸어
야 하는지 그 방안도 제공하려고 한다. 이 책의 목적은 실용주의를 구
출하려는 데 있지 않다. 인간을 대변하고 일깨우려는 것이다. 상상력
과 희망만이 우리의 반려자가 될 것이다.

1
폐기된 입장

폐기된 입장

우리는 특별한 세계에 깨어나 있다. 우리가 살고 있는 자연적 세계와, 우리 삶에 결정권을 행사하는 담론적 실천을 포함한 제도와 관행의 사회적 세계가 바로 특별한 세계이다. 좋든 나쁘든 그러한 관행들은 절대적 준거인 고차적인 별들의 시선과 우리 인간들 사이에 존재한다.

우리는 어쨌든 항상 개인으로서뿐 아니라 타인과의 연대를 통해 조직과 믿음의 기성 구조에 저항하는 결행initiative의 원천으로서 우리 자신을 체험한다. 그렇다면 우리는 조직과 믿음의 기성 구조에 대해 어떠한 태도를 취해야 하는가? 우리는 할 수 있는 한, 구조 자체가 제공하는 정보에 따라 변혁의 잠재적 가능성들을 탐색하면서 구조에 우리 자신을 내맡기고 그 구조를 최대한 활용하려고 해야 하는가? 아니면 구조를 평가할 수 있는 거점을 확립하려고 해야 하는가?

지금 눈앞에 닥친 절박한 목표에서 벗어나 자유롭게 사고해 보면 온갖 물음이 자연스레 떠오른다. 긴박한 행동의 압박에서 벗어나 일정한 거리를 두고 사태를 생각한다는 것 자체가 이미 구조와 인간의 관계가 일정한 저항 형식에 열려 있다고 상정하고 행동하는 것이며, 또한 이는 구조와 나 자신을 구별하고 구조에 맞서 무엇을 해야 하는지를 물을 수 있다고 상정하고 행동하는 것이므로, 그렇게 되면 온갖 물음들이 아주 자연스럽게 떠오르게 된다. 인류의 철학사를 되짚어 보면 이 물음에 대한 답변을 크게 네 가지 가닥으로 정리할 수 있다.

첫 번째 입장은 사회와 문화의 확립된 구조 저편에, 공통된 믿음과 인식 저편에, 더 참되고 더 심오한 질서가 감추어져 있으며 거기에 인간이 접근할 수 있다는 믿음이다. 이러한 고차원적 질서는 사실이자 동시에 가치이며, 실재의 가장 내밀한 핵심이자 원천이다. 삶을 특정한 방식으로 살아가야 한다는 명령은 오로지 이 고차원적 질서에서 도출할 수 있다. 그 나머지 것은 모두 비본질적인 관습이나 환상이다.

이러한 고차원적 실재에 도달하려면 단절이 필요하다. 단절은 흔히 삶에서 커다란 비탄을 통해 촉발될 수밖에 없으며, 그 단절은 환영들의 세계에 대한 우리의 집착을 무너뜨리고, 실상을 통찰할 수 있는 길을 열어 젖힌다.

자아의 전복과 재정립이라는 적절한 여정을 거쳐 고차원적 실재에 도달하게 되면, 우리는 기존 구조를 평가할 수 있는 기준을 갖게 될 뿐만 아니라 이 구조들을 고차적인 표준pattern에 맞춰 볼 수 있게 된다. 이러한 개혁은 사회와 주체를 둘 다 평행하게 상호 정립하는 결과를 가져오며, 그리하여 사회 안과 주체 안에 있는 각각의 요소들은 제자리를 잡게 된다.

서구 철학사에서는 이러한 경향을 매우 완고하게 플라톤과 연결시킨다. 이러한 경향은 세계사를 통해 철학적 야망의 지배적인 형식이 되었고, 실제로 감춰진 표준적인 실재를 탐색하는 작업에 종언을 선고했던 많은 사람들이 이름만 바꾸었을 뿐 이러한 탐구를 계속해 왔다. 종전의 견해에서 중요하게 작동했던 환멸과 전향의 구조가 그들의 새로운 시도에서도 똑같이 등장하는 것은 그리 놀랍지 않다.

세계 철학사에서 첫 번째 경향의 핵심 주장들은 곧 이중적인 반론에 직면한다. 그 주장들은 우리에게 다른 누군가의 생각, 즉 특정한 철학 교사의 사변적인 제안을 근거로 기존 관행과 신념의 실재성과 권위를 평가 절하하라고 요구하는 한편, 변혁의 걸림돌과 가능성을 충실하게 검토하지도 않은 가운데 사변적 확신에 입각해서 삶과 사회를 바꾸라고 요구한다.

두 번째 입장은 심오하고 표준적인 실재에 대한 탐색을 포기하고 인간 세상으로 퇴각한다. 즉, 세계에 대한 인식, 인간 상호 간의 충족, 행복에 대한 희망 등과 같은 인간의 중요한 경험으로 후퇴한다. 이러한 경험들은 일정한 전제에 의존하는데, 이러한 전제들이 없다면 인식이나 의무, 행복에 대한 희망이 뭔지 이해조차 하지 못할 것이다. 우리는 경험에서 인간 활동의 전제들을 추론하므로, 거꾸로 이러한 전제들을 활용하면 우리 경험을 판단하고 변혁시킬 수 있다. 이 전제들의 체계는 변하지 않으며, 그렇기 때문에 기존 제도와 관행과 신념들과 대결하고 그것들을 개혁할 수 있는 시각을 제공한다.

이러한 철학적 사유 방식의 대표자는 이마누엘 칸트이다. 서구뿐만 아니라 비서구 철학사에도 이러한 사유 방식의 여러 가지 변형이 존재한다. 이러한 사유 방식의 결정적인 흐름은, 이는 실용주의와 공통점이기도 한데, 하늘의 별들처럼 세상을 내려다보는 시선에 대한 거부, 곧 오직 인간만을 척도로 삼는 것이다. 그러나 이러한 흐름은 불변적인 전제와 가변적인 역사적 질료, 즉 우리가 살아가는 현실 사회와 문화의 질료를 분리하는 데 성공하지 못했다. 그래서 그 전제들은 불변적이라고 하기에는 너무 많은 내용을 담고 있으며, 개인적으로나 집단적으로나 우리의 행동을 구체적으로 지도하기에는 내용적으로 너무 빈약하다. 가능성과 필연성이라는 양상 범주들modal categories을 우주론적인 신념의 실체와 분리할 수 없듯이, 우리는 도덕적·사회적 의무의 원천에 관한 견해를 우리의 개인적이고 사회적인 이상의 내용과 구별할 수 없다.

불변적이고 표준적인 구조에 관한 관념은, 인간 자신을 관찰하려고 할지라도, 신의 눈으로 사태를 관찰하려는 시도의 변형에 지나지 않는다. 불변적 구조 관념은, 역설적으로 불변적이라고 생각하고 싶은 여러 인간적 특징과 인간이 처한 상황의 특성들을 점진적으로 다시 사유하고 혁신할 수 있는 최고의 신적인 능력 자체를 부정하는 것이다. 하지만 불변적 구조를 이루는 원리가 허용하는 것보다 우리 인간은 더 역사적인 존재들이다.

이러한 깨달음을 통해 우리는 제도적이고 개념적인 구조 관념과 태도의 역사에서 세 번째 주요한 지적 입장을 만난다. 이 입장에 따르면 제도와 개념의 구조들은 역사, 즉 개인적인 주체 형성뿐 아니라 집단적 주체 형성의 역사에서 나타난 사건incident이자, 의식 혹은 사회경제적 조직의 유형들을 의미한다. 법칙적인 힘은 조직이나 의식 체계의 성취를 추동한다. 중단 없는 역사만이 모순의 궁극적인 해결과 인간성의 궁극적인 실현에 도달함으로써 제도와 문화에 대한 유일한 판단 기준을 우리에게 제공한다. 전체 역사의 진행에 관한 상상력과 역사의 최종 목적에 관한 예감만이 당면한 상황을 원대하고 확정적인 맥락 안에 위치시켜 그러한 상황을 꿰뚫어 볼 수 있는 고차적인 지식을 제공한다.

헤겔 철학이나 19, 20세기에 등장한 야심 찬 사회이론들이 바로 이러한 입장을 취한다. 이러한 입장은 역설적이다. 역사를 변혁적 상상력과 의지의 편에 둠으로써 변혁적인 상상력과 의지를 자극하는 한편, 미리 결정된 역사가 변혁적 상상력과 의지의 편에서 작동한다고 주장함으로써 도리어 변혁적 상상력과 의지를 잠재우고 있다. 예측 가능한 종말의 관점에서 현재 사태를 회고함으로써, 더 나아가 행위자들의 문제적이고 위험한 시각과 일정하게 거리를 둠으로써, 이러한 입장을 취하는 사람들은 자신의 통찰을 진리라고 주장한다.

네 번째 입장은 이른바 '위축된 실용주의a shrunken pragmatism' │웅거는 실

험주의 정신을 근본적으로 상실한 실용주의를 '순치된 실용주의domesticated pragmatism'라고 부르기도 한다. Roberto Unger, "Science and Politics Between Domesticated and Radicalized Pragmatism", http://www.robertounger.net. |

이다. 이 입장은 우리가 참여하고 있는 사회와 문화 너머에서 제도와 관행과 담론을 판단할 수 있는 거점을 찾으려는 시도를 완전히 포기한다. 우리가 경험하는 세계가 세계의 전부이며, 우리의 경험은 기억과 상상력의 능력에 따라 확장된다. 우리는 경험의 어떤 부분이 지대한 가치를 갖는지, 어떤 부분을 버려야 할지를 결정한다. 그리고 지속적으로 상충하는 요소와 경향들의 틈바구니에서 변혁의 기회를 찾는다.

이러한 관점은 도전과 변화의 기획을 위해 어느 방향을 택해야 하는지 지침을 제공하지 못한다. 우리가 할 수 있는 것이라곤, 우리 생각에 우리의 더 선한 주체가 주는 자극이나 우리가 아는 가장 강한 욕망의 추력推力을 따르는 것뿐이다. 우리가 확립된 제도와 믿음의 너머까지 본다면, 우리가 보는 것은 과연 무엇인가? 혹시 우리는 우리가 처한 세계에서 종종 형세를 역전시킬 수 있다고 믿을 만큼 기민하고 있는 것은 아닌가?

더 나아가, 이러한 입장의 결론은 제도의 내용과 제도를 구성하는 믿음들의 내용을 점진적으로 변화시킬 가능성은 수용하지만, 사회적이고 문화적인 세계와 인간이 맺고 있는 관계의 성격을 변혁시킬 수 있는 가능성은 배제한다. 이는 잘못된 결론이다. 물론 제도와 이데올로기는 집요한 힘으로 의식에 영향력을 행사하고, 우리가 우리의 세상이 아닌 낯선 곳에 태어났음을 환기시키는 자연적 대상물이 아니다. 그러나 제도와 이데올로기는 항구 불변의 기반이 아니라 인간 의지의 동결태凍結態이자 갈등의 봉합에 불과하다. 제도와 이데올로기는 투쟁이 정지되거나 억제된 상태에서 결정結晶된 여분residue이다.

결과적으로 사회와 문화의 구조는 결코 일의적으로, 단 하나의 방향으로, 똑같은 정도의 힘을 지닌 채 존재하지 않는다. 구조들은 다소간 힘의 차이를 지닌 상태로 존재하며, 도전과 변화에 맞서 스스로를 최대한 방어하도록 짜여 있다. 이때 우리는 확립된 구조 안에서 벌이는 일상적인 운동과 구조를 바꾸려는 예외적인 운동 간의 격차가 커지는 것을 체험하게 된다. 이는 결과적으로 사회적·문화적 구조를 본질화시키고, 변혁적 의지와 상상력을 마비시키는 것이다.

이와 달리 점진적이고 실험적인 수정을 조직하고, 이를 용이하게 실현할 수 있도록 사회와 문화를 배치할 수 있다. 그러면 구조 내의 일상적인 운동과 구조 자체에 대항하는 예외적인 운동 간의 간극을 좁힐 수 있다. 즉, 예외적인 운동을 일상적인 운동의 직접적이고 일상적인 연장으로 체험하는 것이다. 이는 결과적으로 사회와 문화를 본질화하는 것을 거부하고, 사회와 문화를 해동시킨다. 마치 물리적 세계에서 온도 상승이 사물들 간의 명료한 경계를 용융熔融시켜 서로 식별할 수 없는 흐름으로 전환시키는 것과 같다. 이러한 방향으로 운동을 전개하면, 사회와 문화의 구조는 인간의 의식 앞에 피할 수 없는 운명으로 행세할 수 없게 될 것이다.

이는 단순한 사변적인 대조가 아니다. 우리의 가장 강력한 관심은 사회와 문화의 성격을 개조하는 것, 실험주의를 급진화하는 것, 그리고 운명을 창조의 대상으로 전환시키는 것이다. 우리의 실질적 관심은 실천적인 경제적·기술적 진보에 있고, 우리의 도덕적·정치적 관심은 부패한 사회적 위계질서와 활력을 잃은 사회적 역할에서 개인을 해방시키는 데에 있으며, 우리의 영적인 관심은 전력을 다하되 외골수로 흐르지 않는 가운데 세계에 참여하지만 세계에 투항하지 않는 역량에 있다. 우리에게 필요한 철학, 즉 '급진적 실용주의radicalized pragmatism'는 이러한 전향을 추구하는 이론이다. 급진적 실용주의는 일반적으로 그리고 특수하게 인간적 상황에 접근하는 방법을 제공하여, 우리에게 운명fate 및 체념fatefulness ㅣ운명론을 거부하는 자가 민주주의자이다. 삶과 죽음, 인간의 성격, 제도와 구조를 불가피한 운명으로 수용하고 체념하는 자는 아무것도 바꿀 수 없다. 웅거는 10장에서 정치를 운명론의 거부로 파악한다.ㅣ 과 투쟁하는 법을 가르친다. 급진적 실용주의는 이러한 전복적이고 구성적인 실천을 적극적으로 수행하기 위한 이데올로기다. 위축된 실용주의는 이러한 재정립을 가능하게 하는 상황이나 역량을 이해하는 길을 제공하지 못한다.

급진적 실용주의는 사회와 문화에 대한 입장이다. 이 입장은 자연 속에서 인간이 차지하는 위치와 같은 인간과 무관한inhuman 구조보다는, 직접적이고 인간적인 행동 무대에 주목한다. 이 입장은 인간이 인간적 세계에 저항하고 이를 변혁하기도 하지만, 저항을 중단하고 변혁을 포기하게도 되는 다양한 이유들을 주제로 다룬다.

우리는 습관적으로 사회와 문화 속에 있는 인간 삶의 직접적인 맥

락을, 자연·우주·존재와 같은 거대한 세계 안의 작은 장소로 상상한
다. 이러한 습관에 젖어 있다 보면, 그 거대한 세계에 대한 우리의 생
각과, 거대한 세계에 대한 우리 생각에 대한 우리의 생각이 철학적
인 입장을 규정하는 데 가장 중요한 것으로 보인다. 반면, 우리 자신
및 인공적인 구성물과 인간의 관계에 대한 생각은 단지 촌극처럼 보
인다.

그러나 이런 생각은 결코 촌극이 아니다. 우리 자신과 우리의 행동
이 바로 단초이기 때문이다. 나머지는 나머지일 뿐이다. 우리의 가장
지속적이고 강력한 열망과 관심은 우리 자신뿐만 아니라 우리 서로
간의 관계에 있다. 인간의 인식 장치는 인간 행동의 제한된 지평 안에
서 작동하기에 적합한 척도를 가지고 있다. 다만, 비근한 인간 세계에
실망한 나머지 기만적으로 신과 같은 위치에서 인간 세상을 보려 하
거나 보는 체할 뿐이다. 그리고 인간 상황의 확고한 특성들에서 끈질
기게 유래하는 광적인 야심이나 성취욕 때문에 우리는 우리의 시선
을 멀고 원대한 대상들에 맞추기도 한다.

더 큰 자유를 원한다면, 그리하여 현실 전체를 자유롭게 횡단하고
직접적인 세계의 제약에서 탈피하고자 한다면, 이 세계에서 더욱 큰
통찰과 행동의 자유를 얻어야만 한다. 바로 이것이 사회와 문화의 혁
신을 내용으로 삼는 정치에 대해 상이한 시사점을 갖고 상이한 철학
적 입장들을 분류하는 온당한 근거가 된다.

내가 이 책에서 전개하려는 견해는 앞에서 기술한 네 가지 입장에
대한 불만에서 생겨났다. 우리가 지닌 일반적인 관념들의 장래는, 이

러한 불만을 사회과학·인문학·철학에서 현대 사상의 주류 이론들이 감당하거나 추구하려 하지 않는 범위와 방향에서 비타협적으로 급진 화하는 것에 달렸다.

2
영원한 철학과 그 적들

앞 장의 시각들보다 단순하고 일반적인 관점에서 급진적 실용주의의 과업을 생각해 보자. 여기서 철학적 입장들을 분류하는 기준은 사회와 문화의 기본 제도들을 바라보는 태도가 아니다. 사물들 사이에 존재하고 사람들 사이에도 존재하는 차이의 실재성과 권위를 대하는 태도가 바로 그 기준이다.

세계 철학사에 지배적인 견해가 있다. 이 견해는 너무나 막강해서 고트프리트 라이프니츠가 말한 이른바 **영원한 철학**이라는 칭호가 유일무이하게 어울릴 정도이다. 그러나 서양 철학의 주요 학파들은 이 견해를 극렬하게 거부했다. 서양 철학은 서양 바깥에서 수많은 사유 전통까지 지배했던 이 관념에 대체로 반대했지만, 영원한 철학이라는 지배적 견해에 맞서는 반란을 만족스럽게 이끌어 가지는 못했다. 그래서 여전히 반대의 확고한 토대를 마련하지 않으면 안 된다. 급진적 실용주의의 과업 중 하나가 바로 이러한 반대 의견을 급진화하는 것이다.

지배적인 견해와 대항적인 견해는 형이상학적인 관념, 특히 현상
계에서 우리가 접하는 변화와 구별을 어떻게 이해하는지에 따라 다
르게 규정된다. 따라서 이 견해들은 정치와 도덕의 문제에 대해 각기
다른 특징적인 방식으로 접근한다. 이러한 의미에서 이제부터 탐구
하는 일련의 지적 선택지에는 더 큰 전체의 일부로서 앞 장에서 논의
한 사회적·문화적 질서에 대한 대안적인 입장들이 포함되어 있다.

차이와 존재에 관한 하나의 단일한 교리가 세계 사상사를 지배했
다. 이 교리에 따르면 구별과 변화로 구성된 '현상적 세계'는 환상이
며, 그것이 단순히 환상이 아니라면 실재적인 단일 존재를 피상적이
고 찰나적으로 표현하는 것에 지나지 않는다. 무엇이든 있는 그대로
보이고, 어느 것과도 다르게 보이는 다양체manifold는 궁극적인 실재가
아니다. 다양체에서 차이가 갖는 환상적이고 피상적인 성격은 우리
에게 가장 중요하고 절박한 의미를 갖는 차이, 즉 사람들 사이의 차이
에도 동일하게 적용된다. 영원한 철학은 이러한 차이를 기만적이라
고 기각한다.

궁극적인 실재는 분할과 차이와 구분으로 위장한 채 우리에게 나타
나는 단일한 힘 혹은 에너지, 정신, 존재이다. 어쨌든 개인들의 개체성
으로 귀결되는 그러한 분별들은 환상적이거나 부수적인 현상일 뿐이
다. 그러한 분별들은 세계가 실제로 존재하는 방식이 아니라, 일상적
으로 우리가 세계를 만나고 지각하는 방식을 나타낸다. 그래서 기껏

　　　　　　　　　　　　　　　2 영원한 철학과 그 적들

해야 유동적이고 피상적이다. 존재의 뿌리에까지 도달하지 못한다.

이처럼 분화된 다양성의 형식으로 세계를 표상하는 한, 우리는 세계의 참모습, 즉 모든 차이에 앞서는 통일성을 파악할 수 없다. 우리의 열망이 구분과 차이의 영역에 머무는 한, 우리는 불가피하게 실망과 고통에 빠질 수밖에 없다. 그 와중에 우리는 우리의 육체 속에, 육체의 고통 속에, 육체의 완만한 몰락 속에 감금된다. 그러면서 전환점마다 좌절과 권태 사이에서 선택을 강요받는다. 우리가 제 역량을 올바로 발휘하지 못하는 상황에 갇혀 있음을 알게 되는 것은, 바로 충족시키지 못하는 욕망의 압박에서 벗어나는 순간이다.

영원한 철학에 따르면, 실재에 대한 통찰은 환상적이고 피상적인 구분과 변화의 전제專制 tyranny로부터 우리의 의식과 의지를 해방시키며, 이러한 전제가 초래하는 허위와 오류와 실망에서 벗어나게 해 준다. 우리는 신성성, 즉 비인격적이고 궁극적인 실재의 속성에 참여한다. 그러한 속성들은 통일성, 초연함, 무위無爲다. 이러한 실재는 차이뿐만 아니라 시간의 저편에 있다. 그것은 시간적 계열에 따라 예측되는 인과적 판단이 작동하지 않는 '영원한 현재'이다.

근본적 존재와 현상적 차이의 관계를 해명하는 데에는 영원한 철학들 간에도 차이가 난다. 어떤 이론은 현상적 차이를 비실재적인 환상이라고 설명한다. 반면에 현상적 차이를 더 작고 단명한 실재로 인정하는 이론도 있다. 그 결과, 똑같이 영원한 철학이라 할지라도 유일하고 항구적인 존재에서 일시적인 차이가 발생하는 양상이 다

다르다.

현상적 차이의 족쇄에서 상상력과 의지를 해방시키려는 시도는 실존 문제에 접근하는 특수한 해법을 시사한다. 그 해법이란 비인격적인 신성성을 모방하는 것이고, 온갖 동요에서 해방된 냉정함과 초연함을 성취하는 것이다. 해법의 목적이 피상적이고 찰나적인 차이를 넘어, 사회적 공간과 역사적 시간 속에 놓인 신체와 상황의 한계를 넘어 궁극적인 실재 속으로 몰입하는 것에 있다면, 그 성공의 징표는 평정이다. 허깨비 같은 차이와 비실재적인 변화로 가득 찬 세상과 얽히면서 생겨나는 고통과 실망에 초연해지면 우리는 행복해질 수 있다.

우리는 궁극적이고 보편적인 정신과 가시적이고 서로 다른 다양체가 맺고 있는 관계의 참된 성격을 깨우치면서 그러한 행복을 성취한다. 이 계몽 덕분에 우리는 신성함을 공유하고, 물리적·사회적 제도들이 쳐 놓은 감옥에서 탈출한다. 예술은 욕망과 혐오의 족쇄에서 벗어난 상태에서 세상을 보여 주기 때문에, 그러한 계몽과 행복에 대한 예감을 준다.

영원한 철학과 이 철학이 지지하는 부동심invulnerability을 통한 행복의 이상은, 인간 실존이 처한 기본 모순들에 응답하기 때문에 호소력을 발휘한다. 우리는 모두 의식에 관한 체험, 즉 무한성에 관한 체험을 갖고 있다. 우리는 특별한 사건과 사태를 반복 가능한 유형이나 일반적 관념의 실례로 파악함으로써 이해한다. 그리하여 특수한 것에 대한 우리의 통찰조차도 특수한 것을 넘어 무한히 뻗어 가는 지평을 암묵적으로 가리키게 된다.

　인간이 도달한 최고 수준의 분석인 수학과 논리학 분야에서도 우리의 통찰을 일련의 완결된 공리公理들에 기초한 관념으로 환원시킬 수 없다. 통찰의 역량은 증명의 역량을 능가한다. 인간의 언어 구사 능력은 회귀적recursive 능력이다. 그것은 어휘와 문구를 의미 있는 무한한 조합으로 전환시키는 능력으로, 언어학자들은 이를 **이산적 무한성**discrete infinity이라고 부른다. │이산적 무한성은 몇몇 개별 요소들을 가지고 사유, 상상력, 감정의 표현에서 무한한 다양성을 구성하는 언어의 속성을 말한다. 이 속성은 동물의 소통 체계에서는 보기 힘들기 때문에 생물학적으로 고립된 것으로 보인다. 그러나 실제로는 전혀 고립된 것이 아니며, 물리학·화학·발생학 그리고 언어를 포함하여 유한한 수단을 무한하게 사용하는 모든 자연적 체계에 공통된 것이다. 다른 말로, '자기증식 체제의 미립자 원칙the particulate principle of self-diversifying systems'(Abler)이라고 한다. 이 원칙에 따르면 형태와 기능의 무제한적 다양성에 이르는 유일한 길은 조합 역할을 수행하는 위계 서열이며, 유한한 집합에서 나온 개별 요소들이 반복적으로 교환되고 결합되어 원래의 구성 요소보다 위계 서열상 크고 높고, 구조와 기능이 다양한 단위들을 산출한다. 물리화학에서는 원자·이온·분자, 생물학적 유전에서는 화학적 기基·유전자·단백질, 언어에서는 태도·분절·음절·단어·구가 미립자 단위에 해당한다. │욕구로 점철된 삶 속에서 전환점에 부딪힐 때마다 우리는 우리의 아주 강력한 갈망, 애착, 중독이 항상 그 직접적인 대상을 초월한다는 사실을 알게 된다. 우리는 사람이 타인에게 줄 수 있는 것보다 훨씬 많은 것을 서로 요구한다. 존중, 경탄 혹은 사랑뿐 아니라, 나를 위한 자리가 세계 안에 있음을 증거하는 믿음직한 신호까지 요구한다. 그리고 엄청난 열정으로 특수한 물질적 대상과 만족을 추구하지만, 그 물질적 대상과 만족은 그 열정을 지속시킬 수도 없고, 결국 지속시키지도 못한다. 그러한 대상들을 집요하게 추구한 후 수중에 넣자마자 우리는 실망과 불만을 느끼며 거기서 눈을 돌리게 된다. 오로지 저 높은 곳the beyond만이 궁극적으로 우리의 관심을 끈다.

그러므로 모든 한계를 초월하고 무한을 향해 전진하는 항구적인 힘에 대한 깨달음은 의식의 체험과 분리되지 않는다. 그러나 이 깨달음은 두 가지 상황으로 반격을 받는다. 그것은 죽음의 예감과 존재의 신비(불가해성)로서, 이 둘은 함께 작동하며 우리의 경험을 형성한다. 만약 우리가 우주의 역사 속에서 인간 존재의 의미나 최소한 인간 존재의 위상을 해독하지도 못하면서 불멸의 존재라고 한다면, 인간 삶의 신비스러움도 그 위력을 상당 부분 상실할 것이다. 우리 각자에게는 항상 다른 미래가 열려 있다. 즉, 우리 상황이 가리키는 진리의 일부를 발견할 기회를 만나거나, 약간의 기분 전환을 통해 그러한 진리에 도달하지 못하는 것을 스스로 위로할 기회를 만날 수도 있다. 다른 한편 비록 죽을 운명이지만, 세계가 왜 존재하는지 그리고 인간이 세계 안에 왜 자리를 차지하고 있는지를 이해하게 된다면, 우리는 방향성의 원천source of direction에 접근하게 될 것이다. 그러한 인도는 비록 그 범위가 제한적이고 그 시사점이 다소 불확정적이더라도 신뢰할 만한 권위를 얻을 것이다.

그러나 우리는 두 가지 구제 수단 중 그 어느 것도 의지할 수 없다.

죽음의 불가피성과 존재의 신비는 도리어 서로의 위력을 그지없이 증폭시켜서 도피와 위로의 출구마저 폐쇄한다. 더 나아가, 이 수단들은 삶을 수수께끼에서 수수께끼로 이어지는 무모한 돌진으로 규정한다. 시작될 때에는 무한하고 개방적으로 보이던 삶이, 그 막바지에 이르러 회상할 때에는 놀라울 정도로 짧다. 죽음과 신비의 결합으로 이루어진 만물은, 구체적인 사회와 역사 안에서 몰락하는 육체와 우연한 지위를 갖는 너무나 유한한 특수자들 속에 인간을 감금시킨다.

이러한 감금의 체험은 의식에 본질적이며, 탐구와 언설과 욕구에 관한 모든 인간 활동의 특징을 이루는 초월의 충동을 나타낸다. 영원한 철학은 의식의 초월적 충동과, 죽음과 신비의 속박 상태 간의 참을 수 없는 대비에 저항하려는 충동에서 영감을 이끌어 낸다. 맥락 초월적인 정신의 특권을 부정하는 듯한 상황에 직면하여, 영원한 철학이 내놓는 답변은 본질적으로 정신의 특권을 거듭 주장하고자 인간이 처한 상황을 다시 정의하는 것이다.

그러나 영원한 철학은 세계와 사회 속에서 살아가는 인간의 상像을 결정하는 구별과 변화에 관한 지각의 궁극적 실재성을 부정해야만 그렇게 할 수 있다. 그런데 이러한 부정은 영원한 철학이 거기에서 우리를 구제해 주겠다고 약속한 고통보다 더 끔찍한 대가를 치르게 한다.

비인격적이고 초시간적인 존재의 철학과 도덕적·정치적 사유의 실천적 관심 간의 관계는 느슨하지만 강력하다. 영원한 철학이 서양 이외 세계의 사상사에서 압도적인 형이상학이라고 한다면, 도덕적·정치적 질서의 평행이론parallelism은 그 세계 역사에서 정치적·도덕적

이론의 지도적인 공식이 되었다. 이 견해에 따르면, 질서 정연한 사회는 미리 결정된 노동 분업 속에서 각 집단이 제자리를 잡고 제 역할을 수행하는 사회이다. 일부는 통치하고 사색하고, 일부는 전쟁을 하고, 일부는 장사를 하고, 일부는 농사를 짓는다. 이러한 사회적 위계 서열은 도덕적 위계 서열을 반영하고, 도덕적 위계 서열은 반드시 사회적 위계 서열을 반영한다. 여기서 도덕적 위계 서열이란 각 영혼들이 지닌 역량의 서열을 말한다. 즉, 이성이나 정신은 의지에 우선하고, 의지는 욕구에 우선한다.

사회의 무질서와 영혼의 무질서는 서로 의존한다. 이 두 가지 무질서는 법이 의지하는 특수한 도덕적·사회적 역할들을 위반하고 혼동하는 것이다. 사회의 외적 질서와 인격의 내적 질서는 서로를 보강한다. 서로 보강하지 않으면 분열되기 시작한다. 한쪽에서 시작된 무질서는 곧 다른 쪽으로 옮겨 가게 된다.

영혼과 사회의 위계질서와 영원한 철학의 연관성은 당장은 명백하지 않다. 형이상학적 이론과 실천적 이론을 동시에 주장하는 철학자들도 있었지만, 이런 사상가와 학파들은 빈번히 이 두 가지 이론을 별도로 전개해 왔다. 그러나 두 이론이 서로 분리된 삶을 살았다고 하더라도, 두 이론은 대부분의 문명과 역사에서 통상 공존하였다. 상호 간에 격차와 불일치가 있음에도 불구하고, 두 이론은 마치 실제로 결부된 것처럼 등장한다. 그토록 다른 동기와 야망과 주장을 가진 이론 사이에 작동하는 협력의 의미는 무엇인가?

세계는 투쟁이고 환상일지 모른다. 그러나 세계의 문젯거리와 고통과 위험들은 단지 그 내용과 가치를 부정한다고 해서 사라지지 않는다. 세계, 특히 사회적 세계가 아무리 평가 절하되었다 하더라도 세계는 여전히 관리되지 않으면 안 된다. 최악의 사태는 막아야 한다. 거짓된 차이의 그림자들 속에서 궁극적 존재를 꿰뚫어 보고, 변화의 모습 속에서 항구성을 간파하며 상황의 진리를 파악할 수 있는 자들은 행복한 소수이다. 사변적 평정, 무위, 유일자the One의 실재 속으로의 몰입과 같은 윤리의 미명 하에 사회적 책임을 회피하는 것은 사회질서의 실천적 문제들을 해결하지 못한다. 오히려 그와 같은 퇴각은 실천initiative과 이론의 진공상태라는 불행의 씨앗을 남길 우려가 있다. 영혼과 사회의 위계적 분업 원칙은 이러한 진공상태를 치고 들어온다.

영원한 철학의 예리하고 선별적인 렌즈로 들여다보면, 이러한 분업 원칙은 현상 유지책에 지나지 않는다. 형이상학적 정당화로도 터무니없고, 사회를 통치해야 하는 이들의 주장으로도 냉혹하다. 영원한 철학의 전통과 다른 사유 전통에서 이러한 분업 원칙을 아주 빈번히 주장했다는 것은 놀랍지 않다.

그러나 세계 사상사에서도 일부는 질서의 원리와 영원한 철학 사이에 더 친밀한 연관성이 존재한다고 주장했다. 궁극의 실재가 모든 현상적인 특수자들, 특히 살아 있는 존재들에 깃들어 있는 정신이라면, 보편적 정신universal spirit의 발견은 보편적 연대나 연민의 토대를 아울러 창조한다. 그 연민은 영혼의 최고 자질들 가운데 명령적 위치에 다시 나타날 수 있으며, 따라서 연민의 자질은 통치자나 성직자의 자질과 거의 같다고 볼 수 있다. 동등한 자들뿐 아니라 우월한 자와 열등한 자들 사이에서도 상호성의 유대, 즉 상호적 충성과 헌신의 유대는, 인간들 사이의 연민과 연대로 등장하는 보편적 정신의 표현과 숭배 위에 수립될 수 있다.

상호성의 유대는 부처와 공자의 가르침과 같은 상이한 철학적·종교적 가르침 속에서도 확인할 수 있다. 이러한 믿음은 비서구적인 영원한 철학을 서구적으로 독특하게 변형한 쇼펜하우어의 가르침 |《의지와 표상으로서의 세계》(1819)에서 쇼펜하우어는 인도의 고대 철학에 의지하여 연민Mitleid의 윤리학을 전개한다. | 에서 다시 나타난다. 이러한 믿음은 궁극적인 존재와 일상적인 경험 사이의 간격을 좁혀 사회적이고 도덕적인 질서의 원리를, 눈물과 환상의 계곡 속에서 재난과 야만을 억제하려는 노력 이상의 어떤 것으로 전환시키고, 그러한 질서의 원리를 사회생활의 공포를 완화시키려는 조화로운 노력으로 전환시킨다.

이러한 영원한 철학은 인시적 결함과 실존석 결함을 안고 있다. 인지적 결함은 세계에 관한 영원한 철학이라는 시각에서 드러나고, 실존적 결함은 평정심을 통한 행복의 추구와 안전거리를 통한 평정의 추구에서 드러난다.

영원한 철학의 인지적 결함은, 인간이 어느 정도로 철저하게 상황에 종속되어 있는지를 영원한 철학은 인식할 수 없다는 데에 있다. 우리의 고통과 기쁨뿐만 아니라 우리의 행동과 발견의 전망 역시 차이,

곧 현상들 간의 차이와 사람들 간의 차이의 실재성과 변혁에 연관되어 있다. 자연에서든 과학에서든 사태를 이해한다는 것은, 다양한 방향에서 다양한 압력을 받고 있는 사태가 장차 어떻게 될 것인지를 파악하는 것을 뜻한다. 실재의 변형에 관한 우리의 상상력은 통찰력의 발전과 직결된 불가피한 신호이다. 차이들의 실재성, 최소한 궁극적 실재성을 부정하는 것은 실재에 대한 통찰과 가상적이거나 체험적인 변혁 사이의 중요한 연결 고리를 끊어 버리는 것이다.

영원한 철학의 실존적 결함은, 변화와 구별의 환상을 통찰할 수 있어야만 우리가 더 자유롭고 행복해질 것이라는 영원한 철학이 내세우는 희망에 맞서, 이렇게 부인당하고 해방된 실재가 반란을 감행한다는 점이다. 영원한 철학에 의하면, 변화와 구별의 환상에 대한 통찰은 곧 참다운 이해에 기초한 더 큰 자유를 의미한다.

하지만 어쨌든 특수한 것들의 실재성을 부정하는 것은, 영원한 철학이 약속한 해방의 정반대에 이르는 것일지도 모른다. 의식 속에서 독립을 선언하고 주변 실재들과의 전쟁을 멈추자마자, 우리는 옹색한 공간에 감금된다. 자유의 이름으로, 우리는 더 의존적이고 예속적으로 변한다.

그래서 일시적으로 무한한 추동을 진정시켜 달라고 우리 자신에게 주문을 걸 수도 있다. 그러나 그렇게 하는 것은 실재적인 세계를 탐구할 도구를 스스로 빼앗아 버리는 것이다. 실재적인 세계에서 만물이 저항에 직면하면 어떻게 다른 것으로 변할 수 있는지를 알게 하는 수단을 포기하는 것이며, 또한 이는 우리의 실천적 권능을 강화시킬 수 있는 도구를 상실하는 것이기도 하다. 자유인이 된다는 미명 하에 괴짜나 노예나 몽상가가 되는 것이다. 실제로 우리에게는 자기 최면을 걸어 자신을 해방된 영역으로 이동시킬 수 있는 계기들이 항상 존재한다. 물론 그 영역에서는 궁극적 실재성을 부인해 온 세계와 육체의 특수자들이 우리에게 어떠한 부담도 주지 않을 것이다. 그러나 인간은 그러한 세계에서 살 수 없다. 그러한 해방의 계기들은 실천적인 삶의 일상과 책임을 견뎌 낼 수 없다.

　영혼과 사회의 위계적 분업 원칙과 영원한 철학의 결합은 세계 사상사에서 지배적인 위치를 점하였다. 영원한 철학에 대한 주요한 반대 입장은 또 다른 사유 방향을 만들었으며, 이러한 방향은 세계사의 맥락에서는 예외적이지만 서구 철학에서는 오랫동안 중요한 견해가 되었다. 그러나 이러한 견해의 철학적 표현은 종교, 문학, 예술 영역에서 나온 표현과 비교하면 부차적이다. 그럼에도 사변적 이론화 작업 전통의 인위적 산물에 불과한 이 견해는 문명을 떠받치는 대들보가 되었다. 이 대들보는 물론 지배적 관념으로부터 급진적이고 비타협적인 이탈을 대표한다. 서구의 고급문화와 대중문화가 이러한 이탈 관념을 세계적으로 확산시킴으로써, 오늘날 이러한 이탈은 인류의 공유 자산이 되었다. 그럼에도 불구하고 이탈을 추동하는 가정들은 명확하지 않고, 특히 과학 분야에서 자연의 표상과 이 이탈이 맺는 관계는 명료하지 않다. 영원한 철학에서 벗어나는, 이러한 서구의 이탈을 비타협적으로 철저하게 만든 것은 급진적 실용주의의 주요한 과업이다.

이 이탈의 핵심적 특징은, 우리의 경험을 조직화하는 데 중요한 시간의 실재성reality뿐만 아니라 차이의 실재성에 대한 믿음이다. 차이의 실재성에 대한 믿음은, 우선적으로 개인의 실재성에 대한 믿음과 개인 간 차이들의 실재성에 대한 믿음이고, 다음으로 우리가 인식하고 거주하는 세계의 개별 구조의 실재성에 대한 믿음이다. 이러한 믿음 체계에서 가장 중요한 것은 개인적 인성에 대한 관점이다. 그 밖의 모든 것은 결과로 나타난다.

개인, 개인의 성격 그리고 개인의 운명은 진짜이다. 우리 하나하나는 과거에 살았던 어느 누구와도 다르고, 미래에 살게 될 어느 누구와도 같지 않다. 인간의 삶은 출생에서 죽음에 이르기까지 신비와 우연으로 가득한 극적이고 불가역적인 운동이다.

개인이 자기 삶을 통해 할 수 있는 바는, 그 사람이 이룬 성과와 행운뿐만 아니라 사회의 조직 방식과 사회질서 안에서 그 사람이 차지하는 위치에 좌우된다. 전기적 시간biographical time 안에서 발생하는 것은 대체로 역사적 시간historical time 안에서 발생하는 것에 의존한다. 바로 이러한 이유로 인해 역사는 결정적 행동의 무대이고, 역사 안에서 발생하는 바는 그것이 무엇이든지 간에 초시간적 실재를 감추는 부수현상이 아닌, 개별성 그 자체와 마찬가지로 진짜이다. 역사는 순환하지 않으며, 오히려 단선적이고 불가역적이라는 점에서 개인의 삶과 닮았다. 역사적 시간 속에서 인간이 발전시켜 온 제도와 믿음은 개인 삶의 기회를 확장시킬 수도 있고 축소시킬 수도 있다. 또한 개인의 활동 과정에서 제도와 믿음에 도전하고 그것을 변화시키는 그 사람의 권력을 확장시킬 수도 있고 축소시킬 수도 있다.

개인적 체험이라는 근본 사실들에 뿌리박고 있는 차이와 변혁의 실재는, 이제 인간이 모든 세계를 바라보고 대면하는 데 불가피한 모형이 되었다. 세계에 접근하는 방법에서 인간관과 자연관의 관계를 표상하는 방식보다 더 중요한 것은 없다. 이러한 표상은 영원한 철학에 대한 대안을 제공하지만, 그 대안들의 효력 범위를 제한하고 그 힘을 약화시키는 세 가지 종류의 오류에 직면해 있다. 이러한 대안들을 비판하고 거부하는 과정을 통해, 대안적 관념의 진보에서 중요한 것이 무엇인지를 더 정확하게 보게 될 것이다. 앞 장에서 논의한 '폐기된 입장'을 포함하여 서양 철학사에서 가장 영향력 있는 입장들의 다수는 위태롭고 부적절한 대안들의 변형이었다.

나는 영원한 철학에 맞서 서구에서 일어난 반란으로서 오류라고 생각하는 입장을 각기 '현상주의phenomenalism', '자연주의naturalism', '민주적 완전주의democratic perfectionism'로 부르자고 제안한다. 영원한 철학과 그 적수 간의 경합이라는 점을 고려하지 않는다면, 현상주의와 자연수의는 형이상학의 역사에서 다른 구도 하에 번살아 재발하는 입장이다. 민주적 완전주의는 현대적 이단이며, 서구적 배교背敎의 배경 속에서만 이해할 수 있다.

가장 단순한 오류, 그래서 제거하기 가장 쉬운 오류는 현상주의이다. 내가 생각하는 현상주의는 우리가 지각하는 세계 속 구분들이 그대로 존재한다는 믿음이다. 즉, 이러한 구분들을 가장 의지할 만한 실재로 여기는 것이다. 만약 우리가 신과 같은 권능을 갖고서 우리가 인식하는 차이와 실제로 존재하는 구분이 일치하는지의 여부를 정당하게 확인할 수 있다면 현상주의는 옹호할 만한 것이다.

인간의 인식 장치는 매우 제한적이다. 인간과 같은 유기체가 자신의 능력을 확대시키고 활동 무대를 확장시키는 도구의 도움을 받지 않는다면, 그 인식 장치는 유기체가 취할 수 있는 행동반경 안에 한정될 수밖에 없다. 인간은 장치와 기계, 즉 과학 도구를 만들고 해석된 직관을 대안적 이론의 관점에서 검토함으로써 인식 장치의 한계를 극복한다. 다시 말해서, 인간이 인식하는 차이들을 꿰뚫어 보는 경우에만 세계를 이루고 있는 차이를 이해할 수 있다. 그러나 이렇게 인식된 차이들은 실재가 아니라, 우리가 실재 속으로 들어가는 첫 번째 관문일 뿐이다. 현상주의는 우리가 노력을 통해서, 시험적으로, 시행착오를 겪으며 누적적으로만 획득할 수 있는 통찰을 우리에게 제공한다. 그러나 그 통찰은 환각이며, 이러한 환각을 통해 인간은 오류투성이 인식을 실재에 관한 평결로 착각한다.

영원한 철학에 대한 불완전하지만 가장 영향력 있는 반란은 자연주의라고 할 수 있다. 자연주의는 다양한 형식을 취하며 유럽 형이상학의 역사에서 지배적인 관점이 되었다. 그 영향은 매우 광범위하고 너무나 당연시되어서 합리주의 전통뿐만 아니라 경험주의 전통에서도 마찬가지로 큰 힘을 발휘했다.

자연주의는 분석철학의 가장 야심 찬 형이상학적 기획을 지속적으로 밑받침했다. 자연주의는 자연과 역사와 인격에서 차이의 실재성을 지지한다. 자연주의의 시각에 따르면, 형이상학은 인간의 과학적·정치적 노력을 활성화하는 이해와 통제의 충동들이 똑같이 작동하여 위험한 영토까지 확장된 것이다. 우리가 어떻게 살아야 하는지에 관해 자연주의가 제공하는 시사점들은 불확정적일지 모른다. 그러나 그 시사점들은 바로 그러한 이유 때문에 사실과 가치의 준별론에서 보듯 변화와 구별에 대한 무관심을 통해 '평정의 윤리'를 뒷받침하지 못하는 경우에만 불확정적이다. 모든 점에서 자연주의는 영원한 철학과 결정적으로 갈라선다. 하지만 이 결별은 허위 관념들의 영향 아래서 이루어진다.

자연주의의 핵심 관념을 이해하려면, 실재의 두 영역과 그 바깥의 통찰 시점을 상상해 봐야 한다. 첫 번째 영역은, 자연과학이 탐구하는 자연이라는 넓은 원환wide circle이다. 형이상학은 자연에 대한 과학적 상picture의 내포와 전제와 한계를 탐구한다. 자연은 다양한 종류의 존재들로 채워져 있고, 규칙성이나 법칙에 지배된다. 인간은 사멸하는 생명, 여러 제약과 제한된 인식 능력을 지닌 자연적 존재로서 이러한 자연적 세계에 참여한다. 인간 경험의 모든 측면이 한갓 자연현상으로 이해되는 것을 거부한다면, 우리가 무엇을 그리고 어떻게 해야 하는지의 문제가 자연주의의 지적 전통에서 표준적인 논쟁 주제가 된다.

자연 안에는 의식을 가진 존재의 더 작은, 또 다른 원환circle이 있다. 의식을 가진 존재는 자연에 포위되어 있으며, 자연법칙에 복종한다. 그러나 의식을 가진 존재는 불가역적인 역사적 시간 속에서 발전하고, 자연법칙이든 사회법칙이든 일반적 법칙이 완전하게 설명할 수 없는 개별적인 사건과 개성이 있다는 점에서 특수하다. 더구나 의식을 가진 존재는 자연의 단순한 연장으로서는 온전히 설명할 수 없는 의식과 의도적 행동과 행위주체성agency에 대한 체험을 중심으로 조직된다. 바로 이것이 사회과학과 인문학이 탐구하는바 인간적인 관심들과 직결되어 있는 영역이다. 인성의 체험과 개인적인 것에 관한 지식은 자연이나 자연과학으로 완전히 흡수되는 것에 저항할지도 모른다. 심지어 전적으로 다른 존재 질서, 즉 정신의 영역에 인간이 참여한다고 얘기할 수도 있다. 그러나 외부에서 객관적인 시각으로 보자면, 그러한 체험과 지식은 단지 자연의 작고 연약한 부분에 지나지 않는다.

우리가 과학자나 철학자로서 자연과 사회의 관계를 표현할 수 있는 것은, 탐구의 기획 안에서 제3의 장소를 확보할 수 있기 때문이다. 제3의 장소란 바로 신적인 정신의 위치다. 이러한 위치에 서야만 자연과 사회의 영역을 내려다보고, 사회를 자연의 작고 예외적인 일부로 이해할 수 있다. 인간 세계는 자연 세계보다 신적인 위치에서 식별할 수 있다고 장담하는 법칙적인 규칙성에 덜 의존하기 때문에, 이러한 가상적 관점에서 볼 때 인간 세계가 자연 세계보다 이해 가능성이 낮아 보인다.

그러나 이러한 상像은 단지 환상에 지나지 않는다. 이러한 환상 덕분에 우리는 우리가 실제로 확보하지 못하는, 장기적인 투쟁 없이는 결코 확보하지 못하는 일정 수준의 독립성을 마치 보유하고 있는 양 상상하며 자위한다. 우리는 자연과 사회 양쪽에서 똑같은 거리, 즉 신과 같은 절묘한 위치에 있지 않다. 그저 개인적인 경험과 사회적인 경험의 한가운데 있을 뿐이다. 우리가 더욱 정통하고 신뢰할 만한 지식을 획득하고자 하는 대상은 오직 이 세계뿐이며, 우리는 이 세계를 만들고 혁신해야 한다.

이 세계부터 자연 세계까지, 더 나아가 자연적 존재로서의 우리 자신까지 응시하게 되면, 역학적 장치와 사변적 이론의 도움을 받아 우리의 직접적인 경험을 극복해야 하는 요구에 직면하게 된다. 그래서 우리가 실제로 서 있을 수 있는 유일한 위치, 즉 특수한 인간적 위치에서 더 넓은 실재의 더 큰 어둠까지 응시한다. 그렇게 해서 통찰이 행동과 유추에서 상대적으로 멀어진다면, 그 통찰은 동떨어지고 불확실한 것이 된다.

자연주의의 오류는 우리가 전적으로 자연 안에 있지 않다고 상정하는 데에 있다. 그러나 우리는 자연 안에 있다. 이 책 후반부에서 거론할 정신의 총체화, 의외화, 초월화 특성을 포함해서 인간의 두드러진 특징들조차 그 자체로 자연적인 것이고 자연사^{自然史}의 결과이다.

자연주의의 실수는 감당할 수 없는 약속을 한 점이다. 즉, 사멸하는 유기체 속에 체현된 정신이 마치 보편적인 정신인 양 세계를 조망할 것이라는 약속, 유기체의 정신이 진리의 점진적인 수렴을 통해 있는 그대로의 세계를 파악하게 될 것이라는 약속, 그리고 정신이 초연함의 보상으로서 일순간은 아니지만 서서히 차곡차곡 실재의 내적 본질을 통찰하게 될 것이라는 약속 등이 그것이다. 이러한 의미에서 현대 자연주의는 칸트의 철학적 혁명의 성과를 전복하려는 기도라고 할 수 있다. 자연에 대한 인간의 통찰은 항상 자연적 소질이 인간에게 부과한 전제들에 매개된다는 칸트의 생각은 철학적 혁명이었다. 이 혁명의 메시지에 따르면, 인간은 그러한 전제들에서 결코 명확하게 그리고 완전히 벗어날 수 없다. 자연주의적 오류의 관점에서 보면, 사회와 문화에 관한 필연적으로 논쟁적인 관념들은, 이론으로 촉진되고 도구들로 전개되고 실험으로 증명되는 자연과 우주과학의 초연한 관념들보다 신뢰도나 설득력 면에서 떨어지는 것으로 비친다.

알파-오리온 별자리에서 내려다보는 시선, 즉 사회가 자연보다 직접적이기 때문에 더 잘 이해할 수 있다기보다는 자연보다 덜 법칙적이기 때문에 한층 수수께끼 같다는 의미에서 사회를 자연의 다소간 예외적인 부문으로 상정하는 시선을 고수하면, 영원한 철학에 맞서는 반란의 힘이 무뎌질 수밖에 없다. 인간이 사회와 자연을 넘어 신적인 위치에서 볼 수 있다면, 자연적 세계와 사회적 세계에 대해 통일된 시각을 정립하게 될 것이다. 자연주의는 그러한 통합적 상像에 인간이 신적인 특권 없이도 인간이 처한 상황 안에서 성취 가능한 것보다 더 위대한 실재를 획득할 수 있다고 상정한다.

자연주의와 현상주의는 변화와 구분으로 이루어진 세계의 실재성을 인정하고, 영원한 철학은 이를 부정하려고 한다. 그러나 자연주의와 현상주의는 인간 존재가 얼마나 신비롭고, 세계가 얼마나 불가사의한지를 설명하지 못한다. 이런 식으로 자연주의와 현상주의는 영원한 철학이 약속한 것보다 작은 위로를 제공하면서 영원한 철학을 거부한다. 즉, 자연주의와 현상주의는 그릇되게도 인간이 차이와 변형을 통해 불가피하게 연루되어 있는 세계가 인간이 원리적으로 이해할 수 있는 세계라고 가정한다. 현상주의는 순진하게도 실재와 인식을 동일시함으로써 세계가 불가해하다는 사실과 그 내포들을 부정한다. 자연주의는 인간사가 자연의 거대한 지도, 곧 더 친숙하고 규칙에 덜 얽매이고 따라서 더 이해하기 어려운 지도의 작은 일부분으로 보이는 신적인 위치에서 인간 세계를 탐구함으로써 세계가 불가해하다는 사실과 그 내포들을 더욱 미묘하게 부인한다.

현상주의와 자연주의 이외에도 제3의 길이 있다. 제3의 서양 사상은 차이와 변화의 실재성을 고수했으나 그 힘을 그릇되게 파악하는 바람에 위력을 잃고 말았다. 영원한 철학에 맞선 제3의 미완의 반란을 '민주적 완전주의'라고 부르기로 하자. 전통적으로 '완전주의perfectionism' |완전주의는 현대의 도덕철학과 정치철학에서 여러 가지 의미를 가지고 있다. 완전주의는 좋은 삶, 웰빙, 도덕이론, 정치이론을 의미하기도 한다. 역사적으로 완전주의는 인간 본성의 계발이라는 관점에서 인간적 선을 규정하는 윤리 이론과 연관되어 있다. 아리스토텔레스, 아퀴나스, 스피노자, 마르크스, T. H. 그린이 완전주의지로 분류된다. 완전주의는 도덕적 선을 실현하는 일과 관련하여 공동체나 정치조직의 권위를 강화하는 경향을 띤다. 이 점에서 정치적 완전주의는 대체로 선의 추구에서도 개인의 자율을 강조하는 자유주의(밀, 하트, 롤스)와 뚜렷한 대비를 이룬다. Wall, Steven, "Perfectionism in Moral and Political Philosophy", *The Stanford Encyclopedia of Philosophy* (Fall 2008 Edition), Edward N. Zalta (ed.), URL=〈http://plato. stanford.edu/archives/fall2008/entries/perfectionism-moral/〉. | 는 개인뿐

아니라 모든 존재자에게 본성에 따라 지향하는 이상이 존재한다는 형이상학적이고 정치적인 요청을 의미하지만, 내가 생각하는 민주적 완전주의는 이런 것이 아니다. 내가 생각하는 완전주의는, 민주적인 사회에는 독특하고 불가피한 제도적 형식이 존재한다는 믿음, |웅거는 이러한 입장을 '제도적 물신주의institutional fetishism'라고 부른다.| 그러한 형식은 한번 확립되면 특별히 불운을 겪는 사람을 제외하고는 모든 개인을 자유와 덕성과 행복의 상태로 고양시킬 수 있는 틀을 창조한다는 믿음이다. 따라서 개인은 자신의 노력으로 합당한 번영과 독립을 성취할 수 있고, 자신의 신체적·지적·도덕적 능력을 향상시킬 수 있다. 개인은 스스로 자신을 작은 왕으로 옹립할 수 있으며, 영원한 철학이 무모하고 부당하게 해방을 약속했던 차이와 구별의 어두운 세계에서 번창할 수 있다.

민주적 완전주의의 본고장인 미국은 영원한 철학과 평정의 윤리학에 연관된 모든 문제를 매우 열정적으로 뿌리 뽑았으며, 동시에 실용주의를 국가적인 철학으로 간주했다. 민주적 완전주의의 첫 번째 징표는, 자유 사회는 제도적 공식을 갖고 있다는 믿음이다. 만약 이러한 공식이 발견되었다면 그것은 아마도 미국 공화국의 건설자들과 헌법 기초자들에게서 유래했을 것이다. 이 믿음에 따르면, 이 공식은 오로지 국가 위기나 세계 위기와 같은 희귀한 경우에만 수정될 수 있으며, 수정된다고 하더라도 공식에 담긴 영속적 진리들을 변화된 상황에 적응시키는 수준에 그쳐야 한다. 이러한 제도적 독단주의는 실험주의적으로 제도적 수단들을 부단히 혁신해야만 민주주의의 약속을 지킬 수 있다는 진리를 부정함으로써 일종의 우상숭배로 전락한다. 제도적 독단주의는 우리의 관심과 이상, 집단적 자기이해를 우연적이며 시대 제약적인 제도의 형틀에 못질하여 박는다.

민주적 완전주의의 두 번째 핵심 요소는, 개인이 극단적 불행과 억압을 방지하여 신체적·지적·정신적으로 자신을 고양시킬 수 있다는 믿음이다. 민주적 완전주의에 따르면, 완벽한 조화를 구현할 자유민주 사회의 제도적 청사진이 일단 자리를 잡으면 효과적인 자립 과정을 저해하는 불운과 부정의가 발생하는 빈도도 자연스럽게 줄어들 것이다. 만약 대공황과 같은 비정상적인 상황이 발생하면 비정상적인 구제 수단도 예외적으로 정당화될 것이다.

그런 사회 속에서 개인은 누구나 자신의 역량 안에 신성성의 특성, 즉 자족성의 특성을 성취하는 역량도 보유할 것이다. 재산을 많이 축적하면, 소비할 물건을 많이 보유하게 되면, 타인에게 종속되지 않게 된다. 개인이 자기를 계발하여 자족성을 성취한다면, 그것은 개인이 희망할 수 있는 것 중의 차선이나. 죽음의 극복이 개인에게 가장 좋은 것이겠지만 그것은 희망힐 수 있는 사항이 아니기 때문이다.

그리하여, 민주적 완전주의에 깃든 제도적 독단은 자족성 숭배의 무대를 제공한다. 제도적 독단은 두 가지 방식으로 그렇게 한다.

첫째로, 민주적 이상의 제도적 구현 형태를 지속적으로 실험하여 그 이상을 추진하지 못하게 되면 결국 사람들은 현존하는 사회제도를 자연적인 것이라고 사고하기에 이른다. 그 결과, 우리의 사적인 경험, 심지어 우리의 가장 내밀한 부분까지도 사회의 조직 방식에 깊이 속박되어 있다는 사실을 깨닫지 못한다. 우리 경험 중에서 자아의 계발에 활용 가능한 소질과 기회들만큼 사회와 그 조직에 직접적으로 의존하는 것은 없다.

둘째로, 재산과 계약에 관한 19세기 관념에 집착하는 민주적 완전주의의 제도적 공식은 자족성 관념에 부합한다. 자족성 관념은 사회적 상호의존성의 요구를 약화시킨다. 의존성과 상호의존성의 부정은 마치 우리가 죽을 때까지 불멸의 존재로서 자족성을 향유할 수 있는 양 죽음을 부정한다.

우리는 특수자들 가운데에 살고 있지만, 특수자들이 보여 주는 인간의 불안과 권태와 수난 그 이상의 것을 항상 원하고 본다. 우리는 우리 안에서 불멸하는 정신의 징표들, 곧 주체성에 대한 체험과 자연이 이러한 체험에 강요하는 불가피한 한계들에 대한 수긍 사이에서 감당하기 어려운 모순을 느끼며 살고 있다는 점을 통찰하지만, 죽음을 피할 수는 없다. 우리는 다만 우리 스스로 만든 사회적 세계의 한계를 어렴풋하게 통찰할 뿐이다. 부연하자면, 우리는 의혹과 불명에 앞에서 인간의 부정할 수 없는 고통과 명백한 성취를 안전하게 지켜 주는 맥락 초월적 맥락context of all contexts 속에서, 그러한 고통과 성취를 견지할 수 없는 인간의 착종과 무력함을 통찰한다.

영원한 철학은 우리가 차이와 변형을 통해 만나는 세계의 실재성, 적어도 그러한 세계의 궁극적 실재성을 부정함으로써 이 사실에 응답한다. 영원한 철학은 우리로 하여금 이 세계의 환상과 착종에서 거리를 두게 만들어 이에 답변하도록 촉구한다. 그리하여 구별과 변화의 종말은 고통과 환상의 종말을 의미하게 된다. 그러나 차이를 만들며 변화하는 세계는, 의식 쪽에서 보면 상대적으로 불가해한 것일지 몰라도 마땅히 믿을 수밖에 없는 유일한 세계이다. 이러한 세계에서 벗어나려고 하는 것은 우리 자신을 자유롭게 만들기보다는 더 작게 만들기 쉽다.

현상주의, 자연주의, 민주적 완전주의는 영원한 철학을 거부하면서 이 세계의 실재성을 인정한다. 한편 이 철학들은 영원한 철학이 차이와 변형을 넘어서 궁극적이고 통일적인 존재에 집중한 탓에 그릇된 답변을 제공한 바 있는 인간 존재의 배후 사실들을 경시한다. 현상주의와 자연주의는 자기가 표상하는 세계가 실제 세계나 가능한 세계보다는 정신에게 더욱 명백한 것이라고 상정한다. 민주적 완전주의는 그릇되게도 개인적인 자기 위안을 필멸의 운명 앞에 선 개인이 자족성에 이르는 길로 파악한다.

어쨌든 우리는 차이와 변형의 실재성을 긍정해야 하고, 동시에 영원한 철학과 ㄱ 주요 석수들이 사상사에서 응답하려 한 그 배후 사실들이 지닌 위력도 인정해야 한다. 여기서 근본적 배후 사실이란, 보편성을 지향하는 우리의 갈망과 우리가 처한 특수한 여건 사이에 불균형이 존재한다는 사실, 자연적nonhuman 세계를 상대로 우리가 획득하려는 통찰이 상대적으로 허약하다는 사실, 인간의 경험에 의미와 방향을 부여하는 맥락 초월적 맥락, 곧 이론의 여지가 없고 불변적인 준거를 발견하는 것이 불가능하다는 사실, 무한성을 지향하는 욕구와 사유를 가지고 있음에도 불구하고 우리는 찰나적이고 자연적인 존재로서 결국 죽음에 이를 수밖에 없다는 사정 등일 것이다.

　최상의 그리고 가장 진실한 철학은, 이러한 배후에 도사리고 있는 근본적 사실을 정당하게 반영하는 것이다. 그러한 철학은 구별과 차이의 실재성과 역사 속에서 이루어지는 것들의 치명적인 중요성을 인정하면서 자신의 통찰을 인간의 역량을 강화하는 데에 배치할 것이다.

3
실용주의의 복원

출발점으로서 실용주의

어떤 사람들은 이 책의 주장이 실용주의의 철학적 전통과 본질적으로 관계가 없다고 반론을 펼칠 것이다. 물론 이 책도 고금의 몇몇 사유 전통들이 내세운 의제와 관념 및 어휘들에서 출발할 수 있었다. 그들이 말하듯, 중요한 것은 생각의 내용이다.

그들의 말이 옳을 것이다. 이 책에서 제시한 생각들은 얼마든지 다른 사유 전통들과 함께 발전될 수 있다. 나의 생각이 실용주의나 여타 저명한 철학적 교리와 독점적인 관계를 맺고 있는 것은 아니다. 또, 이 책의 목표는 실용주의를 구원하거나 혁신하는 데에 있지 않다. 오히려 우리 자신을 최대한 고양시키는 데에 있다. 왜냐하면 우리는 더 이상 고전적 형이상학의 환상적인 열망을 유지할 수도, 오늘날 활용 가능한 특수한 탐구 형식들의 독단과 관행에 우리 자신을 맡길 수도 없기 때문이다. 내 글의 목표는 과학과 민주주의를, 실험주의와 해방을, 사회의 인간화와 인류의 신성화를 결합시키려는 위대한 혁명적 시도를 옹호하고, 정신과 자연 그리고 주체와 사회에 관한 관념의 세계를 창조하는 데에 있다.

이 책 전체에 울려 퍼지는 유일한 관념은, 인류뿐 아니라 개인 차원에서도 인간 정신은 무한하다는 것이다. 이는 정신이 자신을 위축시키는 것들에 맞서 경이롭고 가공할 만한 힘을 발휘한다는 견해, 정신이 현실적인 제약과 예정된 죽음과 대면함으로써 스스로 본질을 깨달아 간다는 견해, 정신이 정신을 감싸고 있는 대자연의 무관심과 광대함 앞에서 두려움을 품는다는 견해, 정신이 우주 전체가 공유하는 모든 것과 함께 시간의 흐름에 따라 쇠락한다는 견해, 달리 말하면 실재가 존재한다면 시간이 바로 실재의 핵심임을 인정하는 견해, 정신을 경시하는 사회와 문화 질서에 정신이 속박되어 있다는 견해, 비록 인간적 세계를 창조하려면 온갖 독단과 관습과 제국에 대항해 반란을 일으킬 수밖에 없을지라도 정신은 자기 자신이 될 수 있는 인간적인 세계를 창조해야만 한다는 견해, 그리고 정신은 모든 지적이고 정치적인 상황에서 바로 다음에 인간이 무엇을 해야 하는지를 확인함으로써 외견상 불가능하고 역설적으로 보이는 프로그램 | 여기서 '프로그램'은 독단적인 설계도나 필연성에 입각하지 않고 인간 정신이 문제 해결을 위해 지속적으로 상황에 적응하며 변형하는 과정을 가리킨다. | 을 실현시키는 힘을 지녔다는 견해이다.

민주주의의 시대에, 평화적이든 호전적이든 인류 사이에 교류가 활발한 시대에 철학은 시와 정치처럼 예언적이어야 한다. 그 예언의 내용은, 시원始原과 종말을 규명할 수 없고 인간의 관심에 냉담한 시간으로 구성된 진공 속에서 길을 잃은 우리가, 지금 당장 그리고 제한된 수단으로 어떻게 대처할 것인지에 대한 통찰이다. 그것은 인간은 죽을 수밖에 없으며, 실재의 궁극적 본성에 대한 통찰도 인간에게 영원히 허락되지 않는 시간의 세계에서 해방과 고양의 길을 탐색하는 것이다.

지난 200년 동안 어떠한 철학자도, 어떠한 철학적 전통도 이러한 예언을 독점하지 못했다. 예언은 도처에 있다. 이러한 통찰을 탈환하고 발전시키고자 할 때 출발 장소는 따로 없다. 시작은 어디에서든 할 수 있다. 나는 이 책의 원칙에 따라 출발점 자체보다는 출발점이 있다는 사실, 우리가 명료한 방향을 획득한다는 사실, 그리고 출발점과 방향을 인식할 때 다음에 취할 바를 확정할 수 있다는 사실에 주목한다.

실용주의가 현재 세계에서 지배적인 힘을 보유한 나라의 국가 철학이 되었다는 사정은 실용주의라는 명칭에 의구심을 갖게 한다. 철학적 통찰의 원천으로서 강자에 대한 노골적인 아첨보다 더 의심스러운 것이 없기 때문이다. 그럼에도 불구하고, 지금 우리에게 가장 필요한 관념을 얻고자 실용주의라는 용어를 채택하고, 실용주의 전통을 끌어다 쓸 실용적인 이유들은 분명히 존재한다.

첫째로, 인간 세상에서 크나큰 권위를 누리고 그럴 만한 자격이 있는 두 가지 기획, 즉 개인을 신적인 권능과 자유가 있는 존재로 고양시키는 '개인의 권한 강화'와, 비록 사멸하는 육체와 사회적 사슬에 묶여 있지만 평범한 인류의 신적인 권능을 인정하고 함양시키는 사회적 생활 형식을 창조하는 '민주주의의 심화', 이 두 가지를 발전시키고 조화시키려면 실용주의가 반드시 필요하다. 비록 현재는 왜곡된 모습을 하고 있지만 실용주의에는 우리에게 필요한 관념이 다수 포함되어 있기 때문이다.

실용주의 관념이 지닌 매력의 주요 원천은 '행위자로서 인간상'이다. 이 인간상에 따르면, 행위자로서 인간은 자신에게 압력을 가하는 일련의 인과적 영향 요소들로 환원되지 않는다. 인간은 스스로 참여하고 발전시키는 사회적·문화적 질서에 완전히 억압되거나 통제될 수 없다. 이러한 관점에서 보면 예언은 기억보다 큰 소리로 말해야 하고, 현재에 더 자유롭고 온전하게 살고자 하는 인간은 미래를 지향하며 살아야 한다. 미래지향성이란, 현재를 규정하는 조직과 의식의 구조에 다른 방식으로 접근하여 현재가 바로 현재의 극복 수단을 우리에게 제공한다는 점을 통찰하는 태도이다.

물론 앞으로 탐구할 주제들에 '실용주의'라는 명칭을 부여하는 것이 완전히 합당하지는 않다. 이 주제들은 기독교, 낭만주의 혹은 역사주의 등 다른 지적 전통에서도 발견할 수 있기 때문이다. 같은 이유로 헤겔이나 베르그송을 제임스와 듀이의 반열에 세울 수 있다. 그러나 이 책에서 내가 전개할 주장은 앞서 언급한 독일, 프랑스, 미국 철학자들의 사고에서 출발하지 않았다. (사실을 말하자면, 어떤 측면에서 이 책에서 내가 주장하는 생각과 가장 연관성이 있는 철학자를 꼽는다면 실용주의자도 아니고 현대 철학자도 아닌 니콜라스 쿠사*Nicholas of Cusa(1401~1464)*이다.)

내가 '실용주의'라는 표현을 고수하는 이유는 두 가지가 더 있다.

   3 실용주의의 복원

하나는 비록 오늘날의 실용주의가 위축되고 퇴락했지만 내가 주장하는 철학적 정신을 가장 생생하게 담고 있다는 점이다. 실용주의는 강단철학이 아닌 세상 속의 철학이다. 더욱이 모든 차원에서 오늘날 지배적인 권력을 보유한 국가의 가장 특징적인 철학이다. 실용주의라는 명칭을 사용하는 것은 권력 숭배의 위험, 즉 제국적인 민주국가의 국가적 철학에 대한 굴종의 위험을 내포하고 있다. 이러한 나락에서 실용주의를 구해 낼 수 있는 계기는 실용주의가 제안하는 방향 전환의 급진적 성격에 있다. 그러한 방향 전환은 미국 실용주의자들과 연관된 원리와 방법에 국한되지 않으며, 미국의 후원 아래 세계에 확산된 더 포괄적인 의식 형식에까지 확장된다.

현 세계에 필요한 것은, 내가 2장에서 영원한 철학에 대한 주요한 대안이라 부른 입장을 완전하게 발전시키는 것이다. 그 발전은 민주주의를 급진화하고 개인을 신성화하는 결단을 통해서 이루어져야 한다. 미국 실용주의자들의 가르침도 이러한 대안들 중 하나이다. 그러나 그들의 가르침은 부적절하고 왜곡된 입장으로, 특히 자연주의라고 부른 견해에 불필요하고 비싼 양보를 하고 있다. 현재 미국의 국가적 문화와 매우 밀접하게 연관돼 있고, 온 세상에 전파되는 이러한 의식 형태들은 세계적인 의미를 가지고 있다. 그런데 이 의식 형태들은 개인의 역량 강화와 초월에 우호적인 실험주의적 민주주의에 꼭 필요한 신념들을 전복하고 오도한다.

여기서 중요한 점은, 실용주의라는 명칭이 세계화를 주도하는 강대국의 국가적 철학을 나타낸다는 점이다. 실용주의 철학의 방향을 둘러싼 투쟁, 즉 실용주의 철학이 표방하는 신념과 합리성의 형식이 가야 할 방향에 대한 투쟁은 이제 영원한 철학을 대신하는 내용성 투쟁을 넘어 모든 사람의 미래가 걸린 투쟁이 되었다.

실용주의라는 용어를 사용해야 할 또 다른 이유는, 오늘날 실용주의의 의미와 가치에 대한 투쟁이 곧 철학의 미래와 사회의 미래를 어떻게 관련시켜야 하는지에 대한 투쟁으로 비화한 데에 있다. 철학은 두 가지 이유에서 중요하다. 우선, 철학은 정치와 마찬가지로 특정한 개별 부분이 아닌 모든 것에 관여한다. 다른 하나는, 철학은 우리 인간과 마찬가지로 딱 맞아떨어지는 어떤 것이 아니다. 철학은 특수한 분과에 포함될 수도 없고, 특별한 방법의 통제 아래 묶일 수도 없는 것들에 대한 사유의 여분 |residue는 여분, 여지, 나머지, 잔여, 잔기 등으로 번역할 수 있다. 웅거가 자주 쓰는 개념이다. 번역어의 선택보다는 그 의미가 관건일 것 같다. residue는 인간 자체의 역량이 어떤 틀이나 구조에 완전하게 규정되거나 포섭되지 않는다는 의미에서 인간의 창의적인 잠재력을 가리킨다. 그것은 어떠한 목표를 달성한 이후에도 남아 있는 잔여라는 의미에서 인간의 고갈되지 않는 힘을 의미한다. 웅거에게 residue는 인간에 대한 매우 긍정적인 규정이다. 아마도 이 기본적인 아이디어는 니콜라스 쿠사나 브루노*Giordano Bruno(1548~1600)* 등의 르네상스형 주체적 인간관에서 비롯되었을 것이다. 웅거는 인간성의 특질로 inexhaustibility(본문에서는 무궁무진성, 고갈 불가능성 등으로 번역했다.)를 꼽는다. 인간을 '마르지 않는 샘'으로 상정하지 않는다면, 구조나 제도에 대한 변혁 투쟁의 근거를 어디서 찾을 수 있을까? 웅거는 특이하게 철학의 역할도 바로 이러한 residue라고 표현한다. 행위와 구조의

   3 실용주의의 복원

관계에 대한 웅거의 핵심 개념이다. | 이다.

논리학과 수학에서 발휘되는 인간의 추론과 창조 역량은 완결된 공리 체계가 모순 없이 정당화시킬 수 있는 범위를 초월하고, 자연과학에서 드러나는 발견과 이론 구성 역량은 기존의 과학적 믿음이 수용할 수 있는 바를 넘어 과학의 내용과 실천 관행에 대한 생각을 반성적으로 수정하도록 요구하며, 우주론에서 더 정확하게는 모든 인접 과학들에서 우주의 구조와 역사에 관한 사유가 가능성·필연성·우연성이라는 양상 범주를 불변적 사실로 간주하지 않고 범주들에 관한 이해를 재구성하듯이, 우리는 철학에서도 다른 주제의 한계들을 주제로 삼는 사유 형식을 만들어 낸다. 이러한 방식으로 우리는 규제적 한계들을 넘어 행동하고 사유하고, 더 나아가 사후에 그 한계들을 재정립하는 능력을 인간성과 지성의 본질적 특징으로 파악한다.

철학은 정신의 이탈 추구적인 능력을 집중적으로 전개하는 행위다. 이러한 사실은 철학 체계의 원리적 주장이나 논거, 철학의 주제적 지향이나 의도가 맺는 특수한 관계의 바탕을 이룬다. 이는 또한 우리의 사유, 즉 세계에 대한 경험에 기초하면서도 일단 특징적인 관념들로 표현된 이후에는 평가, 도전, 교정받을 수 있는 관념들의 감춰진 중요한 층위를 드러낸다.

나는 바로 이러한 정신으로 실용주의에 접근하며, 여기에 실용주의라는 개념을 사용하는 것이 정당하다고 본다. 미국 실용주의의 핵심 주장들을 우리가 통상 이해하는 기술적 개념과 논거들로 파악하기보다는, 우리가 더 주목해야 하는 주제들을 충분하게 표현하지 못한 이론이라고 생각해 보자. 그 주장들이 미국인의 국가적 의식과 문화상 주류적 사고의 영역에 나타나는 하나의 표현이라는 견지에서 접근해 보자. 실용주의가 모든 인간의 엄청난 관심을 끄는 정치적·지적 프로그램의 불완전하고 왜곡된 형태라고 간주해 보자. 이러한 프로그램이 영원한 철학에 대한 대안을 개발하려는 노력과 인간적 관심에 대한 응답이라고 인정해 보자.

실용주의라는 명칭을 사용하는 것은, 실용주의 전통과 역사적으로 관련된 관념과 태도들의 미래에 대한 논거가 이 목표들을 달성하는 데에 지금 당장 유용하다고 천명하는 것이다. 나는 이 논의를 세 단계로 전개하겠다. 우선, 미국 실용주의자들이 중요한 의미를 두는 관념들과 거리를 두겠다. 다음으로, 그럼에도 불구하고 내 주장이 다른 철학적 전통과 마찬가지로 미국 실용주의가 대단한 의미를 부여했지만 가장 특징적인 철학적 주장들마저도 적절하게 파악하지 못한 주제들, 즉 태도와 제스처와 희망과 어떻게 밀접하게 관련되어 있는지를 탐구하겠다. 마지막으로, 지금 국제적인 영향력을 행사하고 있는 국가의 문화 속에서 이 주제들이 이렇게 오도되었는지를 논의하러 한다.

실용주의자들의 세 가지 관념

미국 실용주의의 가장 특징적인 관념들 가운데 세 가지를 고려해 보자. 찰스 퍼스*Charles Sanders Peirce*의 **의미론**, 윌리엄 제임스*William James*의 **진리론**, 존 듀이*John Dewey*의 **경험론**이 그것이다. 이 관념들 중 그 어느 것도 결정적인 반박을 피할 수 없다. 이 세 가지 이론은 실용주의에 대해 지속적인 관심을 유발하는 더 큰 주제들, 장차 완전하게 전개되어야 할 주제들을 부실하게 표현하고 있다. 각 이론에서 가장 가치 있는 것은 결국 부정성something negative ㅣ무언가를 부정함으로써 생기는 힘. 부정의 역량ㅣ이다. 이 부정성의 방식은 각기 정신을 사로잡고 있는 미신을 추방하는 데 도움을 준다.

개념의 의미가 개념이 만드는 차이, 달리 말하면 관행 안에서 사용되는 개념의 차이와 관행에 미치는 개념의 효과상 차이에 있다는 주장은, 의미 형성과 그 실천적 맥락을 구별하려는 모든 시도에 대한 유익한 반박이다. 우리의 운동moves은 온갖 실천적 맥락 안에서 미래에 대한 제안일 수밖에 없는 미래에 대한 추측들의 안내를 받는다. 이 같은 결론은 지난 세기에 가장 위대한 철학자들의 다수가 합의한 가르침이다.

그러나 개념의 의미에 대한 이러한 접근은, 실재의 일부를 이해함에 있어 개념이 만들어 내는 차이와 인간이 처한 상황을 극복하고 변화시키는 인간의 노력에서 개념이 만들어 내는 차이의 관계를 파악하지 못할 뿐만 아니라 둘을 구별하지도 못한다. 즉, 인간의 이론적 또는 사변적인 실천과 인간의 정치적 또는 재구성적 실천을 구별하지도 그 관계를 파악하지도 못한다.

이 책의 주된 주장은 우리 정신이 우리 자신의 일, 인류의 관심사에 집중될 때에만 비로소 사유와 실천이 아주 친밀하고 완전하게 연결된다는 것이다. 우리의 사유를 자연으로 향하게 할 때, 더 나아가 우리 자신을 자연의 붙박이로 간주할 때 우리 사유와 실천의 연결 고리는 느슨해진다. 그렇게 연결이 느슨해지면, 앞에서 자연주의라고 명명한 입장을 취하고 싶은 유혹에 빠진다. 신과 같은 거리를 두고 인간 세계뿐만 아니라 사연 세계노 바라보게 되며, 그러한 거리의 확보를 인간의 초월적 열망이 실현되는 것으로 취급하게 된다.

이런 식으로 생각하면 별들의 관점에서 수행된 자연과학을 인간적 이해 활동의 정점으로, 즉 직접적이고 찰나적인 상황에 정신이 예속되는 상태를 정신이 가장 완전하게 극복된 지점으로 간주한다. 결과적으로 통찰과 저항의 상호 연관을 지적으로 당혹스러운 사건으로 취급한다.

만약 자연주의의 이러한 믿음이 개념의 사용이 개념의 의미를 결정한다는 주장의 배경을 제공한다면, 이 주장은 급진적 실용주의가 반드시 대적해야만 하는 세력의 무기에 해당한다. 개념의 의미를 정의하는 이 같은 이론과, 찰스 퍼스처럼 사유에서의 객관성이 이상적 관망자들(또는 이상적 조건 하의 이상적 관망자들) 사이의 믿음 수렴이라는 이론의 결합은 자연주의적 편견을 강화한다.

따라서 자연주의적 편견을 제거한다면, 개념들은 개념들이 만들어 내는 차이에서 그 의미를 획득한다는 테제를 이해하는 방식을 변화시킬 수 있다. 우리 자신을 사유하는 과정에서 우리가 지닌 개념들은 행동과 사유의 조직적 구조들에 자연성과 필연성이라는 거짓된 외관을 부여하는 무기가 될 수도, 인간이 그 맥락의 주인이 되는 것을 돕는 무기가 될 수도 있다. 자연에 대한 사유에서 또는 순수한 자연적 실재인 인간 자신에 대한 사유에서 우리의 개념들은 추정이자 은유이며, 이를 통해서 우리는 우리의 의지와 상상력 바깥에 있는 세계, 즉 우리가 만들지 않은 세계를 보고 이해하려고 노력한다. 개념에 의미를 부여하는 개념의 사용은, 우선 사회와 문화를 형성하고 파괴하고 혁신하는 것이다.

다른 한편으로 개념에 의미를 부여하는 개념의 사용은, 금단의 지식을 대체할 대용물을 얻으려는 우리의 노력이다. 여기서 금단의 지식이란, 인간이 유한한 정신을 지닌 사멸할 유기체가 아니었다면 인간의 예언과 통제 권능만으로 통찰할 수 있는 지식을 의미한다. 우리는 이 두 가지 개념의 사용을 지식이라는 동일한 항목으로 파악하는 데에 익숙하다. 그러나 이 상황들이 거울을 들여다볼 때와 어둠을 들여다볼 때처럼 서로 다르다는 점을 깨달아야 한다.

미국 실용주의의 두 번째 특징적인 관념은 윌리엄 제임스의 진리론이다. 이 이론은 실재의 표상과 욕구의 경험이 내적으로 연관되어 있다고 주장한다. 실재가 어떤지에 대한 판단에 실재가 어떻게 되었으면 좋겠다는 희망이 그럴듯하게, 심지어 불가피하게 끼어든다는 것이다.

이 이론이 희망 섞인 사고의 철학으로 귀결된다는 비난에 대해, 제임스는 일련의 일반적인 조건generic qualification의 형식을 띤 반론을 폈다. 우리는 그의 이론을 제약할 것이 아니라 재해석하고 급진화해야 한다. 제임스의 조건들에 따르면, 선택이 즉각적이고 긴급하고, 증거가 결정적이지 않고, '관건적 선vital good'의 호소력이 압도적이라면, 행위자는 그러한 선을 만족시키는 신념을 그렇지 않는 신념보다 선호할 것이다. 자연주의를 비판할 수 있는 원리는 이러한 방식으로 위력을 상실하고, 단지 인진 위주로 바뀜으로써 사이비 이론으로 전락했다. 그 결과, 제임스도 공감했을 법한 철학적이고 성지적인 대의를 발전시키는 데에 유용한 지적 장치를 개발할 기회를 허비하기에 이르렀다.

우리가 원하는 사태와 우리가 실제라고 판단하는 사태 간의 관계 문제는 특수한 맥락에서 독특한 긴급성을 가지고 발생한다. 이 맥락이란 사회적 실재에 대한 통찰과 사회의 재구성을 위한 제안이 맺고 있는 관계이다. 이 관계는 상호적이다. 프로그램적인 상상력은 변혁적 기회에 대한 통찰에 의존한다. 그러한 통찰이 없다면, 구조적인 변화의 발

   3 실용주의의 복원

생 방식에 대한 믿을 만한 관점이 없다면, 현실주의는 그저 현존 상태에 밀착한 상태를 의미한다는 관념만이 우리에게 허용될 것이다.

반대로, 자연에서든 사회에서든 사태를 파악한다는 것은 서로 상이한 조건 아래서 사태가 어떻게 전개될지를 아는 것이다. 자연과 관련해서 말하자면, 우리가 거의 통제할 수 없거나 이해할 수 없는 세계에 대한 제한된 개입만이 우리에게 가능하다. 사회와 문화와 관련해서 말하자면, 고정된 것으로 보이는 모든 것은 그저 정치의 동결 상태이거나 투쟁의 중단 상태일 뿐이다. 사유와 실천에 오직 창조와 갈등과 타협만이 존재하며, 그 밖의 것은 존재하지 않는다. 그 다음 단계의 반영부半影部는 주체와 사회에 관한 우리의 더 일반적인 관념들과 상호작용을 거치면서 우리의 사회적 경험에서 가능한 것들에 관한 관념의 철학적 여분을 표현한다. ㅣ웅거는 '반영부penumbra'라는 용어를 여러 차례 사용한다. '반영부'란 빛을 받은 천체에 의해 뒤쪽으로 드리워진 원추형 그림자의 바깥 부분으로, 주어진 광원光源에서 나오는 빛이 부분적으로 차단되어 있는 부분이다. 한편 '본영부本影部umbra'는 원추형 그림자 안쪽 부분으로, 빛이 완전히 차단되어 있는 부분이다. 반영부는 회화에서는 명암이나 농담濃淡의 경계 부분을 뜻하며, 일반적으로는 의미 등의 경계 영역을 가리킨다. 반영부를 좀 더 일상적인 의미로 옮기자면, 어떤 사태의 발전 가능성이나 미래적 여지, 현재 사태의 변혁 가능 범위라고 할 수 있다. 웅거는 이를 통해 세계가 결정되어 있다고 보는 관점도, 역사가 한곳으로 흘러간다는 필연주의적 사고방식도 거부한다. 웅거가 이 표현을 사용하게 된 유래는 알 수 없으나, 법철학자 하트H. L. A. Hart가 언어의 의미 영역을 '핵심부core'와 '반

영부penumbra'로 나누면서 일상화되었다. 언어의 핵심부는 확실성의 영역인데 비해, 반영부는 본질적으로 모호성과 불확실성의 영역이다. 거기에 해석적 다의성과 선택지들이 존재한다. 웅거는 반영부를, 현존 사태의 변혁을 둘러싸고 새로운 시도와 투쟁을 시작할 수 있는 잠재적인 근거와 배경으로 사용하고 있다. 불확정성과 모호성의 영역이 웅거에게는 가능성과 창조의 영역이라고 할 수 있다.|

사회적 세계가 안정되려면 먼저 정상화되어야 한다. 비록 폭력과 우발적 사고에서 기원했다고 하더라도 사회제도는 인간적 결사의 가능하고 바람직한 일련의 상, 즉 사회생활의 다양한 영역에서 사람들의 관계가 어떻게 될 수 있고, 어떻게 되어야만 하는지에 대한 그림을 구체화하는 것으로 이해될 수밖에 없다. 이해와 변혁이라는 두 가지 길을 배경으로 하여 정상화와 도덕화의 명령은 강력한 사회적 관념들을 전부 자기충족적인 예언들로 전환시킨다. 이러한 관념에 따라 행동할 때 사람들은 그 관념의 상像 속에서 사회적 세계를 개조한다. 그러나 이 일을 자유롭게 수행하는 것은 아니다. 사람들은 고질적인 사실, 즉 희소성의 세악, 목표들 간의 모순뿐만 아니라 수난들 간의 모순 그리고 순전한 무지와 혼동과 같은 제약에 직면하게 된다.

무절제한 공상주의에 투항하지 않고, 동시에 사이비 필연성false necessity|웅거는 전통적 사회이론의 필연주의적 가정을 '사이비 필연성'이라고 비판한다. 그의 '인공물로서 사회society as artifact' 개념과 짝을 이룬다.|의 환상에서 벗어나려는 사회이론은 자기충족적 예언과 완고한 사실들 간의 충돌을 이해하지 않으면 안 된다. 윌리엄 제임스 본인이 자연주의

   3 실용주의의 복원

에 오도되어 이러한 충돌을 이해하지 못했다는 이유로 제임스의 진리 이론에 파산선고를 하는 대신에, 이 진리 이론을 사회적 경험의 성격을 개괄적으로 통찰하는 형식으로 이해해야 한다. 따라서 제임스의 진리 이론이 자리 잡아야 할 가장 적당한 위치는, 개인적·집단적 주체들과 사회와 문화에 대한 우리의 이해이다. 제임스의 이론을 만물에 대한 견해, 즉 정신이 자연 세계와 교통하며 구사하는 책략에 관한 설명으로 받아들인다면 이 이론은 명료성과 방향을 상실하게 된다. 결국 제임스의 이론은 본질을 상실하면서 살아남게 될 것이고, 그렇게 해서 남은 것은 살아남을 가치가 없는 것일지도 모르겠다.

미국 실용주의의 세 번째 특징인 듀이의 경험 관념도 자연주의적 타협을 통해 실용주의의 급진적인 비전을 배반한 또 다른 사례이다. 듀이의 실용주의 관념 속에서는 평화롭게 공존할 수 없는 두 가지 생각이 최고의 자리를 놓고 다툰다.

하나의 생각은, 비록 제약은 받지만 무엇이나 다른 것이 될 수 있고 영원한 것이 존재하지 않는 열린 세계에 던져진 행위자로서의 인간상이다. 이 열린 세계의 가장 중요한 특징은, 그 세계가 현실적 세계의 배후에 있으면서 현실이라는 무대에 등장하라는 신호로 기능하는 사건들을 기다리는 가능성을 단순히 실현하는 데에 그치지 않는다는 점에서, 진정 새로운 것들을 용납한다는 것이다. |본문은 원문을 직역한 것이다. 웅거의 수사학적 표현보다 더 좋은 표현이 없을 것 같다. '현실적 세계의 배후에 있으면서 현실이라는 무대에 등장하라는 신호로 기능하는 사건들을 기다리는 가능성을 단순히 실현한다'는 표현은 닫힌 세계관

을 묘사한다. 실제로 이러한 세계관에서는 인간의 개입이나 창조는 우스꽝스러운 것이다. 가능성에 대한 이와 같은 이해는 반영부로서의 가능성(열린 세계)과 모순된다. 닫힌 세계에서 미래는, 한 마디로 미리 결정된 각본에 맞춰 신호와 동시에 등장하기만 하면 되기 때문이다. 반면, 열린 세계는 이러한 폐쇄성과 완결성을 부정하는 것이다.

다른 생각은, 사유하는 유기체로서 개인을 바라보는 관점이다. 물론 이러한 개인은 스스로 주인이 되지 못하고 진화의 역사 속에 갇혀 있다. 아이디어와 제도는 개인으로 하여금 상황에 대처하도록 허용하는 도구들이다. 이 관점의 가장 중요한 특징은 바로 그 도구적 성격이다. 만약 인간을 구체적 상황에 놓인 유기체로 진지하게 고려하고자 한다면, 도구제작자까지도 도구로, 즉 자연 진화의 도구로 보아야 한다. 그렇지 않다면 개인은 가장 예민하게 느끼는 삶의 체험에서조차 자신의 관심에 냉담하고 이를 파괴하는 비인격적인 힘들의 무의식적인 노리개가 될 것이다. 이러한 생각에서 쇼펜하우어는 인간의 성애적이고 낭만적 체험을, 자연이 우리에게 고통을 주면서 우리를 자연의 목적에 봉사하도록 강제하는 수단이라고 묘사했다. 인간과 인간의 곤경에 대한 자연주의적 견해를 이처럼 혼란스러운 경계로까지 밀고 가지 않는다면, 이 같은 견해는 정합적이지도 완전하지도 않은 것이다.

두 가지 생각이 모두 타당할 수는 없다. 도구제작자 본인이 자연의 도구이고, 인간의 일에 무심한 자연 세계 안에 놓여 사멸하는 유기체의 전략에 도구적으로 봉사하는 정신이라는 두 번째 생각이 궁극적으로 우선한다고 가정해 보자. 그러면 첫 번째 생각, 즉 우연성의 바다를 헤쳐 나가는 저항적인 행위자로서 주체 관념은 무용지물이 될 수밖에 없다. 인간의 자연화는 인간의 탈인간화이다. 그렇게 되면 우리로 하여금 영원한 철학 속에서 위안이나 도피처를 찾도록 하는 동기들이 새로운 힘을 얻을 것이다.

존 듀이의 경험 관념은 역사적 실용주의나 현대 철학의 자연주의적 사조들과 마찬가지로 이러한 모호성을 그대로 남겨 두었다. 그렇게 함으로써 듀이의 경험 관념은, 제약과 우연성에 대항하면서 동시에 제약성을 완화시키고자 우연성을 사용하는 행위자 관점이라는 풍요로운 제안을 현저하게 약화시킨다.

급진적 실용주의가 원래의 의도에 더 충실하려면, 이러한 모호성을 행위자로서의 인간과 그 야망에 유리하도록 단호하게 해결해야만 한다. 어떻게 해야 하는가? 유한한 유기체의 자연주의적 형상은 강력한 진리를 포함하고 있다. 행위자로서 인간을 지지하는 철학은 이러한 진리를 부정해서는 안 된다. 철학은 제약에 맞서 우연성을 사용할 수 있는 행위자로서의 인간상을 더 실재적인 것으로 만들기 위해, 또한 자신의 관심에 냉담한 자연적 과정의 도구로 전락한 도구제작자로서의 인간상을 덜 실재적인 것으로 만들기 위해, 사유를 혁신하고 사회를 개편할 수 있는 방식을 제시하지 않으면 안 된다.

쟁점은 두 가지 생각 중 어느 쪽이 더 현재에 진리성을 갖는지가 아니다. 그보다는 어떻게 첫 번째 생각이 두 번째 생각보다 미래에 더 많은 진리성을 갖도록 만들 수 있는지다. 다시 말해서, '행위자로서의 인간상'이 '사유하는 유기체로서의 인간상'보다 더 진리성을 갖게 되는 미래를 우리가 어떻게 만들 수 있는지다. 경험을 어떻게 볼 것인지를 둘러싼 논쟁에서 결정적으로 중요한 것은 바로 미래를 둘러싼 경쟁이다.

미국 실용주의를 대표하는 퍼스의 의미론, 제임스의 진리론, 듀이의 경험론은 몇 가지 공통점이 있다. 우선, 이 이론들은 해당 이론의 지속적인 관심의 바탕을 이루는 동기들을 명료화하지 못하고 심지어 배반한다. 각 이론 속에서 인간성과 자의식에 대한 통찰은 지식과 자연 일반에 대한 요청으로 경솔하게 대표됨으로써 그 가치가 퇴색한다. 그리고 자연적 세계에 대한 지식이 인간에 대한 지식의 모델이 아니라 단지 그 어렴풋한 확장이라는 점을 깨닫지 못한다. 각 이론은 실용주의에 자연주의의 외관을 덧씌운다. 행위자로서 인간이 전부라고 생각한 철학자들은 인간적 실재뿐만 아니라 자연적 실재 너머에 있는 지점을 향한 매우 오래되고 보편적인 탐색을 다시 한 번 시작했다. 그러나 그 대신에 우리가 실제로 차지하고 있는 유일한 지점, 즉 인간적 세계 내의 한 지점에서 자연적 세계를 관찰한다는 사실에 동의해야만 했다.

그러므로 이러한 세 가지 특징적인 아이디어들이 처한 불운은 그 근본적인 모호성의 명백한 징표들이다. 이러한 모호성은 우리에게서 '민주적 실험주의democratic experimentalism'라는 대의에 더 잘 봉사하고, 영원한 철학에 맞서는 반란을 더 잘 진전시킬 수 있는 수단을 빼앗는다.

중심 테마
행위주체성, 우연성, 미래지향성, 실험주의

이 같은 관념들과 이와 연관된 다른 원리들이 제대로 평가하지 못하는 네 가지 큰 주제가 있다. 바로 행위주체성, 우연성, 미래지향성, 실험주의이다. 모호한 관념 및 원리들은 이 네 가지 주제와의 관계에서 남용된 권능과 왜곡된 통찰의 여분을 이끌어 낸다.

첫 번째 주제는 **행위주체성**Agency이다. 인간 행위자는 맥락과 전통, 확립된 제도들과 통용되는 교리를 통해 형성되고, 사멸하는 육체에 갇혀 있으며, 출생과 죽음과 관련된 풀 수 없는 수수께끼에 싸여 있는 존재로서, 알 수 없는 그 무엇을 필사적으로 원하며, 자신이 갈망하는 무한한 것과 끝도 없이 연속되는 하찮은 신호들을 혼동하며, 타인에게서 위안을 구하는가 하면 자신 안으로 숨어들어가 사물을 타자에 대한 방패로 사용하고, 대부분의 시간에 때로는 격정적으로 그리고 언제나 끝도 없이 몽유병자처럼 배회하며, 자신의 운명을 인정하지만 운명을 수용하는 것처럼 보이는 때조차도 운명과 투쟁하며, 자신의 운명과 모순된 야망을 화해시키려고 시도하지만 그러한 화해가 불가능하거나 혹시 가능하더라도 지속되지 않는다는 것을 필경 침통하게 인정하는 존재이다. 바로 이것이 피할 수 없는 하나의 논제이다.

인간 행위자에 대해 그리고 인간을 제약하는 조건과 인간의 구성 요소들에 대해 우리가 보유할 수 있는 지식은, 신이 자신의 피조물에 대해 가질 수 있는 지식과 아주 흡사한 친밀하고 깊은 지식이다. 반면 우리 외부에 있는 자연에 대해, 심지어 의식, 달리 말하면 이론화된 생명 영역 바깥에 존재하는 자연적 실재로서의 인간에 대해 우리가 획득할 수 있는 지식은 앞서 말한 지식보다 그 완전성과 신뢰성이 떨어질 것이다. 이 지식은 인간이 하는 작업이 다 그렇듯이 주장과 시도를 구성하는 내용이 아니라 가장 기본적인 절차와 개념에서 모순을 포함할 수 있다. 자연에 관한 우리의 지식이 허약한 데에는 자연적 이유뿐 아니라 초자연적인 이유도 있다.

허약성의 자연적 이유는 우리가 신이 아닌, 그저 제한된 범위의 인식과 경험을 가진 덧없는 자연적 존재로 지어졌다는 점이다. 사유가 행동을 예시豫示하고, 행동이 사유를 구체화하는 범위에서 벗어날수록, 우리는 모호한 기호들에서 보이지 않는 실재를 더 추론하지 않으면 안 된다. 이 추론의 성공 여부는 그것이 이론적으로 보이는 때조차도 실천적이다. 그 성공 여부는 우리가 추론에 입각하여 자연에 접근할 때 실제 발생한 결과가 우리가 처음에 억측했던 것과 어긋나지 않는 것을 통해 확정된다. 우리가 경쟁 이론들의 상섬을 논하면서 스스로를 별들의 시선을 누리는 철학자로 상상할지라도, 실상 우리는 실천적인 필요 때문에 불가피한 모호성과 싸우고 대안적 해법을 봉쇄하는 법률가들이다. 이 실천적 필요란 때로는 자연에서 어떤 결과를 얻어야 하는 필요, 과학적 개념과 도구를 사용할 필요, 자연 세계가 어떤 것인지를 기술할 필요를 의미한다.

허약성의 초자연적 이유는, 행위주체로서의 가장 중요한 특징(억누를 수 없는 이탈과 초월의 소질을 자기 안에 통제하거나 완전히 적응시키는 것이 아니라 넘쳐흐르게 하는 행위주체로서의 힘)이 인간적인 세계와 자연적 세계 중 어디에 적용되는지에 따라 매우 다른 결과를 낳는다는 점이다. 인간적인 세계에서 인간적인 특징은 좋든 나쁘든 재구성을 가능하게 한다. 현존 질서가 용인하지 않는 충동과 이익은 다른 질서의 씨앗이 된다. 이 질서는 그 내용과 성질이 그전의 질서와 다를 수 있다. 또, 원래 이 질서를 상상했던 개인이나 집단적 행위자들의 구성적인 자유와 다른 관계를 가질 수도 있다.

비록 변화가 점진적일지라도 무엇이든 맥락, 곧 우리의 맥락 안에서 변화될 수 있다. 그리고 무한한 단계적 조치들의 형태 속에서 변화는 관념들에 의해 드러나고 유도될 수도 있다. 우리는 저항과 재구성의 역량을 발휘할 기회를 증대시키는 실천 관행과 제도들을 발전시킬 수 있다. 정신이 행위자가 가진 저항과 초월의 역량을 가리키는 이름이라면, 우리는 사회에 정신을 불어넣을 수 있다. 우리는 있는 그대로의 인간상과 우리 바깥에서 찾는 인간상 간의 거리를 좁힐 수 있다.

그러나 자연에 정신을 불어넣을 수는 없다. 우리는 단지 자연에 어떤 것을 추가하는 것과 자연을 방임하는 것 사이에서 선택할 수 있을 따름이다. 우리는 최고의 과학적 성취에서조차 이러한 선택에 내몰린다. 자연적 세계와 인간의 관계에서 볼 때 인간의 부적합성의 의미는 강렬하지만 협소하고 유일한 목표물과 주로 관련되어 있다. 그 목표물이란 지배적인 이론과 공인된 방법이 허용하는 한계를 넘어 억측하고 실험하고, 나아가 발견한 결과의 관점에서 가정을 회고적으로 수정하는 인간의 능력이다. 우리는 자연을 우리 자신으로 바꾸려는 희망을 품을 수 없다.

두 번째 주제는 **우연성**Contingency이다. 필연성·가능성·우연성의 양상 범주가 자연적 세계에 적용되면, 그 범주는 자연이 어떻게 작동하는지를 규정하는 우리 관념들과 분리될 수 없다. 자연과학의 특정 분야, 곧 우주론은 필연적인 것은 필연적이고 가능한 것은 가능하며, 우연적인 것은 우연적이라는 의미와 직접적으로 연관이 없다. 필연성, 가능성, 우연성이란 특수한 관념은 단지 특수한 이론이나 이론군에 대한 난난한 시시에 불과하나.

자연에 대한 관념에서 어떤 것은 더 적은 수의 조건에 의존한다는 점에서 다른 것들보다 더 '필연적인' 것으로 표상된다. 그러나 필연적인 사건과 관계 중에서 가장 필연적인 것조차도 인위성의 요소에 영향을 받는다. 즉, 존재하기 때문에 특정한 존재 방식의 요소에 영향을 받게 된다. 정상상태우주론steady-state cosmology ┃현대 우주론은 대폭발우주론과 정상상태우주론으로 대별된다. '대폭발우주론'은 자연계에 존재하는

수많은 원자핵이 특정한 온도와 밀도의 평형 상태에서 만들어진 것이 아니라, 원초적 물질이 팽창하고 냉각되는 연속적인 형성 과정을 거치며 단계적으로 만들어졌다는 이론이다. '정상상태우주론'은 우주는 항상 팽창하며 지속적으로 새로운 물질이 탄생해서 일정한 평균 밀도를 유지하고 있다고 가정한다.| 조차 왜 우주가 자기증식이나 자기연명의 특징을 갖도록 설계될 수밖에 없는지를 설명하지 못한다. 우주가 다른 모습이 아니고 바로 이러한 모습이 되었다는 점은, 우주를 이루는 항구적 관계들의 필연성을 가장 강력하게 지지하는 우주론에서 부인할 수 없는 우연성의 요소이다. 이 항구적 관계들의 필연성 여부가 갖는 정확한 의미는 양상 범주를 동원한 설명이나 독립적인 용어로 추론할 수 없다. 그 의미는 우주와 역사와 시간이 환상이라면 역사를 갖지 않는 방식, 초시간성의 방식과 관계된 생각의 실재와 암시들에 의존한다.

반면에 인간과 관련한 인간적 경험 속에서 우연성은 특별한 의미를 갖는다. 그 의미는 우리의 이해를 자연주의의 족쇄로부터 해방시키려는 철학에서 매우 중요하다. 이러한 우연성은 단순히 게으른 사변이 아니다. 바로 이 부담이 우리를 무겁게 짓누른다. 우리가 애써 이 부담을 부정하거나 가볍게 다루려는 것은 헛된 일이다. 이 부담은 서로 다른 요소들의 단단한 조합이다.

첫 번째 구성 요소는 인간 삶의 더 넓은 구조로서 우주와 그 역사가 간단히 그리고 설명할 필요 없이 거기에 존재한다는 명료한 의미이며, 이 점은 가장 강력한 필연주의적 우주론에서도 그대로 보존된다.

두 번째 구성 요소는, 자연의 다양한 부분을 탐구함에 있어 어떤 이론이 옳은지 최종적으로 그리고 확정적으로 결정할 수 있는 능력의 부재이다. 우리의 지식은 제한되어 있을 뿐만 아니라 불변적인 전제와 방법을 확립하려는 우리의 노력은 해소할 수 없는 모순을 안고 있다.

세 번째 요소는 사회와 문화 형태에 대한 역사적 투쟁이 안고 있는 숙명적 성격이다. 우리 경험의 가장 친밀하고 기본적인 측면들조차 문화의 도그마와 사회제도에 물들어 있다. 우리의 경험은 개인적인 것과 집단적인 것으로, 일시적인 것과 영구적인 것으로 엄격하게 분리할 수 없다. 역사적인 시간은 전기적 시간으로 스며든다.

네 번째 요소는 인생에서 행운과 은총이 하는 역할이다. 즉, 행운이 따르는지 혹은 타자의 인정과 사랑을 받는지 등이 여기에 들어간다. 부모의 우연한 결합의 결과인 우리의 출생을 주재하는 맹목적인 행운은 큰 일 작은 일 할 것 없이 우리를 뒤쫓는다.

이러한 네 가지 사실의 조합에서 귀결되는 우연성의 경험은 우리를 압도할 우려가 크다. 우연성의 경험은 우리의 맥락 조월적이고 육화된 정신의 강력한 깨달음과 명백히 양립할 수 없기 때문에, 우연성의 경험은 우리를 불편하게 하고 놀라게 한다. 우연성의 경험에 맞서 싸우기 위해 우리가 사상사에서 채택한 장치들 중 가장 집요한 것이 영원한 철학이다. 우리는 우연성의 경험에 맞서는 투쟁을 그만두어야 한다. 우리가 우연성의 경험에 맞서는 투쟁을 감행한다면, 우리는 통찰의 명료함뿐만 아니라 주체 형성의 역량을 훼손하는 파괴적 대가를 치르게 될 것이다.

기존 실용주의 관념과 그 원리들이 제대로 평가하지 못하는 세 번째 주제는 **미래지향성**Futurity이다. 인간이 항상 동떨어지고 모순투성이 지식밖에 가질 수 없는 광활한 자연 세계에서 시간의 실재성 여부는 늘 논쟁을 유발하는 주제이다. 그러나 인간에게 시간이 실재한다는 것은 사변적인 테제가 아니다. 시간의 실재성은 출생에서 죽음에 이르는 과정에 걸쳐 의식을 가지고 깨어 있는 한, 점증하는 힘으로 우리가 대면해야 하는 압력이다. 인간 존재가 지닌 시간적 성격은 육화의 결과이자 유한성의 낙인이며, 인간에게 초월을 부여하는 조건이다.

우리는 우리가 살고 형성시키는 사회적·문화적 세계에 의해 고갈되지 않는다. 그러한 세계는 유한하다. 그것들과 비교하면 우리는 유한하지 않다. 우리는 사회적·문화적 세계가 허용하는 것보다 훨씬 다양한 방식으로 보고 생각하고 느끼고 형성하고 연결할 수 있다. 바로 이 점이 우리가 이 세계들에 대항하여 반란을 일으켜야 하는 이유이다. 달리 말하면, 그러한 세계에 대한 반란은 지금 우리가 이해하고 있는 이익과 이상들을 향상시키는 것뿐만 아니라, 우리가 인간 존재의 '법칙파괴적인 법칙'을 구성하는 극성極性을 인정함으로써 우리 인간이 주체로 복귀하는 것을 의미한다.

무엇이 기성 구조를 능가하는지, 그래서 무엇이 대안적 구조의 단서와 심지어 자체 혁신을 조직하는 구조의 단서를 표상하는지를 탐색하는 것이 미래를 지향해 사는 것이다. 미래를 지향해 산다는 것은 실존의 현재 조건에 완전히 휘둘리지 않는 존재로서 현재를 살아가는 방법이다. 우리는 결코 완전하게 투항하지 못한다. 우리는 기성 질서가 영원하지 않고 또한 우리에게 맹종을 요구할 권리가 없다는 점도 알고 있지만, 기성 질서에 완전하게 투항하지 못한 채 수동적인 복종과 소리 없는 절망 가운데 일상을 이어 가고 있다. 어쨌든 미래에 대한 지향성은 인격의 본질적인 조건이다.

인간 실존의 이 같은 특징, 즉 미래지향성은 워낙 근본적이기 때문에 인간의 사유가 인간에서 벗어나 자연으로 향할 때조차도 인간 사유의 경험을 형성시킨다. 우리는 특수자에 대한 경험을 일반적인 분류 기준 아래서 끝없이 재조직하고, 항구적으로 일반적인 분류 기준들을 해체하고 혁신함으로써 경험을 완전히 극복하고, 이미 알고 있는 일련의 관계들 속에서 이 관계들과 인접하거나 그 아래 감춰진 다른 관계들을 직관하고, 어떤 것을 알아내려고 착수했다가도 다른 것을 알아내고, 우리의 가정과 방법이 역설적인 것, 모순된 것, 불가능한 것이라고 기각했을 법한 것을 실제로 발견함으로써 사유의 다음 단계늘, 그 가능성과 미래를 과거에서 현재까지 진행되어 온 전체 사유 과정의 종결점으로 보게 된다.

미래지향성은 곤란한 사태가 아니라 하나의 프로그램이어야 한다. 우리 자신의 권한을 강화시키기 위해 우리는 미래를 급진화해야 한다. 그래서 우리는 과거의 사태가 미래에 발생할 수 있는 사태에 영향력을 덜 미치도록 사유와 사회를 조직하는 방식에 관심을 갖는다. 그러한 지적·제도적 혁신은 사유에서의 변화가 극복하지 못한 변칙태anomalies의 압력에 덜 의존하도록 만들고, 사회에서의 변화도 예기치

　　　　　　　　　　　　　　　　　　　　3 실용주의의 복원

않은 트라우마에 덜 의존하도록 만든다. ㅣ웅거는 트라우마trauma, 재난calamity, 재앙catastrophe, 폐허ruins, 위기crisis 등에 의존하지 않는 개혁과 혁신, 변화를 수없이 거론한다. '위기에 의존하지 않는 변화'가 이 책의 슬로건이라고 할 수 있다. 대체로 현 체제에 만족하는 사람들은 이 체제가 무너지는 상황이 도래해야 마지못해 땜질 처방으로 현존 체제를 임시적으로 변통한다. 그러나 웅거는 위기가 없더라도 끊임없이 변혁을 실험하고 추구하는 체제, 변혁의 변혁, 구조 파괴적 구조를 만들자고 제안한다. 급진 민주주의자로서 성격을 보여 주는 대목이다.ㅣ 주어진 역사적 상황에서 미래를 위해 살리는 노력은, 우리가 관념과 사회에 어떻게 질서를 부여할 것인지에 대한 결론을 내포하고 있다. 구조의 수정을 조직화하는 구조의 구성 요소들은 초시간적인 것이 아니다. 우리는 그 구성 요소들을 시간성에 물든 자료들과 버무린다.

우리가 제대로 평가해야 할 네 번째 주제는 **실험주의**Experimentalism 이다. 이것은 독자적인 관념이라기보다는 앞의 세 가지 주제를 결합한 것에 가깝다. 실험주의는 여기에 새로움과 창조에 관한 관념을 추가한다. 생산의 맥락에서 그리고 실험주의와 과학의 관계를 염두에 두고 이 문제를 고려해 보자. 우리가 어떤 사태를 파악한다는 것은 그 사태의 변혁 가능태들을 파악한다는 것이다. 다른 말로 하면, 원래의 사태가 다른 조건 아래서라면 또는 다른 사건의 결과라면 어떻게 변할 수 있는지를 파악하는 것이다. 가능한 변혁이란 바로 기존 상황의 이러한 변혁들, 즉 다음 단계의 반영부penumbra ㅣ88쪽 옮긴이주 참고ㅣ 를 의미한다. 우리는 이렇게 상상한 변주를 사물로 바꿀 수 있다. 이렇게 되면, 과학은 생산의 토대가 아니라 생산 자체가 된다.

새로움의 생산을 촉진하는 방법은, 사람들의 협동적 작업 방식을 상상력의 사회적 구현체로 전환시키는 것이다. 사람들 간의 교류 방식은 실험적 사유의 운동을 반영한다. 이 목적을 이루기 위해 첫 번째로 해야 할 일은, 반복할 수 없는 일을 위해 에너지와 시간을 절약하는 것이다. 우리는 반복할 수 있는 것은 무엇이든 공식公式으로 표현하고 기계 속에 구현한다. 그러므로 반복 가능한 일에서 반복 불가능한 일로 우리의 에너지와 관심을 돌려야 한다.

영구혁신 |'영구혁신permanent innovation'은 웅거의 구조개혁운동을 함축하는 표현으로서 그의 급진민주주의자로서의 성격을 드러내는 개념이다. 웅거는 '영구혁명permanent revolution'이란 표현도 사용한다. 영구혁명이라는 유사한 개념을 마르크스나 트로츠키 등이 이미 사용했다. 웅거는 현존하는 제도와 의식 구조의 변혁은 일회적인 전면적인 교체(이른바 '혁명')를 통해서 이루어지는 것이 아니라, 일상적인 투쟁과 비상적인 투쟁이 교차하는 영원한 과정이라고 파악한다. 그는 투쟁의 궁극적 목표점으로서 특정한 사회경세적 체제를 가정하지 않는다. 웅거는 이러한 사회적 정신을 낭만적인 교양소설의 주제와 유비한다. | 으로 새로움의 생산을 촉진하는 작업의 또 다른 특징은 이러한 기본적인 성취에 입각해 있다. 우리는 생산적 과업을 집행하는 과정에서 그 과업을 다시 사유하고 재설계한다. 결과적으로, 우리는 감독하는 역할과 집행하는 역할 간의 엄격한 구분이 공고하게 구축되는 것을 용납하지 않는다. 다른 분화된 과업을 수행하

    3 실용주의의 복원

는 사람들 사이의 구분도 군대의 행진 계획처럼 유동적이다. 우리는 경쟁과 협력을 삶의 각기 다른 영역에 할당하기보다는 동일한 실천 속에 융합시킨다. 과업을 수행하는 과정에서 그 일을 수정하듯이, 생산적 활동과 연관된 경험들을 통해서 우리 이익에 대한 이해와 심지어 정체성에 대한 이해까지 수정한다. 결과적으로 실천적 협력의 형식은 분석과 종합의 결합이며, 찰스 퍼스가 말한 업덕선abduction, 즉 사변적이지만 정보에 입각한 역측의 도약 |대전제와 소전제에서 결론을 추론하는 과정이 '연역deduction', 결론과 소전제에서 대전제를 끌어내는 것이 '귀납induction'이라면, 대전제와 결론에서 소전제를 끌어내는 것이 '업덕선'이다. 여기에서는 일정한 가설 설정이나 사유의 비약이 허용된다.| 을 의미한다. 이런 식으로 영구혁신 작업을 조직하는 것이 질주하는 실천이성practical reason on horseback에 어울린다.

정치, 특히 민주적인 정치는 실험주의를 다른 수준으로 전이시킨다. 정치는 생산 영역과 나란히 사회생활의 다른 영역을 조직하는 수준을 능가한다. 정치는 우리가 다른 영역을 변화시킬 수 있는 조건을 설정한다. 정치에서 실험주의적 이상에 접근하는 데 성공했는지를 측정하는 결정적 기준은, 우리가 얼마나 위기에 덜 의존하면서 변화를 달성하는지다. 흔히 경제적 붕괴나 무력 충돌 형태로 발생하는 재난은 어떠한 질서든지 파괴할 수 있다. 부분적으로 민주화된 현대사회에서조차 기성 사회질서를 개혁하려는 사람들은 일상적으로 위기를 동맹자로 끌어들여 의존할 필요를 느낀다. 그런데 정치를 실험적으로 만드는 것은 위기를 동맹자로 끌어들일 필요가 없음을 의미한다. 정치를 실험적으로 만든다는 것은 현행 제도와 관행의 자체 교정 기회를 증폭시킬 수 있도록 정부 권력의 장악과 행사를 둘러싸고, 나아가 실제로는 우리 상호 간의 주장의 기반이기도 한 모든 제도화된 조건을 둘러싸고 경쟁 구도를 조직하는 것이다. 그렇게 되면, 변화는 내재적인 것이 된다.

변화를 내생적內生的인 것으로 만드는 것에 대한 관심은 다양한 측면을 내포한다. 그 직접적 효과로서 이러한 관심은 우리가 관계하는 국지적이고 우연한 맥락 안에서 우리가 주인이 되는 것에 대한 관심, 더 나아가 이러한 맥락을 자연적 사실이나 저항할 수 없는 운명으로 우리에게 떠넘기지 않는 것에 대한 관심에 기여한다. 또한 이 관심은 간접적 효과로 두 가지 유형의 관심을 발전시킨다. 이미 확립된 사회적 분할과 위계질서는 항구적인 공격을 받을 위험이 적은 제도와 신념들에 의존하는데, 우리의 첫 번째 관심은 이러한 사회적 분할과 위계질서를 전복시키는 데에 있다. 두 번째 관심은 사람과 기계와 아이디어를 재조합하는 우리의 역량을 향상시켜서 실천적 진보를 가속시키는 데에 있다.

그리하여 정치 분야의 실험주의는 생산 영역의 실험주의보다 그 깊이에서는 더 심층적이고 범위에서는 더 포괄적이다. 그러나 이러한 정치적 실험주의는 그 자체로 더 일반적인 아이디어(현재 맥락에 결코 사로잡혀서는 안 된다는)와 더 야심적인 실천(아직 존재하지 않는 더 큰 변주를 생산하고자 활용 가능한 더 작은 변주를 사용하는)의 변종이다. 실험주의는 실존적인 '부트스트래핑bootstrapping' │'부트스트래핑'은 그 자

체 동작으로 어떤 소정의 상태로 이행하도록 설정되어 있는 방법을 의미한다. 예를 들면, 최초의 여러 개의 명령으로 모든 명령을 입력 장치에서 컴퓨터 내에 인출할 수 있도록 하는 방법이라고 정의된다. 컴퓨터에 처음 프로그램을 입력하는 방법의 하나이다. 우선 최초로 명령을 판독하는 몇 가지 명령을 작동시키는 조작을 해 두면, 그 후 이 명령으로 계속되는 명령을 순차적으로 판독하며, 최종적으로는 프로그램 전체가 주 기억장치에 프로그램명이 정해져 입력된다.| 이다. 다른 일들이 그러하듯, 실험주의도 계속해서 기성 제도와 믿음의 맥락을 점진적이고 단계적으로 변화시킨다.

이러한 관점에서 보면, 실험주의는 형이상학적 문제를 풀 해법이다. 문제는 우리가 어떠한 일이든지 처리할 수 있도록 경험과 사회를 조직하지 않으면 안 된다는 점, 그런데 우리의 통찰력과 창조와 연결의 능력을 제대로 살리는 경험과 사회 조직은 존재하지 않는다는 점이다. 이 문제에 대한 해법은 두 가지를 고려해야 한다. 우선, 기존 맥락 안에서 운동 방법을 발전시켜 기존 맥락이 아직 실현하지 못한, 더 나아가 허용하지도 않을 기회들을 맥락 안에서도 기대할 수 있도록 만들어야 한다. 또 하나는, 사회와 사유를 조정하여 현재를 재생산하는 것과 미래를 실험하는 것 사이의 간극을 완화시키고 소멸시키는 것이다. 그렇게 되면 삶과 사유 형식 속에 실험주의적 충동을 구현하여 참여와 초월을 더 온전하게 화해시킬 수 있을 것이다. 이것이 우리 인간이 한층 더 인간적인 동시에 더 신적인 존재로 거듭나는 길이다.

실용주의의 두 가지 오독

철학으로서의 실용주의는 행위주체성·우연성·미래지향성·실험주의에서 영감을 받았지만, 앞에서 설명한 네 가지 주제를 제대로 발전시키지 못했다. 실용주의 철학은 이 주제들을 자연주의 앞에 희생시켰다. (미국 문화의 표현으로서의 실용주의는 민주주의 아래서 일어나는 여러 삶의 가능성들을 공정하게 평가하지 못했으며, 결국 이 가능성들을 민주적 완전주의에 희생시켰다.) 퍼스의 의미론, 제임스의 진리론, 듀이의 경험론의 얼버무림은 이상을 편견 앞에 희생시키는 특징적인 형식을 보인다.

이상理想은 사소한 상황에 체념하지 않는 행위자로서의 인간을 지지한다. 반면, 편견은 인간의 시각보다 고차원적인 사유와 판단의 기초를 발견하려는 그릇된 시도를 고집한다. 그 결과, 실용주의는 이상에 부응하지 못했으며, 영원한 철학에 맞설 한층 비타협적이고 강력한 대안을 구체화할 수 없었다.

미국 실용주의 역사에서, 이상을 훼손한 자연주의에 대한 양보에서, 이상을 구해 내는 것이 우리가 할 일이다. 물론 이 구출의 결과물에 '실용주의'라는 명칭을 사용할 것인지는 논란의 여지가 있다. 나는 일련의 실용적인 이유에서 이 문제에 긍정적으로 답변할 것을 제안한다.

실용주의의 방향을 이처럼 재정립하는 것은 족쇄에 묶인 이상을 해방시키는 것이다. 이상을 해방시키려면 최근에 힘을 얻고 있는, 실용주의 전통을 바라보는 두 가지 독법을 거부해야 한다. 하나는 축소적 독법이고, 다른 하나는 회고적-영웅적 독법이다. 전자는 시대착오적이고, 후자는 구식이다. 이 두 가지 독법 모두 실용주의 전통에서 가장 높이 평가해야 할 부분을 전혀 이해하지 못하고 있다.

축소적 독법은 실용주의를 포스트모더니즘의 선구자로 간주한다. 포스트모더니즘 특유의 허영은, 모든 역사적 구도가 고유한 법칙을 가지고 있다고 보는 대목이다. 이러한 독법에 따르면, 역사적 구도를 자신이 처한 조건과 다른 조건에서 판단하는 것은, 어느 누구도 희망할 수 없는 맥락 초월적인 정초주의적 통찰을 주장하는 것이다.

이런 생각은 좋은 부정否定의 아이디어(지식과 경험의 역사에서 불변하는 지점은 존재하지 않는다.)와 나쁜 부정의 아이디어(기성 사회구조가 허용하는 것 이상을 보고, 생각하고, 창조할 수 없다.)의 혼합을 보여 준다. 나쁜 부정의 아이디어는 미래지향성이나 초월이라는 주제의 전면적 부정을 의미한다. 이것이 이 책의 1장에서 탐구한 네 가지 폐기된 입장 중에서 네 번째 입장인 '위축된 실용주의'의 핵심 주장이다.

나쁜 부정의 아이디어를 나쁘다고 말하는 또 다른 이유는, 이 아이디어는 그 자체로 실천적인 의미가 전혀 없다는 점이다. 그것은 그저 공허한 몸짓이다. 축소적인 주장은 담론에 대한 담론, 즉 기준과 방법 및 정초에 대한 고차적인 제안들이 시간 낭비라고 암시한다. 이러한 관점에서 정당화할 수 있는 유일한 메타 담론은, 모든 메타 담론이 쓸모없고 환상적이라고 천명하는 담론뿐이다. 그저 제도와 아이디어들의 재구성에 대한 일차적인 제안만이 중요하다는 것이다.

그러나 우리가 일차적인 제안들을 고안하는 데 가동하는 에너지, 권위, 창조성은 현재 맥락의 한계를 넘어 통찰하는 능력에 의존한다. 사유에서 혹은 사회에서 일어나는 중요한 혁신은 모두 작은 반란을 요구하는 경향이 있다. 작은 반란은 맥락 안에서, 달리 말하면 맥락을 규정하는 제도와 이상 안에서 변화를 통해서만 더욱 온전하게 실현될 수 있었던 가능성들(통찰, 경험, 연관성과 조직)을 현재적 맥락 안에서 앞서 실현하는 것을 의미한다.

이렇게 보면 가장 중요한 일차적인 계획들은 대인적인 미래로 가득하게 된다. 그것은 개혁이자 예언이며, 그 실행자와 지지자들은 그들이 처한 상황에서 예언과 일치하지 않는 것이면 무엇이든 거기에 대응해 전쟁을 벌일 수밖에 없다. 이 실천은, 인간은 행운이든지 불운이든지 그들이 살고 있는 사회적·문화적 세계의 죄수라는 관념에 대한 생생한 반박이다.

이러한 혁신에 영향을 미치는 관념은 불가피하게 일차적인 제안과 고차적인 제안의 요소들을 결합하게 된다. 예컨대, 그 관념이 새로운 과학 이론이라면 필연성·가능성·우연성에 관한 과학의 가정뿐만 아니라 과학의 관행과 개념의 변화까지 함축할 수 있다. 그 관념이 사회 개혁이라면, 그것은 사회의 제도적 조직뿐 아니라 이익에 대한 사람들의 인식에도 흔적을 남길 것이다. 그 각각의 사례에서 일차적 주도성은 관념이나 제도의 고차적 개혁으로 치장될 것이다.

따라서 우리가 발본색원해야 하는 것은, 자기가 내놓은 제안들의 효능으로써 그 역량을 증명하는 고차적 담론의 예언가적 야망이 아니다. 오히려 어떠한 제안도 내놓지 못한 채 자신의 불모성을 드러내는 메타 담론의 터무니없는 허망함을 제거해야 한다.

이 명백한 역설은 실용주의의 축소적 독법이 대단히 비생산적인 회피에 지나지 않음을 보여 준다. 축소적 독법은 절제의 이름으로 야망을 비난하고, 목전의 성과를 위해 가능성을 거부한다. 이 독법의 대표자들은 구체적인 프로그램 |'프로그램' 또는 '프로그램적 사고'는 법칙적 사고, 즉 불가분성론, 필연성론, 결정론에 대립하는 웅거의 기본 개념이다. 이 개념은 역사의 개방성에 입각하여 인간이 어느 방향으로 어떠한 조치를 취할 것인지에 대해 선택의 여지가 존재한다고 전제한다. 그에 따라 유동적이고 가변적인 다양한 프로그램이 존재한다. | 을 제시하지 않는다는 점에서 그들이 모시는 철학적 영웅들과 구별된다. 그들은 모든 메타 담론의 무용성과 일차적 제안의 가치를 고차적 담론의 유일한 메시지로 파악하기 때문에, 일차적 제안을 갖추지 못한 영역을 사회와 사유에서 배제하고 이를 지배 세력에 넘긴다. 그들은 일차적인 기획과

고차적인 기획 간의 경계가 개방적이라는 점을 인식하지 못하기 때문에, 그들이 최고의 가치를 부여하는 바로 그 관념 유형에서 무능한 모습을 보인다.

　회고적-영웅적 실용주의 독법은, 축소적 독법의 가벼운 역사주의(포스트모더니즘)에 맞서 실용주의 전통을 옹호하려고 한다. 이러한 독법은 고전적인 미국 실용주의자들을 숭상한다는 구실 아래 실용주의자들을 현실주의·상대주의·객관성에 관한 친숙한 논쟁에 관련된 철학 교수들로 상정한다. 그 결과, 회고적-영웅적 독법은 현재의 용도를 위해 실용주의 이론에 포함된 동요·당혹감·활기를 불러일으키는 요소들을 해방시키기보다는, 실용주의의 전망이 지닌 시간 제약적 약점들을 강조하는 화석을 생산한다.

　이에 따르면, 실용주의의 중심적 테제는 세계를 신의 눈으로 바라볼 수 있다는 인간 역량에 대한 오만한 확신에서 서구 사상이 장기적으로 후퇴하는 과정에 구축된 최후의 방어선에 관한 어떤 것이다. 실제로 고전적 미국 실용주의자들의 저작 속에는 이러한 해석에 빌미를 주는 부분이 많다. 그런데 바로 그 부분이 자연주의의 환상으로 심각하게 훼손된 것이다.

　회고적-영웅적 독법이 실용주의에 범한 오류는 두 가지 충동, 즉 버려야 할 충동과 보존해야 할 충동의 혼동이다. 권장해야 할 충동은 사변적 사유를 지속적으로 지배하는 온갖 이분법, 즉 주체와 객체 간의 이분법, 자유와 필연 간의 이분법, 정신과 자연 간의 이분법을 폐

　　　　　　　　　　　　　　　　　　　　　　

기하려는 충동이다. 행동과 연결에 관한 경험은 이러한 이분법들을
해체한다.

여기서 중요한 것은 그것을 해체할 때 우리가 어떠한 방향을 취해
야 하는지, 즉 우리가 매일 우리의 인생과 사회를 가지고 무엇을 해야
하는지다. 이분법은 실제로 환각일 뿐이다. 이분법은 내부에서 실천
적으로 개입하려는 것이 아니라, 행동의 영역에서 한 발짝 벗어나 외
부에서 사변적으로 우리 자신을 관조하려는 시도에서 유래했다. 지
난 200년간의 철학에서 가장 가치 있는 것들은 거의 대부분 직간접적
으로 이러한 이분법을 상대로 한 투쟁에 기여했다.

반면에 우리가 버려야 할 충동은, 특수한 재구성적인 의도나 기획
과 유리된 채 이분법의 해체에 대한 스토리story를 말하려는 충동이다.
그러한 스토리는 슈퍼과학superscience과 같은 것이다. 그런 스토리는 단
지 어떻게 이분법이 자연에서 해체되는지, 어떻게 인간 경험이 자연
적 세계와 밀접한 연관을 형성하는지를 설명할 것이다. 그렇게 함으
로써 그 스토리는 이러저러한 형태로 듀이의 경험론이 노정한 혼동
을 답습할 것이다. 듀이의 경험론은 인간이 그 자체로 자연적 존재라
는 점을 아는 것과, 자연적인 언어로 인간 경험을 완전히 해명하는 것
(인간은 이 일을 할 수 없는데)을 혼동했다. 따라서 이런 식의 막연한 스
토리는 마치 우리가 자연과학의 과업도 이행하지 않고, 과학적 억측
은 모두 그 성격상 전문화되고 도구에 의존하며 따라서 임시적이라
는 제약도 고려하지 않은 채, 과학적 지식을 둘러싸고 있는 어둠을 갑
자기 빛에 의지해 추방할 수 있는 것 같은 태도를 취하는 것과 같다.

고전적인 실용주의 철학자들은 헤겔, 베르그송 같은 수많은 철학자들과 꼭 마찬가지로, 철학을 자연주의적 슈퍼과학으로 그릇되게 이해하고 실천하면서 이분법의 해체를 추진했다. 실용주의의 회고적–영웅적 독법은 축소적 독법의 상대주의와 역사주의에 대한 실용주의의 투쟁을 그와 같은 실수의 기념 무대로 바꾸어 놓는다.

이러한 실수 때문에 우리는 이중적인 상실을 무릅쓴다. 하나는 인간이 처한 상황에 대한 명료성의 상실이다. 자연 안에 포위되어 있는 인간의 상태로부터는, 마치 실제의 우리가 아닌 것처럼 우리가 외부에서 이러한 포위 상태를 묘사하고 우리의 상황을 기술할 수 있다는 결론이 도출되지 않는다. 우리는 찰나적이고 상황 제약적인 유기체의 상태에 맞게 형성된 인간의 인식과 추론 장치의 효력 범위를 이론화 작업과 도구 제작을 통해 확장시킬 수 있다. 그러나 어디까지나 국지적인 행동의 축적을 통해서만 그렇게 할 수 있다.

우리의 견해가 우리에게 드러난 현상들의 근거를 방치하면, 그 현상들은 우리의 직관적인 이해와 동떨어진 우화로 변한다. 추론과 적용의 주변부에서 그 현상들을 진짜라고 긴주함으로써, 우리가 산출할 수 있는 실천적 결과들(실험과 의도)을 통해 이 현상들을 정당화할 수 있다.

그렇게 되면 우리가 처한 상황을 바라보는 명료성을 상실할 뿐 아니라, 우리의 행동이 취할 방향도 잃게 된다. 우리는 신의 눈으로 세계를 볼 수 없다. 그렇지만 우리가 처한 상황은 변화시킬 수 있다. 우리를 둘러싼 여건의 구성 요소들뿐만 아니라 여건 자체와 인간관계를 변화시킬 수 있다. 자연주의적 슈퍼과학에 대한 환상을 기각하고, 변혁적 행동을 지지하고 자극할 수 있는 사유 형식을 생산하는 것은 급진적 실용주의의 야심 중 하나이다. 바로 이것이 철학이 거부해 온 이분법에 이어 우리가 마련해야 할 후속편이다.

실용주의의 통찰과 미국의 실수

어쨌든, 실용주의는 책을 통해 해명되는 사변적 원리에 그치지 않는다. 실용주의는 이 세계에 지배적인 힘을 행사하는 나라의 특징적인 철학이기도 하다. 그러므로 실용주의를 액면 그대로 일련의 개념적 제안이라고 생각해서는 안 된다. 자연주의적 편견들로 인해, 이 제안들은 실용주의를 활성화시키는 재구성적 충동들에서 멀어졌다. 실용주의는 실용주의의 철학적 목소리가 투영된 국가적 경험과 국가적 기회을 배경으로 이해하는 것이 유용하다.

이러한 관점에서 보았을 때 (강단철학 바깥의 더 넓은 세계에서 진행되는 바와 같이) 실용주의는 의미와 진리와 경험에 관한 일군의 이론을 제공했다기보다는 삶과 사회의 실천적인 문제에 대한 일련의 태도를 제공해 왔다. 이러한 맥락에서 실용주의가 직면한 어려움은, 과학에 대한 공감과 자연주의에 대한 투항을 혼동하는 유혹이 아니었다. 진짜 유혹은 실용주의가 우호적으로 평가하는 미국적 문화의 약점이 실용주의적 방법의 내용을 훼손하도록 방치하는 것이었다. 오류는 자연주의가 아니었다. 그것은 내가 이미 앞에서 '민주적 완전주의'라고 부른 견해였다. 민주적 완전주의, 현상주의, 자연주의는 영원한 철학에 대한 완전한 대안을 제공하려고 노력하는 과정에서 현대 사상을 무기력하게 만들어 버린 주요한 방법들이다.

모든 문화는 사회생활의 가변적 특징들과 인간 실존의 지속적 특징들 사이에 경계선을 그어야만 한다. 전체 사회문화 질서가 정치의 동결 상태(투쟁의 억제와 중단)라는 점을 제대로 평가하지 못한다면, 우리는 우리가 만든 피조물의 노예가 되어 그것이 자연적인 것 심지어 신성한 것인 양 그 앞에 머리를 조아리게 된다. 정치적 언어를 신학적 언어로 바꾸는 순간, 우상숭배의 죄를 저지르고 무한한 정신을 정신의 유한한 건축물의 경계 안에 가두고 만다.

다른 한편으로 우리의 무지와 유한성을 부정하고 자기구제나 자기주문으로 이러한 무지와 유한성에서 탈출할 수 있다고 상상한다면, 우리는 명료성뿐만 아니라 우리 자신마저도 상실할 우려가 높다. 우리를 속박하는 변명을 위해 진정한 재구성적 역량을 포기하는 것이다. 영원한 철학은 그 자체로 그릇된 초월과 환상적인 해방의 형식에 불과하다. 영원한 철학에서 불완전하게 탈출한 형태인 현상주의, 자연주의, 민주적 완전주의도 어느 정도는 마찬가지다.

미국 문화의 주된 요소 중 하나는 사회생활의 가변성을 과소평가하고, 개인이 인간 생활의 궁극적 구조와 관련하여 타고난 필멸성과 연약함과 속수무책의 결과에서 탈출할 수 있다는 점을 과장하는 것이다.

사회생활의 가변성을 부정하는 사고의 원천은 제도적 물신주의 │ 웅거는 물신주의를 구조의 관점에서 그리고 제도의 측면에서 규정한다. 전자가 구조 물신주의structure fetishism이고, 후자가 제도적 물신주의institutional fetishism이다. 전자는 '구조는 구조이다'라는 심층구조 이론에 입각해 인간의 변혁 가능성을 부정하는 입장이고, 후자는 특정한 제도를 특정한 관념의 완전한 실현태로 간주하고 변혁 가능성을 부정하는 입장이다. 웅거는 두 입장 모두 거부한다.│ 이다. 예컨대, 미국을 탄생시킬 때 건국의 아버지들이 지닌 천재성과 신의 가호 덕분에 아메리카 공화국은 자유 사회의 확정적인 공식에 입각해 설립되었다는 믿음 따위가 바로 제도적 물신주의다. 이러한 헌법 숭배는 시장, 민주주의, 자유로운 시민사회라는 추상적인 관념을 포괄적으로 이상화시키면서, 동시에 이러한 추상적 관념을 미국의 특수하고 우연적인 제도들과 부당하게 동일시한다. 아마도 국가적 위기라는 비상 상황이 닥쳐야만 이러한 구조를 재조정하자는 요구가 등장할 것이다.

변화의 재난 의존성을 감소시키는 것은, 인간적 역량 강화와 지유의 기획을 이루는 한 부분이다. 그러나 이러한 의존성이 커질수록, 특수한 세계에 대한 참여와 그 세계의 가정들에 대한 비판적 간격을 결합시킬 기회는 그만큼 줄어든다. 또한 제도와 습관이 실천적 협력과 열정적인 애착의 기회들을 사회 분업과 위계서열의 희생물로 만들어버릴 가능성도 그만큼 더 커진다. 이 두 가지 방식으로 제도적 물신주의는 우리를 덜 자유롭게 하고, 신을 덜 닮도록 하고, 우리를 덜 인간적으로 만들 것이다.

이러한 상황에서는 우리 자신을 주변적 존재로 바꿔야만 이 상황에 개입할 수 있게 될 것이다. 주인이나 노예가 되어야만 타자와 연결될 수 있으며, 애착을 포기해야만 우리의 자유를 확인하는 데 성공할 것이다. 이러한 전망에는 사회생활의 가변적 성격에 대한 무지와 함께 죽음과 약점을 다루는 인간의 능력에 대한 오해가 나타난다. 개인은 오로지 자신의 힘으로, 자신감과 자아 형성의 반복적인 행동을 통해 자신을 고양시킬 수 있다고 상상한다. 개인은 사물을 축적하여 타인에 대한 의존성을 감소시키려고 한다. 개인은 운명에 맞서 자신을 강철같이 단련시키고 공포를 진정시켜 줄 것이라고 희망하는 관행들을 지속적으로 고쳐 간다. 개인은 적당한 번영과 독립을 성취하고자 노심초사하면서 자신의 작은 왕국(사업, 재산, 가족) 안에서 스스로에게 축복을 내리며 한시적인 왕을 꿈꾼다. 이렇게 온갖 방식으로 개인은 삶의 위험과 죽음의 공포를 극복하려고 시도한다. 개인들은 제도와 관행으로 점철된 역사적 세계를 배경으로 끊임없이 태어나고 죽어 간다. 이러한 시각은 인간의 성공 노력이 맹목적인 행운과 사회질서와 정신적 은총이든 물질적 도움이든 타인의 임의적 지원에 좌우될 수 있다는 점을 근본적으로 또한 위험스러울 정도로 과소평가한다.

미국적 경험에 비추어 볼 때 이러한 자립self-making 관념은, 실제로 개인과 개인의 관심사를 중심으로 한 일련의 동심원을 통해서 뻗어 나가는 아주 다양한 결사체 및 자발적 협력 행동들과 공존한다. 그러나 미국에서 일어난 자발적 결사는 자기 실존의 토대 위에 굳건히 서 있는 개인들의 열정과 큰 뜻에서 생성된 거품 현상과 같은 것이다. 발생하고 소멸하고, 강해지거나 약해지는 것은 바로 의식 형태이다. 의식 형태는 질서 정연한 자유 체계의 필수적이고 본질적인 부분으로 둔갑한 사회생활의 기존 구조를 자신의 구조로 당연히 받아들인다. 의식 형태는 제도를 혁신하는 것을 원하지도 않고 그럴 능력도 없으며, 단지 제도의 내용을 채우거나 채우지도 못하는 정신이고, 이러한 제도는 또한 의식 형태를 유지시킬 여력도 없다.

일단 철학적 교리로 자연주의와 결합한 실용주의는 일련의 국민적 태도의 철학적 표현으로서 이러한 민주적 완전주의와 재결합했다. 첫 번째 결합의 대가는 행위주체성, 초월, 미래지향성 그리고 실험주의를 이것들과 갈등하는 관념들과 조합함으로써 이 네 가지 주제가 지닌 힘을 무디게 했다는 점이다. 결합의 두 번째 대가는, 서구적 이단異端의 수중에서 이 주제들을 표현하는 방식과 그 급진적 발전을 변질시켰다는 점이다. 이렇게 변질된 이단으로서 실용주의는 인간 존재의 가변적 특징과 불변적 특징 간의 경계 설정에서 과오를 범함으로써, 지난 200년간 세상을 폭풍처럼 엄습한 인간과 역사에 대한 놀라운 사유 방식을 왜곡하고 타락시켰다.

이러한 의식 형태는 실용주의 철학이 제공하는 매력적인 자유주의적 실험주의liberal experimentalism의 언어로 엄호를 받으면서, 민주주의와 경제적 진보의 약속을 독단적인 제도적 공식(이른바 대의제 민주주의, 시장경제, 자유로운 시민사회의 특수한 제도적 형태)에 한정한다. 그 결과, 자조와 연대 간의 연관성을 부정하거나 곡해하는 도덕적 프로그램을 마치 개인의 해방과 자아실현을 위한 기획으로 간주하기에 이르렀다.

이제 이러한 이단이 미국의 권력으로 무장하고 미국의 권력과 일치하게 되었다. 이제 이러한 변질된 실용주의에 저항하고, 그 지지자들에게 콘스탄티누스 황제의 대권을 부여하는 것을 부정하는 것이 인류의 이익이다.

실용주의가 행위주체성·우연성·미래지향성·실험주의와 같은 중요한 주제들을 전향적으로 발전시키려면, 자연주의와의 결합뿐만 아니라 파당적인 민주적 완전주의와의 협력 관계에서 벗어나야 한다. 그 귀결은 우리가 역사적으로 아는 실용주의 철학과 사뭇 다를지도 모른다. 그럼에도 불구하고, 그 귀결은 처음부터 실용주의 사유 전통에서 가장 중요하고 가장 희망적이었던 바를 언급하기 때문에 여기에 걸맞은 이름을 붙여야 한다면 실용주의가 적당할 것이다.

4

핵심적 관념

제약, 불완전성, 저항, 혁신

인간성 관념

    철학의 미래는 인간의 행동과 사유, 잠재력 등 인간성에 관한 불확정적 관념의 발전에 달렸다. 이러한 관념이 불확정적인 이유는 그것이 전통적인 사유 방식과 많은 부분에서 모순되고, 현재 확립되어 있는 사회와 문화에 대한 급진적인 비판을 내포하기 때문이다. 그러나 다른 의미에서 이러한 관념은 정통적이기도 하다. 그것은 지난 200년 간을 주도한 몇 가지 특징적인 사유 경향들의 일반화와 심화의 귀결이기 때문이다. 실용주의 전통이 이러한 경향들에 특별한 발언권을 가진다면, 그 근거는 실용주의가 이 경향들의 발전을 가로막는 지적인 걸림돌을 열정적으로 공격한 데에 있다. 따라서 실용주의의 급진적 전개를 논할 때 가장 중요한 문제는, 사유에서 이러한 경향들의 미래가 어떻게 될 것인지 그리고 사회에 대한 그 의미의 미래가 어떻게 될 것인지 하는 것이다.

    인간성 관념의 성격을 파악할 수 있으려면, 이러한 관념이 의존하는 지적 우선순위를 전복해야 한다는 점을 깨달아야 한다. 고대인들의 철학은 인격적인 것에 대한 비인격적인 것의 우위를 가정했다. 비인격적 실재가 가장 신뢰할 만한 지식의 주제이자 가장 강력한 가치들의 원천으로 수용되었다. 이에 따라 신성성은 비인격적이지만 근본적인 실재의 모형에 입각해 묘사되었으며, 신을 인간과 같은 모습으로 형상화하는 것은 범속함에 대한 양보로서 기각되었다.

이 과정에서 비인격적인 것의 우월적 권위와 실재성은 때로는 현상계의 실재성을 긍정하는 견해 속에서 표현되기도 하고, 다른 때는 현상을 더욱 은폐되고 실재적인 모형들의 희석된 표현으로 표상하는 관념 속에서 표현되었다. 고대인들은 현실에서 애쓰는 행위자들의 직접적인 관심사와 동떨어진 것에 궁극적인 실재와 가치를 두었기 때문에, 그러한 믿음은 투쟁을 통한 변혁과 자체 변혁을 폄하할 수밖에 없었다. 그들은 정신과 주체로서 그들이 신성하다고 여긴 초탈과 평정심과 부동심을 추구했다.

그런데 인류 문명을 형성하고, 이를 통해 눈부신 성공을 거둔 종교적·도덕적·미적 운동들은 이 우선순위를 완전히 전복시켰다. 그래서 비인격적인 것에 대한 인격적인 것의 우위성을 실제로 지식과 가치의 영역에서 확인했다. 우리가 더 친밀하고 확실하게 이해할 수 있는 것은 바로 우리의 세계, 즉 우리가 행동을 통해 창조한 세계이다. 나머지 실재는 피할 수도 없고, 신뢰할 수도 없는 경계 확장을 통해서만 터득한다. 세계를 한 번 만들었는데 다시 만들지 못하라는 법은 없다. 마르크스가 말했듯이, 우리는 "상황에 맞게 멜로디를 불러서 상

황을 춤추게 할 수 있다."(Capital, vol. I, New York, 1967, p. 263)

　비인격적인 것에 대한 인격적인 것의 우위성을 추구하는 서구 문명의 경향들은, 세계사에서 고등문화들의 도덕적 성찰 속에 가장 영속적이고 보편적인 요소를 형성하고 있는 부동심invulnerability의 윤리를 뿌리 뽑았다. 그 대신에 근대 서구의 가장 특징적인 문학작품(19세기 소설과 같은)에서 집요하게 탐구한 관념, 즉 개인은 사회와 갈등하며 그리고 주체의 내적 갈등을 통해 강력하고 독립적인 인격을 발전시키고 자신을 고양시키며 훨씬 더 신성한 존재로 만든다는 관념을 심어 놓았다. 주체의 초극과 주체의 형성에 이르려면, 인간은 외부에 대한 방어기제를 선택적으로 완화시켜야 하고 인간 상호 간에 감응성 vulnerability | 감응성 또는 감수성은 웅거의 파토스를 느끼게 하는 개념이다. 웅거는 영원한 철학이 추구하는 초연한 부동심invulnerability에 맞서 인간의 상호교감을 대비시킨다. 원래 vulnerable은 '상처 받기 쉬운', '취약한'이라는 의미를 가지나, 웅거는 서로 상처 주고 상처 받기 쉬운 인간의 특성을 교감과 변화의 원동력으로 상정하고 있다. | 의 지대를 창조해야 한다.

　인류에게 민주주의가 제공한 적지 않은 기여는, 이러한 탐색에 더 우호적인 환경을 창조한 것이다. 민주주의는 고착된 극단적 불평등 형태를 공격하고, 변혁과 자체 변혁을 향한 보통 사람들의 역량을 옹호함으로써 그러한 역할을 한다.

　그렇다면 세계, 주체, 사회 그리고 사상에 대해 어떠한 인식을 가져야만 이 문명 안에서 혁명적 충동을 최상으로 발전시키고, 충동의 신뢰도를 검증하고, 그 결과까지 성취할 수 있을까? 우리가 구출하고 급진화시킬 가치가 있는 실용주의는 바로 이 문제를 자신의 문제로 여기는 철학이다.

이러한 철학적 시도에서 가장 고민스러운 요소는 그 첫 번째 운동이다. 그 운동은 비인격적인 것에 대한 인격적인 것의 우위성을 주장하고, 이 세계에서 우리가 서 있는 곳에서 운동을 시작해야 한다고 결정하는 것이다. 기존의 실용주의 논쟁은 지식의 객관성과 자연과학의 권위에 대한 전통적인 논쟁을 강조해 왔다. 이러한 토론은 실용주의 철학이 제기한 문제들이 회의주의를 둘러싼 해묵은 논쟁의 단순한 변형인 양 이 문제들을 취급한다.

그러나 비인격적인 것보다 인격적인 것이 우월하다는 주장이 암시하는 바 속에서 실용주의의 가장 수수께끼 같고 가장 희망적인 부분을 발견할 수 있다. 그 의미와 근거는 차차 논의할 것이다. 비인격적인 것에 대한 인격적인 것의 우월성을 철저하게 관철시키고 나면, 실용주의와 회의주의의 관계가 다른 각도에서 드러날 것이다. 회의주의는 오랜 시간을 통해 검증된 일련의 내항 운동으로 관리될 수 있다. 그러나 일단 급진화된 실용주의는, 서구와 온 세상이 전복되기 위해 오랫동안 투쟁해 온 인격적인 것에 대한 비인격적인 것의 이교적 우위성으로 복귀하지 않는 한 통제될 수 없다.

관념의
요소들

인간 행동을 둘러싼 제도적·담론적 구조와 관련하여, 주체와 인간에 대한 세 가지 관념이 이 철학적 강령에서 중심적인 지위를 차지한다. 이 관념들을 제대로 이해하려면 그 상호 관계를 정확히 파악해야 한다. 나는 개인적 주체라는 관점을 넘어 인류 전체의 관점에서 이 관념들을 기술할 것이다.

첫 번째 관념은, 우리가 특수한 존재성을 가진다는 관념이다. 달리 말하면, 우리는 특정한 제도와 믿음으로 형성된 특수한 사회와 문화뿐 아니라 특수한 신체를 가진다는 것이다. 개인적이고 사회적 존재로서 인간의 자연적이고 불변하는 형태는 존재하지 않으며, 어떤 지적이고 도덕적인 초월 행위로 도달하여 특수자를 더 잘 판단할 수 있는 외계 공간 역시 존재하지 않는다. 어떤 의미에서는 오로지 특수자들만이 존재한다.

인간의 인식과 행동을 위한 장치는 특수성에 젖어 있다. 그러한 장치는 필멸하는 인간이 활동하는 시공간적 규모에 적확하게 부합한다. 다른 도움이 없다면 우리는 그저 우리 주위에 있는 것만 보고, 지금 여기에서 우리를 위협하거나 기쁘게 하는 것들만 느끼는 것이 당연하다. 대부분의 인간 사유는 척후斥候처럼 행동보다 앞서기도 하고, 역사가와 법관처럼 뒤따르기도 하면서 행동에 의존한다.

두 번째 관념은, 행동과 사유의 습관적 구조들, 특히 사회제도와 문화 관습이 인간을 틀어쥘 수 없다는 관념이다. 그러한 구조들이 우리를 형성시키는 것은 분명하지만, 결코 완성시키지는 못한다. 이 구조들이 인간으로 하여금 그 구조들에 도전하고 변혁하도록 촉진하지는 않지만, 인간은 얼마든지 그 구조에 도전하고 그것을 변화시킬 수 있다. 인간 안에는 길들일 수도 없고, 고갈시킬 수도 없는 역량의 여분이나 잉여가 항상 존재한다.

주체를 형성시키는 여건들에 대한 주체의 초월은 인간 경험의 모든 영역에서 발생한다. 가능한 경험의 스펙트럼의 한 죽인 가장 일반적이고 추상적인 관념들, 즉 수학의 세세에서도 초월이 발생한나. 예컨대, 수학의 세계에서 발견하고 발명해 내는 인간의 권능은, 개념들을 일군의 완결된 공리들의 통제 하에 두려는 인간의 능력을 능가한다. 스펙트럼의 다른 축인 사회적·문화적 생활에서도 초월이 일어난다. 예컨대, 특수한 계약법과 재산법 체제의 통제 속에서도 인간은 협동의 형태를 고안해 내고, 다른 계약법과 재산법 체계를 제안하고 예시하고, 심지어 요구하기도 한다.

개인적 정신과 주체가 지닌 통제할 수 없는 특성은 인류 전체의 경험 속에서 반복된다. 사회적·문화적 질서들이 내미는 어떠한 완벽한 명세서도 인류의 집단적 능력을 고갈시키지 못한다. 그러한 질서들이 역사적으로 아무리 계속 지속되어도 결코 정신과 여건 간의 완전하고 최종적인 화해는 이루어지지 않는다.

인간과 상황 간의 항구적인 부조화 현상은 인간의 자연적 소질이라는 가장 근본적인 사실들에서 이미 예견된다. 뇌의 가소성^{可塑性}, | 외부에서 고체에 힘을 가해 변형이 일어나면 그 힘을 제거해도 변형이 그대로 남는 현상. 신경계에서는 기억, 학습 등 뇌 기능의 유연한 적응력을 '뇌의 가소성'으로 표현한다. 기억과 학습에서 짧은 자극만으로도 뇌에 장기적인 변화가 일어나 자극이 사라진 뒤에도 변화가 지속되는 것이다. | 대부분의 기본적인 충동들의 상대적 개방성과 무방향성 등이 이러한 근본적 사실들이다. 부조화 현상은 사유, 정치, 예술 영역 등 인간의 가장 야심찬 기획들뿐만 아니라 경험의 모든 층위에서 나타난다. 관념 영역에서 부조화 현상의 최고 표현은 무한성 개념이다. 실존의 의미와 실재의 외적 범위와 관련해 극복할 수 없는 무지 속에서 찰나적 삶을 살고 있는 결함투성이의 유한한 존재인 인간이 자신을 스스로 고양시켜서 무한성 관념을 수용해야 한다는 사정, 유한한 존재인 인간이 거칠지만 내밀한 조건 하에서 무한성 관념과 소통해야 한다는 사정, 그리고 유한한 존재인 인간이 무한한 열망을 통해, 즉 그 무엇으로도 통제할 수 없는 열망을 통해 타자와의 관계를 변형시킬 수 있다는 걸 경험해야 한다는 사정 등 이 모든 것이 '유한한 인간'이라는 오명이 우리에게

얼마나 강렬한 낙인을 찍는지를 정확히 보여 준다.

인간 경험이라는 섬세한 직물은 이러한 부조화의 진실을 우리에게 상기시키고, 동시에 이러한 부조화가 어떻게 힘의 원천이 되는지도 보여 준다. 우리는 삶의 많은 부분을 일상적이고 반복적인 일에 쏟아 붓지 않을 수 없다. 시간과 역량이 부족하기 때문에 우리는 반복한다. 그리고 반복하고 정형화할 수 있는 것이라면 무엇이든지 기계화한다. 반복은 우리가 아직 반복의 방법을 깨닫지 못한 영역에서 그 방법을 터득할 에너지와 시간을 절약해 준다. 반복은 우리로 하여금 새로움의 반영부半影部 |88쪽 옮긴이주 참고| 로 전진해 가도록 만든다. 우리의 관심은, 반복을 반복 불가능한 새로움의 영역에 이바지하도록 하면서 이러한 동요를 촉진시키는 것이다.

우리는 단지 특수한 물질적이고 정신적인 편익을 얻고자 이러한 절차를 재촉하지 않는다. 속도 자체를 위해서, 즉 인간 실존이 처한 조건을 극복하기 위해서 그리고 속도가 가능하게 만드는 무한한 것에 대한 친밀성을 경험하기 위해 이 속도를 재족한다.

세 번째 관념은, 인간이 처한 사회적·문화적 맥락의 내용에서 인간이 혁신 그 이상의 것을 수행할 수 있다는 관념이다. 우리 인간은 우리를 에워싼 맥락과 우리가 맺은 관계 자체를 혁신할 수도 있다. 달리 말하면, 맥락들이 인간을 구속하는 정도를 변화시킬 수 있다. 만약 우리가 물질적 진보에서, 기존의 사회적 분업과 위계질서로부터 개인을 해방시키는 것에서, 그리고 세계를 초월하는 행위주체로서 인간을 인정하고 지지할 수 있는 세계를 창조하는 것에서 가장 강력한 이

   4 핵심적 관념_제약, 불완전성, 저항, 혁신

익을 실현하고자 한다면, 우리는 그렇게 맥락을 변화시킬 수 있을 뿐만 아니라 그렇게 할 수밖에 없다.

인간의 활동은 두 종류로 구분된다. 우선, 우리가 당연하다고 여기는 조직과 믿음의 구조 '안에서' 벌이는 운동이다. 그러한 한계 안에서 구조는 도전받지 않고 심지어 가시적이지도 않다. 우리는 이러한 구조를 본질화하거나 신성시하고, 우리가 만든 집단적 창작물을 자연적 사실이나 신성한 명령으로 취급한다. 다른 활동은, 구조에 '대한' 운동이다. 그러한 활동은 점진적이고 단계적 방식에 따라 구조를 변화시킨다. 구조도 이러한 방식으로만 변화될 수 있다.

사회와 사유는 확립된 한계 안에서 이루어지는 일상적인 운동과 그러한 한계를 새롭게 규정하는 예외적 운동 사이의 간격을 더욱 벌리는 방식으로 조직될 수 있다. 인간이 그 간격을 벌리면, 변혁은 트라우마에 의존하게 된다. 달리 말하면, 폐허가 되고 나서야 변화가 시작된다. 물론 사회와 사유가 이러한 간격을 좁히는 방향으로 조직될 수도 있다. 늘 개선을 모색하는 일상적인 사무 처리 방식처럼 사회적·담론적 실천 관행들을 조직하면 이 간격을 좁힐 수 있다. 그렇게 되면 변혁은 점차 파국에 의존하지 않게 될 것이다. 변혁은 일상적인 일이 될 것이며, 일상적 경험으로 흡수될 것이다.

우리는 이제 우리의 할 일을 구조가 대신 결정해 주는 특정한 구조 안에 있는 상태와, 구조 바깥에서 우리 스스로 모든 것을 결정하지 않으면 안 되는 상태 간의 차이를 해소한다. 이러한 역량은 신성성 다음에 위치하는 인간의 가장 좋은 특성이다. 인간은 신이 아니기에 모든 맥락을 초월하는 맥락에, 달리 표현하면 이성과 사회의 자연적이고 불변적인 공간에 거주할 수는 없겠지만, 최소한 인간으로 하여금 현재의 구조를 넘어 발전해 나가게 만드는 구조를 창조할 수는 있다.

맥락을 보존하는 활동과 맥락을 변혁하는 활동 사이에 존재하는 간극을 좁히는 것은, 경제적 성장과 공학적 혁신을 포함하는 실천적인 진보의 성과이다. 실천적 진보는 실험주의적 협력이 만개할 수 있는 구조를 창조한다. 실천적 진보는 긴급한 기회의 관점에서 우리의 자유를 확장하여 사람과 기계와 실천 관행들을 재조합한다. 실천적 진보는 고착화된 위계질서와 분할에서 개인을 해방시키는 데 필요한 요건이다. 강고한 사회적 지위와 역할로 짜인 구조는 그 구조를 영원히 존속시키고자 그러한 지위와 역할을 재생산하는 사회적 제도들을 본질화하고 신성화한다. 반면에 실천적 진보는 개인의 자유와 권한 강화의 근본적 경험, 곧 맥락을 초월하는 주체에 대한 충실성과 특정한 세계에 대한 참여 사이에서 택일할 필요가 없는 상황을 경험할 기회를 제공한다.

급진적 실용주의는 맥락을 보존하는 활동과 맥락을 변혁하는 활동 사이의 간극을 해소하는 것을 독려하는 이데올로기다. 그러므로 급진적 실용주의는 영구혁명의 프로그램이다. 이 프로그램은 '혁명'이라는 단어가 갖는 온갖 낭만적인 이질적 어감을 배제하고, 있는 그대로 일상생활과 연계시키는 것이다.

우리의 관행적인 행동과 사유를 지배하는 기성의 제도적·담론적 맥락을 초월하는 행동들을 통해서 우리는 어찌할 바를 모르는 상태

로, 혹은 해야 할 바를 명료하게 아는 상태로 기술될 수 있는 조건에 놓이게 된다. 형성적인 제도와 믿음 | '형성적인formative 제도와 믿음'은 형성적인 맥락contexts과 같은 의미다. 문자적으로 인간의 온갖 행동과 습관, 규범을 만들어 내는 구조를 의미한다고 할 수 있다. 이는 마르크스의 '생산양식'과 흡사하다. 웅거는 이러한 맥락을 인간이 변형시킬 수 있다는 점을 강조한다. | 을 본질화하는 것은 일상적인 실존과 사유에 수면발작적 강박narcoleptic compulsion | 대화 도중에도 갑자기 수면 상태에 빠져드는 정신병적 현상. 웅거는 구조를 본질화하고 숭배하는 것은 일상에서 변화를 추구하려는 정신을 완전히 잠재우는 것과 같다는 의미로 이 표현을 사용하고 있다. 주체를 각성시킨다는 의미는 바로 이러한 사태를 염두에 둔 것이다. | 의 성격을 부여한다. 우리는 인간 활동의 본래 목적을 망각하고, 마치 제도와 믿음이 자율적인 존재이기나 한 것처럼 우리 자신을 거기에 넘겨준다. 참여와 성공의 규칙들은 기존 구조 안에 구체화되어 있다. 그러나 구조가 허용하지 않는 사유를 우리가 생각하고, 구조가 허용하지 않는 행동을 우리가 행하며, 조직된 행동 구조 안에 존재하는 것보다 인간 내부에 더 많은 것이 존재함을 증명할 때, 우리는 그러한 참여와 성공의 규칙들이 지닌 영향력을 상당 부분 제거할 수 있다.

그렇다면 확장이나 이탈의 순간에 우리는 어디에서 지침을 발견할 수 있을까? 그 지침은 이중적인 운동을 통해서 발견할 수 있다. 이제 우리는 종래 구조 안에서 편안하게 행동하던 때에 이해하던 것과 같은 방식으로 인간의 이익과 이상을 이해할 수 없다. 우리가 지금까지 행동의 기반으로 삼아 온 제도적·개념적 전제들의 상당 부분을 변화시켰기 때문에 이제는 이익과 이상이 무엇인지를 탐구하게 된다. 우리는 우리의 목적을 그것이 속해 있던 익숙한 구조보다 오래 존속할수 있게 만들어야 한다. 그러나 구조의 내용을 수정하지 않는다면 구조의 생명을 혁신할 수 없다. 동시에 우리는 무엇이 사유와 사회에서인간의 개혁적 권능을 최고로 강화시키는지를 자문해 보아야 한다.

무제한적 실용주의의 핵심 관념들은 행동의 모든 습관적 맥락과인간들 간의 관계에 대한 사유 방식으로 통한다. 어떠한 운동이든지그 가치를 평가할 때, 바로 이러한 관계에 그 운동이 미치는 영향력을고려해야 한다. 우리는 이러한 운동이 행위주체성, 초월, 미래지향성,실험주의의 특징을 발전시키는지 아니면 저해하는지를 물어야 한다.

이제부터는 자연과학의 방법론적 조직 대신에 민주정치의 제도적조직에서 끌어낼 수 있는 사례를 살펴보려고 한다. 급진적 실용주의의 개념 규정에서 비인격적이고 자연적인 것에 대한 인격적이고 사회적인 것의 우월성을 인정한다면, 이는 제시할 만한 좋은 사례이다.

민주정치를 제도적으로 개편할 수 있는 일련의 제안을 고려해 보자. 뒤에서 사회적 혁신 프로그램의 일환으로서 이러한 제안들을 상세하게 검토하기로 하고, 여기서는 그 제안들을 좀 더 간결하게 인간상황의 모든 측면을 점진적으로 변화시킬 수 있는 개혁적 실천의 사례들로서 제시하겠다. 이 제안들은 불가분적인 체계를 형성하지 않지만, 서로를 보강해 준다. 이 제안들은 유사한 관심사에서 비롯된다. 그러므로 상이한 발전 조합을 통해 점진적이고 단계적 방식으로이행될 수 있다.

　　　　　4 핵심적 관념_제약, 불완전성, 저항, 혁신

첫째, 권력을 분할하려는 자유주의적 목적을 고수하면서도 정치적 변혁의 속도를 늦추려는 보수주의적 목적을 배척하자. 예컨대, 미국식 대통령제 하에서 정부의 두 기관이 심각한 교착 상태에 빠진다면, 정부의 두 기관에 선거 실시권을 부여해서 이 상태를 해결하는 장치를 마련할 수 있다. 두 기관 모두 단독으로 선거를 실시할 수 있는 권리를 보유할 수도 있다. 다만, 이러한 권리를 행사한다는 것은 어느 쪽이든 선거에서 패배할 수 있는 위험을 감수해야 한다는 것을 뜻한다. 이러한 단순한 변통으로도 대통령제를 민주정치의 촉진 장치로 변화시킬 수 있다.

둘째, 정치에서 조직적인 대중 동원 수준을 높일 수 있는 일련의 개혁, 즉 선거 공영제 실시, 대중매체에 대한 정당과 사회운동 단체의 자유로운 접근, 정당정치를 강화하는 선거 체제를 도입하자. 그러면 제도적 조직들에 대한 헌신을 방기하지 않으면서 정치의 온도를 높일 수 있다. 이를 통해 정치적 생활 형식의 구조적 다산성과 정치적 에너지 수준이 서로 연관돼 있다는 점을 확신하고, 조직을 갖추지 못한 정치적 에너지는 일시적이고 위험하다는 점을 인식하게 될 것이다.

셋째, 실험주의의 한 형식으로서 연방주의federalism에 대한 이해와 실천을 확장하자. 예컨대, 국가적 수준의 정치에서 채택된 주요한 정책과 제도적 해법과는 다른 대항 모델을 특수한 경제 및 사회의 영역적 단위나 부문에서 장려하는 것이다. 권력 남용과 압제를 방지하는 일정한 여건이 구비되어 있다면, 지역자치단체나 집단들은 일반적 법률 체제에서 벗어나 다른 체제를 선택할 수 있다. 이러한 변형 방식은 사회가 특정한 경로를 밟아 나갈 때 그 위험을 분산시키는 것과 같다.

넷째, 기본적 인권 관념을 심화시키고 그 수단들을 강화하자. 혁신을 널리 번창시키려면, 개인의 근본적 이익과 역량을 보호해 주는 안식처를 개인에게 제공해야 한다. 개인은 인생의 전환점마다 개인이 의지할 수 있는 기본적 자원의 사회적 상속분을 향유할 수 있어야 한다. 우리는 살아가면서 우리가 개인적인 자구 노력 같은 정상적 방법으로는 벗어날 수 없는 국지적 형태의 불이익과 배제 속에 갇혀 있다는 사실을 종종 발견한다. 국가는 특별히 이러한 문제의 해결을 전담할 부서를 정부 안에 설치하고, 이를 통해 특수한 실천이나 조직에 개입하여 그 희생자들에게 실효적인 행위주체의 조건을 회복시켜야 주어야 한다.

이상의 네 가지 개혁 방안만 이행해도 그 과정에서 정치적 자유와 정치적 평등에 관한 기존 관념들을 변화시킬 수 있다. 또한 이러한 기획은 그 자체로 인간에 대한 관념 |앞에서 기술한 주체와 인간에 대한 세 가지 관념. 1. 인간은 특수한 존재성을 갖는다. 2. 행동과 사유의 습관적 구조들은 인간을 틀어쥘 수 없다. 3. 사회적·문화적 맥락의 내용에서 인간은 혁신 그 이상의 것을 수행할 수 있다.| 을 제공했다는 점에서 상당한 권위와 방향을 성취할 것이다. 그러나 이러한 관념은 생명과 역사를 가지지만 그 자체로 항구적이지 않다. 이러한 관념은 우리가 삶과 사유에서 이를 실현하는 방식에서 그 의미와 힘을 이끌어 낸다.

     4 핵심적 관념_제약, 불완전성, 저항, 혁신

미래의 철학은 우리가 미래, 다른 미래를 어떻게 창조할 수 있는지에 관한 철학이다. 민주정치의 재편은 실천을 수정하는 사례이다. 민주정치의 재편은 많은 실천 영역에서 혁신의 조건 자체를 설정하는 문제를 다루기 때문에 특히 중요하다. 유한성과 필멸성이라는 우리의 확정적인 조건을 피할 수 있는 양 허세를 부리지만 않는다면, 우리는 오히려 신과 같은 위치에 오를 수 있다.

새로운 인간 관념과 결부된
철학적 태도들

　이 관념들은 세 가지 철학적 태도를 내포한다. 이 관념과 태도들은 이 책에서 탐구하는 사유 프로그램의 핵심을 이룬다.

　첫 번째 태도는 이론과 행동을 적극적으로 결합하려는 입장이다. 급진적 실용주의의 핵심을 이루는 주체와 사회에 대한 우리의 견해는, 우리 생활에서 일상적인 행위주체 관념을 심화시키는 것에 지나지 않는다. 우리는 이 관념에 더욱 큰 일반성을 부여하려고 관념과 행동을 연결했던 끈들을 느슨하게는 하지만 풀어 놓지 않는다. 활동에 몰입하는 사이에 이루어지는 성찰과, 행동에서 한 발짝 물러나서 이루어지는 사변 간에는 근본적 차이가 없다. 철학자라고 해서 행위주체가 파악하지 못하는 비밀을 획득할 수 있는 게 아니다.

　맥락 안에서의 성찰과 맥락에 대항하는 이론 간의 연속성 때문에 사변적 활동은 하나의 독특한 압력을 피하지 못한다. 그 독특한 압박은 사회의 일상과 문화의 관행들을 그 자체로 올바르고 필연적인 사태로 인식하는 전문적인 사고의 고질적인 유혹이다. 뜻밖의 위기가 갑자기 우리를 멈추게 하고, 특수성과 우연성을 고스란히 드러내며, 이것들에 씌워진 권위와 필연성의 외관을 제거한다. 그러나 우리는 철저하게 박살이 나서 미신들로부터 해방되는 것을 기다려서는 안 된다. 우리는 상상할 수 있다. 상상력은 위기가 없어도 위기의 역할을 대신한다.

두 번째 태도는 가능성에 대한 망상적 관념을 버리는 것이다. 우리는 어떤 것이 현실이 되기 전에는 그것이 가능하다고 생각한다. 즉, 아직 실현되지 않은 가능성으로서, 그것은 현실 무대로 걸어 나오라는 신호를 유령처럼 기다린다.

가능성에 대한 이러한 망상적 견해는, 우리가 최소한 원칙적으로 가능한 사태나 가능한 세계의 외적 지평을 확정할 수 있다는 관념과 양립한다. 실제로 우리 세계에서 발생하는 모든 것은 이러한 거대한 실재의 부분집합에 해당한다.

성찰적 행동의 시점에서 볼 때 가능한 것은 실제 발생한 것에 선행한 것이 아니라 그 결과이다. 새로운 것들이 세계에 출현해 왔으며, 우리가 그것을 창조했을지도 모른다. 이 새로운 것들은 사회나 사유의 기성 체제에서 확립된 가능성과 고유성의 규칙들을 위반하면서 발생했을지도 모른다. 그러면 우리는 세계의 어떤 부분들의 변혁을 통제하는 요소들에 대한 견해를 다시 조정한다. 이러한 재조정은 가능한 것의 이미지에서 이루어진다. 우리는 황혼의 빛을 새벽빛으로 착각하고 있는 것이다.

　바로 그래서 역사적 경험이나 전기적 경험의 어느 시점에서 보든지 간에 사회적 조직 형태와 개인적 경험 형태의 외적인 경계들을 알아차리기 힘들다. 경계들이 있다고 하더라도 그것은 움직일 수 있는 경계이다. 제약 요소들의 실재성을 이해하려면, 연속성의 힘을 신뢰해야 하며, 우리의 역사적 상황뿐만 아니라 자연적 소질이 부과한 한계들도 파악해야 한다. 어쨌든 가능성의 고정된 지평을 주장하는 관념에 호소할 필요가 없다.

　주체와 사회에 대한 가장 일반적인 관념들은 가장 생생한 국지적 경험을 확장함으로써 가능하고, 과거 사건들의 학술적 집성과 미래 방향에 대한 상상력으로 교정된다. 그러한 상상력은 우리가 현재 가지고 있는 것을 다른 어떤 것으로 전환시킬 수 있는 방법을 보여 주고, 우리가 그것을 무엇으로 바꿀 수 있는지, 다시 말해서 기억을 예언으로 바꿀 수 있는지를 보여 준다.

　가능성에 대한 망상적 관념은 새로움에 대한 적의敵意에서 생겨난다. 그러한 관념에 따르면, 새로운 것은 전적으로 새로운 것이 아니다. 왜냐하면 망상적 관념은 이미 세계를 가능한 것으로서 집요하게 추적했기 때문이다. 참여와 행동의 경험을 알지 못하는 망상적 관념이 구체적인 주체의 불가피한 환상에 해독제를 제공하듯 인간에게 힘을 행사하기 시작하는 것은, 우리가 사유와 행동을 분리시킬 때이다.

　이 책에서 제안하는 **세 번째 철학적 태도**는, 가장 중요한 대상들(사회와 문화라는 인간 세계의 질료들)의 본질화를 거부하는 태도이다. 인

　　　4 핵심적 관념_제약, 불완전성, 저항, 혁신

간 세계를 형성하는 제도적이고 이데올로기적인 구조는 유일하고 불변적 존재 양상을 지닌 자연적 대상처럼 존재하지는 않는다. 그 구조의 존재성에는 정도의 차이가 있다. 제도적·이데올로기적 구조의 사물성(이러한 특성은 자연적 사실이나 불가피한 운명처럼 우리에게 나타난다)은 도전과 변화를 고립시킨 결과에 지나지 않는다.

자연적 사실과 달리 인간적 사실 ㅣ사회와 문화라는 인간적 세계ㅣ 의 존재성은 유동적이다. 맥락을 보존하는 활동과 맥락을 변혁하는 활동 사이에 간격이 벌어질수록, 인간적 사실의 존재감은 더욱 강해진다. 우리가 더욱 나약하게 행동하고 사고하기 때문에 인간적 사실은 더욱 강한 형태로 존재한다. 우리에게서 빠져나간 힘이 인간적 사실 속으로 들어간다. 맥락을 보존하는 활동과 맥락을 변혁하는 활동 사이의 격차가 줄어들수록, 그러한 구조적 사실의 존재성은 약화되며 그만큼 우리 인간은 강해진다.

사회적 세계의 본질화는 따라서 하나의 환각이며, 항상 우리를 가두는 질곡으로 변모한다. 다르게 생각하면 우리를 노예로 삼았던 환상들을 어느 정도 추방할 수 있지만, 그저 다르게 생각하는 것만으로는 이 감옥에서 탈출할 수 없다. 더 자유로워지려면 사회와 문화를 재편해야 한다.

내가 앞서 제안한 세 가지 철학적 태도는 인간 세계에 그 토대를 두고 있다. 그 철학적 태도들을 자연적 세계에 대한 사유로 이행시킬 수는 없다. 이 무능력이 다음 장에서 고려할 비인격적인 것의 이율배반을 만들어 내는 원천이다.

자연적 세계에서는 이론과 실천을 분리하지 않을 수 없는데, 이는 결과적으로 사고를 불가해한 이율배반으로 빠뜨린다. 이론의 지도를 받는 실험을 통해 얻은 결과들에서 우리는 이러한 분리를 제거할 수 있다. 그리하여 인간적 세계에 존재하는 성찰과 행동의 친밀한 결합을 대체하는 창백하지만 강력한 대용물을 자연과학에서 생산해 낸다.

관념들을 혼동과 모순으로 오염시키지 않는 한, 자연적 세계에서는 가능성에 관한 망상적 관념을 포용할 수도 기각할 수도 없는 상태에 놓이게 된다. 그러면 우리는 세계를 궁극적으로 초시간적이며, 따라서 초역사적 법칙에 지배되는 실재로 이해하려 들지도 모른다. 그러면 가능한 것의 경계를 표시하고자 우리 자신에게 필사적인 노력을 강요하게 된다. 이 노력이 초래하는 역설에 당황한 우리는 현실적인 것의 어슴푸레한 원형으로서의 가능성 관념을 배격하려고 시도하지만, 결과적으로 법칙적인 우주의 관념을 치명적으로 약화시킨다는 점을 알게 된다. 우리의 사고를 지언으로 돌리면, 우리는 어떤 사물을 발생시킨 행동으로 그 사물을 해소시킬 수는 없다는 것을 알게 되고, 따라서 존재의 등급도 구별할 수 없다는 것을 알게 된다.

사회와 문화의 구조들은 싸우다가 돌이 되었다. 즉, 인간이 사회에서 삶의 조직에 맞서 실천적이고 이데올로기적인 투쟁을 벌이지 않는다면 그 구조들은 현재대로 돌처럼 존재한다. 인간의 투쟁력이 다시 상승할 때, 구조는 그 기원을 이루었던 집단적 행동과 집단적 상상력 속으로 해체된다. 우리가 우리 힘으로 구조를 재구성하겠다는 의

   4 핵심적 관념_제약, 불완전성, 저항, 혁신

지를 품고 구조를 형성시킬 때, 우리는 구조를 우리의 역량을 전개하는 데 필요한 탁월한 도구이자 인간성의 더욱 충실한 반영물로 변화시킬 수 있다.

구조를 파괴하고 구조를 창조하는 행동에서 구조가 탄생하는 과정과 유사한 짝을 자연에서도 찾을 수 있다. 자연에 미치는 우리의 역량이 증대됨에 따라 우리 스스로 이러한 요소들을 촉발시킬 수도 있다. 그러나 자연의 사물들이 용융할 때, 심지어 우리의 개입으로 녹아내릴 때조차도 사물은 결코 인간이 되지 못한다. 자연의 사물은 형성될 때 그랬던 것처럼 형태를 잃은 때에도 인간에게는 여전히 낯선 것이다.

5

시간과 경험

비인격적인 것의 이율배반

이율배반의 / 원천

우리가 자신 있게 직접적으로 알 수 있는 유일한 세계는 우리 자신의 세계이다. 이 세계에서 우리는 비록 개인으로서는 아니지만 집단으로서는 창조주인 신의 위치에 있다. 이처럼 세계의 동결된 구조는 언제든지 다시 해동된 관계로 변모할 수 있는 것들의 여분에 불과하다. 서로 다른 신체와 구분된 의식들의 경계를 가로지르는 상호주관성과 교잡이 혼융되어 있는 덩어리에서 각종 사회제도와 문화 교리들이 출현한다.

인간의 인지 장치는 이 세계의 규모, 세계의 직접적·자연적인 구조의 규모에 맞추어 설계되었다. 그런데 인간의 인지 장치는 제한적인 맥락과 인간의 채울 수 없는 갈망, 멈출 수 없는 충동, 죽음을 통해서만 고갈되는 역량 사이의 긴장에서 가소성可塑性, 기능상 상대적 비결정성, 영원한 불안정성이라는 두드러진 특성을 지닌다. 그 덕분에 인간은 세계의 직접적인 구조들을 뛰어넘을 수 있다.

이러한 극복(신학적 언어로 '초월')은 이해와 욕구의 가장 일상적인 경험에서조차 암시적이다. 우리는 특수자들을 원형原型에 연결시키며, 그러한 원형들을 축적하거나 조합하는 방식으로 가능한 한 많은 특수성을 파악하려고 한다. 이러한 원형들, 즉 사물이나 사건의 종류에 관한 개념들을 통해 우리는 특수자들의 특수성을 가능한 한 많이 끌어 모은다. 그러나 어떤 특수성은 포착조차 되지 않으며, 파악할 수 없는 특수성이 얼마나 많은지도 알 수 없다. 그것이 우리가 특수자를 '형언할 수 없는 것'이라고 부르는 이유이다. 이해가 특수자들을 포착함에 따라 퇴각하는 특수자들의 지평은 인간 상황의 일반적 구조를 상기시켜 준다. 행동과 사유의 조직적인 맥락과 인간의 관계는 이해와 특수자들의 관계와 유사하다. 통찰력이 포착하고자 하는 특수자들이 그렇듯이, 우리에게도 고갈되지 않는 여분이 있다. 우리와 타인의 관계에서도 유사한 상황이 발생한다. 우리는 타인의 수용과 인정을 세계 안에서 우리가 차지하는 위치를 보여 주는 확실한 보증의 징표로 쥐급한다. 우리는 유한한 것에서 무한한 것을 요구한다.

그린데 인간적 세계에서 벼나 성신을 먼 자연으로 놀리면 우리의 관념은 모순에 빠진다. 그러한 모순은 경험의 이율배반이다. 우리는 이 이율배반을 해결할 수 없다. 그렇다고 그것을 다루는 데 전적으로 무력하지도 않다. 우리는 그러한 이율배반이 우리의 통찰과 권능에 설정한 제약을 감소시킬 수 있으며, 인간적 세계를 상대로 획득할 수 있는 친밀하고 완전한 지식의 좀 더 창백한 형태를 자연을 상대로 재정립할 수 있다. 이러한 구출 작전이 자연과학을 가능하게 만든다.

자연과학은 사회적·문화적 구성물에 대해, 타인에 대해, 그리고 타인의 거울 속에 비친 우리 자신에 대해 우리가 가질 수 있는 지식보다 완전하지 못한 지식을 우리에게 제공한다. 그렇다 하더라도 우리는 임시변통으로 이 지식의 불완전성을 감소시키고, 지식의 권능을 증대시킬 수 있다. 결과적으로 우리는 이율배반 자체를 극복할 수 없지만, 그 힘을 무디게는 할 수 있다.

비인격적인 것이 만들어 내는 모든 이율배반은 두 가지로 환원된다. 시간의 이율배반과 객관성의 이율배반이 그것이다.

비인격적인 것과 인격적인 것

시간의 이율배반과 객관성의 이율배반, 이 두 가지 이율배반에 대한 이해는 우리 자신에 대한 경험과 자연에 대한 통찰 간의 관계를 규정하는 특정한 견해에 의존한다. 내가 앞에서 '자연주의'라 부른 철학적 경향과 영원한 철학은 비인격적인 것이 인격적인 것보다 높은 가치를 지니며, 더 안전한 지식을 제공한다는 관점을 공유한다. 어떤 면에서 보면 근대 서구 문화의 가장 특징적이고 불편한 생각을 충실히 따르는 이 책은, 바로 앞서 말한 위계 서열과 관점을 제약하고 심지어 역전시키자고 주장한다. 이제 이러한 제약이나 역전의 내용과 기초를 더욱 명료하고 정확하게 규정해야 할 시간이다.

이러한 논의 과정에서 그 무엇도 인간이 자연의 일부라는 점을 부인하지는 못한다. 그 무엇도 자연과 자연법칙에서 면제된 무상한 정신적 실체에 호소하지 못한다. 쟁점은, 우리가 인간적 주도성과 연결

| 이 책 12장 〈종교〉, 정신의 덕성 부분에서 연결의 미덕을 설명한 415쪽 참

조 의 세계 안에서 만나는바 인간 안의 자연, 타인과 우리가 한 약속들의 경계 너머에서 다루는바 인간 바깥의 자연, 이 둘의 관계를 파악하는 가장 좋은 방법이 무엇인지다. 이러한 관계를 탐구할 때는 인간적인 것과 자연적인 것을 대비하지 않는다. 그 대신 인간에 대한 자연적 경험과 자연에 대한 인간적인 경험을 대비한다.

아래에서 언급하는 두 가지 자연적 사실은 인간에 대한 자연적 경험을 형성하는 데 결정적인 역할을 한다. 이 중에서 첫 번째 사실로 인하여, 우리의 행위 지향적인 지식은 행동과 유리된 지식보다 우위에 서게 된다. 그리고 두 번째 자연적 사실로 인해 우리 자신의 세계, 즉 인간적 세계를 다루는 행동 지향적인 지식은 우리의 다른 어떤 지식도 필적할 수 없는 바를 성취할 수 있다. 이와 동시에 두 가지 자연적 사실은 비인격적인 것에 관한 지식이 가장 신뢰할 만한 지식이라는 관념을 거부하는 것을 시사한다. 그렇게 함으로써 자연적 사실들은 인격적인 것의 우월한 가치를 지지하는 믿음의 배경으로 기여한다.

첫 번째 자연적 사실은 필멸하는 유기체의 척도에서 만들어진 문제 해결 장치로서 정신의 특성과 관련이 있다. 인간의 생각은 인간의 행동을 예시하고, 인간은 기회를 붙잡고 위험을 피하고자 일상적으로 행동을 취한다. 이러한 인간적 척도에서 볼 때, 사유는 우리 바깥의 자연과 우리 안의 자연이 부과한 저항에 끊임없이 맞선다.

우리는 추상적이고 보편적인 정신이 아니기 때문에 이 세계와 직접 조우하지는 않는다. 우리는 인식의 작동 범위 안에서만 세계를 만날 수 있을 뿐이다. 그래서 철학은 인식의 판단이 세계의 실재적인 본성에 대한 신뢰할 만한 징표인지, 아니면 그저 나름의 일관성 때문에 권위를 누리는 환각에 불과한지를 토론한다.

그러나 우리는 '효능의 원칙'에 의지하여 계속 전진한다. 우리는 앞에 장애물이 있는지를 감지하려고 지팡이를 사용하는 시각장애인과 같다. 추측이 성공적이라면 그 보상은 두드리고 넘어지는 것이 아니라 바라던 행선지로 가는 것이다. 감각의 메시지가 실재를 보여 주었는지의 여부와 상관없이, 우리는 자연이 우리의 의지에 부과한 저항에서 안내와 교정을 발견한다. 그것을 발견하는 장소가 우리가 연기할 수 있는 작은 극장이라는 점만 유의하면 된다.

정신이 기계나 좀비와는 매우 다른 문제 해결 능력을 보유하지 못했다면, 정신은 그 특징을 구현하는 방식으로 문제를 해결할 수 없을 것이다. 정신의 방식으로 문제를 해결하려면 상황을 총체적으로 표상할 수 있어야 한다. 정신은 상황을 총체화하지 않으면 안 된다. 이 총체화하려는 충동이 정신의 본질을 이룬다. 그런데 이 총체화 표상은 어느 것이나 불완전하고 논의의 여지가 있기 때문에 정신은 영원히 표상의 충돌, 즉 모호성·의혹·어둠과 싸우지 않으면 안 된다.

정신의 방식으로 문제를 해결하려면, 정신은 결국 자기가 수립한 규칙을 떠나 새로운 상황에서 전인미답의 새로운 운동을 만들어 낼 수 있어야만 한다. 한 마디로, 반복을 피해야만 한다. 이러한 의외성, 창조성, 초월성의 충동이 총체화하려는 충동과 결합할 때 우리는 비

　　　　　　　　　　　　　5 시간과 경험_비인격적인 것의 이율배반

로소 정신을 상상력으로 변화시킬 수 있다. 상상력은 행위 지향적인 경험의 문제를 다루는 의식의 중요한 능력이다.

두 번째 자연적 사실은 우리의 행위 지향적인 지식의 한 종류, 즉 우리 세계에 대한 지식, 사회와 문화에 대한 지식과 관련된다. 이 지식은 조물주가 피조물에 대해 갖는 지식이기 때문에, 여기서 우리는 아주 다른 종류의 지식을 획득할 수 있다. 이러한 지식은 '구성의 원칙'에 따른다. 즉, 우리는 지금까지 우리가 만들어 온 바를 그 어떤 경험으로도 필적할 수 없을 만큼 투명하게 알 수 있게 된다. 바로 이러한 지식을 통해서만 우리는 시각장애인용 지팡이를 버리고 눈을 부릅뜨고 응시하는 것을 바랄 수 있다.

영원한 철학과 현대 자연주의가 각기 다른 방식으로 자연 질서에 대한 중립적 지식에 부여한 신적인 시각은 인간 세계에 관한 인간적 지식에 적용할 때 더 적절하다. 그러나 그러한 시각이 자동적으로 또는 동일하게 적용되지 않는다. 신적인 시각의 적용 가능성을 확대할지의 여부는, 그렇게 함으로써 사회적이고 문화적인 생활을 특수한 방향에서 성공적으로 변혁시킬 수 있는지의 여부에 달렸다.

사회제도들은 싸우다가 돌이 되었다. 제도들은 실천적이고 상상적인 투쟁의 중단과 억제로써 명맥을 이어 나간다. 맥락을 보존하는 활동과 맥락을 변혁하는 활동 사이의 간극을 더욱 확대시키는 방향으로 사회와 문화를 조직하면, 그러한 제도들은 자연적 사실이라는 외관을 갖게 되고, 그렇게 되면 제도들은 우리에게 주어진 것으로, 집단적 운명으로 나타난다. 실제로 어떤 의미에서는 바로 이것이 제도가 가는 길이다.

인류 전체 역사의 많은 부분을 차지하는바 장구한 투쟁을 통해서만 인류는 사회와 문화를 개혁하여 우리가 당연한 것으로 생각하는 제도적·이데올로기적 구조 안에서의 일상적인 운동과 그 구조 자체를 개혁하는 비일상적인 운동 사이의 격차를 점진적이고 단계적으로 감소시켰다. 변화가 점차 파국에 의존하지 않게 되고, 비일상적인 운동보다 일상적인 운동으로 변화가 훌륭하게 이루어지면 그것이 바로 개혁의 성공을 나타내는 징표이다.

어느 정도는 상상력이 이런 방향으로 운동을 예상할 수도 있다. 즉, 상상력은 위기 없이도 위기의 역할을 수행할 수 있다. 이 범위 안에서는 상상력이 사회와 문화의 사이비 필연성들을 폭로하고, 그것들이 그저 구성물에 지나지 않는다는 점을 제시할 수 있다. 그러나 이러한 노력만으로는 완전한 성공을 기대하기 어렵다. 제도적·이데올로기적 가정을 자연의 사이비 사실로 바꾸는 것은, 계몽 행위로 끝장낼 수 있는 허위의식에 불과한 것이 아니다. 제노석·이네올로기적 가정은 외직인 트라우마나 일상직인 갈등이 김딩할 수 없을 정도로 심각하게 압박하는 때를 제외하고는 도전과 변화에 맞서 강고하게 구축된 관행들로 생산된 현실적인 사실이기도 하다. 사회와 문화의 제도는 자연이라는 허위의 외관을 쓰고 우연한 갈등 과정을 합리적이거나 필연적인 것으로 표상하기 때문에, 그리고 제도는 산 자에 대한 죽은 자의 통치를 보여 주고 이를 용이하게 만들기 때문에, 항상 부분적으로 불투명하다.

우리가 사회와 문화를 개혁하여 더 온전하게 변혁적 의지의 영향권 안에 둘 때, 우리는 사회와 문화를 더욱 완전하게 변혁적 상상력의 효력 범위 안에 두게 되는 것이다. 어떤 우여곡절을 거치든 간에 과업을 성사시키면, **구성의 원칙**(제작자가 자기 작품에 대해 갖고 있는 지식)은 더 강력한 힘을 발휘하며 적용된다. 우리는 점점 위대해지고 자유로워지며, 우리 자신이 만든 세계를 더욱 깊이 통찰할 수 있게 된다.

인간의 도덕적 의식에서 구성의 원칙에 상응하는 역할을 수행하는 것은 우상파괴의 충동이다. 이는 우리가 만든 우연적이고 결함 있는 세계에 무조건적인 실재성과 가치를 부여하기를 거부하고, 그러한 세계 안에 존재할 법한 것보다 개인적이든 집단적이든 항상 인간 내부에 더 많은 것이 존재한다고 긍정하는 충동이다. 완전한 의미에서 우상파괴적인 행동은, 우연적이고 결함 있는 세계에 저항하고 이를 개혁할 수 있게 하는 수단과 기회를 제공하는 생활과 의식 형태를 개발하는 것이다. 이런 식으로 생활과 의식 형태들은 결함 있는 세계 속에 온 마음으로 참여하는 것과, 저항 및 초월의 결정권을 확보하는 것 중 선택해야만 하는 부담에서 인간을 구제해 준다.

그러한 사회와 문화를 창조하는 것은, 인간의 가장 근본적인 이익을 증진시키는 데 기여한다. 근본적인 이익에는 맥락의 극복에 대한 관심뿐만 아니라 경제적 성장을 위한 사람과 자원의 실험적 재조합에 대한 관심, 그리고 우리가 기성 구조에서 한갓 자리나 차지하는 자로 머물지 않고 상호 간에 급진적 창조자로서 헌신하는 능력을 제고하고자 온갖 사회 분업과 위계질서로 이루어진 기성 구조를 영구적으로 전복시키는 것에 대한 관심이 포함된다.

통찰에는 비용이 뒤따르는데, 문제 해결의 원칙에서 유래하는 통찰보다 구성의 원칙에서 유래하는 통찰이 더욱 강하게 그렇다. 그 비용이란, 문제 해결 원칙과 구성의 원칙을 통해 약속된 지식은 좋든 나쁘든 이해관계에 연루되어 있다는 점이다. 인간이 문제 해결 원칙에서 구성의 원칙으로 이동함으로써, 즉 인간의 통찰이 시각장애인의 지팡이 사용에서 창조자로서 자신의 사회적·문화적 피조물에 대해 보유할 수 있는 통찰로 이동함으로써, 통찰이 증가하는 꼭 그만큼 이해관계성interestedness의 의미도 함께 증가한다. 그래서 인간의 사유 속에서 실용적 여분 |81쪽 옮긴이주 참고| 도 성장한다. 우리가 아는 것은 우리가 원하는 것에 오염되기에 이른다.

사유가 행동을 동반할 수 있는 선에서 문제 해결을 도모하는 억측은 시각장애인의 지팡이라는 실용적인 여분만을 보유한다. 지팡이의 도움으로 쓰러지지 않고 전진할 수 있는지에 따라 우리는 억측의 진가를 편단한다. 우리가 만나는 저항은 다른 억측을 시시할 수 있고, 우리가 방향을 다시 잡으면 어떤 억측에 대힌 다른 억측의 우월성이 변화될 수도 있다.

인간과 사회에 대한 우리의 관념은 훨씬 더 급진적인 의미에서 실용적 여분을 포함한다. 우리는 미래 전망과 결부된 이해관계들의 경합에서 그 관념을 무기로 사용할 뿐만 아니라, 그 관념에서 자기완성적 예언으로서의 성격을 제거하지도 못한다. 그 관념을 안내자로 수용하는 것은 관념의 변혁적 힘을 상당히 인정하는 것이다. 이러한 힘이 무제약적인 것은 아니지만, 곧 우리 내부와 주변에서 깨닫지 못한 제약 요소들이 속절없는 기대만으로 해체되지 않기 때문에, 그 힘은 실재적이다. 그 힘은 다양한 원천에서 유래한다. 사회의 관념, 심지어 동등한 기회와 존중을 보장받은 개인들 간의 협력에 기초한 자유 사회의 관념조차도 논쟁의 여지 없는 유일무이한 인간 생활의 특정한 조직을 제공하지는 못한다는 통찰, 이해관계와 이상에 관한 인식은 그러한 이해관계와 이상이 실현될 수 있다고 상상하는 관행과 제도와 상호 연관되기 때문에 그러한 이상과 이해관계에 대한 사유와 그러한 제도와 관행에 대한 사유 사이에 내적인 관계가 있다는 통찰, 의식은 항상 개별적인 유기체에서 개인적으로 구체화되지만 사회와 문화는 개인적인 의지와 상상력의 통제를 직접 받지 않는 집단적인 구성물이라는 통찰, 무엇보다도 사회와 문화에서 어떠한 삶의 형식도 통찰과 경험의 자원을 고갈시키지 못하며 이러한 자원들은 항상 그것들을 초월한다는 통찰 등이 이 원천에 해당한다.

이러한 근거들에도 불구하고 인간이 창조한 세계에 대한 인간의 사고는 모호성과 투영, 기만과 자기기만, 통찰인 양 하는 의욕, 실재이고자 하는 관념의 그림자 속에 영원히 내던져져 있다. 그러나 이 모든 오염원들은 구성의 원칙이 적용되는 영역에서 인간이 획득한 특수한 통찰에 대한 예외라기보다는 변혁적 힘을 행사하려면 반드시 치러야 할 비용이다.

인간이 사회와 문화 자체가 인간에게 이에 도전하고 변화시키는 수단까지 제공하도록 사회와 문화를 창조하는 데 성공하는 경우, 구

성의 원칙은 사회와 문화 내부로부터의 통찰의 약속과 함께 인간이
창조한 세계에 관한 지식의 영역 안에서 효력을 가진다. 이제 우리는
인간이 창조한 세계에 관한 지식의 영역을 벗어난다고 가정해 보자.
자신의 집단적 피조물에 몰입하는 상상력의 피난처인 인간적 세계를
떠나서 이제 우리는 내적 경험의 틀을 벗어나 사유가 행동을 부단히
예시豫示하는 자연적 세계에 관한 지식의 경계를 건널 때까지 여행한
다고 가정해 보자. 마침내 우리는 우리의 직접적인 통찰 범위 너머에
존재하는 미시적이거나 거시적인 실재에 눈을 돌리게 된다. 이곳이
과학의 자리다.

우리는 이제 세계에서 우리가 도달할 수 있는 신뢰할 만한 억측을
형성하도록 허용하는 조건들을 재생산하지 않으면 안 된다. 과학자
들의 도구와 장비를 이용하며 시각장애인의 지팡이를 연장하는 것이
다. 구체적으로는, 장애물이나 전진의 경험에 비춰 가설을 변경하면
서 지팡이로 장애물을 확인하거나 길을 열어 가는 시각장애인의 경
험을 자극하는 실험을 해보는 것이다.

경험이 자연철학의 교리나 작업가설作業假說로 자리 잡을 수 있기 전
까지는, 모든 실재가 인과관계의 그물에 지배당한다는 관념은 신념
의 행동act of faith을 의미한다. 근접한 세계에서 감각의 지팡이로 길을
찾는 초보적인 경험을 바탕으로 실재의 전체를 지각하는 것은 인간
능력에 대한 신념에서 나오는 행동이다. 시각장애인이 지팡이를 사
용해 최상의 추론을 이끌어 내면 그 보상으로 행선지에 도달할 수 있
듯이, 과학자는 도구에 기초해 가정하는 바를 최선으로 활용하는 방

법을 알아내어 실험적 결과의 예측이라는 보상을 받는다.

감각의 범위를 연장시키는 도구에 의지하여, 자연과 인간의 접촉 범위를 확장시켜 주는 실험에 의지하여, 인간적 세계를 지향하던 의지와 상상력의 활동에서 점점 더 멀리 벗어날수록, 직접 만질 수 있는 자연에서 점점 더 멀리 벗어날수록, 우리가 성취할 수 있는 지식은 근절할 수 없는 은유적 중층에 오염될 가능성이 커진다. 이러한 은유들 중 가장 근본적인 것은 보편적인 인과 관념 자체이고, 힘과 질료, 에너지와 같은 익숙한 일반적 관념들이 그 뒤를 잇는다. 우리가 집단적으로 건설한 사회적·문화적 세계에 대한 가장 예리한 통찰을 획득하기를 희망할 수 있는 바로 그때에 사유의 수렴이나 객관성을 상쇄시키는 실용적 여분이 최대가 되듯이, 자연에 대한 사고가 가장 보편적이고 가장 야심적일 때 인간과 가장 멀리 떨어져 있음으로 해서 그 은유적 중층(법칙적 사고)은 가장 무겁다.

그러나 지식이 은유로 오염되는 것은 이해초연성으로 상쇄될 것이다. 이해초연성은 인간 자신에 대한 관념에서 실용적 여분의 바탕이 되는 이해관련성의 이면이다. 증거와 실험은 여전히 현재의 표상, 억측, 이론과 다른 대안들을 지지할 수도 있다. 그러나 이들 사이에서 우리의 선택은 인간의 세계를 어떤 식으로 만들 것인지에 대한 우리의 관심 때문에 그다지 방해받지 않을 것이다. 우리의 방법론적·형이상학적·신학적 선입견 때문에 우리가 그와 같은 관심을 가질 수도 있지만, 그 관심은 점점 더 약화되고 덜 두드러지게 될 것이다. 성공의 척도는 단순화될 것이며, 사회와 인간에 대한 믿음에서 우리가 기대할 수 없는 종류의 수렴이 실현될 수도 있을 것이다. (우리가 과학적 지식의 단편적 성질에 반발하여 만사를 해명하려 하고, 그러한 해명이 세계에서 인간이 차지하는 지위와 관련해 무엇을 의미하는지를 굳이 발견하려고 할 때에만 실용적 여분의 문제가 과학 자체 안에서 맹렬하게 부상할 것이다. 성공의 척도들이 포괄적으로 변하고 증거와 실험에 덜 구속되면, 자연에 대한 관념도 우리 자신을 위한 우리의 기획과 분리될 수 없게 된다.)

우리는 과학적 예측과 공학적 통제에서 얻은 제한적이고 개별적인 성공을 마치 우리가 세계를 있는 그대로 보고 있다는 징표로 오해할 여지가 많다. 우리가 필멸하는 유기체의 시선에 갇혀 세상을 보고 있다는 사실을 망각하고, 신의 눈으로 세상을 보고 있다고 주장할지도 모른다. 자연과 우주에 관한 지식을 더 신뢰할 만하고 더 통합적이고 더 진보적인 지식으로 간주하면서 인간적 세계에 관한 지식을 그러한 지식의 희미하고 논쟁적인 형태로 취급할 수도 있다.

영원한 철학은 이런 식의 실수를 저질렀다. 현대 자연주의는 다른 방식으로 실수를 서지른다. 현대 자연주의는 인간 상황에 대하여 정신착란적인 오해를 일으킨다. 이해초연성은 원격성의 다른 측면이다. 유한한 유기체로 육화되어 있는 인간은 의식의 총체화하고 초월하려는 권능을 사용하기도 하고 남용하기도 하고, 도구로 우리의 감각을 확장하고, 실험으로 우리의 경험을 확장하면서 멀리 있는 실재를 거울을 통해 희미하게 바라본다. 우리는 인접한 세계, 즉 사유와 행동이 결부된 세계에서 우리가 발견한 바를 기술하기 위해 사용 가능한 하나의 언어로 번역하기에는 아주 많은 층위를 전제하고 있는 관념들을 원용하는 경우에만, 그러한 실재를 기술하고 설명하는 것을 희망할 수 있다.

이러한 환각에 맞서서 우리 자신을 겸허함으로 구출하지 않으면 안 된다. 이러한 겸허함은 사회와 문화에 대한 우리의 믿음에 영감을 불어넣는 우상파괴에 상응하는 역할을 자연과 우주에 대한 우리 관념에서 수행한다.

시간의 이율배반

시간의 이율배반은 시간의 실재성, 즉 우주의 역사적 성격과 세계의 인과적 형상 간의 충돌을 드러낸다. 시간은 환상이고, 자연의 객관적 속성이 아니라 인간 주체의 부수 현상이라고 가정해 보자. 그러면 우리는 우리 자신을 기만하지 않고서는 인과적 판단을 내릴 수도 없거니와 사건에 관한 인과적 설명을 제공할 수도 없을 것이다. 모든 관계기 동시성을 띠게 되기 때문이다. 세계의 구조는 동시적인 상호세약의 격자판이 될 것이다. 우리가 이 격자판을 인괴 성이리고 부르면 말장난을 하는 셈이다. 세계는 죽음과 유한성의 올가미에서 해방된 신적인 정신만이 알아챌 수 있는 영원한 다양체일 것이다. 근거 없는 것이 인과성뿐이겠는가! 우리가 경험하는 삶, 출생에서 죽음에 이르는 두렵고 멀미 나는 여행도 환각일 것이다.

반대로 시간이 실재하며 자연의 궁극적 조직까지 전부 규정한다고 가정해 보자. 그렇게 되면 우리는 매우 제한적이고 수정된 의미에서만 인과적 판단을 내릴 수 있다. 우주는 그러한 인과적 판단을 제공하는 영구적인 법칙을 갖지 않을 것이며, 우리가 인과적 설명의 기초로 삼는 법칙적 규칙성들은 우주의 특정 상태에 대한 근사치의 잠정적 설명에 불과할 것이다. 그러한 상태는 그것이 장시간에 걸쳐 나타난다고 하더라도 결국 시간상 제한을 받을 것이다. 그러한 법칙들이 심지어 근사치로라도 적용되지 않은 시간도 있고, 그러한 법칙들이 효력을 상실하는 다른 시간도 있을 것이다.

고차적 법칙들이 세계의 상태와 그 일시적인 법칙들을 계속 통제해야 한다고 주장하는 것은, 현존하는 우주 위에 다른 실재의 존재를 부각시키는 것이 된다. 우리는 이러한 고차적 실재가 시간 속에 휩쓸려 가리라고 상상하지 않는다.

시간이 만사를 규정하며, 시간이 예외 없이 만물을 침해하고 폐허로 만든다는 관념을 수용한다면, 우리는 철저하게 수정된 의미에서 인과적 설명을 제공할 권리도 인정하게 된다. 우리는 시간 속에 자리 잡은 우주의 특수한 상태들에서 유추를 통해 일반화를 달성한다. 이러한 상태들의 본질적인 특징이 안정적일 때, 우리는 일정한 법칙적 규칙성이 적용된다고 말한다. 그러나 인과적 설명의 토대를 마련하고자 그 규칙성들을 원용하는 순간에도, 우리는 그것들이 발전 과정에 있을 수 있다는 점을 인식한다.

사회적 질서와 경제적 질서는 그 질서를 이루는 제도적·이데올로기적 기초에 관한 갈등을 중단하고 안정을 찾으면 규칙적 관계들을 보여 준다. 이러한 질서가 본질화되는 것을 허용한다면, 또한 이러한 질서에 도전하고 이를 변화시키는 우리의 힘을 망각한다면, 이 질서의 일상을 사회적·경제적 조직의 보편적이고 영원한 법칙으로 오인할 우려가 있다. 그러한 신비화를 뿌리 뽑아야만, 과거 경험의 기록에 근거한 추론과 실현되지 않은 변혁적 기회의 예언적 암시를 통해서만, 질서에 대해 변혁이든 존속이든 사유할 수 있게 된다. 바로 그것이 실제로 시간이 만사를 규정하는 힘을 갖는다면, 자연에 대한 인간의 사유(인간에 대한 사유보다 친밀성과 신뢰성 면에서 떨어지겠지만)가 취할 수밖에 없는 특성이다.

따라서 인과관계에 대한 전통적인 견해는 의미가 없다. 인과관계가 시간 자체와 마찬가지로 환상이 되거나 시간의 실재성으로 인해 초시간적 근거를 결여하기 때문이다. 인과적으로 사고하는 것은 이제 기껏해야 우리의 직접적인 경험 주변에 일련의 동심원을 그리며 퍼져 나가는 잔물결을 사고하는 것일 수밖에 없다. 시간은 존재하지만 너무 과도하지 않다는 정도, 즉 시간이 환상 이상이지만 주인은 아니리라는 정도의 다협짐은 한갓 소망일뿐이나. 삶에 대한 시간의 전제專制를 피할 수 없다면, 사유에 대한 시간의 전제를 피하려는 것도 하나의 소망에 불과하다.

인간적 세계에서 우리는 시간의 두 번째 측면을 포착하면서 시간의 이율배반을 해결할 수 있다. 사회이론의 역사는 사회와 주체에 대한 사고에서조차 인간 존재의 역사성을 우리가 쉽게 인정하지 않는다는 점을 증명해 준다. 그럼에도 불구하고 우리는 인간 존재의 역사성에 이르게 된다.

시간의 이율배반이 자연에 대한 우리의 이해를 오염시키기 때문에
우리는 시간의 이율배반을 해결할 수 없다. 그러나 우리는 인간에 대
한 역사적 이해에 대응하는 관점을 자연과학에서 발전시킴으로써 시
간의 힘을 약화시킬 수 있다. 갈릴레이 양화론quantification |수학과 사고 실
험, 도구 사용 등을 통한 자연현상의 추상화와 정량화| 과 뉴턴 역학 |뉴턴
이 만든 세 가지 운동법칙. 관성의 법칙, 운동 방정식, 작용 반작용의 원리|
이 다윈의 자연사 이론에 앞서 등장한 것은 과학의 심오하고 지속적
인 특징의 표출이라기보다는 근대 과학사의 우연한 사건이다. 이제
우주론은 우주가 그 자체로 역사를 가지고 있다는 관념을 널리 유포
시켰다. 우주의 역사에 대한 이러한 관념을 배척한다면, 비역사적인
물리학이 과학적 지식의 기초를 만들 수 있다는 편견을 고집하게 될
것이다.

우주가 기원을 가지고 있다면, 우리가 지금 우주의 작동과 연관짓
는 법칙들은 어떤 시점에서 효력이 발생하는가? 고차적 법칙이라는
관념을 원용하면서 시간 속에서 초시간성timelessness을 구출하는 것은
편견과 특별한 변론을 혼동하는 것이다. 어떻게 우리는 확장 이외의
방법으로 실제로 존재하는 세계에서 모든 가능세계들possible worlds |'가
능세계'라는 개념을 사용하는 사람들은 현실 세계도 수많은 가능세계들 중
하나로 간주한다. 세계가 존재하는 각각의 방식으로 각각의 가능세계가 존
재한다고 말한다. 현실 세계는 우리가 실제로 살고 있는 세계이다. 이론가
들 사이에서는 가능세계의 본성에 대한 견해가 분분하다. 가능세계의 정확
한 존재론적 지위, 특히 현실 세계와 여타 모든 가능세계들 간의 존재론적

지위가 주요 쟁점이다. 가능세계 관념은 흔히 라이프니치까지 거슬러 올라간다. 그는 가능세계를 신의 의식 속에 있는 관념으로 기술했고, 현실적으로 창조된 인간의 세계가 모든 가능세계 가운데 최상의 세계the best of all possible worlds일 수밖에 없다는 관념을 표현하고자 이 어휘를 사용했다. 이 개념의 기원을 알 가잘리Al-Ghazli, 아베로에즈Averroes, 존 둔스 스코투스John Duns Scotus에서 찾기도 한다. 현대에 와서 이 개념을 선구적으로 사용한 사람은 데이비드 루이스David Lewis와 사울 크립케Saul Kcke이다. | 의 추정된 법칙을 추론할 수 있는가?

자연사 관념을 끝까지 밀고 나가 그 범위를 생명의 역사에서 우주의 역사로 확장하는 것은 자연에 대한 사유와 우리 자신에 대한 사유 사이의 장벽을 낮추는 것이다. 그것은 자연에 대한 사유를 인간에 대한 사유에 근접시키는 것이고, 실상보다 더 타협적이고 어슴푸레한 지식 형태로 간주하는 것이다.

객관성의 이율배반

비인격적인 것에 관한 경험이 직면하는 두 번째 이율배반은 객관성의 이율배반이다. 이 이율배반은 우리가 지닌, 실재의 표상으로서 세계에 관한 인식의 신뢰성에 대한 믿음을 무너뜨리는 힘이 있다. 흄과 칸트 이래로 서구 철학은 많은 부분을 바로 이 이율배반의 규정과 해결에 바쳐 왔다. 나는 여기서 객관성의 이율배반이 함축하는 바를 계속 탐구하면서, 자연에 대한 지식은 그것이 인간에 대한 지식의 여러 특성을 공유하는 한에서만 신뢰할 만하다는 점을 다시 주장한다.

인과적 관념들의 함축을 통해 세계를 사고하면, 우리가 보고 경험하는 세계는 신경과 인식 장치로 우리에게 전달된 세계일 뿐이라는 결론으로 내몰리게 된다. 이 경우, 세계는 뇌와 감각을 통해 우리에게 전달된 내적 환영幻影일 뿐이다. 우리는 이러한 환영과 진짜 세계, 즉 신이 보고 알고 있는 세계 간의 관계를 파악할 수 없다. 우리는 어떤 한 지점에서 뻗어 나가 점차 미지의 영역을 통찰할 뿐만 아니라, 우리 자신이 연약하고 필멸하는 육체 속에 갇혀 있고 우리의 행동 구조의 규모에 맞게 만들어진 인식 장비를 갖고 있다는 것도 알고 있다. 우리는 이 장비의 범위를 기계, 즉 과학적 탐구의 도구로 확장시킬 수 있지만 결코 우리 자신에게서 벗어날 수 없다.

그러나 우리는 활동하고 생활하면서 이러한 환영을 세계의 실재성의 표현으로 수용한다. 우리는 우리 행동에 대한 저항을 끊임없는 현실성의 점검으로 간주한다. 우리의 정신 속에서 환영에 대한 의혹으로 생겨나는 염려들은 그 자체로 환영처럼 보인다. 이러한 환영은 우리 자신을 초월하고, 객관적 실재에 대한 접근과 유한한 존재라는 조건에서 누리는 자유를 동일시하는 그릇된 노력을 통해 우리에게 부과된다. 우리는 이 초월을 포기할 수도, 초월의 함축을 고수할 수도 없다.

환영의 공포는 유한한 존재의 경험 속에서 실재가 파악되는 방식을 인과적으로 사고함으로써 우리에게 강요된다. 우리는 실재가 유기체의 주관성에 드리운 그림자를 기술한다. 우리는 그림자들끼리만 비교할 수 있다. 그래서 동일한 인과적 사고도 그 자체로 실재의 표현으로서 신뢰할 수 없는 환영의 일부일지 모른다.

우리는 활동하고 살아가면서 감각들의 정보에 의존하지 않을 수 없으며, 해석된 경험으로 정보를 관리하고 수정한다. 그러나 환영의 의혹은 이러한 활동과 생활 안에서 발생하는 사건이다. 그것은 의식의 결과이지 형이상학적 망상이 아니다. 우리의 의식은 육화된 인간 상태에 대한 인정과 우리가 신이 아니라는 인식을 포함하기 때문이다. 객관성 또는 실재에 대한 관념(신과 관련된 객관성이 아니라 유한하고 육화된 존재와 관련된 객관성)은 분열된 채로 남아 있다.

인간적 세계에서 우리는 행위와 삶에 우호적으로 객관성의 이율배반을 해결한다. 우리 바깥에 있는 세계는 별들의 시점이 아니라 타자의 시각에서 본 세계이다. 이러한 외적인, 그럼에도 불구하고 인간적인 실재는 두 가지 형식, 즉 정신들 간의 교통으로서 상호주관성의 형식과 그런 교통이 이루어지는 기반이 되는 공유하는 제도와 가정假定으로서 제도적이거나 이데올로기적인 구조의 형식을 띤다. 전자는 사회생활의 유동적인 형식이고, 후자는 사회생활의 고정된 형식이다.

인간적 세계를 이루는 이 쌍둥이 형식들은 인간에게 소원해질 수도 있고, 인간이 그 형식들에서 소외될 수도 있다. 그럼에도 불구하고, 두 가지 모두 인간에게서 유래하고 인간에게로 귀환한다. 이때 우리는 개별적인 우리가 아닌 집단적 우리다. 두 가지 형식과 대면할 때 우리는 객관성의 이율배반이 적용될지도 모르는 순전히 외적인 실재를 대면하지는 않는다.

우리는 다른 사람의 의식과 인정 속에서 반성적으로 살고 있으며, 타자와의 만남을 통해 우리 자신을 발견하고 발전시킨다. 우리의 자의식은 그런 만남의 기억으로 채워질 때까지 공허하다. 상호주관성은 주관성 안에 내재한다.

사회의 제도적·이데올로기적 구조란, 사고의 연상 속에서 잠정적으로 딱딱해진 모험들의 잔해이자 잠정적으로 중단된 투쟁의 기념물에 지나지 않는다. 이 구조들은 우리가 다시 일상적인 실천적·담론적 활동을 전개할 수 있는 기반이 된다. 우리는 자연에서 사물과 사건을 아는 것보다 사회의 제도적·이데올로기적 구조를 훨씬 더 친밀하게 느끼고 더 자신 있게 알 수 있다. 구조는 집단적 주체로서 분출된 인간의 여분이다.

이 구조들은 자연스러움이라는 그럴싸한 허울을 쓰기도 한다. 그러나 우리는 그 자연스러움을 제거할 수 있다. 갈등을 강화시키고 확장시킴으로써, 갈등의 중단 위에서 수립된 구조를 바꿀 수도 있다. 다른 한편으로는 자체적인 교정이 가능하도록 구조를 재편함으로써, 구조를 통해서 구조를 넘어 우리의 권능을 향상시킴으로써, 더 나아가 구조를 인간에게 더욱 밀착시킴으로써 구조를 바꿀 수 있다.

일상적 생활과 사고를 조직하는 제도적·이데올로기적 구조와 인간이 맺는 관계는 보통 세 단계로 전개된다. 제1단계에는 갈등과 혁신의 폭발이 일어난다. 이 단계는 역사적으로 창설적 계기들, 재상상과 재구성의 시간이다. 이 계기들은 우리에게 우리가 추구할 만한 미래와 거기에 도달하는 최상의 길에 대한 방향, 의제, 관점을 제공한다.

이 계기들은 사유와 생활을 조직하는 형식 전체를 완전히 다른 형식으로 폭력적이고, 급격하고, 전면적으로 대체한다는 꿈같은 19세기적인 혁명의 계기와 다르다. 실상 그런 계기란 혁명적 개혁의 에피소드에 지나지 않는다. 변화하는 것은 기존에 확립된 제도와 관념의 일부 구조이다. 이러한 변화가 변화되지 않은 나머지 부분들의 재편을 요구한다.

제2단계에서는 창설적인 갈등들이 잦아들고, 그로부터 귀결된 제

　　　　　　　　5 시간과 경험_비인격적인 것의 이율배반

도적·이데올로기적 구조가 안정화된다. 빛과 열기가 감소하는 이 시기에 일반적 관념이 떠안아야 하는 과제는, 창설적인 의제가 함축하는 내용을 체계적으로 완성하는 것뿐 아니라 의제를 산출했던 참여와 경합의 부재 상황을 넘어 의제의 생명과 힘을 연장시키는 것이다. 바로 이 같은 이유에서 외관상 추상적이고 비역사적인 용어로 되어 있던 정의론은 정치와 생산을 재조직하는 급진적인 시도를 포기하고, 20세기 중반 사회민주적 제도들을 도입했던 혁명적 개혁들이 시행한 조세와 이전 |'조세와 이전tax-and-transfer'은 경제활동의 적극적 성과에 대하여 세금(소득세)을 부과하여, 이렇게 마련된 재원을 무소득자나 저소득자의 생활 방편을 제공하는 데 활용하는 경제 운영 및 소득재분배 방식을 의미한다. 웅거는 사회민주주의자들이 좋은 기회를 다 날리고 이렇게 소극적인 수법에 만족했다고 일관되게 비판하고, 생산과 소유 영역에서 사회민주주의를 관철하고자 한다.| 을 통한 보상적 재분배라는 친숙한 방안을 정당화하기도 한다. 이 이론들은 비록 본래의 열기는 잃어도 그 빛만큼은 지속시키려고 노력한다.

제3단계가 되면, 제1단계의 창설적 계기는 명료하고 권위 있게 창설적 계기를 논의할 현재적 경험에서 아주 멀리 후퇴한다. 이제 아무리 죽은 자를 살려 내는 원리를 들이밀어도 창설적 계기를 효과적으로 말하기 어렵다. 그래서 사람들은 아무런 지침도 없이 언쟁을 벌이거나 비루함과 혼동에서 자신들을 구제해 줄 또 다른 집단적 위기를 기다린다.

이 단계들의 진행을 촉진하고 단계들 간의 관계를 긴밀하게 구성하는 혁신보다 중요한 사회적·문화적 혁신은 없다. 맥락을 장악하는 것은 우리를 신적인 위치에 올리는 것이고, 이는 실천적 새로움에 대한 유형적 관심뿐만 아니라 개인적 해방에 대한 도덕적 관심을 증진시키는 데 우호적인 구조를 창조한다.

이 같은 구조들의 계보에 관한 설명은 비교를 통해 객관성의 이율배반이 자연적 세계에 관한 우리의 지식에 설정한 부담을 우리가 통제할 수 있음을 시사한다. 관념론자들의 교리가 냉각 단계에서 퇴락해 가는 사회적·문화적 의제의 빛을 다시 밝히듯이, 자연과학의 실험주의적 실천과 도구 및 관념들은 우리로 하여금 인간에 관한 직접적이고 친밀한 지식을 자연에 관한 지식으로 전용하도록 허용한다.

도구와 관념을 결합하는 실험과학의 두드러진 특징이 우리로 하여금 우리가 세계를 만나는 이해와 행동의 무대를 확장하도록 허용하기 때문이다. 실험은 사물들이 상이한 조건의 압력을 받았을 때 어떻게 변하는지를 알아내어 사물이 실제로 어떻게 작동하는지를 발견하고자 자연의 변화에 개입하는 것이다. 여기서 개입하는 자는 우리 인간이다. 실험주의적 관념은 이 실천적 개입의 사변적 연상이다. 우리는 실험과 사변을 결합시킴으로써 미약하나마 창조주에 준하는 상황에 우리를 던져 놓는다. 그러면서 자연을 혁신시키거나 자연이 혁신하는 것을 상상한다. 이러한 변통을 통해 그저 부분적이고 시험적이라고 할지라도 우리는 우리 믿음에 들러붙는 의혹을 떨쳐 내고, 현실을 길잡이 삼아 다시 한 번 용감하게 살아간다.

시간의 실재성

변혁의 변혁

시간은 실재한다

우리 자신을 이해하고 세상에서 우리가 차지하는 지위를 이해하려고 할 때, 시간의 실재성을 인정하는 것보다 더 중요한 것은 없다.

'시간의 실재성'은 무의미한 상투어가 아니다. 그것은 전통적 과학이나 철학의 많은 부분과 양립하기 어려운 혁명적인 명제이다. 특히 시간의 비실재성을 핵심 주장으로 삼는 영원한 철학 쪽에서 보면 저주와 같은 주장이다. 영원한 철학에 따르면, 신성하고 궁극적인 존재에게는, 또 정신이 그러한 존재에 참여하는 한에서 정신에게는 세계의 모든 사건이 동시적이다. 하나의 영원한 지금a eternal now이 존재할 뿐이다.

시간의 실재성을 거부하는 것은 비단 영원한 철학만은 아니다. 명제들 간의 논리적·수학적 관계도, 그것이 시간 속에서 발생하는 것처럼 보이는 사건을 언급할 때조차 초시간적인 것으로 보인다. 영원한 철학의 영향을 떨쳐 버린 뒤에도 우리는 확립된 시간의 실재성을 승인하지 않으려는 공모를 정신생활의 내적 요새에서 계속할지도 모른다.

경험에서 일어나는 이 같은 분열은, 논리적·수학적 추리에 국한되지 않고 인과적 설명의 실천들로도 확장된다. 바로 이 지점에서 앞서 언급했던 시간의 이율배반이 발생한다. 시간이 만사를 규정하는 힘을 갖는다면, 초시간적인 자연법칙 따윈 존재하지 않는다. 모든 법칙은 역사를 가지며, 모든 법칙은 변한다. 이렇게 되면 인과적 판단을 지탱해 주는 영원한 법칙이 존재하지 않기 때문에 인과적 판단은 안전성과 확실성을 갖지 못하게 된다.

설명이 필요하지만, 어떤 의미에서 보면 법칙과 현상은 함께 변할 수도 있다. 다만, 기적처럼 뜬금없이 변하는 것이 아니라 이유가 있을 때 변한다. 만약 시간의 실재성이 피상적이라면, 시간이 만물을 규정하는 힘을 갖지 못한다면, 인과적 설명의 효력 범위는 그만큼 제한될 수밖에 없다. 시간이 규정력을 상실한 곳에서는 인과성도 규정력을 상실하고 동시성同時性이 그 자리를 차지할 것이다.

만약 시간이 실재적이지 않다면, 인간이 처한 상황에서 그 어떤 것도 보이는 그대로가 아니게 된다. 우리 삶의 모든 측면이 시간에 젖어 있기 때문이다. 행위주체성·우연성·미래지향성·실험주의는 우리 경험의 주요한 측면으로 의미를 갖지 못할 것이며, 인간의 삶은 영원한 철학이 권고하듯이 초시간적이고 감춰진 실재를 찾아야만 탈출할 수 있는 환상의 터널이 되어 버릴 것이다.

그러나 만약 시간의 실재성을 완전히 인정하는 것에 저항하는 것이, 우리가 마음대로 제거해 버릴 수 있는 철학적 전통에 기초하지 않고 인간의 사고와 논리적·수학적 추리의 본성에 기반한다면, 우리는 인간 경험의 분열을 경험할 수밖에 없다. 이 분열을 어떻게 이해하고 극복해야 할까? 시간의 실재성을 긍정하고 이 긍정이 의미하는 바를 파악하는 것은 영원한 철학에 대한 대안을 발전시키는 단초를 마련하는 작업이다. 그 대안은 현실적인 주체가 통제하지 못하고 겨우 이해할 뿐인 실재적 세계, 즉 시간의 세계에서 미래를 놓고 투쟁하는 현실적인 주체상을 보완해 줄 것이다. 이제부터 시간의 실재성, 그리고 이 실재성이 인간과 관련하여 어떻게 귀결되는지를 다섯 가지 테제 형태로 살펴보자.

테제 1
시간은 변혁의 변혁이다

시간은 변하는 것과 변하지 않는 것 사이의 대조점이다. 더 정확하게 말하면, 특정한 방식으로 변하는 것과 그러한 방식으로 변하지 않거나 다른 방식으로 변하는 것 간의 대조점이다. 변하는 것과 변하지 않는 것 사이의 대조점은 세계의 존재 방식에서 중요한 부분이기 때문에 시간은 이 세계의 진정한 특징이라 할 수 있다.

따라서 시간은 관계의 산물이다. 시간은 변화의 상대성이나, 다른 변화나 변화의 부재와 연결되어 있는 어떤 변화의 상대성이다. 앞으로 다룰 다른 테제에 따르면, 만물은 조만간 변하지만 동시에 또는 동일한 방향이나 방식으로는 변하지 않는다. 시간이 변하는 것과 변하지 않는 것 사이의 대조점이라는 견해에 따르면, 시간은 그 범위와 방향 그리고 정도에서 변화의 불균등성 혹은 이질성이다. 그러나 시간을 상대적 변화율이라는 대조점으로 정의하면 악순환에 빠지게 된다. 시간의 본질을 정의하려고 하면 다시 시간 관념에 의존해야 하기 때문이다.

시간이 변화하는 것과 변화하지 않는 것 사이의 대조점이라면, 시간을 어떻게 시계로 측정할 수 있을까? 시계는 변화의 과정에서 간격을 표시하는 장치에 불과하다. 그리고 이러한 변화는 변화의 부재나 다른 종류의 변화에 비추어 상대적이다.

시간이 변화하는 것과 변화하지 않는 것 사이의 대조점이라면 시간은 또한 변혁의 변혁이다. 변화가 속도, 범위, 방향 그리고 예측 가능한 결과의 측면에서 획일적이라면 그것은 변화가 아닐 것이다. 그 경우, 우리는 일련의 변화를 상호 간의 관계에서 시간 순서대로 배열할 수 없다. 또한 시간은 존재하지 않거나 매우 약화된 의미에서만 존재할 것이다.

세계 안에서 사건들의 경과가 유일하고 불변하는 일련의 법칙에 규율된다고 가정해 보자. 변화의 속도, 범위, 방향 그리고 결과의 다양성이 항상 법칙의 지배를 받으며, 더 나아가 자연의 법칙이 시간의 종말에 이르기까지 발생했거나 발생하게 될 모든 것을 시시콜콜 결정한다고 가정해 보자. 그러면 사건과 현상들의 미결정 상태는 더 이상 존재하지 않을 것이고, 법칙이 철저하게 모든 특수한 것을 형성시킬 것이다. 상대적으로 작은 소동뿐만 아니라 엄청난 반전을 포함하여 우연과 파국은 근절될 것이다.

불변적인 법칙의 지배를 받는 우주에서보다 자연법칙이 역사, 즉 변화하는 변화를 가지고 있는 우주에서 시간은 훨씬 더 실재적이다. 불변하는 법칙이 지배하는 라플라스 체제Laplacean regime ㅣ라플라스*Pierre-Simon marquis de Laplace(1749~1827)*는 프랑스의 수학자이자 천문학자이다. 웅거가 언급하는

라플라스 체제는 '라플라스의 악마demon'라는 이름으로 알려져 있다. 이 가설에 따르면, 우주에 있는 모든 원자의 정확한 위치와 운동을 알고 있는 존재가 있다면, 그는 운동법칙을 이용해 과거와 현재의 모든 현상을 설명할 수 있고, 미래까지도 예언할 수 있다. "우리는 우주의 현재 상태를 우주의 과거의 결과로, 우주의 미래의 원인으로 간주할 수도 있다. 자연계를 작동시키는 모든 힘과 자연을 구성하는 모든 요소의 모든 위치를 어느 순간에 알게 되는 지성적 존재가 이 자료들을 분석할 수 있을 정도로 엄청나다면, 이 지성적 존재는 가장 큰 우주의 운동과 가장 작은 원자의 운동을 단일한 공식 안에 포괄할 것이다. 그 지성적 존재에게는 확정되지 않는 것이라곤 없으며, 미래도 과거와 마찬가지로 그의 눈앞에서는 현재이다." Laplace, Pierre Simon, *A Philosophical Essay on Probabilities*, Dover Publications, New York, 1951, p. 4.| 아래서 우리는 더욱 신처럼, 발전할 수 있는 존재로서가 아니라 신의 통찰을 획득할 수 있는 존재로서 만물의 시작 단계에서 만물의 종말을 원칙적으로 예언할 수 있다. 이러한 세계의 신적인 정신에게는 사건들의 인과적 연쇄와 수학적·논리적 개념들 사이에 큰 차이가 없을 것이다. 그래서 자연을 이해하는 데에서 사건의 원인과 결과의 관계는, 논리적·수학적 사고에서 전제와 결론의 관계와 매우 흡사해질 것이다. 이러한 상황에서 시간은 여전히 존재한다고 해석할 수도 있지만, 매우 미약한 의미에서만 존재한다고 할 수 있다. 그러나 그 세계는 현실적인 세계가 아니며, 그러한 정신은 우리의 정신이 아니다.

그렇다면 시간의 실재성은 공간의 실재성이나 특수한 존재론의 실재성을 전제하는가? 시간의 실재성은 존재what exists에 대해 세 가지 명

     6 시간의 실재성_변혁의 변혁

제만을 전제한다. 첫째, 실재성의 요청postulate of reality은 '어떠한 사물도 존재하지 않는 것이 아니다'. 둘째, 복수성의 요청postulate of plurality은 '오로지 하나의 사물만이 존재하는 것이 아니다'. 셋째, 연관성의 요청postulate of connection은 '실재의 다양체the manifold를 구성하는 사물들은 서로 일정한 관계가 있다'. 이 중 복수성의 요청과 연관성의 요청은 더 많은 해명이 필요하다.

만약 하나의 사물만 존재한다면, 그 유일자는 유일성을 침해하지 않은 채로 변화하는 것처럼 보일지도 모른다. 이제 시간이 존재할 것이다. 그러나 변화가 유일자의 특별한 부분 속에서 발생하지 않고서는, 또한 모든 부분 간의 관계를 변화시키지 않고서는 변화는 발생할 수 없다. 그리하여 복수성은 유일자에 통합될 것이고, 유일자는 과거에 그것이 유일자였다고 하더라도 더 이상 유일자가 아니게 된다.

시간의 실재성에 관한 세 가지 요청 중에서 가장 의문스러운 것은 연관성의 요청이다. 만약 사물들이 어떻게든 서로 연관되어 있지 않다면 변혁의 변혁은 존재할 수 없다. 여기서 중요한 단어는 '연관'이 아니라 '어떻게든'이다. 시간이 만사를 규정한다면, 존재하는 연관들의 본성도 스스로 변할 수 있다. 실제로 경험과 과학이 도움을 준다면, 연관들은 변할 것이다. 우리는 이러한 변화의 외적인 지평을 미리 한정할 수는 없다. 자연적인 실재에서 단절로 보이는 것도 사회적·정신적 경험에서 그렇듯이 단지 새로운 형식을 취한 연관의 서막일지도 모른다. 연관성의 요청을 결여하는 세계에 대한 인간적 비전은 결코 존재하지도 않았으며, 더 나아가 의식의 총체화 특성, 즉 세계를

표상하려는 의식의 충동을 고려할 때 그러한 전망이 도대체 존재할 수 있을 것 같지도 않다. 예컨대, 라이프니츠의 모나드론monad論 |모나드를 궁극의 원리로 형이상학을 구성하려는 학설. 우주는 무수한 모나드로 구성되며, 모나드 간의 조화 관계는 신이 예정한 것이다. | 을 단순하고도 급진적으로 해석한 바에 따르면, 모나드들은 비록 직접적인 행동과 반응을 통해서는 아니지만 신성한 지성에 조직적으로 공동 참여함으로써 서로 연결된다.

만약 공간이 복수성의 조직이고, 이것이 연관성의 요청을 의미한다면, 시간은 공간을 전제하고 끊임없이 공간을 혁신한다. 20세기 물리학은 시간의 공간화를 표상했다. 만약 물리학이 공간의 시간화를 탐구했더라면 세계에 관한 진리에 더 가까이 근접했을지도 모른다. 따라서 공간과 시간을 동일한 의미에서 또는 동일한 정도의 근본적인 것으로 서술하는 것은 잘못이다.

시간이 근본적이라는 관념, 즉 시간이 만사를 규정하는 힘을 갖는다는 관념을 시간이 무에서 유를 창조하는 조물주demiurge라는 식으로 이해하는 것은 오해를 불러일으킨다. 시간은 조물주가 아니며, 실제로 사물a thing도 아니고, 심지어 존재a being도 아니다. 실재성, 복수성, 연관성의 요청에 규정받는 다양체는 공간의 조건일 뿐만 아니라 시간의 조건이다. 그것은 시공간time-space이다.

시간이 공간보다 강력하거나 근본적인 사물이라고 오해하지 않는다면, 우리는 시간이 만사를 규정하는 힘을 갖는다는 관념의 의미를 더 정확하게 규정할 수 있다. 그것은 바로 연관성의 조직으로서 공간,

변화 자체, 더 나아가 변화를 통제하는 법칙조차도 모두 변한다는 것을 의미한다. 이 관념은 반박이 불가능한 것처럼 보일 수 있다. 이러한 관념을 진지하게 고려한다는 것은, 과학과 인간에 관해 매우 강고하게 구축된 가정들에 반기를 들라는 요구와 다름없다.

변화는 스스로를 폐지할지도 모른다. 그러면 세계는 잠시 동안 멈출 것이고, 시간은 정지된다. 그러나 잠시 후에 세계는 다시 변화하는 세계로 변화할 것이다. 변화하지 않는 세계에서는 생명도 없고, 따라서 정신도 존재하지 않을 것이다. 그러한 세계에서는 세계의 잠정성뿐만 아니라 불변성도 미지의 것이 된다.

실재성, 복수성, 연관성이라는 세 가지 요청은 마치 아리스토텔레스의 존재형이상학의 최소한의 가르침처럼 우선 제일존재proto-ontology를 구성하는 것으로 보일지 모른다. 그러나 이는 세 가지 요청을 서구의 고전적 형이상학이라는 역사적 배경에서 오독할 때에만 하나의 존재론에 대한 서막이 된다. 실제로 이 요청들이 말하는 바는 전부 '뭔가가 일어난다'는 것이다.

시간의 실재성 테제는 존재론의 전체 기획을 폐기하라고 요구한다. 존재론의 정당한 계승자는 자연의 역사이다. 자연사는 자연사의 과정에 등장하는 사물과 관계들의 종류뿐만 아니라 자연법칙까지도 역사적인 것으로 만든다. 특수한 국면이 아니라 일반적인 의미에서 존재유형론을 발전시키려는 노력은 시간의 실재성에 대한 인정과 상충한다.

그러한 초시간적 존재론의 기획을 기각하는 것은, 시간의 지배를 벗어나는 존재의 기본적 유형이나 자연적 종류가 있다는 것을 부정하는 것이다. 다음 테제에서 보듯이 그 어떤 것도 시간의 지배를 벗어나지 못한다. 불변적이며 초시간적인 것은 없다. 이것이 바로 시간이 만사를 규정하는 힘을 갖는다는 명제의 의미다.

그러나 시간이 만사에 규정적인 힘을 갖는다는 사실을 인정하는 것이 세계의 순전한 사실성을 무시하는 것은 아니다. 시간 자체만으로는 '시간은 변혁의 변혁'이라는 테제가 전제하는 세 가지 사실(실재성, 복수성, 연관성) 중 그 어느 것도 생산할 수 없었을 것이다. 이 테제가 의미하는 바, 시간에 통제된 세계는 실재성, 복수성, 연관성의 세계이며, 특수자들로 가득 차 있다. 이 특수자들은 나름의 방식으로 존재하기 때문에 특수한 역사를 가지고 있으며, 그 특수한 발생의 역사로 인해 그것들이 존재하는 것이다. 가능성에 관한 망상적 관념은 바로 이러한 세계를 제대로 파악하지 못한다.

이 세계에서 우리는 현상이 현재 있는 그대로의 모습과는 다른 것이 될 수 있게 하는 조건들을 상상함으로써, 그렇게 함으로써만 현상을 이해하는 것이 사실이나. 그러나 현상과 상상 사이에 존재하는 엄청난 거리가, 실재적이고 인접한 가능한 세계(전체이든 일부이든 현재 세계의 다음에 오는 세계)와 세계의 실재성을 손상시키는 서로 밀접하게 연관된 다음 두 가지 허구를 분리하는 것도 사실이다.

이러한 허구 중 하나가 가능성에 관한 망상적 관념으로, 이 관념은 가능한 세계와 가능한 사태들에 대한 관점을 포함한다. 이 관점에 따르면, 그 가능한 세계와 사태들은 현존성actual existence만 쏙 빼놓고 참존재real being의 모든 특성을 갖추고 있다. 다른 허구는 가능세계의 존재론이다. 이 존재론은 실재적 세계(존재하거나 존재했거나 앞으로 존재하게 될 우주나 우주들)는 잠시 동안 우연히 현존재의 옷을 걸친 경우를 제외하고는 환영 같은 실재들, 즉 유령처럼 현실화되지 못한 가능성들이라고 주장한다.

이러한 성찰은 시간의 실재성을 긍정하는 것이, 세계의 실재성을 긍정하는 것과 통한다는 점을 보여 준다. 시간의 실재성과 세계의 실재성, 그리고 복수성과 연관성이라는 속성의 실재성은 같은 진리의 두 측면이다.

시간에 대해 생각할 때 우리는 우리의 유한한 인생에서 죽음을 향한 여정의 경험으로서의 시간과, 실재의 객관적 특징으로서의 시간을 불가피하게 혼동하게 된다. 변혁의 변혁으로서의 관점은 시간이 우리에게 무엇을 의미하는지와 단절된 것으로 보일 수 있기 때문에 오해를 불러일으킬 수도 있다. 그러나 우리가 시간에 대한 탐구를 우리 자신에 대한 탐구이자 세계에 대한 탐구로 취급한다면, 오로지 그 경우에만 우리는 시간성에 연관된 경험을 이해할 수 있고, 앞에서 개관한 세계 안의 주체와 그 위상에 관한 견해를 옹호할 수 있다. 인간이 존재하지 않는다 하더라도 시간은 존재할 것이다.

단순히 경험의 속성보다는 실재의 특징으로서 시간에 대한 이해를 고집하는 것은 분란과 혼동을 일으킬 수 있다. 우리는 외적 실재의 일부로서의 시간과 내적 경험의 일부로서의 시간 간의 연관성을 파악해야만 한다.

테제 2
시간은 만물을 지배한다

만물은 조만간 변한다. 이 주장은 자연법칙도 변한다는 것을 포함한다.

근대 과학사에 대해 몇 마디 언급하면서 이 테제의 내용과 범위를 설명해 보자. 20세기 물리학은 자연세계의 현상과 이 현상이 발생하는 공간과 시간이라는 불변적인 배경 사이의 구분을 전복시켰다. 배경도 현상의 일부가 된 것이다. 그러나 물리학은 이러한 구분을 붕괴시켰지만 사연법칙의 불변적인 배경과 변화하는 물리적 세계 간의 차이는 유지했다. 만물은 조만간 변한다는 테제가 타당하려면, 과거 물리학이 공간과 시간의 배경에 대해 수행한 역할을, 이제 시간이 만물을 지배한다는 테제가 초시간적 법칙의 배경에 대해 수행하지 않으면 안 된다.

법칙 자체도 변화하고, 법칙이 규율하는 현상과 함께 법칙도 변한다는 것은 틀림없는 진실이다. 이러한 관념은 당혹스럽기는 해도 난센스는 아니다. 이것이 난센스가 아니라는 점은 역사(사회이론)와 심지어 생명(생물학)에 대해 이런 식으로 사고하는 법을 우리가 이미 배웠다는 점으로 증명된다. 19세기의 고전적 사회이론들이 만든 기본적 운동 하나를 살펴보자. 이 운동은 사회와 경제의 보편 법칙으로 오해되었던 바를 사회경제적 조직의 특수한 유형의 법칙으로 재해석하려는 것이었다. 그래서 카를 마르크스는 영국의 정치경제학자들이 실제로는 자본주의의 법칙에 불과한 것을 보편적이고 초시간적인 경제법칙으로 표상했다고 공격했다.

그러나 마르크스의 사회이론 안에도 사회경제적 체제의 연속, 더나아가 각 체제에 적용되는 특수한 법칙들의 연속을 규율하는 고차적 법칙들이 존재한다. 후대의 마르크스 계승자들이 마르크스 사회이론에서 가장 먼저 포기해 버린 부분이 이 고차적 법칙 관념이다. 고차적인 법칙들을 포기했지만 사회경제적 질서마다 각기 고유한 작동과 변혁의 법칙들이 있다는 관념을 고수하는 세련된 마르크스주의자들은 당혹스러운 지적 상황에 처해 있다.

현대 생물학적 사상의 역사를 통해, 우리는 생명 현상과 이를 통제하는 법칙이 동시에 발전했다는 견해에 익숙해졌다. 생명 현상과 생명을 통제하는 법칙은 그 기원이 같다. 생명이 있기 전에는 이러한 법칙의 적용을 받는 대상이 없었다.

바로 이 점은 일반화할 가치가 있다. 현대 과학사는 막강한 편견을 일으킬 정도로 발전했다. 뉴턴 역학과 갈릴레이 양화론은 가장 야심차고 엄격한 사유 모델을 제시했다. 이로써 생물학과 자연사를 연성

물리학으로, 사회과학을 연성 생물학으로 간주하게 되었다. 관념들이 거쳐 온 이와 같은 우연한 역사는 과학적 사고의 특정 주장에 지나지 않았던 초시간적 법칙의 지배라는 견해가 탁월하고 심지어 보편적인 것으로 손쉽게 포섭된 배경을 설명해 준다.

하나의 도그마를 다른 도그마로 대체해서는 안 된다. 연성 물리학으로서의 생물학에 대한 이해와 연성 생물학으로서의 역사에 대한 이해를, 경성 생물학으로서의 물리학과 경성 역사학으로서의 생물학에 대한 견해로 대체해서는 안 된다. 재생산이나 변혁의 법칙과 현상 간의 관계, 또는 이 두 가지와 시간의 관계를 바라보는 우리의 태도는 가능한 한 사유의 우연한 역사에 영향을 받지 않아야 한다. 우연한 역사의 그림자에서 벗어난 다음에야, 자연의 법칙들이 역사를 가지고 있다는 관념을 편견 없이 고려할 수 있게 된다.

법칙이 역사를 가진다는 생각은, 법칙이 규율하는 현상과 함께 법칙 자체도 발전한다는 것을 의미한다. 법칙을 초시간적인 것으로 상정할 수 없게 되는 것이나. 법칙은 시간 아래에 존재하며, 사건들 가운데에 존재한다. 법칙은 인과적 연관성을 보증한다. 이러한 연관성의 내용뿐만 아니라 그 특징도 법칙의 변화와 함께 변화한다. 변화의 확산과 지속은 단지 하나의 원인을 다른 원인으로 대체하는 것에 그치지 않을 것이다. 변화는 원인이 결과를 초래하는 방식과 의미까지도 바꿀 것이다.

변화를 규율하는 법칙뿐만 아니라, 세계의 만물이 조만간 변할 것이기 때문에 우연성과 필연성의 성격 또한 수정될 수 있다. 우리는 가장 필연적인 관계들의 필연성이 자연의 작동 방식에 대한 견해에 따라 달라진다는 관념에 익숙하다. 이러한 견해 가운데서도 우주의 역사에 대한 견해가 특별한 의미를 갖는다. 그러나 자연의 작동 방식에 대한 견해에 따라 변하는 것은 가장 필연적인 관계들의 필연성에 대한 이해만이 아니다. 그 필연성의 성격도 실제 작동 방식의 변화에 따라 변한다.

일련의 법칙과 현상에서 다른 법칙과 현상으로의 운동을 지배하며 그 운동 방향까지 영원히 명령하는 고차적이고 영원한 일련의 법칙이 존재하지 않는다는 이유만으로, 그러한 운동이 우연이거나 기적은 아니다. 하지만 만약 시간이 만사에 규정적인 힘을 갖는다면, 자연은 시간이 지남에 따라 스스로에게 법칙을 부여할 것이며, 모든 인과적 연관성의 성격도 그에 따라 변할 것이다.

법칙의 변화가 우연이 아니고 기적도 아니라면, 그 변화의 원인은 무엇인가? 만약 법칙의 변화에 원인이 있다면, 이전에 발생한 사태에서 그 원인을 찾아야만 하지 않는가? 예리하고 포괄적인 정신은 현상의 변혁과 함께 법칙의 변혁을 기대할 것이다. 그래서 초시간적 법칙 관념의 일정 부분을 구제하게 될지도 모르겠다. 시간을 완전히 제압하지는 못하더라도 최소한 통제하게 될 것이다.

이러한 그림은 우리에게 너무나 빈곤한 자연관을 제공한다. 자연은 아마도 처음에는 선행하는 실재가 설정해 놓은 한계 안에서 어떤 구조가 우연히 발생하고, 그 다음에 그 구조가 필연성과 우연성의 단순 대립쌍으로 환원시킬 수 없는 자체적인 변형 형태를 가능하게 하는 방식으로 발전할 것이다. 세계사에서 이러한 사건의 실례가 바로 생명의 출현이다. 만약 그러한 사건이 이처럼 인간과 인간의 관심에 밀착된 형태로 출현했다면, 우리가 지금 기대할 수도 없고 심지어 묘사할 수도 없는 형태로 또 다른 사건이 출현하지 않았으며 출현하지도 않을 것이라고 누가 장담하겠는가?

시간의 포괄성에 대한 이러한 관념들은 수미일관된다. 현대 과학이 우리에게 심어 준 편견을 물리친다면 이 관념들이 안고 있는 역설의 외관도 사라진다. 그러나 이 관념들이 정말 참인가? 이 관념들은 시간의 범위를 한정하고 초시간적 법칙들의 지위를 설정하는 믿음들과 마찬가지로 자연에 대한 현재 우리의 통찰과 최소한 양립한다. 우리는 이 관념들을 선호해야 할 이유가 있고, 선호하기 때문에 그에 따라 행동할 이유가 있다. 이 관념들은 다른 세계, 즉 죽음에 매여 있는 우리와 마찬가지로 시간의 지배를 받는 세계보다 우리에게 낯설지 않는 또 다른 세계를 묘사한다. 우리가 이 관념들을 직접 경험적 검증에 회부할 수는 없지만, 이 관념들은 그러한 검증의 대상이 될 수 있는 과학적 사유의 의제들을 알려 준다. 같은 이유에서 이 관념들은 특수한 과학에서 특수한 억측을 고취시키는 역할을 한다.

예컨대, 우주의 비밀스러운 특징 중 하나는, 정확하지만 임의의 값을 가진 일정한 상수이나 매개변수들의 존재이다. 소립자들의 질량(질량비), 다른 힘이나 상호작용의 크기, 우주상수(공간의 에너지 밀도), 빛의 속도, 플랑크 상수, 뉴턴의 중력상수 등이 현대 물리학에 등장하는 임의적 매개변수들이다. 이 값들은 현재로서는 우리가 지금 식별할 수 있는 자연법칙에 기초하여 이 값을 해명하려는 모든 시도를 거부한다는 의미에서 임의적이다. 이 값들을 다른 법칙이 지배했던 세계가 남긴 더 이른 상태의 흔적들이라고 가정해도 되지 않을까? 그러면 이 값들은 우리가 아직 해독하는 법을 깨우치지 못한 상형문자로 쓴 사멸한 문명의 기념비와도 같은 것이 될 것이다.

설명되지 못한 매개변수들 중 세 가지, 즉 뉴턴의 중력상수, 플랑크 상수, 빛의 속도 등은 본질적으로 차원과 관련되어 있다. 매개변수들이 변하지 않는 범위 안에서, 우리는 매개변수들을 다른 모든 것을 측정하는 단위(시간, 질량, 에너지)로 규정할 수 있다. 세계를 측정하는 장비의 일부로서 이 매개변수들의 함수는 매개변수들이 왜 서로 다른 값을 가지는지와 관련한 괴로운 문제를 면제해 준다.

그러나 순전한 사실성의 수수께끼는 여전히 설명되지 않는 나머지 매개변수들에 더욱 강하게 남아 있다. 나머지 매개변수들은 단위가 없거나 차원도 없는 수치들이다. 이 매개변수들이 각기 다른 값을 갖는다는 신비가 우리 눈앞에 제시되어 있다. (차원과 관련된 매개변수들이 변한다면, 다른 시간에서는 매개변수 값의 수치도 차원과 무관한 숫자이며, 그 결과 신비는 여기에도 적용된다.)

설명되지 않는 매개변수들이 던지는 수수께끼는 현대 과학의 역사에서 더 일반적으로 되풀이되는 문제이다. 즉, 자연법칙 자체로 완전하게 결정되지 않는 현상을 '자연법칙'이라고 이해할 수 있다. 우리는 우리 시대 과학의 다양한 측면에서 법칙에 의한 현상의 미결정상태_{underdetermination}를 목격하고 있다. 소립자 물리학에서 제기된 끈이론_{string}

theories |만물의 최소 단위가 점 입자가 아니라 '진동하는 끈'이라는 물리 이론. 자연계에 존재하는 중력, 전자기력, 약력, 강력이라는 네 가지 힘을 하나의 원리로 설명하려는 시도에서 나온 이론이다.| 의 확산도 그 한 사례이다. 이 이론들의 대다수는 이미 알려진 현상과 실행 가능한 실험들과 양립한다.

미결정의 문제에 대해서는 일반적으로 세 가지 종류의 가시적인 해법이 있다. 우연과 필연의 변증법, 일정한 범위의 가능세계들 속에 현실 세계의 포섭, 자연법칙도 현상과 함께 시간의 경과에 따라 변화한다는 주장의 인정 등이다. 이 중에서 세 번째 해법은 거의 발전되지 않았고, 앞의 두 가지 해법은 매우 부적절하다. 두 해법의 공통된 약점은, 둘 다 시간의 실재성이나 포괄성과 양립하기 어렵다는 점이다.

미결정된 것으로 보이는 것들은 확률로, 즉 우주적 주사위 놀이로 돌릴 수 있을지 모른다. 그러나 이러한 해법은 설명 작업의 범위를 우리가 기대하는 정도로까지 확장하면서 그 만족도가 점차 떨어질 수밖에 없다. 이 해법은 특수한 물리적·생물적 사건을 해명하는 데 부정할 수 없는 기여를 할 수도 있다. 그러나 이 해법의 적용 범위를 임의의 매개변수들의 설명되지 않는 값을 해명하는 우주론적 테제로까지 확장하면, 그것은 유용하지도 않을뿐더러 불완전해진다. 그러한 해법은 온전한 답변이 아니라 절반의 답변에 불과하며, 나머지 절반을 찾지 못하면 그 자체로 거의 의미가 없다.

'주사위' 은유를 정당화하려면 그 주사위들을 어떻게 합하는지, 주사위를 어떻게 굴리는지, 그 우주적 도박이 불변하는 실재의 틀 안에서 진행되는지 아니면 가변적 실재의 틀 안에서 진행되는지를 말할 수 있어야만 한다. 어떠한 노름꾼도 자신이 벌이는 게임의 조건을 정하지 않는다. 확률론적 해명은 자연적 사건의 가장 일반적인 틀을 설명할 때가 아니라, 다른 방식으로 결정된 틀 안에서 작동할 때 유용하다. 우주라는 큰 규모에서 확률론적 사고를 사용하는 것은 하나의 신비를 다른 신비로 대체하는 것에 불과하다.

가능세계들에 대한 호소는, 그럭저럭 발견한 법칙들의 지배를 받는 현실 세계를 무한히 많은 가능세계들 중 하나로 간단히 제시한다. 가능세계들은 아마도 영원히 연속적이든 동시적이든 발생하거나 소멸한다. 이러한 관점에서 볼 때 해명되지 않거나 미결정된 사실적 여분들을 이해하는 서로 다른 두 가지 접근법이 등장한다.

첫 번째는, 자연법칙들의 등급을 대폭 끌어올려서 지금 우리가 살고 있는 현실 세계에 특수한 것이 아니라 무한정 많은 가능세계들에 공통된 것을 지배하는 역할을 자연법칙에 배정하는 것이다. 그러면 해명되지 않는 현상과 자연법칙의 관계는, 자연사의 우연한 세부 사건들에 대한 기본적인 생화학적 통제와 규칙성의 관계와 같은 것이 될 것이다.

다른 접근법은, 이와 반대로 가능세계들에 관한 관념의 등급을 대폭 낮추어 질료matter의 구성 요소들이 상호작용할 수 있는 다양한 방식을 양산하는 것이다. 그러면 우리 세계에서 구성 요소들이 상호작용하는 방식은 그 가능성들 중 하나로 해명될 것이다. 그러한 가능성의 하나가 인간의 출현과 일치하는 것이다. 그러면 우리는 우리 세계에서 외견상 임의의 상수들을 인간의 출현에 대한 불가피한 배경으로 해독하고, 마침내 기꺼이 임의성을 섭리로 전환시킬 것이다.

그러나 어느 경우에나 가능세계들에 대한 호소는 불가해한 매개변수들을 포함해서 수수께끼 같은 사실적 여분을 설명하기보다는 회피한다. 가능세계들에 대한 원용은 그 여분과 상수들이 제기한 문제를 해결하지 못하고 다시 서술할 뿐이며, 다른 세계가 아니라 왜 하필이면 이 세계가 현실이 되었는지를 설명하지 못한다. 단지, 매개변수들의 값을 인간 출현의 조건의 일부로 설명하는 인간 원리anthropic principle | 우주에서 생명의 출현이 초기 우주의 진화에 열려 있던 다양한 가능성을 제한했다는 우주론적 학설. '인간 원리'는 1961년경 로버트 디케Robert Dicke 등에 의해 간접적으로 도입되었으며, 1970년대 많은 우주론학자 및 철학자들이 이 논의에 참여하면서 발전했다. 인간 원리는 신이 우주를 디자인했다는 소위 '신적 원리Theistic principle'에 대응되는 개념으로, 우주의 심오한 구조와 근본적인 성질들은 현재 지구상에 인간이 존재해서 우주를 관찰하고 있다는 엄연한 사실과 관련을 맺고 있다는 가정을 기본으로 삼는다. | 가 이 설명의 공백을 보충해 준다. 이러한 자유주의적latitudinarian 시각이 범하는 지적인 죄악은, 과학적 수수께끼를 존재론적인 환상, 즉 가능세계들에 관한 환상으로 전환시킨 것이다. 이러한 전환의 중압 속에서 과학은 우화寓話로 전락한다. 이로써 현실 세계는 가능세계들의 비실재성을 일부 띠게 되고, 이와 함께 가능세계는 현실 세계의 실재성을 일부 차용할 수 있게 된다.

그 귀결은 예술뿐만 아니라 과학에서도 세계의 가장 중요한 속성일 수밖에 없는 것을 세계로부터 탈취하는 것이다. 즉, 세계의 모든 결정적인 역사를 감안할 때 세계는 자신의 모든 현재와 과거와 미래의 특수성 속에서 현재 존재하고 과거에 존재했고 미래에 존재하게 된다. 실재 세계는 존재하는바 그대로이며, 그 밖의 것은 아니다. 이러한 속성을 더 명료하게 인식하게 될수록 세계에 관한 우리의 관념에서 존재와 비존재를 분리하는 심연은 점점 더 깊어지게 된다. 기각된 우화의 가능세계들은 존재와 비존재 사이의 제3의 영역_the tertius_을 제공하고, 존재와 비존재 간의 차이의 절대성을 완화시킬 것이다.

사실적 여분을 처리하는 두 가지 방법(필연과 우연의 변증법, 가능세계로 현실 세계의 포섭)의 실패로 인해 우리는 제3의 입장에 이르게 된다. 세 번째 입장에 따르면, 역사가 존재하기 때문에 시간이 만사에 규정적인 힘을 가지고, 만물을 지배하기 때문에 사실성이 존재한다. 현상은 변화하고, 법칙도 변화한다. 세계 속에서 우리가 관찰하는 매개변수들(그 일부는 세계를 관찰해서 아는 법칙들로 설명되지 않는다.)은, 제3의 이론이 암시한 억측에 따르면, 세계의 과거 상태에 관한 법칙으로 설명될지도 모른다.

인간의 역사에서 관습법과 마찬가지로 어떤 자연스러운 변화는 법의 통제를 받고, 어떤 자연스러운 변화는 법을 변화시킨다. 비록 자연과학에서는 그다지 친숙하지 않지만 사회이론 전통에서 확립된 사고방식에서 보듯이, 그러한 변화의 한계점에서는 때로 불연속적인 변화가 법칙의 변화를 일으킬 수도 있다.

자연법칙이 시간 속에서 발생한 현상의 초시간적인 배경이라기보다는 가변적인 것일 뿐이라는 주장은 인과관계에 관한 우리의 이해를 복잡하게 만든다. 시간의 이율배반성에 대해 앞에서 논의했듯이, 시간의 실재성을 모호하게 다루는 견해들은 자연의 일부와 자연을 규율하는 법칙마저 시간의 영향에서 면제하고, 인과관계의 관념을 정합적이지 않은 것으로 만든다. 이와 대조적으로, 자연법칙이 시간 외부가 아니라 시간 안에 있다는 것을 인정하는 원리는, 인과성 관념에서 복잡성을 낳기는 해도 부정합성을 초래하지는 않는다. 오히려, 그 원리는 우리가 이 관념을 이해할 수 있고 개선시킬 수도 있다는 희망을 안겨 준다.

이 책의 목표는, 과학적 실천을 포함해 모든 사유와 행동에서 시간의 실재성을 고려할 수 있는 기초를 제안하는 것이다. 이러한 견해의 일반화와 우리는 이해관계를 맺고 있다. 이 일반화가 가져오는 결과 중 하나는 인간적 관심 및 경험과 관련한 자연의 이질성을 완화시키는 것이다. 인간과 마찬가지로 세계도 시간이 변화시키지 못하는 특성 따위 없기 때문에 인간과 마찬가지로 열려 있다.

테제 3
가능세계에 닫힌 지평은 없다

가능세계나 가능한 사태에 닫힌 지평은 없다. 만약 닫힌 지평이 존재한다면, 우리는 현실 세계나 현재 사태를 자신 있게 위치지울 수 있을 것이다. 가능한 사태는 현실 사태의 초시간적인 선행자가 아니다. 그것은 단지 현실을 둘러싸고 있는 반영부半影部 |88쪽 옮긴이주 참고| 일 뿐이다.

가능세계는 두 가지 의미에서 반영부이다. 하나는 인간과 관련된 인간 중심적인 의미이고, 다른 하나는 인간이 아닌 자연과 관련된 비인격적인 의미다. '가능성'의 인간 중심적인 의미는, 인간의 현재 상태에서 개인적으로든 집단적으로든 동원 가능한 도구를 활용하여 도달 가능한 상태에 이른다는 것이다. 가능성이란 인간이 초래할 수 있는 크고 작은 혁명의 전조이다. 오로지 이러한 인간적인 의미에서만 가능성은 명료한 의의를 갖게 된다. 즉, 인간과 관련되어 있기 때문에 우리가 볼 수 있는 바의 좁고 개명된 공간 안에서 의의를 갖게 된다.

가능성의 비인격적인 의미는, 자연을 지금 지배하고 있는 법칙뿐만 아니라 이 법칙에 통제되는 변혁이 직간접적으로 이 법칙 자체에 변화를 가져올 수도 있다는 조건 아래서 어떤 것이 이후에 발생할 수 있다는 것이다. 가능성의 비인격적인 의미는 인간 중심적인 의미에 비해 명료성이 훨씬 떨어진다. 인간은 시간의 장막을 넘어 시원과 종말까지 응시할 수도 없고, 현상의 변혁과 함께 법칙의 한계나 자체 변혁의 논리를 추적할 수도 없기 때문이다.

이러한 견해에 따르면, 실재의 변형은 닫힌 배위 공간configuration space, |물리학 용어이다. 고전 역학에서 체계의 배위配位를 규정하는 매개변수들이 일반화된 좌표(X, Y, Z축)로 불리고, 이 좌표들로 규정된 벡터 공간은 물리적 체계의 배위 공간으로 불린다.| 즉 가능한 사태를 한정해 버리는 지평 안에서 발생하지 않는다. 바로 이것이 시간은 실재하고 만사에 규정적인 힘을 갖는다는 언명이 의미하는 바의 일부이다. 이는 가능성에 관한 망상적 관념, 즉 세계를 집요하게 추적하며 현실의 무대에 오르라는 큐 사인을 기다리고 있는 유령과 같은 가능성 관념을 부정한다. 더 나아가 시간의 실재성과 규정력은 이떤 것이 징밀로 새로운 섯일 수 있는지, 새로운 것이 유령과 같은 가능성의 현실화에 불과한 것인지를 확인해 주는 수단이다.

닫힌 배위 공간 관념은 인간의 정신에 확고하게 뿌리박고 있어서, 이 관념이 인과적 관점에서 자연을 이해하려는 모든 시도의 전제처럼 보일 수도 있다. 그러나 닫힌 배위 공간 관념이 그런 영예를 누릴 수 없다는 점은, 현대 물리학과 달리 자연사나 진화생물학의 영역에서 이러한 관념이 실제 수행하는 역할이 훨씬 제한적이고 논란의 여지가 많다는 사실로 증명된다. (물리학은 아직도 우주와 우주 법칙이 역사를 가지고 있다는 관념을 전면적으로 인정하지 않는다.) 또한 사회적·역사적 분석을 인간적 가능성에 관한 완전하게 조직된 공간 관념 위에서 확립하려는 시도가 모두 실패로 돌아갔다는 사정을 추가 증거로 제시할 수 있다. 그중 가장 주목할 만한 시도는, 역사적 진화라는 거대 서사를 떠받치고 있는 심층구조 관념에 대한 호소였다. 이러한 관념을 내세우는 주장의 특징은 사회경제적 조직의 대안적 유형들의 완결된 목록, 각 유형의 불가분적인 통일성, 더 나아가 역사의 연속성을 밀고 나가는 법칙 같은 힘 등에 대한 믿음이다.

가능한 사태에 닫힌 지평이 없다는 점은 인간 사고의 특성과 결합하여 반사실적인 해명에 대한 난제를 만들어 낸다. 이 난제는 다시 한 번 인과관계에 대한 친숙한 관념들이 얼마나 혼란을 유발하는지를 보여 준다.

만일 가능세계에 닫힌 지평이 존재한다면, 변화는 규칙과 규칙 아래서의 행동을 명료하게 구별하는 단순한 규칙 준수rule-following 모형에 따라 발생할 것이다. 규칙은 불변적인 자연법칙이 되고, 규칙 아래서의 행동은 늘 자연법칙의 통제를 받을 것이다.

그러나 닫힌 지평이 존재하지 않기 때문에, 변화는 성문법보다는 관습법처럼 좀 더 미묘한 모델에 따라 일어난다. 이 관습법 모형 아래서는 규칙과 그 규칙의 적용을 받는 행위 간에 예리한 구별이 존재하지 않는다. 모든 새로운 행동은 무엇이 규칙인지를 규정하는 자료로 집적될 뿐만 아니라, 역사적 선행 상태에서 이해되어 온 바에 따라 규칙을 따르거나 그 규칙에 도전하는 것이 된다. 변화는 변화를 변화시키고, 연속적으로든 불연속적으로든 그 자체로 변화하는 방식으로 변화를 변화시킨다.

어떤 것을 이해하려면, 그것이 부재하는 상황뿐 아니라 변혁된 상황도 상상해야 한다. 이해란 서로 다른 조건 아래서 현상이 어떻게 움직이고 어떻게 변모할지에 대한 견해를 확립하는 것이다. 그러므로 반사실적·인과적 억측은 세계에 대한 통찰을 심화하는 데 불가피하다. 그러나 반사실적·인과적 억측은 결함을 내포하고 있다. 우리는 이러한 결함을 제거할 수 없으며, 그것이 이해의 조건을 이룬다. 우리는 단지 이것을 노정시킬 뿐이며, 이를 통해서 억측의 위험을 통제할 수 있다.

어떤 것을 이해한다는 것은, 그것이 언제 어떻게 무엇으로 변모하는지를 관찰하여 그 변화된 상태를 상상하는 것이다. 그러한 모든 변화는 사물들이 서로 영향을 주는 방식에 변화를 가져올 수노 있으며, 법칙을 변화시킬 수두 있다. 인과적 설명의 기초기 되는 반사실직 분석의 공통된 오류는, 우리가 세계의 부분을 변화시킬 때(세계의 변화된 부분을 상상할 때) 변화된 세계에서도 만물이 이전과 동일한 규칙에 따라 계속해서 작동할 것이라고 가정하는 점이다. 이러한 오류는 마치 우리가 실재의 일부를 중지시키고 교체하면서도 그 실재가 작동하는 전체 체제를 유지하려는 시도와 같다. 실제로, 그 원래 체제는 더 이상 유지될 수 없다.

　　　　　　　　　　　　

체제 자체가 어떻게 변하는지를 확실히 알려면 체제의 변화를 통제하는 고차적인 법칙이 있지 않으면 안 된다. 급기야 이러한 법칙에 대하여 더 고차적인 법칙이 있어야 하고 마침내 무한퇴각infinite regress |독일의 사회철학자 한스 알베르트*Hans Albert*는 궁극적인 정당화 사고가 빠질 수밖에 없는 세 가지 난점을 '뮌히하우젠 백작의 삼중난점Trilemma'이라고 불렀다. 뮌히하우젠은 제 머리를 당겨서 늪에서 빠져나오려는 얼간이를 상징한다. 궁극적 정당화는 결국 결론과 근거를 바꾸어 가며 논증하는 악순환, 정당화가 이루어지지 않았는데도 논증을 임의로 중단하는 상황, 마지막으로 근거에 근거를 대는 과정을 끝없이 지속하는 불확정적인 상황이다. 이 중 마지막 상황을 '무한퇴각'이라고 한다.| 으로 빠지게 된다. 그러나 만약 시간이 근본적으로 실재하는 것이라면, 고차적인 법칙은 존재하지 않거나 어떤 지점에서 효력을 상실할 것이다. 체제는 정점에서 또는 외부에서 닫히지 않는다. 따라서 엄격히 말하자면 체제는 없는 것이다. 탐구 과정은 이제 멈추지 않으며, 다소 어둡고 불확실한 근거에 입각하더라도 지속된다.

이 과정에서 우리는 세계상像을 형성하면서 두 번째로 우리가 의존할 수밖에 없는 인과적 사유의 역설적 성격과 대면한다. 우리가 사고 과정에서 보통 의지하는 망상적 가능성 관념은 시간을 모호하게 취급한다. 만약 시간이 환상에 속한다면, 모든 현상이나 사건은 동시성을 띠게 될 것이다. 따라서 인과관계와 인과적 설명은 허구이거나 망상이다.

가능한 사태에 닫힌 지평이 존재한다는 관념과, 더 나아가 이 관념과 밀접하게 연결되어 있는 가능성에 관한 망상적 관념(세계를 집요하게 추적하며 현실 무대로 등장하라는 신호를 기다리는 유령으로서의 사태)은 시간이 실재적이라고 인정하는 시도지만 겉치레로만 인정한다. 시간의 실재성을 완전하게 인정하지 않는 한, 세계는 변혁을 목격하지만 가장 근본적인 수준에서 변혁의 변혁은 전혀 체험하지 못한다. 따라서 시간도 만사에 규정적인 힘을 갖지 못하게 될 것이다.

이러한 형이상학적 원칙(가능세계에 닫힌 지평이 존재한다는 관념과, 가능성에 대한 망상적 관념)은 모호한 인과성 관념이 직면한 곤경을 면하게 해 주지만, 우리가 인과적 혼동을 무릅쓰고 자연에 대해 발견한 것과 더 양립하지 않는 것처럼 보인다. 곧 보게 되겠지만 이 원칙은 인간의 시간적 체험이 갖는 뚜렷하고 핵심적인 특징들과 모순된다. 이 원칙은 더 나아가 무심한 자연 앞에서 세계를 자주적으로 만들려는 노력에서 인간을 무장해제시키는 데에 기여할 우려가 크다.

그러나 시간의 실재성을 완전히 수용하면, 가능성에 관한 망상적 관념과 가능한 사태에 닫힌 지평이 존재한다는 관념을 서부하면, 조 시간적 법칙이 인과적 설명을 떠받치지 않는다는 점을 인정하게 된다. 시간의 실재성을 수용하면, 인과적 설명에 기초한 반사실적 억측들이 우리에게서 요지부동의 기반을 제거한다는 점을 인정하게 된다. 시간의 실재성을 수용하면, 만물에 관한 통일적인 인과관계 이론의 기획이 원리적으로 틀렸다고 주장하게 된다. 시간의 실재성을 인정하면, 비록 인과성에 관한 우리의 일상적인 견해와 인과적 설명에 관한 익숙한 관행에서 혼란을 통제할 수 있음에도 불구하고 이러한 혼란을 확정적으로 추방할 수 없다는 결론에 이르게 된다.

우리는 이러한 혼란의 원인을, 시간의 실재성(시간은 우리가 기꺼이 인정하려는 것보다 더 실재적이다)과 시간의 태생적 적수인 수학적·논리적 사고로 도달한 연관성과 추론에 관한 견해 사이의 불가피한 긴장에서 찾아야 할 것이다.

수학은 시간의 인정을 거부한다

수학과 수학적 성격을 공유하는 사고의 모든 측면은 영구적으로 시간의 차원이 없는 세계의 관념을 우리에게 시사한다. 우리가 사건들을 시간 안에서 표상하려고 수학적 관념을 사용할 때에도 수학적 관념들 간의 관계는 초시간적이다.

시간의 실재성 테제, 시간의 포괄성 테제, 현실 세계를 둘러싼 가능성의 초시간적이고 닫힌 지평의 부재 테제로 요약되는 관념들은 가장 집중적이고 강력한 정신의 표현인 수학적 추리에서 저항에 식면한다. 우리가 왜, 어떻게, 시간의 실재성을 인정하지 않으려는 정신의 저항에 직면하게 되는지를 이해하는 것은, 곧 시간의 실재성의 인정에서 무엇이 중요한지를 통찰하는 것이다.

정신을 자연사의 산물로 본다면, 정신은 문제를 해결하는 기계이다. 그런데 문제를 해결하려면 정신은 기계 이상의 것이 되어야 한다. 정신은 공식과 모듈module |특정 기능을 하는 프로그램의 단위 혹은 규

격화된 부품| 을 추구하는 측면과, 가소적^{可塑的} |128쪽 옮긴이주 참고| 이고 경이롭고 초월하려는 측면을 함께 지닐 수밖에 없다. 상황 전체를 조사하고 전체 상황의 각 부분을 연결해 주어야 하기 때문이다. 구조와 관계를 파악하는 능력은 문제 해결에 반드시 필요한 선행조건이다. 이 능력을 보유하면 그저 기계처럼 확립된 공식에 따라 생각할 수 없다. 기존 공식이 허용하는 그 이상을 생각할 수 있어야 하고, 공식을 깨뜨리는 발견을 하고 난 다음에는 우리의 통찰을 담아내는 공식을 수립해야만 한다. 절박한 상황이든 가상의 상황이든 우리 앞에 존재하는 바를 질서 정연한 전체로 또는 일련의 관계로 이해하고, 설명하고, 파악하는 새로운 방식을 수립할 수 있어야 한다.

정신의 이 같은 권능은 뇌의 정확한 구성과 분리할 수 없을지도 모른다. 따라서 뇌의 역사적 뿌리는, 자연사^{自然史}와 도태의 압력을 받으며 문제 해결 장치로서 발전한 뇌의 자연적 역사에 있을지도 모른다. 그러나 일단 이렇게 확립된 뒤에는, 행위 장면을 관계들의 구조화된 전체와 다발로 표상하는 이 능력은 뇌의 출현에 얽힌 자연적 계기들을 초월한다. 이 표상 능력은 세계를 전체로서 파악하는 혁명적 원칙이 된다. 이 표상 능력은 현상계를 이해하려는 관심과, 변혁과 비전의 다른 가능성들을 고수하면서 현실 세계나 최소한 현실 세계에 대한 표상을 낮게 평가하려는 이해관계를 연결시킨다.

이러한 능력의 최상의 표현은 수학이다. 피상적으로 보면, 수학적 추리의 성격은 다음의 세 가지 속성, 즉 해석, 회귀, 동치^{同値}의 조합으로 완전하게 해명되는 것처럼 보인다.

이 속성들 중 첫 번째이자 가장 일반적인 것은 해석이다. 해석은 관계들의 구조화된 전체나 다발의 관념 속에 내포된 것을 명백하게 하는 것이다. 그러한 관념은 예시像示에 해당하며, 그 내용은 감춰져 있다. 수학에서 이 관념을 표상함으로써 우리는 내용을 끌어내어 예시 속에 내포된 것을 제시할 수 있게 된다. 이끌어 낸 결론을 집중적인 예시와 동의어로 취급하고, 따라서 수학을 동어반복으로 단순화한다면, 그 절차의 성격을 잘못 파악하고 절차의 어려움과 가치를 교묘하게 속인 것이 된다.

두 번째 속성인 회귀는 회귀 추리 수학에 널리 퍼져 있다. 추리가 적용되는 절차를 추리 자체가 전개할 때 그 추리는 회귀적이다. 회귀 추리를 사용함으로써 개별적인 나열에서 일반화로 이행할 수 있으며, 그때까지 특수한 것들의 단순한 열거로 보였던 것에 내포된 일반적 규칙을 언급하면서 특수한 것에서 일반적인 것으로 도약한다. 단순한 귀납과 회귀 추리의 중요한 차이는, 회귀 추리가 강한 전제들을 아끼고 검소한 전제에 입각하여 강하고 풍요로운 결론에 이르게 한다는 점이다. 회귀 추리는 자연적 세계의 特수한 부분과 권련된 익측을 통해서가 아니라 구조적인 전체를 표상하고자 채택한 개념을 사고하는 노력을 통해서 관계들의 구조적인 전체에 이르도록 함으로써 그러한 결론에 이른다. 이는 마치 우리가 움막집에 살면서, 움막집을 완전히 해체하고 오로지 그 조각들만으로 궁전을 지어 올리는 것과 같다.

수학의 세 번째 속성인 동치는 동치 명제들을 통해 그 풍부함을 보여 준다. 수학적 추리는 대체로 하나의 분석이 또 다른 분석 틀에서 어떻게 다시 진술될 수 있는지를 보여 주는 것이다. 동치가 단지 개념 정의의 문제라거나 동어반복이라고 말하는 것은 수학적 구성의 핵심을 놓치는 것이다. 그 핵심은 어떤 기호들의 조합이 등가적인지 아닌지를 해명함으로써 수학적 표기의 관행을 확립하려는 것이 아니다. 수학적 구성이 수학적 표기 체계의 확립 문제라는 관점은, 마치 우리가 이미 진리를 이해하고 그 진리를 표상하는 언어를 더 잘 조직하기만 하면 된다는 오해를 불러일으킨다. 수학적 구성의 핵심은, 우리의 관념들과 그 전통적인 표현을 매 전환점마다 구별함으로써 관계들의 질서 정연한 전체와 관계들의 집합을 표상하는 우리의 능력을 강화시키는 데 있다. 관계와 전체를 이해하는 데 특수한 관행의 족쇄로부터 우리 자신을 해방시키려는 우리의 능력이 중요하다.

수학의 특징이 오로지 이 세 가지 속성뿐이라면, 수학은 사고에서 의외성과 초월성에 대한 소명뿐만 아니라 우리 관념들의 무한성을 최상으로 표현하는 현재의 상태로 발전하지 못했을 것이다. 세 가지 속성뿐이었다면 수학은 단지 우리의 영리함과 다재다능함을 입증하는 기념비에 지나지 않을 것이다. 그러나 수학에는 앞의 이 세 가지 속성의 의의를 바꾸고, 거기에 통일성을 제공하는 네 번째 속성이 있다. 바로 온갖 자연적 내용(달리 말하면 해석, 회귀, 동치의 절차를 자연, 자연의 법칙과 그 역사에 대한 탐구에 한정하려는 내용)으로부터 스스로를 정화하려는 수학의 노력이다.

바로 이 점이 수학의 예지적 특징, 광적인 마력이다. 바로 이것이

교부신학敎父神學의 용어로 케노시스kenosis ㅣ '비우다'라는 뜻의 그리스어 동사 'κενόω'에서 파생된 단어로, 성경에 다섯 번 정도 사용되었다. 기독교 신학에서는 자신의 의지에 따른 주체의 비움self-emptying 또는 비하를 의미하고, 스스로 신과 신성한 의지에 전적으로 의지함을 뜻한다. "그리스도 예수는 하느님과 본질이 같은 분이지만 굳이 하느님과 동등한 존재가 되려 하지 않으시고 오히려 **당신의 것을 다 내놓으시고** 종의 신분을 취하셔서 우리와 똑같은 인간의 모습이 되셨다."(필립비 2:6-7) 강조한 부분이 케노시스의 의미다. ㅣ 또는 '비움'이다. 진보적으로 위대한 투쟁을 통해 정화해야 할 것은, 과학의 안팎에서 자연적 경험과 이에 대한 관념이 인간에게 제시한 연관성과 조직 유형상에 존재하는 제약 요소들의 여분이다.

우리는 위험이나 기회의 특수한 상황에서 문제들을 더욱 훌륭하게 해결하고자 관계들의 구조적인 전체와 다발에 관해 사고하는 능력을 개발시켜 왔는지 모른다. 그러나 이러한 독창적인 과업이 중요할지라도 우리는 특수한 상황을 넘어, 특수한 상황의 레퍼토리를 넘어 이 과업이 탄생시킨 능력을 일반화함으로써 이러한 과업에 최상으로 기여한다. 내용을 제거함으로써 내용을 성취하는 것, 바로 이 역설적 야망이 수학의 네 번째 결정적인 특징을 이룬다.

수학의 한 분야가 현재의 수학적 도구가 그다지 유용하지 않은 자연과학 영역의 문제들을 해결하려는 노력에서 빈번히 영감을 받아 왔다는 사실은, 자연적 내용의 정화가 수학에서 중요하다는 사정과 모순되지 않는다. 이 돌파구들은, 마치 우리가 자연을 초월하려는 희망으로 자연에 뛰어드는 것처럼, 우리가 자연적 세계에서 식별할 수 있는 것보다 더 많은 것을 질서와 연관을 통해 보려는 자극제로서 자연에 대한 수학적 표상을 이용하는 노력을 대변하기 때문이다.

그리하여 수학자에게 수학은 자연과학의 하녀가 아니다. 하지만 자연과학은 수학적 진보의 고취자로서 수학적 분석의 자기몰입적인 역사에 내재적인 충동과 더불어 나름의 자리를 차지한다.

그러나 더 위대한 자유와 권능을 얻으려면 이처럼 내용의 부정에 수반되는 대가가 필요하다. 그 대가란 바로 시간의 실종이다. 수학적 관념들의 관계는 시간의 바깥에 있다. 그 관계는 시간을 파악할 수 없다. 바로 이 점에서 수학적 개념들의 관계는 항상 시간의 제약을 받는 사건을 주제로 다루는 인과적 연관성과 다르다.

분명 수학적 관념들은 시간의 제약을 받는 사건을 기술하는 데에 통상 사용된다. 인과적 설명도 수학적 언어로 표현될 수 있다. 현대의 수학적 물리학은 수학과 자연과학의 결합이 낳은 가장 유명한 개척 분야이다. 계산법처럼 수학의 전 분야는 처음에는 시간 속에 발생하는 변화를 표현하려는 노력에서 고안되었다. 그러나 상대적 변화의 표시를 직접 취급하는 수학 분야에서 해석, 회귀, 동치 간의 개념적 관계들은 그 자체로 시간의 제약을 받지 않는다. 그 관계들은 초시간적이다. 자연법칙이 역사를 갖지 않는다고 상상할 때 그 법칙이 초시간적이라는 소극적 의미에서만 이 관계들이 초시간적인 것이 아니다. 시간의 제약을 받는 사건과 혼합될 수 없다는 적극적 의미에서도 이 관계들은 초시간적이다.

수학 명제들에 타당한 것이면, 더 일반적으로 논리학의 주제를 구성하는 개념적 연관에서도 타당하다. 어떠한 연역적 추론이나 논리적 모순도 시간 안에서는 발생하지 않는다. 그에 대한 우리의 사고만이 시간의 제약을 받는 사건들이다.

시간에 맞서는 정신 속에서 트로이 목마 같은 수학의 이질성은 이제 명료해진다. 수학은 독자적인 탐구 대상으로서 시간의 지배를 받는 자연적 세계, 임의적 관행의 자유로운 발전 또는 자연적 대상과 유사하지만 천사처럼 우리 눈에 보이지 않는 수학적 대상들의 별도 영역 따위는 갖고 있지 않다. 수학은 자연과학의 그림자가 아니다. 정신적 속임수 게임도 아니다. 수학은 다른 학문처럼 유형적인 대상에만 몰두하지도 않는다. 수학은 세계의 모사simulacrum를 예지적으로 탐험하는 학문이자, 세계(존재하는 유일한 세계)에 대한 탐구이다. 다만, 이 탐구는 세계에서 시간을 공제했다.

그것은 마치 자연으로부터 피(시간)를 뽑아내어 부패를 방지함으로써 자연을 초시간적으로 따라서 영원한 것으로 만들려는, 일종의 미라 제자과 같다. 경험과 과학이 제시한 질서와 관계들을 옭아매는 관념들에 맞서 우리의 예속 상태를 타파하려는 투쟁에서 우리를 가장 강하게 무장시키는 것은, 역설적이지만 바로 이러한 모사에 대한 연구이다. 우리는 시간의 그림자 아래서 변화해 가는 세계로부터 우리 자신을 분리함으로써 그 세계를 더 훌륭하게 다룰 채비를 하며, 자연적 사건을 이해하는 데 필요한 연관성의 구도를 증폭시킨다. 우리는 자연의 겉모습을 극복하고자 상상력을 표출하고 발전시킴으로써 의식의 두 번째 측면(의외성과 초월성)을 확인한다.

따라서 수학이 무한 관념을 순치시키고, 무한을 유한한 방법에 종속시키려고 애썼던 지난 200년이, 이제 시간의 실재성과 포괄성을 옳게 파악하는 새로운 200년으로 교체될 수 있다고 가정하는 것은 오류가 될 것이다. 현상뿐만 아니라 법칙에서 불연속적이고 차별적인 변화를 분석하는 데 이용할 수 있는 수학적 도구들을 풍요롭게 하려는 노력을 막을 이유는 전혀 없다.

어쨌든 이러한 과업은 무한을 축소함으로써 무한을 파악하려는 시도를 둘러싼 난점들과는 전적으로 다른 유형의 난점을 제시한다. 수학은 그 성격상 시간에 이질적이기 때문에 법칙과 현상이 함께 변화하는 세계를 수학적으로 생각하는 방법을 우리에게 보여 줄 수 없다. 시간의 수학은 결코 그 주창자(게오르크 칸토어_Georg Cantor_, 독일 수학자로 무한 개념의 적용자)를 갖지 못할 것이다. 우리는 직관, 실험, 이론을 통해 이 세계(시간 속의 세계)를 물리적으로 사고하는 법을 우선 학습하지 않으면 안 된다. 수학은 그러한 이해를 합리화할지는 몰라도 예언하지는 않을 것이다.

수학적·논리적 추리는 영구적으로 우리에게 초시간적 세계의 실재성을 시사한다. 우리는 이렇게 방부 처리된 세계를 실재라고 착각하기 쉽다. 그러나 그 어떤 것도 시간보다 실재적이지 않다. 어떤 의미에서는 오로지 시간만이 실재적이다.

인간 경험은 불가피한 시간적 구조를 가지고 있다

우리의 경험은 특수한 시간적 구조를 갖는다. 이러한 구조를 이해하지 않고서는 우리 자신을 이해할 수 없다. 우리의 경험을 그저 혼란과 환상의 근원이라고 가정하는 것, 즉 세계에 대한 비인격적이고 객관적인 통찰을 더 훌륭하게 획득하기 위해 억압해야 할 무엇으로 가정하는 것은 잘못이다. 물론 우리는 우리의 경험을 교정하면서 살아간다. 그러나 경험을 공격적으로 억입하려고 하면, 우리는 결코 육체라는 족쇄에서 풀려난 해방된 지식에 가까이 다가길 수 없다. 난지 우리 의식에서 비시간적 요소(수학과 논리학에서 표현되는 요소들)가 주도하게 할 수 있을 따름이다.

우리는 시간을 상황에서 유리되고 맥락을 떠난 존재로서 조우하지 않는다. 우리는 특수한 상황 안에서 시간과 만난다. 시간의 인간적 현상학, 즉 시간에 대한 경험과 일시적 존재로서 우리 자신에 대한 경험이 존재한다. 인간이 처한 조건 중에서 시간 요소는 그 깊이와 파급력 면에서 가장 강하다. 이러한 시간의 현상학은 확정적이고 놀라운 구조로 되어 있다. 인생과 현실의 모든 것이 그렇듯이 이 현상학도 변화한다. 실제로 현상학은 관념에서 정보를 제공받고, 제도와 실천은 물론 심지어 기계에서도 영향을 받으면서 역사적으로 발전한다. 다른 말로 하면, 시간의 현상학은 그 자체로 시간적이다. 그러나 시간의 연속성과 불연속성은 인간 본성의 가장 근본적인 연속성과 불연속성의 일부이다. 개인적으로나 집단적으로 시간에 관한 우리의 경험을 변화시키려는 노력은 환상적이거나 터무니없는 것이 아니다. 변화시키려는 노력은 쓸모없거나 무의미한 것이 아니라, 단지 어려울 뿐이다.

시간의 제약을 받는다는 점은 인간이 모든 실재와 공유하는 부분이다. 어떤 의미에서는 우리는 시간으로 구성되어 있다. 시간의 현상학에 대한 분석은 따라서 특수한 관심을 유발한다. 이러한 분석을 통해 우리는 무엇이 우리와 세계를 구별해 주고, 동시에 무엇이 우리를 세계와 연결시켜 주는지를 이해할 수 있다. 우선 이를 단순화해서 이해하고, 그 다음에 그 상을 섬세하게 살펴보자.

시간의 현상학의 중심에는 두 가지 사실이 있다. 첫 번째 사실은, 우리가 살아 있고 동시에 죽어 가는 유기체라는 점이다. 두 번째 사실은, 우리가 기획을 추구하고 애착을 형성하고, 시간의 폭력 앞에 그러한 기획과 애착을 유지하려고 노력한다는 것이다.

첫 번째 사실에서는 죽음에 대한 사전 지식이 중요하다. 죽음의 확실성과 암시는 우리 경험에 극적인 집중력을 부여한다. 그것은 인간의 경험이 단선적이며 돌이킬 수 없음을 해명해 준다. 인간에게는 만사를 다시 한 번 다르게 시도하거나 재차 시도할 만한 시간적 여유가 없다. 죽음의 확실성과 암시는 인간의 삶이 어떻게 의미를 갖게 되는지, 그 의미가 어떻게 파괴되는지와 관련된 인간의 경험을 규정한다. 현재의 무의미성이 나중에 의미로 또는 시간의 기원에 대한 통찰로 치유될 수도 있지만, 의미의 문제는 무기한 연기한다고 해서 이처럼 해결되는 것은 아니다.

시간 속에서 살다가 죽는 유기체로서 인간이 갖는 지위는 경험의 가장 위압적인 측면이다. 그것은 인생의 규모와 인간을 둘러싸고 있는 우주의 실재성 간의 불균형으로, 이는 측량할 수도 없고 치유할 수도 없는 사실이다. 이 불균형은 인간이 인간 실존의 자연적 구조와 협력 관계에 있다고 믿을 권리를 인간에게서 박탈해 버린다. 우리는 실존이라는 자연적 구조의 시간성을 공유하지만, 자연적 구조의 척도를 공유하지는 못한다.

척도의 차이는 절대적이고 확정적이어서 우리의 세계 경험 속에 순수한 공포의 요소를 끌어들인다. 우리는 항상 정신의 고상한 작업(종교, 철학, 예술)을 이러한 공포를 잊게 하는 위안거리로 전락시키려는 유혹에 직면해 있다. 그러나 우리에게 사탕발림과 자장가는 필요하지 않다. 우리에게 필요한 것은, 상황을 있는 그대로 보고 그 위에서 우리의 관심과 우리 자신을 긍정하는 것이다.

인간의 역량과 열망은 결코 고갈되지 않는다는 경험에도 불구하고, 인간에게 유한성과 종국성을 부과하는 죽음의 확실성은 하나의 추문이자 모욕이다. 사물의 제작에서 애착의 형성과 관념의 보유에 이르기까지 모든 차원에서 인간 경험이 풍요로운 결과를 산출한다는 사실은 온갖 공식과 제약에 도전한다. 그런데 죽음은 최고의 제약 사항이고, 죽음의 확실성은 불복종을 허락하지 않는 공식이다.

여기서 우리의 시간 경험이 갖는 두 번째 측면이 등장한다. 우리는 시간을 통해서, 시간에 맞서서 기획을 추구하고 신념을 형성한다. 이 두 번째 측면은 첫 번째 측면의 의미를 바꾸고, 인간 실존의 시간적 구조를 이상이 충돌하는 기회이자 창의성을 생산할 기회로 전환시킨다.

우리는 우리의 기획과 애착이 처한 시간적 운명 속에서 우리 자신을 더 명료하게 본다. 기획 및 애착과 우리가 맺는 관계는, 시간에 관한 우리 경험의 큰 부분이다. 무엇보다 기획과 애착이 진짜 시계이고, 우리는 이것으로 시간을 측정한다. 기획과 애착은 형성과 완성의 시간을 갖는다. 기획과 애착의 형성 과정에서 각각의 단계와 간격은 우리 삶을 측정하는 요소이다. 다른 한편, 기획과 애착은 시간 속에서 끝나기 때문에 불확실성과 실패에 취약하다. 기획과 애착이 파괴에 취약하다는 것은 우리 자신이 파괴에 취약하다는 것을 의미한다. 기획과 애착이 예측할 수 없는 상황을 순치시키는 데 무능하다는 것은, 우리가 예측할 수 없는 상황을 순치시키는 데 무능하다는 것을 의미한다.

우리는 기획을 형성하고 시행한다. 우리는 애착을 만들고 실행한다. 기획과 애착은 인간의 실존에서 시간의 강력한 집중성과 돌이킬 수 없는 진행과 관련하여 인간에게 허용된 유일한 답변이다. 우리 삶에 방향이 있다면 그것은 기획과 애착의 방향이다. 우리 삶에 어떤 의미가 있다면, 그러한 기획과 애착의 의미다. 기획과 애착은 인간을 둘러싸고 있는 세계의 지독하고 인간 파괴적인 척도보다는 인간의 기준에 입각해 있는 세계의 경계선을 확정한다. 기획과 애착은 극복될 수 있으며, 궁극적으로 시간으로 극복된다. 우리는 기획과 애착을 불멸의 것으로 경험할 수도 있지만, 그것들이 지속되는 한에서만 불멸이다.

죽어 가는 유기체로서의 상황과 기획이나 애착에 대한 추구가 맺는 관계는 다른 대립, 즉 경험의 공식적인 측면과 의외성 간의 차이와 관련해서 중요하다. 일상과 반복은 인간의 실천적·정신적 생활의 큰 부분을 차지한다. 일상과 반복은 단순한 싸구려가 아닌, 경제의 원칙과 통합의 원칙을 대표한다.

경제원칙으로서 일상과 반복은 우리가 공식으로 반복하거나 기계적으로 구현하는 방법을 아직 터득하지 못한 활동을 익힐 시간을 절약해 준다. 그리하여 일상과 반복은 반복적인 일에서 반복할 수 없는 일로 우리의 지평을 이동시키도록 허용한다. 습관은 시간의 경험을 무디게 한다. 반면에 습관적인 것에서 습관적이지 않는 것으로의 이동은 시간의 경험을 만회해 준다.

통합 원칙으로서 일상과 반복은 우리의 경험과 정체성을 조직하도록 해 준다. 습관은 주체, 주체의 계속성, 주체의 통합성에 대한 우리 감각의 본질적인 토대이다. 습관은 단순한 부담이 아니며, 형태를 만들고 힘을 부여한다. 주체의 계속성은 습관으로 확보되며, 주체의 계속성은 시간의 경험을 위한 또 다른 선행조건이다.

   6 시간의 실재성_변혁의 변혁

일상과 창조 간의 변증법은 인간의 근본적인 특징이다. 변증법은 행동에 한정되지 않는다. 변증법은 상상력의 두드러진 특징이다. 세계에 대한 인간의 이해는 두 단계 전치轉置를 통해 발전한다. 1단계 전치를 거리 두기로, 2단계 전치를 변혁으로 불러 보자.

칸트가 상상력을 부재하는 것을 표상하는 능력으로 규정했을 때, 그는 거리 두기를 통한 전치를 기술한 것이다. 인식과 이해의 일상적인 측면은, 인식에 관한 우리의 익숙한 경험과 우리가 당연시하는 범주적 도식의 결합이다. 경험과 도식은 분리 불가능하다. 도식은 경험의 솔직한 표현이다. 거리 두기를 통해 인식은 관망으로 전락하고, 우리가 이해라고 부르는 것은 존재하지 않게 될 것이다.

우리가 이해에 대한 경험을 얻으려면 직접적인 인식에서 벗어나야 한다. 인식은 우리에 앞서서 존재하지 않으며, 우리가 아예 없는 것처럼 취급할 수 있고, 더 나아가 인식을 상像으로 기억할 수 있기 때문이다. 우리는 특수자를 범주와 유형과 종류 아래 포섭할 수 있어야 한다. 법률가들처럼 특별한 노력을 기울이지는 않더라도 많은 시간 동안 분류해야 하고, 경우에 따라서는 의혹과 모호성에 직면해야 한다.

기억 속에서 복구되고 이해를 통해 조직되는 직접적 경험과의 거리 두기는 습관적 인식과 범주적 도식의 결합에 문제를 일으키고, 우리로 하여금 사태를 영원히 새롭게 보도록 한다. 그러나 이것으로 충분하지 않으며, 그 일을 상상력이 수행한다고 하는 것도 만족스럽지 않다.

두 번째 전치는 첫 번째 전치가 수행한 거리 두기 작업을 완성시키는 것이다. 즉, 변혁의 전치다. 우리가 직접적인 것과 거리를 둠으로써 결과적으로 습관적인 인식과 친숙한 범주의 결합을 변화시킬 수 있다면, 상상력이나 상상한 세계나 모두 현재의 모습 그대로가 아닐 것이다. 범주적 분류를 둘러싼 논쟁의 가능성은, 그러한 분류들이 적용되는 현상적인 사건들의 변혁에 뿌리를 두고 있다.

정신은 사물을 분류하는 자연 종들의 고정된 목록으로 영원히 환원되지 않는다. 그러한 고정된 목록은 아예 존재하지 않기 때문이다. 존재하는 세계에서, 즉 경험 속에서 명백하게 현상계와 실험과학으로 끊임없이 탐구되고 드러나는 세계에서, 모든 종은 어떤 조건 하에서 일련의 매개적 변형을 거치면 다른 종이 될 수 있다. 그러한 변형은 무수하고 복잡할 수도 있다. 또, 오랜 시간을 필요로 할지도 모른다. 그런 변형은 조만간 사물의 종류에서뿐 아니라 한 종이 다른 종과 달라지는 점, 즉 자연 종의 본성에도 변화를 가져올 수 있고, 실제로 변화를 가져온다.

생물 진화 과정에서 종의 분화를 예로 들어 보자. 지구상에서 생물권生物圈의 등장은 단순히 기존 목록에 새로운 자연적 종류를 추가한 것이 아니다. 그것은 자연적 종류(우리가 종을 그러한 종류로 사고한다면)의 생성에 필요한 장치를 변화시키고, 자연적 종류들을 구별하는 의미를 변화시켰다. 화성암과 퇴적암은 생물학적으로 한 종이 다른 종과 구별되는 것과 똑같은 의미와 방식으로 구별된다. 더구나 자연적 종류들의 본성에서 변화는 생명의 시작과 함께 한 번 발생한 것으로 끝나지 않았다. 변화는 계속 발생하였다. 예컨대, 성적 도태와 함께 대

　　　　　　　　　　　

안적 체형들의 엄격한 선택 기제가 출현하고, 더 나아가 인간이 보유한 바를 조만간 허용하는 유전적 통제 기제 발달의 토대인 부정否定의 역량negative capability(공식에 도전하고 제약을 초월하려는 능력) |부정의 역량은 낭만파 시인 존 키츠John Keats가 온갖 경험과 현상을 범주로 나누고 지식의 체계로 전환시키는 사람들을 비판하려는 의도에서 처음 사용했다. 웅거에게 이 개념은 비판과 재구성이라는 긍정적인 의미를 가진다.| 도 출현했다.

우리는 생물학적 변종의 등장을 물질의 보편적 조직에 대한 아주 불가능한 예외로 간주하는 데 익숙하다. 그러나 생물학적 변종의 등장을 오히려 세계의 보편적인 특성의 실례로서 생각해야 마땅하다. 즉, 자연적 종류들의 목록은 그 구성뿐만 아니라 성격도 변화하는 것이다. 이러한 특성은 변형의 변형의 한 측면이고, 달리 말하면 시간의 한 측면이자 시간이 지닌 실재성의 결과이다.

우리는 어떤 것을 그것이 부재하는 상태뿐만 아니라 변화된 상태도 표상함으로써 상상한다. 현상이나 사건의 변화는, 현상이나 사건이 실제로 무엇인지뿐 아니라 어떻게 다른지와 상관없이 그것이 예시하는 자연적 종류의 변화로 흡수된다. 우리는 가능성의 외부적 지평을 주시할 수 없다. 가능성에 관한 망상적 관념은 환각이다. 충분한 시간이 있다고 하더라도 궁극적이고 닫힌 배위 공간은 존재하지 않는다. 다만, 우리는 온갖 수단을 통해서 어느 정도까지는 다음 단계의 변혁을 볼 수 있다. 그렇게 하는 것이 결국 시간적인 세계에 대한 상상이 의미하는 바의 일부이다.

인성 속에 생활의 표준적인 측면을 주로 표현한 것이 바로 주체의 강화 형태로서의 성격이다. 이러한 성격을 개인적이고 사회적인 일상의 보호 장치가 감싸고 있다. 성격과 인간의 관계는, 다른 질서 정연한 활동 구조들과 인간이 맺는 관계와 그 본질상 동일하다. 우리는 성격을 필요로 하지만, 성격에 굴복할 필요는 없다. 성격은 우리의 것이지만, 우리는 성격을 뛰어넘는다. 인성의 발전은 습관의 포용과 파괴를 요구하며, 성격의 형성과 파괴를 요구한다. 그러한 파괴가 없으면 우리는 그저 유한한 존재로 남을 뿐이고, 이는 인간 본성의 의외성과 초월성 측면을 부정하고 억압하는 것이다.

그러한 파괴 없는 투항이 만들어 내는 악의 제1 징표는 권태의 경험이다. 권태는 활용하지 못한 역량에 대한 암시, 유한성에 맞선 인간 내부의 무한성의 반란, 그리고 강요된 엄격성에 맞선 부인당한 가소성可塑性의 불평이다. 다른 모든 경험과 마찬가지로 권태의 경험도 불변하는 것은 아니며, 비판과 변혁에 민감하다. 우리가 도전과 수정에 우리 자신을 더욱 완전하게 개방하는 방향으로 사회제도와 문화의 실천 관행을 조직할수록, 우리는 권태에 더욱 민감해지게 된다. 우리가 권태에 대한 관념을 형성하면, 그 관념은 사물 자체를 창조하는 데에 기여할 것이다.

악의 또 다른 징표는, 시간의 추이가 갖는 의미의 퇴색이다. 우리 경험 안에서 변혁의 변혁을 상실하는 것은, 시간의 추이를 예리하게 측정하고 경험할 수 있는 수단을 상실하는 것이다. 기획과 애착은 일상적인 일로 전치되고, 시간의 실재성이 희미한 세계로 우리를 미묘하게 데려간다.

    6 시간의 실재성_변혁의 변혁

생활에 해악을 끼치고, 인간의 신성화라는 우리의 희망을 무너뜨리는 이러한 몽유병에서 우리를 구출하는 것은 두 가지 상반된 경험이다. 시간을 드러내고 주체를 일깨우는 경험 중 하나는 외부와의 단절(행운과 불운, 반전과 방향 착오)이다. 즉, 단절은 인간의 모든 기획과 애착이 시간의 포로라는 진리를 발현시킨다. 기획과 애착이 저 아래로부터의 습관과 이에 수반되는 조용한 절망에 침식되면서, 외부로부터 우리가 충분한 지배력을 행사하지 못하는 세계의 힘들도 기획과 애착을 위협하기 시작한다. 전쟁으로 경직된 사회질서를 붕괴시키는 것과 유사한 이러한 폭력적인 단절의 결과는 우리 의식 속에서 시간의 실재성을 재확인하는 것이다. 그러한 재확인이 우리에게 변화 이상의 것, 즉 변화 방식의 변화를 표상한다면, 그러한 재확인이야말로 특수한 힘을 갖게 될 것이다.

또 다른 경험은, 우리가 신념과 애착에 온 마음으로 자신을 몰입시킬 수 있을 때 얻는 경험이다. 이제 시간(외적인 사건으로 측정된 시간)은 멈추고, 오로지 내적인 시간(신념이나 애착의 성취로 측정되는 시간)만이 경험되고 고려될 수 있는 것으로 비쳐진다. 우리는 이러한 발산도 덧없고, 습관이 되면서 천천히 그 생명력을 잃게 되고, 종국에는 시간의 폐허 작용 속에서 무無로 돌아갈 것임을 안다. 그럼에도 불구하고 그러한 순간에 환상과 냉담을 요구하지도, 활력의 파괴로 귀결되지도 않는 초시간성의 유일한 경험을 성취한다.

우리는 어떻게 하면 이 두 가지 경험(인간 외부의 거대한 세계에서 시간을 압박하는 소란으로 깨어나는 경험과, 시간의 흐름을 정지시키는 기획

과 애착에 아무런 유보 없이 헌신하는 경험)을 동시에 할 수 있을까? 우리
는 할 수 없다. 그러한 조합은 우리 삶의 유한성과 우리 시점의 편향
성으로 배제되기 때문이다. 그 조합은 인간이 영원히 다가서지 못하
는 행복에 대한 관념을 표상하고, 그 조합의 부정은 신이 된다는 것과
더욱 신처럼 된다는 것 사이의 차이를 다르게 표현한 것이다.

우리는 두 종류의 경험을 종합할 수 없다. 우리가 희망할 수 있는
것이라곤 두 종류의 경험 이상을 갖는 것이고, 두 눈을 뜨고 시간의
냉혹한 실재성을 인정하면서 첫 번째 유형의 경험이 겪는 부침을 잘
유지하는 데 두 번째 유형의 경험이 생성한 힘을 활용하는 것이다.

이제 시간이 무엇인가라는 질문을 받는다면, 단순히 시간은 변화
하는 것과 변화하지 않는 것의 차이며, 변혁의 변혁이라고 말하는 것
으로 답변을 다했다고 생각해서는 안 된다. 우리는 시간에 관한 인간
적 현상학의 구조를 기술해야 한다. 우리는 이 구조가 인간 실존에서
보편적이며, 동시에 그 구조가 한계점에서는 관념에 의거하여 그리
고 제도들의 힘 아래서 누적적으로 재해석되고 수정될 수 있음을 인
정해야 한다.

이러한 시간적 경험의 구조를 인간의 본성(맥락을 초월하는 정신적
존재이면서 동시에 필멸하는 유기체로서의 인간 본성)이 인간에게 부과
한 망상일 뿐이라고 이해해서는 안 된다. 그렇게 되면 결과적으로 시
간적 경험의 구조를 더 철저하게 거부하게 될 것이다. 오히려 시간적
경험의 구조는 특수한 인간적 형식이고, 이를 통해서 인간이 시간의
보편적 실재성을 공유한다고 보아야 한다. 만약 이 구조를 환상적이

  6 시간의 실재성_변혁의 변혁

라는 이유로 배척한다면, 우리에게는 우리 위로부터나 외부로부터의 관점이 허용되지 않을 것이다. 우리 자신을 그저 우리 안에 있는 트로이 목마(시간에 무감각한, 특히 논리적이고 수학적인 사고)에 무방비 상태로 내어 줄 것이며, 세계를 초시간적인 시각에서 조사하더라도 환상 없이는 세계를 보지 못하게 될 것이다. 우리는 세계를 온전하게 보지 못하게 될 것이다.

우리에게는 단 하나의 길이 있다. 그 길은 시간의 실재성을 긍정하고, 더 나아가 기계적이고 개념적인 발명을 통해서 인간의 직접적·감각적 경험의 범위를 넘어 인간의 관찰과 이해의 권능을 확장하는 것이다. 이러한 활동을 거치면서 우리는 전환점을 만날 때마다 현상계에 대한 인간의 직접성을 극복하고 더 추상적이고 일반적인 통찰을 획득하지 않으면 안 된다. 인간 경험의 직접성이 증가할수록, 인간의 경험은 인간의 육화된 본성과 그 진화에서 나타난 우연적 사실들에 더 휘둘리게 될 것이다.

우리의 사고가 인과적 억측의 외적인 한계에서 시험을 당할지라도, 자연과학에서 그렇듯이 점점 더 추상적이고 일반적으로 발전할수록, 우리의 사고는 그것이 과학적 이론으로 재진술된다고 하더라도 점점 더 은유에 오염될 것이다. 우리는 친밀하면서도 동시에 일반적인 지식은 보유할 수 없으며, 나아가 외부에서 일어난 소란으로 시간의 실재성을 각성했다는 느낌과 기획 및 애착에 동참함으로써 시간의 진행에서 해방되었다는 느낌을 동일한 경험 속에 연결할 수 없다.

내부로부터의 시각과 외부로부터의 시각을 통일시키는 실마리는

시간의 실재성에 대한 인정이다. 변화가 변화하듯이 시간은 만사에
규정적인 힘을 보유하며, 시간은 영원히 남는 유일한 사물이다.

7

인간성을 상상하다

합리화, 인간화, 도피주의는 상상력을 파괴한다

영원한 철학을 대체할 적절한 대안을 제공해야 하는 주체와 정신 관념이 실현되어야 할 영역은 사회과학과 인문학이다. 행위주체성·우연성·미래지향성·실험주의라는 테마를 내용으로 하는 인간관이 급진적 실용주의의 핵심이라면, 우리는 누구이고 무엇이 될 수 있는지를 이해하는 방식에서 이러한 견해를 실현하는 것이 바로 급진적 실용주의 철학이다. 우리가 경험을 해명하고 전망을 논의하는 바탕인 실천 관행들을 변혁시킬 때 우리는 비로소 지적인 프로그램에 성공했다고 말할 수 있다.

그러나 현재 사회과학과 인문학은 이러한 유형의 프로그램에 적대적인 경향에 압도당하고 있다. 세 가지 사고방식이 부상하고 있다. 바로 합리화, 인간화, 도피주의가 그것이다. 각각의 경향들은 서로 다른 분야에서 진지를 틀고 있다. 각 입장의 옹호자들은 다른 입장에 대해 서로 반대하지만, 그들은 부지불식간에 협동하여 초월적 상상력을 무력화시키고 변혁 의지를 억누른다.

이 경향은 우리의 사회관을 침해하는 것처럼 보이는 때조차 정상화한다. 사회생활의 조건과 관련된 실천적·이데올로기적 갈등의 범위가 이미 설정되어 있기 때문에, 이 정상화는 전혀 의문시되지 않는다. 정상화의 근본적 효과는 현행 제도 및 습관적 사고방식을 자연스러운 것, 심지어 필연적인 것으로 보이게 만드는 것에 있다. 과거의 사회사상은 흔히 사회구조가 뿌리 깊고 확정적인 제약 요소들의 산물이라고 주장함으로써 사회구조의 자연성과 필연성의 외관을 만들어 냈다. 이 사회사상은 종종 이러한 주장에다 구조 변혁이 법칙적인 힘들로 추진된다는 심층적인 테제를 더했다. 그러한 힘들이 예정된 진화 순서에 따라 사회적·경제적·정치적 조직 형태를 만들거나 다양한 제도적 가능성을 배제하는 쪽으로 작동한다는 것이다.

점진적으로 사회과학과 인문학을 시배하게 된 믿음들은 엇비슷한 결과를 낳았다. 고정적 제약 요소나 법칙적인 힘들이 현재의 제도와 실천 및 의식 형태의 바탕을 이룬다고 주장하지 않고, 사유와 실천에서 우리의 전진을 가능하게 하는 다음 단계인 변혁적 기회에 대한 상상을 무시하거나 부정하는 식의 결과를 만들어 낸 것이다.

위기, 말하자면 확립된 구조가 기성의 해법을 제공하지 못하는 문제 상황이 벌어져야만 우리는 현재의 사고와 방법의 한계를 생각한다. 오로지 그런 순간이 닥쳐야만 대안적 사고방식을 탐색하기 시작

　　　　　　　　　　　7 자의식_인간성을 상상하다

한다. 그러나 사회생활과 마찬가지로 사고에서도 실험주의의 특징은 굳이 위기가 오기를 기다릴 필요가 없다는 점에 있다. 상상력은 위기가 없는 경우에도 위기의 역할을 수행하며, 폐허의 체험이 없더라도 변화를 경험할 수 있게 한다. 그러나 상상력을 발휘하려고 해도 장비를 잘 갖추지 못하면 이러한 역할을 수행할 수 없다. 우리 수중에 있는 장비를 혁신해서 꼭 필요한 장비를 획득해야 한다. 사회적 지식의 지배적 형태에 대한 비판, 즉 운명에 맞서 이론을 사용하는 통찰은, 즉각적인 유용성뿐 아니라 지속적인 가치를 지닌다.

합리화는 실증적 사회과학의 지배적인 경향으로, 특히 사회과학에서 가장 영향력 있는 학문인 경제학에서 두드러진다. 합리화 경향은, 현대사회의 관행과 제도는 대안들과의 경쟁에서 살아남은 것으로서, 그 자체로 정당성을 입증했다고 선언한다. 지속적인 도태 과정은 무엇이 유용한 것인지를 증명하므로, 생존의 성공이 그 우월성을 확인해 준다는 것이다.

사회과학에서 지배적인 합리화 방식을 이해하려면, 합리화 이전의 역사를 파악하지 않으면 안 된다. 완전히 다른 두 가닥의 사고가 현재의 합리화 관행 속에 착종되어 있다.

한 가닥은 고전적 사회이론에서 유래하는 것으로, 마르크스의 교의 속에 완전하게 제시되어 있다. 그 지도적 사상은, 우리가 사회적·정치적·경제적 경험의 보편 법칙으로 인정하고 싶어 하는 것들이 실은 특수한 사회제도 및 통용되는 믿음들이 보여 주는 특징적인 규칙성에 불과하다는 것이다. 우리는 특수한 것을 보편적인 것으로, 일시적인 것을 영구적인 것으로 착각한다. 특수한 심층구조deep structure가 사회의 표층적 일상 및 갈등을 형성한다는 것이다.

이러한 고전적인 사회이론에서 심층구조 관념은 통상 다른 가정들과 연결되어 나타난다. 그 **첫 번째 가정**은 완결성 테제이다. 예컨대 봉건주의, 자본주의, 사회주의라는 마르크스의 생산양식들처럼 세계사에 등장하는 구조적 선택지들은 완결되고 예정된 목록을 가지고 있다는 것이다. 과거를 돌이켜 보면 이 목록이 명백해 보일 수도 있지만, 이 목록은 쓸모가 없다. 완결성 테제가 당도하는 실천적 귀결은 역사의 개방성을 철저하게 제한하는 것이다.

두 번째 가정은 불가분성 테제이다. 이에 따르면, 마르크스주의에서 말하는 봉건적 생산양식이나 자본주의적 생산양식 같은 구조는 불가분적 체계이다. 이 체계의 다른 부분들은 일체가 되어 흥망을 같이한다. 불가분성 테제의 실천적 귀결은, 정치라는 것은 불가분적인 체계 중 어느 한 체계 안에서 가동하는 개혁적 미봉책이거나 하나의 체계를 다른 체계로 대체하는 혁명적 변혁일 수밖에 없다는 깃이다.

세 번째 가정은 법칙적 진보 테제이다. 이에 따르면, 사회생활의 제도적 형식이 만들어 내는 내적 긴장과 갈등에서 유래하는 억제할 수 없는 변혁의 논리가 제도적 체계를 예정된 순서로 이끌고 간다. 그러나 갈등과 전망은 진정한 새로움을 창조하는 데에는 무력할지 몰라도 우리 앞에 준비된 미래가 무엇인지를 드러내 준다. 투쟁이 격해질수록 집단이나 계급의 이익 논리는 점차 뚜렷해진다. 그 논리의 내용

   7 자의식_인간성을 상상하다

을 둘러싼 환상을 억압하는 것은 정치적 실패를 의미한다. 법칙적 진보 테제는 결과적으로 프로그램적인 사고programmatic thinking가 설 자리를 부정한다. 달리 말하면 역사는 미래의 기획을 제공하지만 고통을 피할 수 없다고 말한다.

나는 이 세 가지 가정이 잘못되었고, 이 가정에 따라 형성된 정치관은 변혁적 기회를 낭비한다고 본다. 일목요연한 제도적 질서의 목록 따위는 인류에게 제공될 수 없다. 제도의 내용뿐 아니라 성격에서 변화와 창조를 만들어 내야 한다. 사회적·경제적·정치적 조직의 승계 형식들은 공동 운명을 떠안은 불가분적인 체계가 아니다. 이 형식들의 점진적인 재구성(혁명적 개혁)이 변혁적 정치의 표본 양식이다. 항거 불능의 어떠한 힘이라도 변화의 속도와 방향을 결정하지는 못한다. 속도와 방향을 결정하는 것은 바로 우리 인간이다. 우리는 코앞에 재난이 닥쳐야만 변화의 속도와 방향을 결정하지만, 그런 파국 없이 변화를 달성한다면 그보다 좋은 일이 없다.

물론 앞의 세 가지 가정이 형성한 사고방식은 오래전에 신뢰를 상실한 까닭에 진정한 통찰을 얻는 데 지장을 초래하지는 않는다. 하지만 이러한 사고방식이 퇴락하면서 여기에 포함된 진리의 핵심까지 덩달아 사라지는 것은 우려스럽다. 그 진리의 핵심은 바로, 인간은 모든 역사적 상황에서 우리가 사회와 인간의 본성으로 오인했던 제도 및 가정들과 같은 구조에 묶인 죄수라는 통찰이다. 진정한 진보를 이루려면, 이러한 맥락을 극복하는 지적·실천적 수단을 획득하여 자유와 권능을 손에 넣고 맥락을 개혁해야 한다.

진정한 진보를 이루기 위해서는 필연성 이론의 잔해에서 이러한 통찰을 구출해야 한다. 그런 후 이 통찰에 항상 이질적이었던 관념, 즉 삶과 사유의 익숙한 구도의 내용뿐만 아니라 성격도 변화시켜야 하며, 우리 힘으로 그렇게 할 수 있다는 생각을 이 통찰에 덧붙여야 한다. 위기가 없더라도 일상적인 활동을 통해 자체적으로 구조를 혁신하고 심지어 장려하는 사회와 문화 구조를 만들어야 한다.

과거 실증적 사회과학의 큰 줄기는 이러한 지적인 진화 프로그램을 거부했다. 실증적 사회과학의 주류는 사회생활의 표층적인 일상과 심층구조 사이의 차이를 거부했고, 역사에서 숙명적 단절과 균열의 요소를 경시했다. 실증적 사회과학은 사회와 문화를 형성하는 제도와 가정을 오로지 일상적인 갈등과 타협의 결정結晶된 여분으로 묘사했다. 이처럼 철저한 단절과 균열의 잠재성을 부정함으로써 실증적 사회과학은 고전적 사회이론이 비판하던 기성 질서를 본질적인 것으로 간주하는 보수적 사고방식으로 후퇴했다.

우리는 가장 영향력 있는 사회과학인 경제학에서 이처럼 번밍과 설명을 미신적으로 혼합하는 것의 본질과 내포가 무엇인지를 더욱 명료하게 목격한다. 경제학에서 대안의 거부는 다음의 세 가지 특징적인 형태를 취한다.

경제학에서 구조에 대한 **첫 번째 회피 형태**는, 경제적 분석이라는 가장 엄격한 스타일로 논쟁적인 온갖 인과적 주장과 규범적 믿음에

　　　　　　　　　　　7 자의식_인간성을 상상하다

서 분석적 중립이라는 피난처로 후퇴하는 것이다. 이 순수성의 대가는 동어반복과 사소함이다. 논쟁적인 내용을 다 제거하고, 타협과 제약에 기초한 순수과학은 그것이 무엇이든지 간에 외부에서 공급되는 경험적·규범적 관념의 하녀가 된다. 순수과학은 빌라도 ㅣ예수의 처형을 허가한 유대의 총독ㅣ 처럼 제 손을 씻고는 답변을 바라지도 않으면서 "진리가 무엇인가?"라고 묻는다.

경제학에서 구조에 대한 **두 번째 회피 형태**는, 경제학의 가장 이데올로기적인 형태 속에서 시장 및 시장에 입각한 분배적 효율성에 관한 추상적 관념을 특정한 재산 및 계약 체제와 동일시하는 것이다. 이와 같은 동일시 태도는, 가뜩이나 추상적인 경제원칙과 특수한 제도를 근거 없이 무반성적으로 등치시키는 것에 의존하는 실천적·경제적 분석의 프로그램적 형식들을 더욱 암묵적으로 오염시키고 있다.

실제로 특수한 제도는 제도의 기초를 이루는 원칙에서 추론될 수 없다. 어떤 제도의 효과는 현존하는 여타 제도들과의 관계뿐만 아니라 국지적 환경에도 의존한다. '시장' 개념은 현대적 담론에서 중요한 모든 추상적·제도적 관념과 마찬가지로 제도적으로도 법적으로도 불확정적이다. 시장은 자연적이고 필연적이며 유일한 제도 형태를 가지고 있지 않다. 이러한 이론적 테제는 이제 와서 실천적 의미를 획득했다. 시장을 규제하거나 회고적 재분배를 통해 시장의 불평등을 보정하는 것만으로는 민주적이고 실험주의적 목표를 달성할 수 없다. 시장경제를 규정하는 제도를 개편해야만 그 목표를 달성할 수 있다.

경제학에서 구조에 대한 **세 번째 회피 형태**는 경제적 분석을 정책 토론에 적용할 때 자주 목격된다. 바로 경제생활의 규칙성과 이 규칙성이 의존하는 제도적·이데올로기적 배경 간의 관계를 명료하게 규명하는 것을 회피하는 것이다. 바로 이 때문에 마르크스와 여타 학자들은 경제생활의 확립된 형식의 상수들에 사이비 보편성을 부여하기보다는, 그 상수들을 특수한 제도적 맥락의 산물로 취급하는 경제사상을 발전시켰다.

이 얼버무리기 방법은 원칙적으로 우연적인 제도적 배경에 대한 소위 항구적 관계들(저축, 투자, 고용수준 사이의)의 의존성을 인정하지만, 정책적 주장의 실천에서는 이러한 제약 사항이 부적절하다며 무시하려고 든다. 전쟁이나 불황이 없는 상황에서 이 제약을 무시하도록 만드는 요인은, 구조적 개혁을 둘러싼 논쟁이 빈곤하다는 점이다. 실천에서든 사고에서든 기성 제도에 대한 도전을 성공시키지 못하면 현재의 규칙성에 법칙적 필연성이라는 허울을 씌워 줄 뿐이다.

그리하여 사회에 대한 사유의 이러한 두 가지 전통, 고전적 유럽 사회이론과 실증적 사회과학은 공모하여 우리의 상상력을 무장해세시키고 있다. 이 전통들은 우리에게서 사회생활의 조직 형식을 세우는 데 필요한 제도적·이데올로기적 전제들을 사유하는 방법을 빼앗고, 더 나아가 그 전제들이 어떻게 구축되고 어떻게 변화하는지를 사유하는 방법까지 빼앗아 우리의 상상력을 무장해제시킨다.

구조적 변화에 대한 신뢰할 만한 관념이 결여된 경우, 정치적 현실주의political realism라는 사이비 기준에 의지하게 된다. 그 기준은 '이미 존

    7 자의식_인간성을 상상하다

재하는 것'에 대한 근접성이다. 딜레마에 빠져서 근접성 기준에 의존하는 것은 대안적 프로그램의 실천을 억제하고, 폄훼하고, 혼동시킨다. 흔히 어떤 제안이 현재 존재하는 것과 가까워 보이면 이것이 실현 가능하지만 시시하다고 평한다. 이와 반대로 그 제안이 지금 일어나고 있는 일과 동떨어져 보이면 흥미롭지만 공상적이라고 평한다. 그리하여 모든 제안은 시시한 것이거나 공상적인 것으로 규정된다.

이것은 현실주의라는 그릇된 견해에 호소할 때 대안적 프로그램에 대한 오해를 드러내는 반응이다. 필연주의라는 미신에서 정화된 대안적 프로그램은 방향을 잡아 주고 단계적 조치를 제안해야 한다. 그 시발점에 주의하면서 운동의 방향을 특정한 맥락에서 보면 우리는 얼마든지 구체적일 수 있을 뿐만 아니라 구체적일 수밖에 없다. 따라서 풍부한 대안들, 특정한 맥락에서 동일한 운동을 성취하는 부분적으로 대등한 방식을 찾아야 한다. 그렇지 않고 당면한 시간과 장소에서 벗어나 운동의 방향을 더 멀리 탐구하는 것은, 책임을 지고 운동의 세밀한 방안을 제시하고 이 제안을 규정하는 이익과 이상을 이해하는 작업에 내재된 모호성만을 폭로할 수 있을 뿐이다. 대안적 프로그램은 완결된 청사진이 아니라 유동적인 연쇄이며, 고정된 건축물이 아니라 흘러가는 음악이다.

사회와 역사를 있는 그대로 상상하려면 한편으로는 고전적 유럽 사회이론과 유사하게, 다른 한편 현대 실증적 사회과학과는 다르게, 역사에서 구조적 단절이 담당하는 중요한 역할과 제도적·이데올로기적 구조의 결정적 효과를 인정하는 사유 방법이 필요하다. 더 나아가 새로운 방법은 고전적 사회이론에 포함되었던 결정론적 가정에 오염되어서는 안 되며, 오히려 그러한 가정을 철두철미하게 배격해야만 한다.

새로운 사유 방법은 사회생활의 기성 구조가 그 효과 면에서는 치명적이며, 그 기원에서는 우연적이고, 그 구성 방식에서는 허약하다는 관념을 한데 결합시켜 고전적 사회이론에 내포되지 않은 관념을 지속적으로 발전시켜야 한다. 이는 사회와 문화의 질서가 상대적으로 도전과 변화에서 면제된 자연적 대상으로 제시되는지, 아니면 일상적 삶 속에서 개혁될 수 있다고 제시되는지에 따라 사회와 문화의 질서가 달라진다는 사고방식이다. 사회와 문화의 질서는 인공물이지 결코 운명이 아니다. 사회와 문화 질서의 인공적 성격이 더 명백하게 드러나고 더 쓸모 있게 되도록 우리는 사회와 문화의 질서를 형성시킬 수 있다.

오늘날 세계를 통틀어 교육 받은 정치 지향적인 사람들은 기성 질서가 심오한 필연성이나 권위를 결여하고 있다고 믿지만, 그럼에도 불구하고 위기의 입박 없이는 기성 질시를 변화시키는 것은 기의 불가능하다고 믿고 있다. 그들의 생각은 대체로 맞다. 이러한 경험을 옹호하고 동시에 바꾸는 작업은 역사와 사회에 정통한 상상력의 소관이라고 해야겠다. 기성 사회와 문화 구조는 인간이 상호 교통 조건을 놓고 서로 투쟁하다가 중단함으로써 형성된 가건물이다. 하지만 투쟁이 중단되고 억제됨으로써 확립된 제도와 가정假定은 일종의 이차적인 필연성을 획득하기에 이른다. 그것은 집단 이익과 집단 정체성에 대한 이해, 집단적 전략에 대한 정의定義, 나아가 심지어 공학의 설계를 위한 기반이 된다. 이런 식으로 부과된 제약 사항들은 만사를 규정하는 힘을 갖지 못해도 적지 않은 실재성을 띤다.

그러나 여기서 중요한 것은, 이 제약 사항들이 만사에 규정적인 힘을 갖지 않는다는 점이다. 우리는 곧 집단 이익에 대한 대조적인 정의를 추구할 수 있다. 어떤 정의는 사회적으로 배타적이고 제도적으로 보수적이다. 예컨대 어떤 집단이 사회의 노동 분업 구조에서 자신들이 차지하는 지위를 당연하다고 여길 때, 따라서 사회의 노동 분업 구조 안에서 자신들의 인접 집단을 동맹자라기보다는 경쟁자로 바라볼 때, 그러한 접근법은 현재의 제도를 전제하고 강화시킨다. 이에 반해 다른 정의는 사회적으로 연대 지향적이고 제도적으로는 변혁적이다. 이러한 정의는 이익의 이해理解에서 변화를 지향하는 동맹을 제안하며, 사회를 실천적으로 조직하는 문제에서 개혁을 요청한다. 일단 시작되고 나면 그러한 개혁은 사람들이 자신의 이해관계를 이해하는 지형 자체를 바꾼다. 필연성과 권위를 결여한 질서를 인간이 전혀 변화시킬 수 없다는 생각은 오류라기보다는 과장된 것이다. 그런 생각은 지적이며 실천적인 운동이 제공하는 발견과 기회 앞에서 사라진다.

상상력이 위기의 역할을 대신하도록 자극하면서, 작지만 반복적 단계를 거쳐 더 적극적으로 인간의 집단적인 상황을 변화시킬 수 있도록 제도를 설계하고 실천 관행을 창조하는 상황을 가정해 보자. 이제 재구성을 위한 기회의 발견은 사회생활의 표층에 더욱 근접하게 될 것이다. 우리는 더 정확하게 보게 될 것이고, 더 자유로워질 것이다. 인간이 이 운동을 통해 관념의 영역에서 취하는 바는, 합리화라는 모든 오염원에서 정화된 사회 및 역사관이다.

합리화가 실증적 사회과학을 지배한다면, **인간화**humanization는 규범적인 정치적 사고와 법적 사고를 지배한다. 이 인간화 전망에 따르면, 우리는 사회를 근본적으로 변화시킬 수 없다. 만약 그렇게 할 수 있다고 해도, 그러한 시도는 20세기의 모험들이 증명하듯이 너무나 위험한 일이 될 테니, 우리가 변혁시킬 수 없는 세상을 그저 최선으로 활용해 보자는 것이다.

세계를 최선으로 활용하는 한 가지 방법은, 회고적 재분배를 통해 시장경제의 불평등과 불안정성을 완화시키는 보상적 이전移轉이다. 보상적 이전의 철학적 정당화는 인간주의적 정치철학의 주요한 관심사가 되었다. 세계를 선용하는 또 다른 방법은, 법을 공평무사한 권리를 구체화하는 원칙과 공익을 증진시키는 정책들의 보고寶庫로서 이상화하는 것이다. 우리는 법을 최상의 관점에서 읽음으로써 특히 가장 취약하고 영향력이 미미한 집단에 미치는 법의 효과를 개선시킬 수 있다. 이러한 이상화의 법철학적 정당화가 인간주의적 법이론의 초점이 된다.

인간화는 이 두 가지 방법을 통해 재구성적 야망을 포기하고 그 대신 사회질서의 투박한 작용을 완화시키는 노력의 출발점이 된다. 두 가지 인간주의적 방식으로 인해, 구조적 변화에 대한 상상력 및 구조적 대안이 부족하다는 사정과 인간화와 혁명(한 체제를 다른 체제로 대

     7 자의식_인간성을 상상하다

체하는 것) 사이에서 택일해야 한다는 잘못된 견해가 인간주의적 활동에 정당성을 부여하고 있는 실정이다. 게다가 이 두 가지 방법은 인간주의적 기획을 시행하는 행정부와 사법부 내의 '은혜로운 엘리트들'의 권한을 강화시킬 우려가 크며, 그 기획의 수혜자들은 이 엘리트들의 수동적 고객으로 전락할 위험이 있다.

이 대목에서 현대 사회민주주의 아래서 '조세-지출'이라는 익숙한 관행에 형이상학적 주석을 달고 있는 정의의 이론들|존 롤스*John Rawls*의 정의론을 생각하면 될 것이다.|에서 아주 분명하게 드러나는 인간주의적 정치철학을 더 면밀하게 살펴보자. 정의의 이론은 그것이 공리주의나 후생경제학의 언어로 정식화되든, 사회계약의 언어로 정식화되든지 간에 모두 동일한 기본적 전망 아래 동일한 특징적인 운동을 반복한다.

여기에도 **두 가지 주요 전략**이 있다. 한 가지 전략은, 우리의 욕망이나 직관에서 정의에 관한 설명 틀을 개발하는 것이다. 우리는 일련의 척도에 입각해 수없이 많은 개인의 욕망을 총합함으로써 또는 우리의 직관에 내포된 원칙들을 규명함으로써 경험을 전망으로 바꾸게 된다. 그러나 이러한 총합이나 규명 작업을 가로막는 익숙한 장애물을 성공적으로 극복했다고 하더라도, 우리는 거의 논의하지 않았지만 가장 중요한 난제에 직면하게 된다. 그것은 사회생활의 현재 질서에 대해 인간의 필요와 직관이 맺고 있는 양가적인 관계이다.

우리는 현재 질서를 당연하다고 전제하는 필요와 직관을 가지고 있는 동시에, 현재 질서의 한계를 초월하는 필요와 직관도 가지고 있다. 예컨대, 따분하고 비루한 일상에서의 탈출을 약속하는 모험과 권한강화empowerment의 환상을 가지고 있다. 인간 의식의 이러한 이중 구조는 정신의 우연한 특징이 아니다. 이러한 이중 구조는 우리가 살고 있는 유한한 맥락들로는 고갈시킬 수 없는 인간의 무궁무진함에서 직접 유래한다.

공리성이나 사회계약의 방법들은 오로지 구조를 부정하는 인간의 열망과 모험을 무시함으로써, 더 나아가 이러한 열망과 모험을 마치 실재의 주변에 있는 비실체적이고 무의미한 반영부인 것처럼 취급함으로써 우리의 욕구와 직관에서 정의의 원칙들을 도출해 낸다. 처음에 사회적 세계를 향해 정의의 심판을 내리겠노라고 선언했던 인간주의 철학자들은 인간 의식의 이중성을 이렇게 밋밋하게 만들어 버림으로써 사회적 세계의 수중에서 길을 잃고 말았다. 물론 인간주의 기획은 그 한계 속에서 일정한 결과를 낳기도 한다.

공리성이나 사회계약 방법의 주창자들이 이 상황을 극복하고자 활용하는 제2의 유사한 절차가 있다. 제2의 절차는 욕구의 총합 또는 직관의 해명 방법을, 비록 불완전한 형태지만 현재 활용할 수 있는 제도적 장치인 대의제 민주주의나 시장경제와 동일시하는 방법이다. 이 방법은 대의제 민주주의와 시장경제라는 두 가지 위대한 선택 기제 속에 구현됨으로써 방법의 허약성(단순히 가정들을 수용하는 수준을 넘어서 지도와 권위의 도움을 받아 그 가정들에서 더 많은 것을 끌어내지 못하는 방법적 무기력)을 극복한다.

이 방법은 바로 욕구의 총합과 직관의 해명의 어려움을 해결하겠노라고 주장했기 때문에 사회적 자원을 분배하는 방식과 관련해서 실천적 결과들을 낳는다. 그러나 임의의 시공간에서 비탄력적이고 동시에 우연적인 제도적 관념들의 배경 아래 불평등한 계급들 사이의 투쟁 및 불평등한 이해관계들 사이의 투쟁 가운데 형성된 현실 세계의 정치경제적 제도들을 무슨 근거로 욕구를 총합하고 직관을 규명하는 이상적인 방법과 동일시할 수 있는가? 문제는 사소한 결함으로 그치지 않는다. 만약 사소한 결함이 문제라면, 교정을 거쳐 현존하는 민주주의와 시장 형태들이 집단적 선택의 공정한 방법을 대표하고 그러한 권위를 누리게 될 것이다. 문제는 민주주의와 시장의 혁신 자체가 역사상 갈등의 주요한 초점이라는 점이다. 민주주의와 시장의 혁신은 철저하게 다른 방향으로 전개될 수 있으며, 그 결과는 사회와 문화 전체에 영향을 미치게 된다.

욕망과 직관에 의존하는 절차와 대의제 민주주의와 시장에 의존하는 절차 모두 동일한 근본적인 결함을 안고 있다. 이 절차들은 역사적 맥락과 거리를 둠으로써 또는 역사적 맥락 안에서 상충하는 이해관계와 전망들 사이에서 중립을 취함으로써 권위를 획득하려고 한다. 그러나 우리는 공리성이나 사회계약의 방법들이 가정하듯이, 지적이고 정치적 작업에서 방법론적 조작이나 개념적 약정을 통해 현재 상황의 중력장에서 벗어날 수 없다. 맥락 안에서 가열찬 투쟁을 벌여 중력장의 단층선斷層線을 발견하고, 변혁의 숨겨진 가능성을 찾아내는 경우에만 현재의 중력장에서 벗어날 수 있다. 시간을 상대로 한 장기적인 투쟁을 통해서만 성취할 수 있는 것을 지성의 간계로 짐짓 획득한 것처럼 꾸민다면, 우리는 원래 극복하고자 기획했던 상황의 철저한 포로로 전락하고 말 것이다. 그렇게 되면 우리에게는 우리가 무엇을 어떻게 혁신해야 하는지를 다시 상상하거나 알려고도 하지 않고 그 처지를 호도하는 일만 남게 된다.

규범적 주장의 실천은, 인간의 이익과 이상 자체가 사회에서 이익과 이상을 표방하는 제도 및 관행들의 십자가에 못 박혀 있다는 점을 시인하지 않으면 안 된다. 이상과 이익의 실천적 표현을 재고하거나 개혁하지 않고서는 이상과 이익을 온전하게 실현할 수 없다. 제도와 관행의 기존 체제가 전면적으로 교체되어야만 한다거나 그것이 오로지 인간화되어야만 한다는 편견 속에서는, 점진적이지만 누적적이며 방향성 있는 변혁을 통해 기존 체제를 변화시킬 수 있다는 점을 깨닫지 못한다. 불연속과 점진주의의 결합은 수용이냐 거부냐 하는 양자택일이 아니다. 그것은 역사가 이루어지는 방식의 특징이다. 우리는 역사적 경험의 이러한 특징을 수용할 수 있고, 이 특징이 지닌 성질을 변화시킬 수도 있고, 이를 우리의 목적에 맞게 적용할 수 있다.

민주 체제에 사는 자유 인민에게 기여하는 정치적이고 법적인 주장의 실천은, 마땅히 이상과 이익에 관한 사고와 실천 및 제도에 관한 사고 간의 내적 관계를 인정해야 한다. 사회의 조직에 대한 논쟁은 우리의 이상과 이익의 본질적 규정에 대한 기술적 마무리가 아니라, 이상과 이익을 규정하는 방식의 본질적인 무문이다. 우리는 이상과 이익의 실천적 실현 형태를 숙고하여 정함으로써 이상과 이익을 형성하고 아울러 변혁한다.

인간의 이상과 이익을 실제로 실현하고 있는 제도에 압력을 가하자마자, 우리는 그 실천적 표현들이 도전받지 않았던 동안 그 안에 감춰져 있던 의미와 방향의 다의성을 발견하게 된다. 예컨대, 시장경제의 대안적 조직에 관한 토론은 시장과 관련해 무엇이 더 중요한지를 묻도록 강제한다. 경제적 행위자들이 생산적 자원을 사용할 수 있는 법 체제의 다양화와 더불어, 생산적 자원과 기회에 효과적으로 접근할 수 있는 경제적 행위자의 수를 늘리는 것이 중요한가, 아니면 경제적 행위자라면 누구나 자신이 처분할 수 있는 자원에 대해 무조건적인 권력을 향유하는 것이 중요한가? 이상과 이익을, 그 의미의 숨겨진 토대를 제공하는 제도와 관행에서 분리하기 시작하면, 우리는 더 자유로워지지만 동시에 더 혼동에 빠지기도 한다.

만약 규범적 주장의 실천이 또 다른 예언적이고 전망적인 요소를 포함하지 못한다면, 이 혼동을 극복하는 길은 또 다른 근거 없는 정치적 신념의 결단뿐이다. 이 신념의 결단은 인간성의 관념과 아직 실현되지 않는 인간적 가능성 관념에 의존한다. 이 관념은 역사적 경험이라는 교훈을 통해 강화되고, 예언은 기억을 통해 고지된다. 반면에 직접적 맥락과 상대적으로 더 거리를 둠으로써 주장 자체로서는 허약해진다. 이 관념이 권위와 방향을 획득하려면 끊임없이 직접적인 경험의 대지와 접촉하려고 노력하는 수밖에 없다. 모든 정치적·종교적 예언자들의 가르침이 취하는 공통된 방식은, 사회와 문화의 발전 경로를 미리 보여 줄 수 있는 현재의 경험, 특히 개인들 간의 직접적 관계가 갖는 경험의 여러 측면에 호소하는 것이다.

전망 있는 규범적 판단과 진부한 규범적 판단 사이의 관계는 가변적이다. 사회의 제도와 문화의 교리들이 확고할수록, 맥락을 보존하는 일상적 활동과 맥락을 변혁하는 비상적 활동 간의 격차가 클수록, 규범적 담론의 두 측면의 차이는 더 분명해질 것이다. 이와 반대로 제도와 교리들이 유연해지고, 맥락을 보존하는 행동과 맥락을 변혁하는 행동 간의 격차가 좁아질수록 규범적 논쟁의 두 측면이 드러내는 차이는 줄어든다. 우리의 일상적 주장은 작은 예언이 되고, 우리의 예언은 작은 경험이 된다.

실증적 사회과학에서 합리화, 규범적인 정치적-법적 담론에서 인간화에 비견되는 것이 인문학에서 **도피주의**다. 인문학은 사회의 실천적 구조와의 대결을 회피하고, 그 대신 의식 속의 모험을 기술하고 탐험한다. 그러나 이 모험은 사회질서의 혁신과 그리 관계 있어 보이지 않는다. 더 일반적으로 말하면, 정신spirit, 즉 인문학이 그려 내는 인간정신은 일상생활의 숨 막히는 구조에서 도피한다. 도피한 다음에는 구체적인 맥락에서 벗어나고, 정신을 결여한 일상과 반복의 세계를 각성시키려는 의향이나 능력 없이 그저 부유浮游한다.

인문학의 실천에서 가장 중요하고 서로 연관된 두 논제가 있다. 그 하나는 정신적 모험주의이다. 그것은 우리가 실천에서 파괴하지도 못하고 심지어 완화시키지도 못하는 사회적 족쇄를 정신 속에서 부정하는 의식과 경험의 극단적 형식을 탐색한다. 텍스트의 의미는 무한량이라는 관념에서부터 어떠한 주장이든 반대 주장과 동등하다는 견해에 이르기까지, 모든 운동이 벽을 넘으려는 모험으로 우리를 초대한다. 이러한 초대는 문화적 엘리트의 언어로써(사슬에 매여 소심하게 노래하며), 사회가 경험으로 제공할 수 없는 바를 판타지로 제공하는 대중문화의 편견을 반복한다.

다른 하나는 냉혹한 부정성이다. 이는 저항하고 초월하려는 정신에게는 명시적은 아니지만 암묵적으로 불구대천의 적으로 보이는 사회의 제도와 관행에 대한 포기를 의미한다. 사회 현실은 반복의 요소 속에서 존재한다. 그리고 결혼이 낭만적 사랑의 종말이듯이, 반복은 정신의 폐기처럼 보인다.

'모험주의'라는 주제는 인간 욕구가 지닌 본성에 대한 오해에 기초하고 있으며, 권위를 누리기에는 너무나 일방적이고 자멸적인 인성에 관한 이상을 품고 있다. 욕구는 관계적이고, 인간의 가장 심층적인 열망은 타자와의 관계 및 사회생활의 형식 속에서 그 표현 방법을 찾는다. 사회생활의 일상적 경험에서 자기 긍정과 타자와의 연계성을 화해시키지 못하면, 우리는 자신을 통제할 수도 없고 계발할 수도 없다. 사회와 문화 조직은 그 관문을 높이든 낮추든 간에 우리가 성공하기를 바라는 조건들을 설정한다.

개인에게 강력한 충동과 전망을 장려하지 않고서는 인성을 형성시키거나 고양시킬 수 없다. 그러한 충동과 전망은 반드시 집단적인 목소리와 사회적인 표현을 찾아야만 한다. 만약 충동과 전망이 동시에 이를 이룰 수 없다면, 둘 중 하나라도 반드시 찾아야 한다. 충동과 전망은 시들어 버릴 수 있다. 혹은 내면으로 방향을 틀어 자기애와 자기 수양으로 떨어질 수도 있다. 자기 긍정과 타자와의 연계성, 이 둘의 관련성이 갖는 의미를 처리하지 못한다면, 충동과 전망은 자멸하게 된다.

한편 부정성이라는 주제는 구조에 대한 오류와 정신에 대한 오류에 기초해 있다. 구조에 대한 오류는, 구조에 도전하는 인간의 행동과 제도 및 관행 사이의 관계가 항구적이라는 믿음이다. 실상 사회와 문화의 질서들은 그 조직 방식의 차이에 따라 인간의 재구성적 역량을 키우고 그 역량을 발휘할 기회를 창조하는 정도가 결정적으로 달라진다. 정신spirit에 관한 오류는, 인간성의 본질을 규정하는바 이탈과 초월을 추구하는 권능이 일상의 반복에서 영구적으로 망명을 해야만 살아남아 만개할 수 있다는 시각이다.

인문학이 인간의 현재와 미래를 인정한다면, 인문학이 해야 할 바는 바로 다음과 같은 것이다. 주어진 상황에서 의식의 반대 조류들(다른 미래에 대한 물확실한 약속)을 남험하고, 사회분화적 생활의 모든 영역에서 징신과 구조가 빌이는 투쟁을 추적하고, 이상이 세도와 관행 속에 어떻게 육화되며 육화된 이후에 어떻게 약화되고 교정되고 변형되는지를 보여 주고, 우리가 상상하고 재구성할 자유를 어떻게, 심지어 의사에 반해서 박탈당하고 다시 그 자유를 회복하는지를 드러내고, 기성 질서와 현재 경험을 제대로 비판하는 데 타인의 지혜를 활용하고, 목소리를 잃어버렸거나 아직 목소리를 얻지 못한 자들에게 목소리를 부여하고, 미시적인 것에서 거시적인 것에 이르기까지 그

     7 자의식_인간성을 상상하다

리고 열정에서 계산에 이르기까지 우리 경험의 모든 영역에서 우리 주변의 유한성에 맞서 우리 안의 무한성의 반란을 보여 주는 것이다.

자의식을 재정립하다

사회과학과 인문학의 그릇된 방향에 대한 비판은, 설명과 비판에 대한 대안적 접근을 내포한다. 그 대안적 접근이란 인간을 상황·맥락·구조(제도와 믿음)의 산물로 표상하지만, 그렇다고 전적으로 그 산물로만 보지 않는 것이다. 우리는 단지 에피소드식으로만이 아니라 체계적으로도 형세를 역전시킬 수 있다. 기성의 제도적·이데올로기적 질서가 허용하는 것 이상을 행하거나 열망함으로써, 그 질서를 수정하여 질서가 이러한 행동과 열망에 저항하는 사람들을 수용하게 함으로써, 에피소드식의 형세 역전이 가능하다. 또, 우리가 구조 안에서 행하는 바와 우리가 구조에 대해 행하는 바 사이의 간격을 좁히는 제도적·개념적 방책을 만들어 내면 체계적으로도 형세를 역전시킬 수 있다.

어떠한 체계가 확립되어 있든지 간에, 형세를 체계적으로 역전시키려는 관심은 비록 에피소드식 역전 방식에 대한 관심보다는 간접적이지만 그에 못지않게 강력하다. 이러한 관심을 이루는 여러 측면 중 하나는 지적인 것이다. 우리는 우리 자신에게서 벗어나 장소와 시간의 영향을 전혀 받지 않는 장소에서 신의 눈으로 사태를 관망하기를 바랄 수는 없다. 그러나 사회와 관념을 조직하여 국지적인 것을 보편적인 것으로 착각하는 일을 줄일 수는 있으며, 제약을 운명으로 착각하지 않고 제대로 알아채고 거기에 맞설 수 있다.

사회·역사 연구의 전 영역에 대한 결론적인 접근은 지적 노동 분업의 필요, 더 나아가 이러한 분업이 지지하는 특수한 분야들의 필요 등과 반드시 조화를 이루어야 한다. 그런데 문제는 이 접근법이 오늘날 대학문화를 지배하고 있는 형태, 즉 각 주제와 표준적인 연구 방법의 결합에 기초한 전문화 형태와 양립하지 않는다는 것이다. 현재 존재하거나 과거 존재했던 것에 대한 우리의 이해는 다음에 올 수 있는 것이나 올 수 있었던 것에 대한 통찰에 의존한다. 변화의 기회는 항상 주어진 구조 안에서 실현 가능하고 정당한 것으로 허용된 운동들을 능가한다. 확립되지 않은 것을 참조할 때에만 확립된 것을 이해할 수 있다. 상상력은 의지의 정찰병으로, 우리가 어떻게 여기에서 저기로 또는 다른 저기로 이르게 되는지를 예측한다. 변혁적 행동이 관습적 구별법을 교란시키면서 기회 탐색적이라면, 상상력은 전문적인 분과들이 우리에게 강요하는 관습적인 분할을 가로지르면서 엄청나게 기회 탐색적일 수밖에 없다.

우연적인 세계에서 방황하며 저항하는 행위자를 편드는 철학은 마땅히 이 모든 지적인 실천을 확장하고 심화하고 급진화해야 한다. 이러한 철학의 정리定理는 미래에 입각하여 현재를 되돌아보는 방법을 우리에게 가르쳐 준다.

'정신'에 대한 실마리

사회적·역사적 이해의 문제에 접근하는 대안적 방법에는 정신과 인간 본성에 관한 어떤 관념이 내포되어 있다. 이 관념은 두 가지 명백한 역설을 출발점으로 삼고 있는데, 이 역설은 매우 이질적인 층위들에서 기원한다. 하나는 뇌와 정신에 관한 것이고, 다른 하나는 역사와 그 주인공들에 관한 것이다.

뇌와 정신을 둘러싼 역설은, 우리가 아무리 자연적 존재라고 주장하고, 우리의 자연적 특성 바깥에 어떠한 경험의 일부가 존재한다는 것을 부정할지라도, 우리는 의식의 경험을 물리적 용어로 적절하게 기술할 수 없다는 점이다. 물론 우리의 의식적 경험이 지닌 다른 특징을 물리적 사실과 연결시켜 설명할 수 있을지도 모른다. 그러나 이러한 작업으로도 의식과 관련하여 우리에게 가장 중요한 것이 무엇인지를 설명하지는 못한다. 특히 사유의 가장 중요한 특징, 즉 사유 자체를 전복시키는 사유의 힘을 고려하지 못한다.

사유의 의미는 현대 과학의 범주들을 능가하지만, 명확성을 위해서 사유의 자기전복적인 힘을 기존 범주들 안에서 표현할 수 있다. 이 범주들에 의존하여 정신적 구성의 세 측면, 즉 감각기관, 개념적-지향적 장치 그리고 회귀 능력을 구별하는 것을 가정해 보자. 회귀는 단도직입적으로 표현하면, 유한한 요소들을 기반으로 삼아 무한한 변주를 만드는 역량이다.

우리는 심지어 이러한 정신적 구성의 가장 기초적인 부분인 감각기관에서조차, 외부 세계가 우리 안에서 불러일으킨 인상을 수동적으로 기록하는 것에 그치지 않고 우리가 본 바를 적극적으로 구성하는 능동적 개입주의자들이다. 반응 주체가 반응 대상인 자극을 형성하고 규정하는 데 기여한다는 테제는 19세기의 낡은 연상심리학을 비판할 때 핵심적인 논점이었다. 그러나 이러한 행위자와 행위 및 인상의 구조 사이의 변증법적인 관계만으로는 정신생활의 모든 측면을 수정하는 의식의 특징을 부각시키기 어렵다.

정신 구성이 지닌 세 번째 측면, 즉 유한에서 무한을 산출해 내는 회귀 능력은 만물을 변화시기고 의식직 경험 전체를 형성한다. 이 측면은 제한된 수단을 사용하여 언어와 사유에서 무한한 변주를 발생시키고, 기호들 사이의 유사한 형식적 관계들을 통해 다른 내용이나 의미를 표현하며, 일련의 다른 기호들을 사용해 동일한 내용이나 의미를 전달하는 권능을 우리에게 부여한다. 이러한 측면은 우리의 개념적-지향적 경험의 가장 본질적인 특징을 낳는다. 즉, 사유의 전제들에 압력을 가해 사유를 끊임없이 수정하는 능력, 한없는 변주와 복잡성을 발생시키는 더 근본적인 권능으로만 획득할 수 있는 능력을 낳는다. 이 권능은 우리로 하여금 우리의 인식을 일깨우고 우리의 운동을 지도하는 묵시적인 스토리들을 항구적으로 변화시키도록 함으로써 감각기관의 경험에 형태를 부여한다.

이러한 사실들에서 '의식'이라는 개념을 사용하는 어려움, 정확히는 모호성이 생겨난다. 우리는 의식의 특성을 다른 동물에게서도 찾을 수 있으며, 감각기관 심지어 개념적–지향적 경험의 전반적 특징들도 일부 동물과 공유한다. 우리는 더욱 분명하게 물리적 기제와 그 장치들을 구성하는 다른 부분들의 작동 방식을 알 수 있기를 바랄 뿐이다. 그러나 최후의 날에 이르러서도 우리는 인간의 의식적 생활을 완전히 이해하지는 못할 것이다.

복잡성을 만들어 내는 회귀 능력은 포착하기 어려운 요소이지만 의식의 본질적인 부분이다. 회귀 능력에도 물리적 선행조건이 있다. 그중 가장 중요한 것은 뇌의 가소성^{可塑性}이다. 가소성은 뇌의 각 부분들이 수행하는 역할을 뇌 스스로 확장하고 결합하거나 변화시키는 성질을 의미한다. 가소성은 거꾸로 뇌 용량의 상당한 증대, 상대적으로 큰 뇌와 감각기관의 발달 사이의 새로운 상호작용 같은 친숙한 자연적 사실에 의존할 수도 있다.

그러나 회귀 능력의 물리적 선행조건을 설명할 때 우리는 회귀 능력의 내용, 즉 회귀 능력의 내적인 작동 과정과 이 능력이 우리 경험에 초래하는 다면적 결과를 해명하지 않는다. 회귀적 정신은 개인의 자연적 능력과 자연적 한계를 형성해 온 자연사^{自然史}를 가진 유기체 속에 육화되어 있다. 주어진 자연적 능력과 한계 안에서 회귀적 정신이 어떠한 방향으로 가는지 그리고 어디까지 갈 수 있는지에 대한 답변은, 회귀적 정신의 창의적 특성을 가능하게 한 물리적 조건에서 결코 추론할 수 없다. 이 조건을 더 온전하게 탐구한다고 해서 정신을 더 잘 이해하는 것이 아니다.

이는 물리적인 것과 정신적인 것을 연관시키면서 우리가 직면하는 어려움에 관한 형이상학적 논점이 아니다. 이것은 불확정적인 역량을 가진 제한적인 구조에 관한 언급이다. 그 구조가 아마도 인간의 정신일 것이다. 동시에 이 구조는 사회를 규율하는 방식이 될 수도 있으며, 이는 구조가 유지하는 관계 및 능력을 통해 정신이 어떤 것인지를 반영한다. 사회의 조직과 정신의 조직 사이에 성립할 수 있는 '평행이론parallelism'은 민주적 실험주의의 열망과 가정에 충실한 정치적 프로그램의 핵심 관념이다.

회귀 능력의 물리적 토대를 분석한다고 해서 회귀 능력의 본질에 대한 이해로 우리를 데려다주는 직접적인 통로를 찾을 수는 없다. 이 회귀 능력의 실행과 의미는 사회와 문화에 대한 규율 방식을 통해 결정적으로 좌우된다. 자체적인 수정을 가능하게 하는 일련의 구조로 사회와 문화를 조직하는 데 성공하면 할수록, 구조를 보존하는 활동과 변혁하는 활동 간의 거리가 좁혀질수록, 정신생활에서 회귀적 요소들은 더욱 철저하게 의식 경험의 모든 측면을 장악하게 될 것이다. 그러한 범위 안에서 우리는 동물과의 거리를 넓히고 더욱 신과 가깝게 된다. 우리는 우리의 자연적 조건을 정신화한다. 정신은 이러한

7 자의식_인간성을 상상하다

초월 능력을 가리키는 다른 이름에 불과하다. 이 능력은 비록 유한한 것에서 무한한 것 자체를 만들지는 못해도, 더 유한한 것에서 덜 유한한 것을 만들어 낸다.

이제부터는 인간 정신의 구성에서 인간성의 표현과 관련하여 이 주장이 제기하는 또 다른 명백한 역설, 즉 인간 본성과 역사에 대한 역설을 살펴보자. 다음의 두 명제는 참이지만, 처음에는 양립하지 않는 것처럼 보일 수 있다.

첫 번째 진리는, 우리 경험의 모든 특성은 아무리 은밀하고 포착하기 어려운 것이라고 하더라도 결국 역사 속에서 파악할 수 있다는 것이다. 예컨대, 우리가 시기심을 어떻게 경험하는지, 시기심이 우리에게 무엇을 의미하는지, 또는 타자와의 가장 직접적이고 완전한 결속에서 우리가 권력과 사랑을 어떻게 연결시키는지 등이다. 우리는 우리의 경험을 가변적 부분과 불변적 부분으로 나눌 수 없다. 불변성의 외관은, 역사에 영향을 받지 않는다고 생각한 것 중에서 세세한 내용을 제거하는 경우에만 유지될 수 있으므로, 불변적인 것은 생명이 결여된 것이거나 공허한 것이 될 것이다. 결국 항구적이고 보편적인 인간 본성이라는 것은 가짜 이미지다.

이 사실은 다른 사실들의 결과이다. 우리는 사회와 사유의 관습적인 질서의 배경 속에서만 삶을 만들어 갈 수 있다. 따라서 그러한 질서의 조건들에 대한 투쟁을 중단하거나 억제하지 않으면 안 된다. 그러나 어떤 질서가 우리를 신과 같이 만들어서 우리를 인간적으로 만들어 주는 특성을 인정하고 함양하기 때문에, 그 질서가 인간에게 더 진정한 것이라고 해도, 자연적이고 확정적인 질서란 존재할 수 없다. 무엇보다 자연사와 자연적 특성으로는, 우리 자신과 관련하여 우리의 가장 큰 관심사가 무엇인지를 기술하거나 설명하기 어렵다. 특히, 자연사와 자연적 특성은 사회생활의 각 영역에서 '우리가 다음에 무엇을 해야 하는가?'라는 문제에 답을 주지 못한다.

두 번째 진리는, 처음에는 만사에 규정적인 힘을 발휘하는 맥락과 역사의 영향을 감지하는 인간의 감수성이 긴장 관계에 있는 듯 보이지만, 인간은 인간 집단이 처한 실상을 아주 서서히 한계 영역에서부터 변화시킬 수 있다는 점이다. 이 진리, 곧 인간 본성에 대한 관념이 갖는 실천적 의미는, 간단히 말해서 지금 우리의 모습이 어떤 것인지다. 현재 우리의 모습은 급격하고 근본적인 변혁에 열려 있는 유연한 질료가 아니다.

우리는 유연성을 제약하는 요소를 자연사와 자연적 특성 탓으로 돌려서는 안 되며, 돌릴 수도 없다. 비록 자연적 제약 요소들이 강력하고 다루기 어려울지라도 그것들은 거리기 있고 불확정적이기 때문이다. 유연성을 더욱 직접적이고 확정적으로 제약하는 요소는 사회와 문화가 우리를 형성해 온 방식 그 자체에서 유래한다. 역사 속에서 용이하게 파악되는 인간의 존재성은 그렇다고 간편한 혁신의 대상이 되지는 않으며, 오히려 인간을 저항적 소재material 속에 연루시킨다.

우리는 백지상태에서 새로 출발할 수는 없다. 그러나 우리가 관행화된 문화의 교리들뿐 아니라 사회의 기성 관행과 제도들 속에 구체화되어 있는 제약의 구속력을 완화시키는 데 마냥 무력한 것은 아니다. 아직 반복의 방식에 이르지 못한 것을 끌어올리기 위해 반복적인 것을 표준 관행과 기계 속에 구현한다면, 우리는 우리의 경험에서 반복과 새로움의 관계를 변화시킬 수 있다. 구조를 보존하는 활동에서 구조를 변혁하는 활동에 도달하는 과정을 더 유연한 연속으로 만들 수 있으며, 이렇게 하면 변화의 재난 의존성을 감소시킬 수 있다.

이 개혁은 인간을 집단적인 주채 개혁의 새로운 기획에 자유롭고 깊게 열려 있는 가소적 소재plastic material로 변화시키려는 것이 아니다. 또한 우리가 모두 역사에서 위험한 상태에 처해 있다는 의미를 철회하려는 것도 아니다. 이 개혁의 의미는, 경로–의존성이 우리에게 미치는 영향을 줄이는 데에 있다. 즉, 과거에 일어난 일이 미래에 일어날 일마저 결정한다는 주장이 발붙일 여지를 줄이는 것이다. 이 개혁은 행위주체의 권능을 강화시킨다. 인간을 형성하는 역사는 단지 인간이 감수해야 할 어떤 것이 아니라 인간이 만들어 가는 것이라는 의미를 강화시킨다. 이 두 가지 방식으로 이 개혁은 인간의 신성화에 기여한다.

이 같은 노력이 갖는 의미와 가치는 우리가 개인적 생활에서 부딪히는 유사한 문제들과 비교해 보면 분명해진다. 사회와 문화가 어떤 견고한 형식을 취하지 않을 수 없듯이, 인성도 습관에 의존하지 않을 수 없다. 개인의 이러한 습관적인 형식(자기 실존의 전망에 대한 것뿐만 아니라 타자에 대한 성향의 형식)이 그 사람의 성격이다. 우리는 인간의 성격이 운명이라고 배웠다. 운명이란 그것이 외부에서 관찰하든지 외부로 투영되든지 간에 이질적이고 극복할 수 없는 힘으로 인정받은 경화된 주체에 불과하다.

개인의 활력은 경화된 주체를 추종하는 경험의 왜소화, 반응의 엄격성 그리고 가능성의 일관된 폐쇄에 대해 얼마나 성공적으로 개인의 저항적인 성격을 형성하는지에 달렸다. 산타야나George Santayana는 윌리엄 제임스에 대해 "그는 너무나 자연스러워서 그의 본성이 무엇인지 또는 다음에 무슨 일이 일어날지를 말하는 것이 불가능했다." | 하버드 형이상학 클럽The Metaphysical Club에서 메넌드Menand가 제임스의 성격에 대한 산타야나의 평을 거론하였다. 그 문장은 다음과 같다. "He was so extremely natural that there was no knowing what his nature was, or what to expect next ; so that one was driven to behave and talk conventionally, as in the most artificial society." (*The Metaphysical Club : A Story of Ideas in America*, Farrar, Straus and Giroux, 2001, p. 77.) | 고 말했다. 이 관찰이야말로 민주주의 아래서 인성의 열망에 적합한 이상을 진술하고 있는 셈이다. 요점은, 습관을 상대로 전쟁을 벌일지 아니면 주체를 상대로 전쟁을 벌일지가 아니다. 핵심은 실존 양식이나 주체의 방식을 새롭게 형성시키고, 이를 통해 우리의 방어기제를 완화시켜 새로움에 대한 수용적 태도, 삶에 대한 헌신 그리고 세계에 대한 사랑을 강화시키는 것이다.

대조를 통해 실마리가 전개되다

정신과 인간 본성을 바라보는 이러한 관념과 두드러진 차이를 보이는 다른 견해가 있다. 비록 이 견해도 과학의 신임장을 요구하지만, 영원한 철학을 대체할 더 좋은 방안을 발전시키는 것을 방해했던 편견들을 구체화했다는 점에서 나름의 의미가 있다.

이 영향력 있는 이론은 정신을 개별적이고 표준적인modular 요소들로 조직된 계산기로 간주하고, 표준적이고 계산적인 구조가 타고난 것임을 강조한다. 또한 더 나아가 정신의 구성과 작동은, 지금도 우리가 인간의 자연적 특성의 다른 부분에 적용하고 있는 수정된 진화론Darwinism을 따를 때 자연도태의 산물로 가장 잘 이해할 수 있다고 주장한다. 이는 매우 일방적이긴 해도 전적인 오류라고 볼 수는 없다. 이 견해는 정신의 양 측면 중에서 한 면만을 기술할 뿐이며, 양 측면의 관계를 제대로 파악하지 못한 탓에 이 견해가 인식한 부분을 마찬가지로 적절하게 표현하지 못한다.

첫째로, 정신은 계산기가 아니며, 가장 특징적인 권능과 운동에서도 계산기와 닮지 않았다. 한편, 정신은 공식처럼 작동하지 않는다. 물론 정신도 각 부분을 떼어서 공식으로 바꾸고 컴퓨터처럼 그 공식들을 기계로 암호화할 수 있다. 그러나 정신의 고유한 작동은 공리 및 추론들의 폐쇄적 체계로 환원되는 것을 거부할 뿐만 아니라, 수학과 논리학 등 정신의 가장 강력한 산출물도 모두 개방성과 환원 불가능성이라는 특성을 지닌다.

다른 한편, 정신은 구문의 유사성에서 의미의 확정으로 이행하는 정도로 끝나지 않는다. 정신은 다른 의미를 전달하고자 유사한 구문을 사용하고, 다른 구문을 통해 유사한 의미들을 전달한다. 의미를 전달하려고 구문을 사용하는 것은, 구문과 의미를 분리하는 정신의 더욱 근본적인 역량에 비해 보조적이다. 이 역량은 결과적으로 일련의 완전한 규칙에 따라 작동하는 확정적인 구조가 포함할 수 있는 것보다 더 많은 복잡성과 변주를 생산하는 정신의 수많은 능력들 중 하나를 표현할 뿐이다.

둘째로, 정신은 그 가장 중요한 측면에서 볼 때 전혀 표준적이지 않다. 정신은 분명 분리된 부분들을 가지고 있으며, 이 부분들은 뇌의 가소성에서 유래하는 축적과 전위에 따라 일정한 기능을 수행한다. 그러나 이러한 개별적인 작동이 결합되고 방향을 정하는 방식이 표준화되어 있지는 않다. 결합은 다른 별도의 과업이 아니며, 이러한 결합을 정신생활의 개별적 부분으로 귀착시킬 수도, 폐쇄적인 규칙 체계에 포섭시킬 수도 없다. 통합 작업은 그러한 폐쇄적인 체계가 포함하거나 허용할 수 없는 결과를 산출하는 정신(사유와 감정과 인식)의 권능을 끊임없이 확인한다.

정신은 종합하는 것에 그치지 않는다. 요점은, 정신이 전복을 감행한다는 점이다. 정신은 종합하고 동시에 뒤집어엎는다. 정신은 낡은 연관성을 붕괴시키면서 새로운 연관성을 성취한다. 정신을 순전히 표준화된 방식으로 이해하는 것은, 인간의 의식적 경험의 중심을 이루는 종합과 전복의 이 같은 연결을 이해하지 못한다.

셋째로, 타고남의 의미에 대한 전통적 관념을 전복한다는 의미에서만 정신의 가장 특징적인 능력은 타고난 것이다. 우리는 이러한 타고남을 제약성과 연결시킨다. 그러나 우리의 가장 중요한 타고난 능력은, 모든 구조를 초월하고 혁신하려는 구조이다. 이 구조는 계산하기 가장 어렵고 표준화하기 가장 어려운 정신의 측면으로, 우리는 이를 '상상력'이라고 부른다.

모든 구조를 깨뜨리기 위한 구조가 있을 수 있다는 점, 그 구조가 정확하고 제한적인 형식을 가질 수 있으며, 특수한 분화에 맞춰 형성될 수 있다는 점은 이상하게 보일지도 모른다. 그러나 우리 경험에는 이 구조를 입증하는 두 가지 주요한 예가 존재한다. 하나는 상상력으로서의 정신이고, 다른 하나는 상상력의 모형에 입각하여 진보적으로 쇄신된 사회, 즉 맥락을 보존하는 활동과 맥락을 변혁하는 활동 사이의 거리를 좁히도록 조직되고, 변혁의 위기 의존성을 감소시키도록 조직된 사회이다.

첫 번째 상상력 관념의 의미는 부분적으로 두 번째 관념의 성과에 의존한다. 만약 사회가 제도들을 도전과 변화로부터 차단시키고, 그리하여 스스로에게 자연적 존재나 이질적인 운명의 외관을 부여한다면, 정신의 계산 불가능하고 표준화 불가능한 측면들은 계산 가능성과 표준화 가능성이라는 어둠을 둘러싼 반영부의 어스름에 지나지 않을 것이다. 그러나 사회가 민주적 실험주의의 특성을 획득함에 따라 정신의 계산 불가능하고 표준화 불가능한 측면은 정신적 삶에서 중심적인 지위를 차지하게 된다. 인간의 타고난 정신적 능력이 경험에 의존하는 정도는, 정치적인 구성 방식을 통해서 나선형으로 축소될 수 있다.

넷째로, 역사에서의 자연도태, 즉 사회문화적 생활양식들의 경쟁은 뇌와 행동의 진화에 적용되는 자연도태에 필적한다. 이러한 경합의 귀결은 정신의 경험을 형성한다. 예컨대, 이 경쟁의 결과는 의식적 경험의 계산 가능하고 표준화 가능한 측면과 계산 불가능하고 표준화 불가능한 측면 중 어느 쪽이 더 중요한지 그 상대적 중요성을 결정한다. 또한 그 결과는 뇌와 유기체의 진화에 지속적으로 작동하는 신택적 힘들보다 더 긴밀히고 강력하게 이러한 관계를 형성한다. 이 선택적 힘들은 훨씬 더 서서히 작동하기 때문에 사회문화적 생활양식의 경합적 투쟁보다 중요성이 떨어진다. 한 마디로 말해서, 선택적 힘들은 집단적인 삶을 영위하는 역사적 차원뿐만 아니라 무엇보다 개인적인 삶을 영위하는 전기적인 차원에서도 중요성을 갖기에는 그 작동 속도가 너무나 더디다. 죽음의 운명을 피할 수 없는 존재는 시간에 쫓긴다. 자연사의 힘들은 인간을 가능하게 만들었던 때에는 결정

   7 자의식_인간성을 상상하다

적이었지만 인간의 시계 속에서 다음 단계의 상상력에 중요성을 행사하기에는 너무나 느리고, 현재 상황에 대한 분석으로 고려하기에는 너무나 동떨어져 있다.

지난 200년 동안 우리는 사회사상에서 기능주의적이고 진화론적인 결정론을 비판함으로써, 일련의 대안적 제도가 창조든 파괴든 유사한 수준의 실천적 역량을 밑받침할 수 있다는 것을 배웠다. 간단히 말해서, 제도적 장치와 기능적 장점들 사이에 일대일 대응 관계는 존재하지 않는다.

우리는 또한 세계사에서 활용할 수 있는 사회적·정치적·경제적 조직의 대안적 형식들의 간결하고 완결된 목록 따윈 존재하지 않으며, 더구나 냉혹한 변혁 논리에 따라 불가분적인 제도적 체계의 순차적인 계승과 같은 진화적 과정 따위는 존재하지 않는다는 점을 깨달았다.

사회와 문화의 다른 질서들은 서로 경쟁한다. 경쟁의 결과는 무엇이 작동하고, 무엇이 작동하지 않는지를 밝히는 빛을 던져 준다. 그러나 그것은 희미하고 어둑한 빛이다. 언제나 소수의 살아 있는 선택지만 활용 가능하고, 경합한다. 오래전에 확립되고 세계의 주요 강대국과 연관된 선택지들은 상대적으로 적수가 없다는 장점을 누린다. 그런데 선善의 이행, 적의 패퇴뿐만 아니라 마음의 자극과 정신의 개종까지 포함하는 성공을 측정하는 우위성의 척도들은 직접적인 결론을 제공하기에는 너무나 다양한 측면을 안고 있다.

독특한 지위를 누리고 각별한 주목을 받고 있는 한 가지 기능적 장점이 이러한 어두운 투쟁 속에 있다. 역사에서 경로 의존성이 쇠락하면, 생활과 정신의 다양한 형식이 더 혼합되면서 이 힘들이 중요해진다. 그것은 부정의 역량negative capability이다. 이 역량은 규칙과 일상이 예측하는 바에 굴하지 않으며 공식에 사로잡히지 않고 행동하는 힘이다. 이 역량은 우리의 사유와 감정의 방식뿐만 아니라 제도와 관행으로도 고취되고 강화되거나 꺾이고 약화될 수도 있다.

제도와 관행, 의식의 양식들 속에 육화되어 있는 이 부정의 역량에서 풍부한 실천적·경쟁적 장점들이 나타난다. 그러나 부정의 역량은 단지 그러한 장점의 원천으로 그치지 않는다. 부정의 역량은 행동과 사유의 기성 구조를 초월하며, 구조 안에 존재함과 구조 바깥에 존재함 간의 차이를 축소하는 인간의 신적인 능력을 직접적으로 표현한다. 우리가 추정하듯이, 성공적인 재생산을 위한 온갖 형태의 자연적 경쟁이 종種과 유기체 또는 유전자형의 차원에서 선택적 영향력을 발휘하는 것보다 역사는 더 강력하고 무엇보다도 더 신속하게 이러한 장점을 신댁한다. 부정의 역량은 표준화와 계산화히기 매우 곤란한 정신의 힘이다. 그것은 정치를 통한 지속저인 정신 형성 과정이다.

정신의 두 측면

사람과 기계를 상상해 보자. 사람은 어떤 활동이 반복 가능한 것이라는 사실을 터득하자마자 그 일을 수행할 기계를 설치한다. 그 사람이 기계를 이런 식으로 설치하는 것을 잘 배우면 배울수록, 그는 아직 반복 가능성을 배우지 못한 활동에 더 많은 시간을 투입할 수 있다. 사람과 기계는 분리할 수 없으며, 둘의 관계는 로빈슨 크루소와 그의 유일한 친구 프라이데이가 맺은 관계보다 더 불가분적이다.

이 묘사에 응답할 수 있는 것이 세상에는 두 가지 있다. 바로 인간의 정신과 사회이다. 이 둘은 이 점에서 꼭 같지는 않으나 특수한 방식으로 내적으로 연결되어 있다. 두 가지는 서로의 구성에 관여한다.

정신은 두 가지 서로 다른 유형의 능력을 보여 준다. 한 측면에서 정신은 실제로 표준적이고 공식적이다. 정신은 분화된 부분을 가지고 있는데, 그 각각은 우리가 공식이라고 이해하는 것에 따라 작동한다. 이 작동을 통해 만물은 시초, 중간, 종말을 갖는다. 이러한 측면에서 보면 규칙의 파괴를 통해 문제를 해결할 수 있는 장치는, 어쨌든 그 안에 규칙 준수적인 요소를 포함한다는 사실의 발견이라는 의외성을 제외하고는 어떠한 의외성도 존재하지 않는다.

정신이 오로지 첫 번째 측면만을 갖는다면, 의식의 경험은 불필요한 것이 되고, 현대 신경과학자들이 말하는 의식의 좀비 활동이 우리의 정신생활을 완전히 점령하게 될 것이다. 그렇게 되면, 차이와 변화로 가득한 이 세상에서 문제를 해결하는 우리의 능력은 실제보다 훨씬 더 제한적인 것이 될 것이며, 나아가 우리는 우리 자신다움을 멈출 것이다.

정신의 두 번째 측면은 두 가지 특징적인 권능, 즉 회귀적 무한성의 역량과 탈공식적 창의성의 역량을 보인다는 것이다. 정신은 회귀적 무한성의 역량으로 유한한 요소를 가지고 무한의 조합을 만들어 내고, 탈공식적 창의성의 역량을 통해서는 규칙을 따르지 않는 사물을 처리한다.

회귀적 무한성과 탈공식적 창의성의 역량은 그 범위 면에서 더 일반적이고, 그 효과 면에서 훨씬 광범위한 권능, 즉 정신의 부정의 역량을 지탱해 준다. 정신이 지닌 부정의 역량은 정신이 작동해 온 기반인 전제^{前提}와 정신이 작동하는 일상을 시험하고, 부정하고, 전복하고, 탈출하고, 변혁함으로써 정신이 자기 자신과 대결하려는 능력이다. 우리가 정당화할 수 있는 것보다 우리는 항상 더 많이 사고하고 발견할 수 있으며, 정당화와 의미 부여 절차를 나중에 더욱 완전하게 이해하고 깨달을 수도 있다.

부정의 역량과 관련된 이 두 번째 측면에서 정신은 총체화하고, 초월하고, 의외성을 만든다. 이러한 특성은 두 번째 측면의 특징적인 역량에서 나온다. 이 특성은 의식의 경험을 규정하며, 좀비에게는 영원히 인정되지 않는다. 정신의 이러한 특성이 없다면, 인간이 작동시켰다는 점을 의식하기도 전에 인간이 가동한 자동반응 장치들이 제3의 관찰자가 기술할 수 있는 공식에 따라 진행하면서 인간의 정신생활 전체를 고갈시킬 것이다.

의식은 총체화한다. 의식의 경험은 잠재적 주의력의 넓고 열려 있는 범위 안에서 펼쳐지는 운동의 하나이다. 주의력의 온갖 특수한 대상들도 의식의 대양에서 떠도는 표류물에 불과하다. 인간의 정신활동에 대응하는 부분들이 있지만, 의식은 마치 부분들의 집성이 아닌 것처럼 부분들 사이에서 움직인다. 그리고 실제로 의식은 부분들의 집성이 아니다.

의식은 초월한다. 의식은 전제^{前提}들의 완결된 구조 안에 갇혀 있을 수 없다. 우리가 현상계의 특수한 부분들을 이해하는 것은, 그것들이 부재와 동시에 변형을 표상하는 때에만, 또한 특수한 것을 다른 특수한 것들과 그 자체로 불완전하고 수정 가능한 범주의 구조에 연결시키는 때에만 가능하다. 우리는 우리가 이해할 수 있는 것 이상을 인식하고, 우리가 장래에 정당화할 수 있는 것보다 많이 이해한다. 우리는 수수께끼와 변칙태를 예언으로 바꾼다. 예언이란 우리를 둘러싼 실재의 어떤 부분을 파악하는 다른 방식의 암시다.

의식은 의외성을 만든다. 의식은 사전에 확정적으로 공식화된 일련의 규칙이 파악할 수 없는 방식으로 작동할 수 있다. 결과적으로, 의식은 가능성에 관한 망상적 관념(단지 어떤 시점에 개인의 의식에 실현되고자 신호를 기다리는 의식의 가능한 상태)의 가짜 창의성pseudonovelty이 아니라 경험과 믿음의 진정한 창의성을 발생시킬 수 있다.

정신은 이러한 두 측면, 곧 점진적이고 반복적인 측면과 동시에 회귀적 무한성, 탈공식적 창의성과 부정의 역량을 보유하고, 총체화하고 초월하고 의외성을 만들어 내는 다른 측면의 조합이다.

정신은 육화되어 있다. 정신은 유한하고 필멸의 운명을 지닌 유기체의 규모와 상황에 맞게 형성된 문제 해결 장치다. 정신의 사고는 행동을 배경으로 가진다. 총체화하고, 초월하고, 의외성을 만드는 정신의 특성은 정신의 문제 해결 역량의 많은 부분을 창조한다. 만약 정신이 공식과 같은 기묘한 기계장치라면, 정신은 우리가 행동할 수밖에 없는 이 세계에서 우연적인 위험과 기회 앞에 나아가 인간 행동에 동기를 제공하는 이해관계의 개방성과 가변성에 대처할 수 없을 것이다. 정신으로 하여금 특수한 문제를 해결할 수 있게 하는 이러한 특징은, 또한 특수한 문제의 해결을 넘어 멀리 있는 위험과 기회가 세계에서 아직 실현되지 않았음을 상상하고, 개인적인 행동의 지평 너머에 있는 실재 속에 숨겨진 연관성을 발견하도록 허용한다.

그러나 아무리 실험적 도구와 설명적 억측으로 보강되더라도, 사고가 행동을 예시하는 수준을 넘어가 버리면 우리의 관념은 실재의 신뢰할 만한 상이 못 되고 관념의 신뢰도 역시 떨어질 것이다. 우리의 관념은 은유로 오염되어 있다. 어떤 관념이 우리에게 의미를 갖게 하

려면, 궁극적으로 우리의 행동 지향적인 경험과 결부시킬 수 있는 용
어로 그 관념을 번역하지 않으면 안 된다. 그 관념은 별들의 시선으로
본 세계에 대한 견해가 아니다. 그것은 바로 우리의 견해이고, 정신의
고유한 역량을 향유하는 존재들의 견해이다.

정신의 육화는 우리에게 엄청난 관심 사항이다. 정신의 두 가지 측
면의 조합은 인간적인 것과 신적인 것의 신비스러운 결합 같은 것이
아니다. 이 조합은 특수한 장치의 자연적 진화의 결과이며, 그러한 장
치들은 대체로 우리가 존재하기 전에 만들어져 오랜 시간에 걸쳐 다
시 조합된 작고 유한한 요소들로 구성되었다.

이 진화적 역사의 과정에서 변형과 새로움은 대개 과거 다양한 종
들의 적응적 확산으로 생겨난 것이다. 캄브리아기에 동물의 유형과
종이 극적으로 감소한 것이 바로 그 때문이었다. 변형의 주요한 원천
은 유전적 통제 기제의 힘이었다. 종차種差의 엄격한 선택 과정에서 차
이를 만들 목적으로 생성된 유전적 규제 기제의 힘이 이 변형의 주요
한 원천이 되었다. 이 힘은 처음에는 분자적 수준에서, 나중에는 일
정한 정도의 가소성을 지닌 뇌를 통하여, 마지막에는 자체적인 수정
의 기회와 도구를 증대시킬 수 있는 사회문화적 질서를 통해 차이를
만들어 냈다. 새로움의 생성은 내재적인 것이 되었다. 어떤 의미에서
바로 이것이 핵심적 사항이다.

자연사를 통한 인간과 정신의 변천은 인간을 가상적 제약들의 잔
해, 예컨대 상호성에 의한 이타심의 제약, 자기애에 의한 사랑(이타심
보다 위대한)의 제약 아래 놓아 버렸다. 그리하여 역사에서 위대한 종

교들이 탄생하였고, 기독교처럼 상호성을 뛰어넘는 이타심을 일깨우고, 자기애에 물들지 않는 사랑을 제안했고, 그 종교들은 여전히 끝나지 않은 우리의 습관이나 편향들과의 투쟁을 시작했다.

정신에만 주의를 기울여서는 정신의 두 측면의 관계를 온전하게 기술할 수 없다. 두 측면의 관계는 인간과 기계, 달리 말하면 사회와 그 문화에 대한 양면적 묘사에 응답하는 다른 어떤 것에 의존한다. 우리의 사회적·문화적 생활은 이중성을 보이는데, 이는 정신에도 똑같이 중요하다. 그 이중성이란, 일상적으로 도전받지 않고 심지어 보이지 않는 제도와 가정들의 구조 안에서 나타나는 반복의 측면과, 종종 이러한 구조를 변혁시키려는 실천적 또는 상상적 행동의 측면을 말한다.

사회와 문화는 도전과 변화로부터 스스로를 고립시키고, 맥락을 보존하는 일상적인 운동과 맥락을 변혁하는 비일상적 운동 간의 차이를 확대하고, 변화의 위기 의존성을 강화하는 방식으로 조직될 수도 있나. 그러한 상황에서도 정신의 두 번째 측면은 지속적으로 존재하며 의식의 경험과 사유의 실천 및 언어의 사용에 내포되겠지만, 정신의 회귀적 무한성과 탈공식적 창의성 및 의식의 부정의 역량은 우리 정신생활의 전면에 나서지 않고 배후에 머물 것이다.

이와 반대로 사회와 문화가 도전과 변화에 개방적이고, 제도적·이데올로기적 맥락의 재생산과 수정 간의 격차를 줄이고, 변혁의 재난 의존성을 감소시키는 방식으로 조직되어 있다고 가정해 보자. 그러면 두 번째 측면의 역량들은 더 이상 함축적이거나 변칙적이거나 주

　　　　　　　　7 자의식_인간성을 상상하다

변적인 것으로 보이지 않을 것이다. 정신의 양 측면이 맺는 관계는 사회와 문화의 성격에서 이루어진 변화 덕분에 변화할 것이다.

정신은 그래서 미완의 프로젝트이다. 정신이 자연사의 연약한 결과물이라는 점에서도 그렇고, 인간이 역사에서 자신들에게 행한 것들로부터 독립되면서 동시에 정신의 부분들 간의 관계를 측정하는 척도가 존재하지 않기 때문에도 미완이다.

정신의 관념에서 방향의 표시로

이 책의 전반부에서 탐구한 인간의 상황을 바라보는 견해를 배경으로 해서 보면, 정신의 관념은 우리가 역사 속에서 과거에 투쟁했으며 지금도 투쟁하고 있는 인간 본성에 관한 두 가지 관점의 대립을 이해할 수 있다. 그러고 나면 정신의 관념은 '우리는 삶을 통해서 무엇을 해야 하는가? 우리는 사회를 어떻게 조직해야 하는가?'와 같은 문제 앞에 우리를 데려다 놓는다.

인간 본성에 관한 단일한 관념군이 지난 사상사에서 압도적인 영향력을 행사했다. 그것은 내가 앞서 '영원한 철학'이라고 부른 것이다. '인간 본성에 관한 단일한 관념군', 이것이 영원한 철학에 대한 결정적인 결론이고, 전체 골자이다. 비록 몇 가지 변형이 있지만, 세계종교와 더불어 세계혁명이 발발했던 몇 세기 전 시대에는 농업적·관료주의적 제국의 지배 원리였던 이 관념들이 역사의 주인공이었다.

이 관념들에 따르면, 감각 경험의 생생함은 실재의 참된 본성을 드러내기는커녕 모호하게 만든다. 변화와 구별로 이루어진 현상계는 환상이다. 이 환상에 대한 굴복은 인간을 노예로 만들고, 인간에게 고통을 감수하게 하고, 환상에 대한 욕구의 반란을 선동하고, 미혹과 자애의 불행한 세계에 우리를 가둔다.

그러므로 환상에서의 해방, 고통에 대한 초연함, 고통 받는 모든 인간에 대해 높은 곳에서 자비를 성취해야 하는데, 이를 위해선 주체 안에 그리고 사회 안에 올바른 질서를 수립해야만 한다. 주체와 사회에 대한 이 두 가지 질서는 서로를 유지시켜 줄 것이다. 주체 안에서 관능적인 욕구들은 행위 지향적인 감성에 복종해야 하고, 감성들은 변화와 차이를 넘어 심오하고 보편적인 실재에 대한 통찰에 복종해야 한다. 마찬가지로 사회 안에서 노동하는 사람들은 전쟁하는 사람들에게 복종해야 하고, 전쟁하는 사람들은 통치하고 사색하며 기도하는 사람들에게 복종해야만 한다.

세계에 질서를 부여하려는 노력의 성공 여부를 보여 주는 사회적 징표는 사회 내의 위계 서열이며, 이 질서는 권력과 권리를 결합시킨다. 성공 여부를 보여 주는 도덕적 징표는 초연함과 평정의 규율이며, 이를 통해서 우리는 변화와 차이로 가득 찬 기만적 영역에 참여함으로써 얻게 되는 번뇌와 좌절을 끝장낼 것이다. 평정의 자유를 먼저 성취한 사람들은 현상계의 그물에 갇힌 자들에게 선의를 베풀 것이다. 이 자비는 그 자체로 위험하지 않고 자유로운 자들이 자유롭지 못한 자들에게 먼 거리에서 주는 것이기 때문에, 부동심invulnerability에 이른 사람들(시간과 구별의 환상에도 흔들리지 않기 때문에 종속과 좌절의 고통에도 흔들리지 않는 사람들)의 행복을 표현하고 지속시킬 것이다. 선의善意의 기초는 감정이입과 통찰의 결합이다. 즉, 아직 자유롭지 못하고 평정 상태에 이르지 못한 타인들이 느끼는 고통에 대한 감정이입과, 변화와 차이로 이루어진 무상한 세계에 개입하는 보편적 조건에 대한 통찰이 그것이다. 이 자비가 만민에게 보내는 선의의 메시지는 "문제에서 물러나 있어라"이다.

이 같은 기획의 철학적 기반은, 변혁과 시간의 현상계보다 더 실재적인 감춰진 실재의 원형들의 형이상학이다. 이 형이상학에 따르면, 현상의 근저를 이루는 초시간적·자연적 종류(또는 심지어 분화되지 않는 존재의 유일한 실재)가 존재한다. 이 원형들을 발견하는지에 탐험의 성공 여부가 달렸다. 감각적 경험의 직접성과 원용에 맞서서, 인간은 평정과 선의를 수용할 주문呪文을 자신에게 걸 준비를 하고, 이러한 한 계점에서 초시간적인 세계에서 비인격적인 신의 경험에 참여한다.

지난 200년 동안에는 **인간과 사회에 대한 상반된 신념군**이 전 세계에 걸쳐서 비할 바 없이 지대한 영향력을 행사했다. 이 신념은 시간과 차이의 현상계의 실재성을 수용한다. 이 신념은 역사를 실재적이고, 반복 불가능하며 결정적인 것으로 취급한다. 이에 따르면, 역사는 인간적 소망이 실현되거나 미완성일 수밖에 없는 무대이다. 이 신념은 인류의 소망이 결실을 맺거나 좌절에 이르는 역사적 시간과 우리가 개인적 삶을 영위할 수밖에 없는 전기적 시간을 나누는 척도의 상이

함이 내포하는 바들과 투쟁한다.

이 신념은 평정 속에서 행복을, 나아가 부동심에서 평정을 찾는 노력을 거부한다. 오히려 사서 고생하라고 권한다. 즉, 개인은 자기 시대와 사회의 제약 사항들에 맞서 투쟁함으로써 자신을 형성하고, 더 위대하고 자유롭게 된다는 것이다. 이 목적을 이루려면 개인은 방패를 내려놓고, 대신에 인간 상호 간의 고조된 감응성vulnerability을 변혁과 자체 변혁의 대가로 수용해야 한다.

주체든 사회든 믿을 만한 위계적 질서란 없다. 진보는 그러한 질서의 전복에 있으며, 보통 사람들의 역량 향상과 개선에 있다. 이러한 전복은 위험하고 고통스러운 것이나, 더 큰 권력과 더 위대한 통찰 및 평정을 획득하는 것과 양립할 수 있는 대안은 존재하지 않는다.

이러한 상승에서 가장 중요한 사건은, 주체성의 조건들 간의 갈등을 우리로 하여금 조정할 수 있게 하는 사건들이다. 그것은 특수한 세계에 투항하지 않으면서 저항과 초월의 역량을 이 세계에 투입하고, 우리가 우리 자신으로 존속할 수 있도록 혁신 지향적인 협력과 개인적 사랑을 통해 타인과 연결하는 것을 의미한다.

투항 없는 참여의 최고 형식은, 기성 제도와 믿음에 완전하게 지배당하지 않는 존재가 되어 현재의 생활 방식으로서 미래를 위해 사는 것이자 미래의 방향을 둘러싸고 투쟁하는 것이다. 자기 억압이 없는 연결의 최고 형식은 동등한 자들 간의 사랑이며, 그것은 멀고 높은 데서 선의善意로 주어지는 것이 아니라 서로 퇴짜 놓고 배반하고 상처 줄 수 있는 동등한 자들 사이의 상상력과 수용을 통해 주어진다.

집단적으로 또 개인적으로, 종種으로서 또한 개인으로서, 인간은 무한한 것을 내면에 가지고 있다. 우리는 유한한 것에서 무한한 것을 요구한다. 즉, 다른 사람에게 만인의 안녕, 심지어 담배 한 개비에도 세상의 안녕을 보장해 줄 보험을 요구한다. 예컨대, 중독과 집착에 대한 인간의 경험은 사이비 초월에 대한 모험이며, 이는 무제한적인 갈망과 너무나 제약적인 대상을 엉뚱하고 자의적으로 결합시킨 것이다. 권태와 번민에 대한 인간의 경험은 속박된 상황에서 인간이 느끼는 초조함을 증명하고, 인간이 사용하지 않는 역량과 숨겨 둔 능력의 규모를 증명한다. 인간의 충족 불가능성은 인간의 무한성에 대한 징후다.

자유, 심지어 신성화는 투항 없는 참여의 기회와 주체의 도야를 수반한 타자와의 연결 기회를 우리의 경험에서 확대시킨다. 이러한 기획의 전개는 우리에게 사회와 문화를 혁신할 것을 요구한다. 어떤 제도와 관행을 다른 것으로 교체하는 것만으로는 충분하지 않다. 우리는 구조를 수정할 기회와 수단을 증대시키는 구조를 창조하고, 더 나아가 그러한 구조들에서 자연스러움의 허울을 벗겨 내어 사회적·문화적 구조와 이에 도전하는 인간의 자유의 관계를 변화시켜야 한다. 오늘날 우리는 정치적·경제적·사회적 다원주의의 제도적 형식과 이데올로기적 가정들(민주주의, 시장경제, 자유로운 시민사회)을 혁신하지 않으면 안 된다. 우리는 필연적으로 정신의 내적 생활뿐만 아니라 사회와 문화에서 반복되는 일상이 새로운 것의 창조에 기여하도록 만들어야 한다.

이 일에 성공한다면, 우리는 특수한 사회문화적 세계의 안과 바깥에 동시에 존재할 수 있게 된다. 그러면 경제적 성장과 공학적 혁신을 촉진하는 능력과 도구와 통찰까지도 훨씬 더 빨리 개발할 수 있고, 인간의 삶을 지속적으로 짓누르는 빈곤과 단조로운 잡무와 질환의 부담을 줄일 수 있을 것이다. 반복적인 압력과 도전의 열기 아래서, 우리는 사회적 분업과 위계 서열의 강고한 질서를 용융시키고, 이 질서가 우리의 실천적이고 열정적인 관계의 발전을 저해하는 것을 방지할 수 있을 것이다.

이 소망들이 심오하고도 바람직한 이유는 자명하다. 제도적 장치 및 문화적 가정들과 이에 저항하고 이를 변혁시키는 인간의 역량 사이에 확고한 관계가 존재한다는 주장은 진실이 아니다. 그러한 제도 및 가정은 그 개별적 내용뿐만 아니라 관계의 성질(그런 제도나 가정 및 인간의 관계, 그리고 그런 제도와 가정 및 이를 부정하고 형성하는 인간 능력 간의 관계)도 다양하다. 19, 20세기의 자유주의자들과 사회주의자들이 믿었듯이, 경제적 진보에 대한 실천적 관심과 개인의 해방, 권한강화와 계몽에 대한 도덕적 관심 사이에 예정조화가 존재한다는 것은 사실이 아니다.

숙명론에 빠진 포스트 자유주의자들과 포스트 사회주의자들이 곧잘 주장하듯, 이 관심들 사이에 극복할 수 없는 비극적 갈등 따윈 존재하지 않는다. 실천적 진보의 제도적 요구 사항들과 인간을 더 자유롭고 위대하게 만드는 데 필요한 제도적 요구 사항들 사이에는 잠재적인 교차 영역이 존재한다. 이 두 가지 요구 사항이 자동적으로 교차하지 않을지라도, 우리는 이것을 교차하도록 만들 수 있다. 바로 이 잠재적 상호교차의 영역에서 우리는 진보를 이루어야 한다.

그러한 잠재적 중복의 영역이 존재한다고 믿는 근거는, 두 가지 유형의 관심과 정신의 두 번째 측면(탈공식적 창의성, 회귀적 무한성, 부정의 역량)의 사회적 표현이 유사하다는 점에서 찾을 수 있다. 이러한 역량을 행사하는 과정에서 실천적 과업을 더 자유롭게 재정의하고, 영구혁신에 최대한 우호적인 협력 체제를 더 자유롭게 개발할수록, 또한 질서와 무질서의 차이나 계획적 설계와 임기응변의 차이를 더 자유롭게 좁힐수록, 경제적 성장과 기술적 쇄신을 촉진시킬 기회는 더 많아질 것이다. 그러면 인간 상호 관계를 사회와 문화의 기존 대본에서 풀어 놓고, 인간의 관계를 실험주의적 탐구의 집단적 표현으로 전환시킬 수 있다.

이렇게 되면, 이중적인 운동을 통해 본질적인 것으로 둔갑한 사회적 위계 서열과 분업의 바탕을 무너뜨릴 수 있다. 우리는 인간 사회 안에서 모든 위계질서와 분업이 의존하는 제도 및 교리에 압력을 행사하여 개인의 능력, 즉 정신적·정치적·경제적 능력을 개발하게 된다. 달리 말하면, 우리는 개인을 더욱 신과 같이 만든다는 목적을 실천적으로 표현할 수 있게 된다.

따라서 물질적 진보의 조건과 개인적 해방의 요구 사항 사이의 상호교차 영역에서 인간이 진보할 수 있다는 희망을 떠받치는 심층적인 기초를 정신의 두 번째 측면의 사회적 표현들이 형성하지 않으면 안 된다. 총체화하고, 초월하고, 의외성을 만드는 정신의 특성을 사회적 경험의 중심에 두면서 사회와 문화를 조직할 때 우리는 고전적인 자유주의자 및 사회주의자들이 주장하는 그릇된 예정조화설을 뛰어넘어 도덕적·물질적 관심들의 수렴을 성취하게 된다.

현재 세계에 부상 중이며 선진국에서 이미 확립된 민주주의, 시장경제, 자유로운 시민사회라는 제도적 형식과 이데올로기적 관념은 앞서 말한 관심들과 이상을 위해 우리가 취할 필요가 있는 실현 가능한 조치의 일부를 대변한다. 세계화 자체는 모 아니면 도가 아니다. 우리는 현재의 조건에서 세계화를 더 추구할 것인지 아닌지 선택할 필요가 없다. 다른 조건에서도 얼마든지 세계화를 추구할 수 있다.

같은 맥락에서, 우리는 기존 질서의 전면적이고 혁명적인 대체와 기존 질서의 인간화(조세와 이전移轉을 통한 보상적 재분배 또는 권리 원칙과 공익 지향적 정책의 보고寶庫로서 법을 이상화하는 방법으로) 사이에서 선택할 필요가 없다. 실제로, 총체적·혁명적 변화의 이상은 환상에 불과하고, 혁명적 변화의 반대, 즉 체념한 인간화 기획에 대한 변명만 제공할 뿐이다. 우리는 개혁과 혁명의 범주를 혼합할 수 있고, 혼합하지 않으면 안 되며, 부득이 점진적이지만 누적적 효과를 통해 끝내 혁명적인 것이 되고야 마는 변화를 따를 수밖에 없다.

그렇다. 그러나 우리는 여전히 위기를 변화의 산파로 여기고 그것에 의존한다. 따라서 이 의존성을 줄여 나가기 위해 사물을 조직하는 법을 배우지 않으면 안 된다. 그렇다. 그러나 진보의 특수한 형식은 항상 모호하고 논쟁의 여지가 있다. 우리는 그러한 형식들이 주로 국가 이하 차원에서 발생하는지, 국가적 차원이나 초국가적 차원에서 발생하는지조차 합의할 수 없고, 그 형식들에 영감을 주는 관념들이 국지적 이단(예컨대, 국가적 진로에 대한 제안)인지 아니면 보편화 가능한 이단(자유주의와 사회주의가 그 전성기에 인류에게 메시지로 전달한 원칙들)인지에 대해서도, 제도 변화와 의식 변화의 관계를 어떻게 이해하고 실천할 것인지도 합의하지 못한다. 변화의 형식들이 모호하고 논쟁적이기 때문에 그것들은 계속 갈등을 일으키고, 심지어 전쟁을 유발할 것이다. 변화의 형식들은 위험하다. 그렇다. 그러나 이 모든 것의 발생 여부는 전기傳記라는 짧은 시간이 아니라 역사라는 긴 시간 속에서 가려질 것이다. 우리는 기다릴 수 없다. 지금 당장 남의 도움 없이 해법을 찾지 않으면 안 된다. 즉, 현재 우리가 영위하는 삶 속에서 인류라는 종이 아직 집단적으로 성취하지 못한 예감의 방법을 반드시 찾아야만 한다.

나는 이 책에서 스스로 묻는다. 세계와 정신, 주체와 사회에 관한 어떤 가정에서 이러한 믿음들(이미 세계를 인수하고 세계에 불을 질렀던 신조의 단순한 번역과 발전들)이 지속적으로 의미를 가질 수 있는가? 어떠한 방식의 큰 관념의 조합 안에서 우리는 이러한 믿음들의 근거를 마련하고, 발전시키고 교정할 수 있을까?

이 신조들이 한때 의존했던 관념들, 예컨대 19세기와 20세기에 우리에게 전해진 사회적 진보의 혁명적 서사敍事들이 우리를 오도했고, 사이비 필연성을 향한 호소에 오염된 희망과 변화의 옹호론이 때로 우리를 파국적으로 오도했다. 이러한 관념들은 과거 영원한 철학이 부동심을 통해 평정을 획득하고 주체와 사회의 위계질서를 통해 권리를 확립하려는 낡은 시도에서 담당했던 역할을, 사회적·도덕적 변혁의 근대적 기획을 위해 수행하지 못했다. 우리가 이 변혁적 기획을 이해할 수 있고, 더 나아가 인류의 역사에서뿐 아니라 개인적 생애에서도 우리의 상황을 전반적으로 이해할 수 있다는 점을 증명하는 것이 이 책의 야망이다. 변혁적 기획에 대한 전반적인 이해는 우리로 하여금 이러한 기획을 구제하고, 재해석하고, 재정립하도록 도와줄 것이다.

이제 무엇을 해야 하는가?

관념과 / 지향

이 책의 전반부는 인간에 대한 관념과 세계 내에서 인간이 차지하는 지위에 관한 관념을 진술했다. 이 관념은 영원한 철학에 대한 대안을 의미하고, 이 대안은 철학의 감춰진 또는 미완의 프로그램을 바라보는 하나의 해석을 제시한다.

이 책의 후반부에서는 정치, 종교, 사변적인 사고 영역에서 이런 관념으로 활성화된 일련의 변혁적 기획을 개관한다. 물론 내가 여기서 제시하려는 것은 어떤 청사진이 아니라 기획의 방향과 일련의 단계적 조치들이다. 프로그램적인 제안들은 이 제안에 영감을 준 관념들의 권위와 에너지에 호소하며 논쟁적인 주장을 제기한다. 즉, 영원한 철학에 대한 대안은 그것을 올바르게 이해하는 한 우리를 방향 상실 상태로 방치하지 않는다는 것이다. 그것은 우리가 사고 활동에 착수하기 전에 존재했던 국지적 상황과 이익들에서 우리가 얻을지도 모르는 방향에 우리를 내맡기지 않는다. 그 대안은 우리에게 사회와 의식과 철학 자체를 어떤 방식으로든 재구성하도록 요구한다. 이 방향을 기술하는 관념들은 처음엔 불확정적이고 심지어 당혹스럽게 느껴질 수도 있다. 그러나 결국에는 많은 것을 배제하고, 행동을 강제한다. 이 관념들은 특수한 혁명, 정치적이면서도 정신적인 '세계 혁명world revolution'을 주창한다.

이 장은 관념과 지향 간의 연결 고리를 탐구한다. 이 연결 고리의 존재를 인정하려는 용의는 존재is에서 당위should로의 신비한 이행을 함축하지 않는다. 이 장은 존재와 당위에 대한 형이상학적 논쟁에 착수하여 존재에서 당위로 이행할 수 있다고 주장하기보다는, 오히려 이러한 사이비 철학적 논쟁을 우회한다.

정신의 정상적이고 자연스러운 문제 해결 활동이 일반적이고 동시에 자기 성찰적으로 이루어질 때, 이 정신의 활동에 의존하여 관념에서 지향으로 이어지는 연결이 이루어진다. 특수한 영역에서 특수한 문제의 해법을 지향하는 대신에 정신의 일반적이고 자기 성찰적인 역량은 세계 속에서 인간이 처힌 상황 전체를 주제로 재닥힐 수도 있다. 그러나 이 역량은 특수한 분과들의 방법과 특수한 전통의 가정이 부과한 금지들을 해체하지 않고서는 그러한 일을 수행할 수 없다.

제약된 맥락과 지침을 넘어서려는 충동은 사고의 한계를 무시하는 철학적 방종이 아니다. 이 충동은 의외성을 만들고 초월하는 정신의 두 번째 측면에 대한 항거 불능의 표현이고, 따라서 다른 일들이 그러하듯 인간의 자연적 성질에 대한 표현이기도 하다. 충동과 인간의 구

성적 사실의 연결은 충동에서 위험을 제거하지 못한다. 오히려 충동
은 환상과 오도의 위험들로 가득하다. 그러나 이러한 위험들을 상대
로 투쟁하지 않았을 때 삶을 지배하게 될 공포, 경건, 독단의 노예가
되는 것보다는 이 위험들에 맞서 싸우는 편이 더 낫다.

자연의 무관심

우리가 사는 세계에서 우리 스스로 어떻게 방향을 설정해야 할지를 결정할 때, 우리의 상황과 관련하여 맨 처음에 떠오르는 특징은 인간적 관심사에 대한 자연의 무관심이다. 이 극복할 수 없는 이질성은 인간 삶과 그 자연적 구조 사이에 놓인 상상할 수 없는 규모의 격차와 뗄 수 없는 것이다. 우리는 우주의 작은 구석을 차지하고 있다. 우리는 그곳에 방금 전에 왔을 뿐이다. 우리는 시간의 시초와 종말을 파악할 수 없다. 우리 경험의 실재성에 비추어 뒤돌아보면, 인간의 개인적 삶은 급작스럽고 놀랍게 허비된다.

인간을 향한 세계의 막무가내 쇄도, 인간에 대한 세계의 위압, 인간의 왜소함 앞에서 벌이는 장대한 퍼레이드를 통한 세계의 인간 파괴, 시간의 지평에서 대면하는 세계의 불가사의 등 세계의 이질성은 직접적이고 반박할 수 없는 방식으로 우리에게 힘을 행사한다. 세계의 이질성은 죽음의 종국성으로도 우리에게 힘을 행사한다. 필멸의 유기체로서 인간이 처한 조건은 인성의 무한한 다산성, 항상 제약에 궁극적으로 도전하고 맥락을 초월하려는 주체의 능력, 그리고 우리가 현재 참여하고 있는 철학적 기획에서 확인된 역량 등과 해소할 수 없는 갈등에 빠지는 것처럼 보인다.

우리는 흔히 우주가 우리의 노력에 우호적이지도 비판적이지도 않다고 생각한다. 이런 견해는 우리 시대와 같은 지적 퇴조기에 어울리는 반형이상학적 형이상학으로 봉사하게 될 것이다. 그러나 이는 그릇된, 비겁함을 드러내는 견해이다. 쇼펜하우어 같은 위대한 소수의 철학자들만이 이 비겁함에서 자유로웠다.

가장 중요한 측면에서 우주는 인간의 노력에 우호적이지 않다. 인간에 대한 우주의 불균형, 인간을 규정하는 기획과 애착들조차 궁극적으로 파괴해 버리는 힘, 곧 시간에 대한 우주의 복종은 우리가 결코 극복할 수 없는 간격과 소외와 공포를 창조한다. 인간의 무한한 다산성 경험에 우주가 내놓는 답변은 죽음의 판결이다.

우리 삶에 대한 변경 불가능한 제약과 인간적 경험의 무궁무진한 깊이(이러한 무궁무진함은 인간의 반란과 초월의 역량을 통해서 확인되며, 의식의 두 번째 측면에 새겨져 있다.) 사이에 도사리고 있는 이 갈등은, 그것이 경이로움에 그림자를 드리운다는 이유만으로도 끔찍한 것이다. 이 경이로움은 지금 이 순간 살아 있음에 대한 기쁨이고, 존재하지 않음보다 존재함에 대한 기쁨이며, 모든 측면에서 경이로움에 압도되어 있음에 대한 기쁨이다. 이 기쁨은 너무나 강렬하고, 성찰로 약화되기는커녕 외려 격화되기 쉬우므로 우리는 너무 오래 너무 직접적으로 이 기쁨을 사고할 수 없다. 이 기쁨을 너무 오래 직접적으로 사고하는 것은, 죽음의 운명과 초월 사이의 격차에 대한 우울한 인정보다 더 위험한 기쁨으로 인한 마비 상태를 무릅쓰는 것이다.

태양을 정면으로 볼 수 없듯이 죽음을 직접 맛볼 수 없다고 썼던 사람은 죽음의 자리에 생명을 놓는 편이 더 좋았을 것이다. 죽음의 예기豫期는 우리에게 인간의 능력과 통찰력의 한계를 직시하도록 강제한다. 순간의 행복과 생명의 유지 자체가 주는 행복에 집중하는 생명의 경험은, 다른 어떤 즐거움과도 비교할 수 없는 격정적인 기쁨을 인간에게 주기 때문에 위험하다. 보편자the universal와 함께 직접성에 대한 참여는 우리의 주의력을 모두 빨아들여 세계와 우리 자신에 대한 저항과 변혁을 방해할 수 있다. 인간의 예술, 철학, 과학 전부는 이와 같은 황홀한 경이로움과 시간(세계의 시간과 우리 자신의 시간, 탕진)에 대한 고려가 강요하는 냉정한 구별들 간의 전쟁이다.

우리가 살아 있음에 대한 기쁨과, 인간의 무궁무진함과 유한성의 충돌에 대한 슬픔 사이에 사상적인 등거리 위치를 우리의 정신 속에서 쟁취할 수 있다면, 우리는 인간 실존의 핵심 수수께끼를 풀 단서에 더 가까워질 것이다. 이 수수께끼는 시간의 시작과 종말을 파악하지 못하는 무력함에서 유래하는 세계 속 인간의 위치라는 불가해한 성질의 것이 아니다. 그것은 오히려 경험의 모든 국면에 내재하는 수수께끼다. 그 수수께끼는 인간이 세계의 전체 구도에 적합한지를 파악하지 못하는 무력함에서 제기된 쟁점들과 다르다. 이 신비는 시간, 자연, 의식에 대한 묘사에서 정치, 종교, 인간적 열망에 대한 관념에 이

르기까지 이 책에서 전개하고 옹호하는 견해의 모든 측면을 관통한
다. 우리는 이 신비를 관념의 영역이 아니라 경험의 영역에서 또 다른
모순으로 이해할 수도 있다.

생활, 조직, 사고, 성격 등 모든 기성 구조의 제약에 저항하는 때 비
로소 우리는 인간적이 될 수 있다. 이와 반대로 제약에 굴복하고, 인
간이 아니라 이 제약에 결정권을 부여하는 것은 행위주체성, 초월, 미
래지향성, 실험주의와 같은 인간의 본질적 속성을 부정한다. 물론 어
떤 의미에서는 잠시 동안 그러한 굴복으로 만족을 얻을지도 모른다.
그러나 그 의미는 경험, 의식, 자의식의 위축, 즉 에너지의 감퇴, 투시
력의 퇴화, 희망의 쇠락을 전제한다. 이 마비 상태를 행복과 자유로
표현하려고 애쓸 수도 있지만, 재론할 가치가 없다.

이런 방식으로 경험의 위축을 재론하는 것은, 영원한 철학이 우리
에게 시간과 구별의 세계를 포기하도록 부추기고 요동치는 의지와
변혁적인 상상력에 저주를 퍼부을 이유를 우리에게 제공하는 바로
그때 우리가 행하기를 바라는 바이다. 이 투항의 주요한 귀결은 우리
가 그러한 두통거리에서 물러나야 한다는 믿음이다. 이 믿음에 대립
하는 것이 바로 사회적 변혁과 주체 변혁이라는 혁명적 기획이다. 이
기획은 오히려 인간에게 스스로 문제를 찾아 나서라고 가르쳐 왔다.
내가 제안한 입장도 문제를 스스로 찾아 나서야 할 이유를 제공하려
는 견해이다.

경험의 모든 측면에서 상황의 한계에 맞서서 우리가 이 반란을 일
으켜야 한다는 것이 바로 이 책의 중심 주제이다. 어떠한 범주들의 도

식이나 목록도 특수자들에 대한 인간의 인식을 완전하게 포섭할 수 없는 상황, 발견하고 증명하고 정당화하는 인간의 능력과 관련해 모든 분야와 학문에서 내세우는 방법 및 관행이 부적합한 상황, 회귀적 무한성·탈공식적 창의성·부정의 역량 등 인간의 정신적 능력, 생산과 혁신과 협력에 관한 능력이 현존하는 특수한 조직 형태의 허용 범위를 초월하려는 경향, 승인된 이익과 공언한 이상을 실현하고자 실천적 형식에 끊임없이 도전하고 그것을 변화시키며, 이미 도전하고 변화시켰다면 그러한 변화의 과정에서 얻은 통찰을 기준으로 그 이익과 이상 자체를 수정해야 할 필요성, 권태와 기분 전환과 희망에 관한 우리의 평범한 경험, 성격이라고 불리는 경화된 주체에게 우리 자신을 결단코 양도하지 않으려는 우리의 노력 등이 경험의 전체 측면이다.

우리가 할 수 있는 것이 반란뿐이라면, 반란은 슬프고도 영웅적인 과업이 될 것이다. 우리가 사회와 문화, 우리 주체를 변화시키고, 이렇게 변화된 사회와 문화가 우리의 심화된 저항과 창조의 행동(창의성과 상상력과 경험의 더욱 큰 활력)을 표현하도록 유도해야 한다는 것이 이 책의 또 다른 주제이다. 그리하여 우리는 당연히 굴종과 왜소화가 아니라 해방과 확장에 기초한 행복을 희망할 권리가 있다. 그러한 행복은 마비가 아니라 각성이 될 것이다.

타인, 낯선 것, 전례 없는 것과의 소통뿐만 아니라 실제로 우리에게 영향을 미치고 있는 시간과 변화로 구성된 전체 세계와 소통하는 데에서 이러한 작업의 효과를 당장 일부나마 기대할 수 없다면, 우리는 영원한 좌절의 쳇바퀴에 갇히게 될 것이다. 속박에 대한 인간의 투쟁은 오로지 투쟁의 지속만을 추구하는 것처럼 보일 것이다. 우리의 통찰과 행복에 대한 이러한 위협의 인정, 더 나아가 개인적 의식 속에서 주변 세계로 향하는 단호한 운동을 통해 이러한 고립에서 탈출하면 이 위협을 극복할 수 있다는 확신은, 영원한 철학의 노예적 신비화가 항상 우려먹는 두 가지 심리적 진리다.

우리가 더욱 신과 같이 또한 더욱 인간적으로 되기 위해 기존 맥락에 맞서 투쟁하지 않을 수 없다면, 그 투쟁이 끝나기 전에 우리는 어떻게 하면 개인의 생애뿐만 아니라 인류의 역사에서 지금 당장 더욱 신과 같이 될 수 있으며 더욱 인간적으로 될 수 있는가? 만약 지금 당장 우리가 더욱 신과 같이 될 수 없고 더욱 인간적으로 될 수 없다면, 우리는 기껏 죽음의 공포 앞에서 살아 있음으로 인한 환희를 상상력이 의지를 굳세게 하려고 써먹는 환각이라며 기각할 수밖에 없지 않겠는가?

맥락과 인간의 관계를 바꿀 수 있다는 테제로써 유지되는 희망은, 우리가 모든 집단적 변혁의 기획과 상관없이 역사적 시간뿐만 아니라 전기적 시간 속에서 맥락과 인간의 관계를 바꾸지 못한다면 공허한 것으로 그칠 것이다. 또한 그 변화가 우리에게 다른 사람들과 세계 자체를 더 온전하게 제공해 주지 않는다면, 그러한 희망 역시 공허해질 것이다. 희망이 어떤 의미로도 공허하지 않다는 것은 미래지향성의 이상에 내포된 테제의 일부이다. 즉, 미래를 위해 사는 것은 인간이 조직된 생활과 사고의 현재적 구조에 의해 완전히 결정되지 않은 존재이자, 동시에 타인과의 경이로운 경험, 시간과 변화의 현상계 전체에 더욱 개방적인 존재로서 현재를 사는 것이다. 바로 이것이, 순간적인 삶의 기쁨을 자연이 우리 자신과 우리의 불운과 무지를 더 훌륭하게 화해시키고자 정신에 대해 부리는 농간이라며 평가절하하기보다는 계시와 예언으로 기꺼이 받아들일 수 있는 방식이다.

이 책의 주요한 메시지는, 우리가 더욱 신처럼 되려고 살아야 한다는 것이 아니라 살기 위해 더욱 신처럼 되어야 한다는 것이다. 우리 노력에 대한 보상은 내세의 더 위대한 삶이라는 자극이 아니라 현생에서의 더 위대한 삶이라는 자극이다. 이러한 각성은 타자와 새로움에 우리 자신을 개방함으로써 확인된다. 내 주장의 핵심을 파악할 간단한 방법은, 나의 주장이 이러한 메시지가 의미와 권위를 갖고 있는 영역인 자연과 사회와 인성과 의식에 관한 관념들의 세계를 탐험한다고 말하는 것이다.

거짓 / 도피

인간 삶이 처한 문제 전체는 바로 이것이다. 인간이 절망과 도전에 압도당하도록 허용하지 않으면서, 살아가는 동안 우리를 사소한 존재로 만들고 수없이 작은 죽음을 맞이함으로써 그저 시간이나 탕진하는 하찮은 일거리에 휘둘리지 않으면서, 세계 속에서 이러한 인간의 상황에 응답하는 것이다. 우리는 어떻게 해야 하는가? 이러한 수수께끼와 공포에 직면하여 어떻게 단순성·열정·주의로써 우리 자신을 정화시킬 수 있으며, 타자와 새로움에 우리를 개방하여 어떻게 우리 자신을 더 신처럼 만들 것인가?

자연과 인간의 불균형이라는 배경을 전제로 우리는 인간 세계가 자체적으로 지속 가능하게 발전하도록 만들지 않으면 안 된다. 그러려면 자연의 이질성을 이 시도의 선행조건으로 수용할 것인지 아니면 자연의 이질성을 도피하고 부정할 것인지를 결정해야만 한다.

도피와 부정에는 두 가지 주요한 형식이 있다. 하나는 막다른 길이고, 이것은 삶과 인간 세계의 구성에 대한 인간의 관심에 해롭다. 다른 하나는 방향 착오를 유발할 수 있는 환상들에 오염되어 있지만 인간 세계의 구성에는 유용할 수 있다.

그 **하나의 도피 형식**은 차이와 변화의 진리(최소한 궁극적 실재의 진리)를 부인하는 것이다. 이러한 관점에서는 우리는 비인격적 존재가 우리의 모든 것을 속박하는 실재이고 영원한 일자oneness라고 주장한다. 세계에 대한 경험을 차지하는 차이와 변화가 비실재적인 것이라고 하거나, 그러한 차이와 변화가 그 근저에 있는 어떤 것의 투영으로서 파생적이고 피상적인 실재성을 가진다고 한다.

세계 이해에서 차이와 시간의 실재성을 부정하는 방식은 상상력의 금욕을 요구하는데, 우리는 바로 상상력을 이용해 변혁을 통한 차이의 생산을 표상한다. 존재의 단일성과 영원성을 주장하는 일원론적 이론은, 차이와 변화의 현상계가 어떻게 궁극적이고 단일한 존재의 실재성에 참여할 수 있는지에 대한 견해로 다소 완화되기는 해도 여전히 도전받지는 않는다. 최소한 일원론적인 견해는 우리가 변화와 차이의 세계에서 지언적 존재로서 지속적으로 살아가고 인식한다는 사실로부터 귀결되는 도전을 제외한 모든 도전을 면제받고 있다. 일원론은 삶의 요구 사항들을 부정하기 때문에 그 자체로는 생명이 없다. 일원론은 경험과 유리되어 있기 때문에 경험에서 뭔가를 배울 역량도 없다.

행위의 조직에서 시간과 차이의 세계를 부정하고 도피하려는 노력은 의지의 억압으로 귀결된다. 우리의 관심과 규모에 맞게 설계되지 않는 세상에서 사멸하는 유기체이면서 동시에 맥락에 저항하는 주체로서 사는 것은, 만족을 모르는 욕망의 바퀴에 묶이는 것이다. 우리는 우리 자신에게 만족과 체념의 주문을 걸어 욕망과 충족 불능의 고통스러운 변증법에서 도피하려고 할지도 모른다. 그러면 우리가 욕망의 허망한 대상이라는 생각을 포기하게 된다.

그 결과는 경험의 위축이다. 이처럼 강요된 싹 자르기truncation가 인간 본성에 가한 폭력은 두 가지 상보적인 방식으로 드러난다. 강요의 변덕스러움과 권태의 고통이 그것이다. 우리 의지를 수동적으로 만드는 데 성공하더라도, 우리는 욕망의 가장된 포기를 거세와 속박으로 경험한다. 우리는 오로지 저항과 재구성을 통해서만 살아가면서 인간성을 발전시킬 수 있다. 우리는 찬양받고 강요받은 무위無爲의 멍에 속에서 마음의 동요를 느끼고, 우리가 포기했던 원대한 삶을 권태로 수용한다. 우리가 우리 자신에게 걸었던 주문이 풀리고 세계의 변혁에 대한 희망을 거두었을 때, 우리는 이러저러한 경험을 추구하면서 불행하게도 우리 자신을 심심풀이나 잡동사니에 내던지게 된다.

인간적인 관심사에 대한 위대한 자연 세계의 무관심에서 도피하고 **그것을 부정하는 또 다른 익숙한 방법**이 있다. 바로 우리와 자연 세계를 통제하는 힘들 사이의 비밀스러운 협력에 의존하는 것이다. 만약 우리가 그러한 힘들을 인간상像의 제한된 능력으로 상상하여 거기에 자족한다면, 우리의 관심사와 자연 세계의 이질성에 대한 지각을 둔화시킬 수 있을지도 모른다. 이는 신성화된 자연적 능력들이 인간적 관심사에 동참하고, 인간의 제약 사항에 복종한다고 잘못 생각하는 때에만 가능할 것이다. 협력자를 비인격적이고, 단일하고, 멀리 있는 궁극적 존재로 가정한다면, 우리가 희망할 수 있는 것은 협력 관계가 아니라 그저 수용과 숭배와 투항뿐이다. 그 결과는 우리의 독특성을 포기하고 비판과 저항 능력을 억제함으로써 우리와 세계의 이질성을 극복하는 것이다.

인간의 도덕적·종교적 역사에서 결정적인 역할을 수행한 대안을 살펴보자. 우리는 인간적 사안으로부터 근본적으로 분리되고 동시에 인성과 인격적 만남의 의미를 유추하여, 인간이 이해할 수 있는 창조 와 사랑이라는 더 큰 맥락 속에 인간의 경험을 위치시켜야 한다고 믿 을지도 모른다. 여기서 유추는 다시 유한한 상황에 대한 인간의 참여 와 유한한 환경에 대한 인간의 초월과 관련한 경험을 가리킨다.

또 다른 유형의 도피와 부인^{否認}의 중심 주제는, 우리 안의 무한성 속에서 드러난 정신을 통한 세계 통찰과 변혁이다. 죽은 신조로서 세 계의 이질성에 대한 인정의 거부로 보일 수도 있는 것이, 살아 있는 신조로서 적극적인 희망(세계가, 처음에는 인간의 세계가, 다음에는 전체 세계기 조만간 번히고 이질성을 털어 낼 것이고, 마침내 세계가 스스로 지양 하고 회복할 것이라는 희망)으로 변할 수도 있다.

신성한 실재와 인간적 실재 간의 유추적 연결은 자연의 무관심에 대한 이러한 답변을 단순한 도피와 부인에서 구해 주며, 200년 동안 인류에게 희망과 혁명을 가져다주었던 거대한 변혁적 기획들(민주주 의의 대의, 실험주의의 실천, 보통 사람들의 주체성 개발)과 유추적 연결 의 역사적 연관성을 설명해 준다. 그 귀결은 우리에게 다시 사회적 세계와 그 재구성을 지시하려는 것이지, 길, 즉 방향과 단계적 조치들을 보여 주려는 것이 아니다.

인간의 우연성과 유한성뿐만 아니라 상황에 대한 인간의 초월성과 미래지향성을 인정하는 인간관은 우리의 방향 탐색에 형식을 부여할 수 있다. 이 인간관은 인간사에 대한 자연의 이질성과 무관심을 감추기를 거부한 후에만 그러한 역할을 할 수 있다. 세계의 이질성은 인간성의 이면으로서, 우리 작업의 무대를 설정한다. 우리의 작업은 이러한 광활하고 무의미한 진공을 배경으로 하여 세계, 즉 인간의 세계가 의미를 발생시키도록 지속하는 것이다.

그렇다면 어떻게 이 일을 시작할 수 있을까? 어떤 목적에서 어떤 정신으로? 방향성을 잡으려는 투쟁에서 패배한다면, 사회와 문화의 확립된 일과들이 우리에게 방향을 지시하고, 우리는 마치 자동인형처럼 행동할 것을 요구받을 것이다. 이 굴종 상태를 묵인한다면, 우리는 우리 자신을 위대하고 자유롭게 만들려는 노력을 아예 시작조차 하지 못할 것이다. 결과적으로, 사회와 문화의 예정된 대본이 우리에게 공동의 작업 방식을 알려 주는 경우가 아니면 서로 헌신하고 협력하는 건 상상조차 하지 못하게 될 것이다.

의지와
상상력

전진로를 개척할 때 의지와 상상력이 담당하는 역할을 인식하면, 우리는 가야 할 길의 인상을 형성하는 일에 착수할 수 있다. 상상력은 이중적 전치轉置, 즉 거리 두기의 전치와 변혁의 전치 역할을 수행한다. 상상력은 우리로 하여금 현재 상황에서 벗어나도록 함으로써 상황을 파악할 수 있게 한다. 그 상황을 처음에는 부재한 것으로, 다음에는 변화된 것으로 표상함으로써 그렇게 한다. 이러한 이중적인 작업을 통해서 상상력은 의지에 형식을 부여하고 영감을 불어넣는다. 의지는 상상력이 지속적으로 영향력을 미칠 수 있는 실천적 관심, 즉 저항과 재구성에 대한 관심을 제공한다.

의지와 상상력은 협동 작업을 통해서 우리 자신이 만들 수 있는 세계, 즉 우리의 관심사와 동떨어지지 않은 세계를 우리에게 제공한다. 만약 상상력이 행동의 가능성을 예시하지 못하고, 행동이 관여할 수 있는 현상을 초월하면, 그 순간 의지와 상상력의 행복한 결합은 해체되기 시작한다. 우리는 과학 장비들로 가능해진 실험을 통해 의지와 상상력이 협력하는 경우에 도달할 수 있는 실재의 영역을 간헐적으로 잠시 동안 증가시킬 수 있다.

어쨌든 상상력은 의지, 심지어 우리가 고안한 기계들을 통해 확장된 의지마저 초월하도록 정해져 있고, 상상력이 행동과 의지의 장면을 떠나 버리면 우리는 우리 주변의 실재로부터 그 이질성을 제거할 능력도 상실한다. 의지와 상상력의 결합이 해체되면 자체적으로 충족되고 마는 상상력은 인간 세계를 형성하는 데에 기여하기를 중단하고, 인간 세계는 인간 능력의 범위 안에서 주체들의 투영이나 인간적 시도에 대한 우호적인 배경으로만 간주될 뿐이다.

비록 인간의 제1 본성은 사회와 문화에서 물려받은 제2의 본성으로 인해 변화되기는 해도, 의지와 상상력의 결합은 제1 본성, 즉 인간의 자연적 특성에서 본질적이고 중심적인 특징이다. 의지와 상상력의 결합은 정신의 양면성(표준화하고 공식화하는 측면과 총체화하고 초월하고 의외성을 만드는 측면)에서 볼 때 그 자체로 완전한 척도이다. 이 결합은 자연의 무관심과 비인간적인 광대함을 다룰 때 취해야 할 경로를 우선적으로 암시한다. 이 결합이 제공하는 방향은 우리가 뚫고 혁신한 공터를 열어 놓고, 그 공터 안에서 우리가 어떤 흔들림이나 유혹이나 공포에 굴하지 않고 우리 자신으로 존속할 수 있게 한다.

우리가 이러한 방향을 취할 수 있고, 반드시 취해야 하는 세 가지 거대한 영역이 존재한다. 그 영역이란 세계에 대한 우리의 이해, 타자와 우리의 관계, 우리 자신의 경화된 주체(우리의 성격, 일상, 습관적 인식)를 상대로 한 투쟁을 말한다. 이러한 각 영역에서 우리가 수용할 수 있는 있는 세계, 우리가 우리 자신과 타인을 수용하는 무대가 되는 바로 그 세계에 우리 자신을 제공하려는 노력은 통제하기 힘든 모순에 직면한다. 각 영역에서 우리의 의도와 상황의 결합은 우리에게 서로 어긋나고 상충하는 두 가지 방향으로 행동하도록 촉구한다.

우리가 어느 한 가지 방향으로 움직여서 성취한 바는 다른 방향으로 움직임으로써 얻을 수 있는 바와 결합되지 않는다면 매우 불충분하다. 우리 자신이기 위해, 우리 자신이 되기 위해, 우리 자신을 더 위대하고 더 자유롭게 만들기 위해 우리에게는 두 방향이 결합된 결과가 필요하다. 그러나 우리는 근본적으로 대립하는 두 방향을 화해시키면서 우리가 그 두 방향이 만들어 낸 결과들을 과연 동시에 취할 수 있는지 또는 어떻게 취해야 하는지를 알지 못한다. 결과적으로 경험의 지속적인 부조화 현상들로 일어난 엄청난 불행이 우리 삶에 암운을 드리우고 있다. 우리가 이러한 불행을 극복할 수 있다고 희망할 권한이 우리에게 어떠한 의미로, 어떤 방법으로 인정될 수 있을까?

현상계와 감춰진 실재

성공적으로 살고 행동하기 위해 우리는 현상계와 씨름해야 한다. 우리를 추동하는 행동의 기회와 장애물을 성공적으로 평가하는 것은 하나의 충동으로 그치지 않는다. 그것은 외관을 보호하려는 욕구, 즉 우리가 살고 있는 변화와 차이의 세계에 대한 시각적 직접성을 향상시키고 심화시키려는 욕구이기도 하다.

현상계의 현상이 기껏해야 이 현상에서 끌어낼 수 있는 성공적인 결단 지침으로 유용하게 만들어진 우화에 불과한 것이라면, 우리의 삶은 오감의 도움을 전혀 받지 못하고 오로지 컴퓨터의 안내만을 받는 사람들의 경주처럼 그림자들 가운데서 헤맬 것이다. 그 컴퓨터는 사람들에게 사물을 어떻게 사용하고 사물들 사이에서 어떻게 움직여야 하는지를 가르쳐 줄 것이다. 그러나 컴퓨터는 시각·청각 중복장애인에게 우주가 실제로 어떻게 구성되어 있는지를 설명하지 못한다. 우리는 망상에서 탈출할 수 없는 공통의 무기력, 그와 함께 행동을 자극하고 문제를 해결하려는 노력으로 입증된 망상의 유용성 덕택에 견딜 만한 것으로 변한 망상의 포로로 남을 것이다. 우리는 볼 수 없는 길을 지나, 조작되었지만 상상하지 못한 세계로 나아가게 될 것이다. 인간 상황에 대한 무지, 부질없는 소일거리들, 죽음을 미루는 사이비 각성만이 세계의 이질성에 대한 우리의 감각을 둔화시키고 희망 없는 세계 속 망명 생활과 우리를 화해시킨다.

그러나 시각적 직접성을 획득하거나 회복하려는 노력(현상계와 그 풍부한 차이와 변화를 정신 속에서 파악하려는 노력)만으로는 충분하지 않다. 우리를 변혁적으로 행동할 수 있게 만드는 것만으로는 충분하지 않다. 현상계는 실재와 그 변혁적 변주에 대한 인과적 탐구를 저지하므로, 외관의 보호라는 현상계의 고유한 목적을 유지하는 것만으로는 충분하지 않다. 시각적 직접성에 대한 탐구는 습관적 인식과 익숙한 범주들의 결합으로 전락하고, 전망을 응시凝視로 대체한다.

우리는 인과적 통찰과 변혁적 역량(전자는 후자의 불가피한 기초이다.)을 위해 세계를 과학적으로 조사하기 시작하는데, 이 조사는 상상력과 행동이 결합될 수 있는 인간 생활의 구조와 완전히 동떨어진 실재의 질서와 등급들로 우리를 데려간다. 이제 탐구는 행동을 훨씬 앞서가고, 드러난 실재에 대한 우리의 경험과 더 이상 교감할 수 없는 세계의 상을 이러한 월권을 통해 그리기 시작한다. 아니면 탐구는 그러한 그림과 경험 간의 일련의 긴 연결을 역측함으로써만 경험과 교감하며, 일련의 억측과 실험 끝에 우리가 어떻게 세계를 실제로 존재하는 방식과 다르게 이해할 수 있는지를 설명한다.

이 모든 위험에도 불구하고, 세계의 점점 더 많은 부분(우리 행동과 삶의 장면에서 떨어져 있는 세계를 포함하여)을 인과적으로 이해하려는 노력을 우리는 거부할 수 없다. 그러나 이 노력은 우리의 현상적 경험이 인과적 이해의 관점에서는 우화나 환각으로 보일 수 있다고 떠들어 대면서 우리를 현상계를 옹호하는 쪽에서 점점 더 멀리 이동시킬 우려가 있다. 이러한 경험의 인과적 배경을 통찰하고 이를 시간과 무관한 수학의 언어로 표상할수록, 우리는 시간·차이·행동의 경험적인 실재로부터 점점 더 멀어지게 된다.

더구나 인과적 탐구로 파악한 세계의 두드러진 한 가지 특징이 현상계(우리의 살아 있는 경험 세계)로 길을 헤쳐 나가려는 우리의 모든 노력, 이러한 부흥의 기획과 과학의 발견을 결합시키려는 우리의 모든 노력을 괴롭힌다. 이 특징은 시간의 실재성에 관한 앞선 논의 과정에서 가능한 사태에 폐쇄된 배위 공간은 없다는 테제를 주장할 때 내가 처음에 제시한 반사실적인 사항들에 관한 수수께끼다.

사태를 이해하려면 사태가 일정한 조건의 범위 안에서 변화될 수 있다는 것도 상상할 수 있어야 한다. 예상된 바이든 현실적이든 이러한 변혁은 자연법칙의 항구성이라는 문제를 제기한다. 자연법칙에 의해 허용된 변화는 그 법칙도 변화시킬 수 있다. 실제로 시간이 실재적이라면, 조만간 법칙들도 변할 것이다. 반사실적 통찰을 위한 노력(현재 사태를 둘러싸고 가능한 다음 단계의 주변부를 따라 향후 사태의 전개를 파악하려는 시도)은 우리에게 처음 보아서는 이해하기 어려운 난제를 제공한다. 우리가 다른 사태를 상상할 때 반사실적 상황이 단순히 우리가 의지하는 법칙의 대안적 결과를 보여 주는지, 아니면 그 법칙이 변화를 내포하거나 예시하는지 항상 불분명하다. 세계가 변화하면서 세계 변화의 법칙도 변화한다. 그리하여 처음에 이성의 눈에는 그저 수수께끼에 불과한 것이 시간의 실재성 원칙에 따라 세계에서 격변과 변혁의 원천으로 밝혀진다.

법칙들, 즉 실재의 특수한 부분들의 시공간적 배치 방식 또는 외견상 임의적인 자연의 상수들이 만물을 지배하지 못하기 때문에 법칙의 지배를 받지 않는 어떤 것이 법칙을 변화시키거나, 법칙이 만물을 지배하지만 그 지배 아래서 발생하는 어떤 것이 법칙을 변화시킬 수가 있다. 이 택일의 실천적 결론은 법칙이 만물을 지배한다고 말하는 것과 지배하지 않는다고 말하는 것 사이에 존재하는 격차의 힘을 감소시킨다. 비록 법칙이 만물을 지배한다고 하더라도 시간적 세계가 미치는 영향까지 초월하는 것은 아니다. 법칙은 자연을 초월하는 셈족의 신보다는 세상의 경쟁과 부침에 얽혀 있는 그리스 로마의 신들을 닮았다.

만약 가능한 사태들의 배위 공간을 완결시킬 수 없고, 가능한 모든 사태를 폐쇄적이고 초시간적인 법칙 체제 속에 배치할 수 없다면, 인과적 탐구 여행에서 현상계를 시각적 직접성으로 회복하는 길을 발견할 수 있을지 확신하기 어렵다. 세계에 대한 의식은 여전히 경험의 시학poetry과 자연의 과학으로 분열된 채로 있을 것이고, 그 때문에 우리는 불행해질 것이다. 세계에서 성공적인 행동 능력은 이러한 경험뿐만 아니라 과학도 동시에 요구할 텐데, 세계와 그 안의 모든 상황에 대한 진리는 경험과 과학으로 영원히 분열된 것처럼 보일 것이다. 경험과 과학 사이의 불확실한 관계로 인해 각각의 의미도 불확실해져서, 이해 전체가 각 부분의 합 이상으로 보이지 않고 각 부분이 오히려 작아 보일지도 모른다.

우리는 정신적 생활의 한 측면에서 그러한 화해를 누리지만, 정신적 생활의 현존은 우리를 안심시키는커녕 우리를 더 자극하고 방해해야 한다. 우리의 의식적인 경험의 재고 목록 속에 우리가 갖지 못한 것을 암시하고, 화해는 결코 달성할 수 없는 환상이라고 지적해서 우리를 자극하고 요동치게 해야 한다. 우리 경험의 이 부분이 꿈이다. 꿈은 통상적으로 반사실적 통찰과 시각적 직접성이라는 두 가지 특성을 결합한다. 그러나 이러한 꿈의 특성은 현실 생활 속의 우리를 회피한다.

꿈속에서 어떤 사물은 깨어 있는 세계에서 우리가 만나는 방식과 다르다. 우리는 힘들이지 않고 변화된 규칙을 마치 이해하고 있는 것처럼 꿈을 꾼다. 꿈속에서 변화된 사물은 이 변화된 규칙에 따라 변화된 세계에 등장한다. 만약 꿈속 세계에서 일어난 현상이 현실 세계에서의 현상과 다르다면, 그 현상을 생성시키고 지속시키는 법칙도 다를 수밖에 없다. 우리가 그것이 어떻게 다른지 이미 알고 있다는 사정이 꿈작업dream work |꿈의 내용을 만드는 무의식의 과정| 의 전제이다. 이 지식은 꿈작업에 내포되어 있다.

꿈속의 현상계는 휘황찬란한 모습으로 확신을 줄 정도의 위력과 특수성을 지닌 채로 우리에게 출현할 수 있다. 꿈작업의 반사실적 마술은 우리에게 특별한 것을 제공한다. 즉, 우리는 꿈속에서 저항할 수 없는 직접성으로 실재를 파악하며, 꿈속에서는 우리도 실재의 작동 과정을 이해하는 것처럼 보인다. 꿈을 꾸는 동안에는 이러한 결합을 유지하거나 최소한 유지하고 있는 것처럼 보이지만, 깨어나면서 우리는 그 결합을 상실한다. 우리의 이해는 분열에 빠지며 불행해진다. 꿈을 통해 깨어난 능력을 포기함으로써 이러한 분열을 극복하지 못한다면 우리는 꿈을 꿀 수 없다.

평정의 가능조건들이 벌이는 다툼

광대하고 냉정한 자연의 한가운데서 의미와 가치를 유지시킬 수 있는 세계를 자주적으로 창조하는 과업을 우리가 시작해야만 하는 두 번째 공간은, 타인과 우리의 관계이다. 여기에서도 이 과업은 우리에게 서로 어긋나고 모순된 방향으로 운동하라고 요구하는 듯하다.

우리는 서로를 필요로 한다. 우리의 필요는 모든 곳에 미친다. 노동 분업을 통한 개인 생활의 물질적 지속, 섹스와 양육에 의한 종의 재생산부터 인정과 수용의 교류까지 그 영향이 미친다. 인성은 오로지 타자와의 연결을 통해서만 존재하고 발전하고 번성한다.

그러나 일련의 형성적 유대 속에 얽히는 것은 동시에 우려를 만든다. 바로 복종의 우려다. 연결의 대가가 종속과 굴종이 될 수도 있기 때문이다. 더 나아가 그것은 방향 상실의 위협이기도 하다. 그 경우 우리는 각자 맡은 역할에서 어떻게 생각하고, 느끼고, 말하고, 행동해야 하는지를 낱낱이 지시하는 집단적인 대본에 따라 우리의 생을 마감하게 될 것이다.

우리는 타자를 필요로 하고, 타자에게 거리를 두는 것도 필요하다. 우리가 타자를 상상하고 인정하고 동시에 타자도 우리를 상상하고 인정하는 한에서 우리는 평정을 유지한다. 우리는 초연함과 밀접함 사이에서 우왕좌왕하며, 중용보다 더 좋은 것을 희망할 수 있을까 궁금해 한다. 우리는 주체 형성의 가능조건들 간의 갈등에 직면한다. 이러한 갈등은 우리의 자유와 위대함을 잠식한다. 우리를 위축시키고 예속화시킨다. 이러한 갈등은 사회에 대한 경험에서 냉정한 자연의 공포들을 무력화시키려는 우리의 노력을 위태롭게 만든다. 이 갈등을 근절시킬 수 없다 하더라도 이를 통제할 수 있다면 우리의 자유와 위대함은 더 확대될 것이다.

이와 같은 주체 형성의 가능조건들 사이의 갈등 극복에 대해 다른 무엇보다도 명료하게 답변하는 두 가지 경험이 있다. 그것은 개인적 사랑과, 혁신 지향적인 협력이다.

여기서 개인적 사랑은 **에로스**eros도 아니고 **아가페**agape도 아니다. 개인적 사랑은 높은 지위에 있고 강한 힘을 가진 자가 약하고 종속된 자에게 보호의 명분 아래 선의로 제공할 수 있는 것이 아니다. 개인적 사랑은 자신의 필요에 영합하기 위한 자신의 낭만적 투영이나 타인의 이상화일 수도 없다. 개인적 사랑은 순수한 감성의 반反제도적 막간극으로서 일상과 반복 위에 부유하지 않으며, 조우하는 일상과 반복에서 살아남아 반복과 일상을 변혁하려고 시도한다.

또한 가능조건들 사이의 갈등 극복이라는 목적을 향해 움직이는 혁신 지향적인 협력은, 협력과 혁신의 조건들 사이의 긴장을 조정한다. 이 조정은 인간의 실천적 진보로 가는 입구이다. 협력과 혁신이 필수적이라는 점, 양자가 서로를 위태롭게 한다는 점을 인정하는 가운데 우리는 영구혁신에 가장 유리한 협력의 형태를 강구해야 한다. 이 목적에 비추어 볼 때 우리는 기존 사회 분업과 위계질서가 사람들이 협력할 수 있는 방식을 미리 결정해 버리는 것을 용납해서는 안 된다. 개인은 일반적 역량을 반드시 성취해야 하고, 특정한 직업의 보유와 관련 없는 도구와 기회들을 반드시 가져야 한다. 실험주의적 충동(방법에서는 점진적이고 야망에서는 혁명적인)이 모든 사회와 문화에 확산되지 않으면 안 된다.

이제 우리는 이렇게 이해해야 한다. 개인적 사랑과 혁신 지향적인 협력이 상호 교통한다는 것을 알고, 우리는 우리 자신을 고분고분하게 심지어 부지불식간에 집단적 계획을 수행하는 전문 기능인이라기보다는 맥락을 초월하는 창의적 존재로 볼 줄 알아야 한다. 지난 역사가 보여 주듯이, 우리의 실제 경험에서 개인적 사랑과 혁신 지향적인 협력의 사례는 극히 예외적이며 규제적인 이상에 머물러 있다. 사랑과 협력은 무엇을 최고로 평가해야 하는지를 우리에게 보여 줄지 모르지만, 그것은 최소한 아직까지는 일상적 경험의 소재가 아니다. 사랑과 협력은 우리가 이제 막 만들기 시작한 세계로 향하는 창窓이고, 우리가 간신히 표현한 인간성을 비추는 거울이다.

사랑과 협력이 지시하는 방향을 이해하려면 주체 형성의 가능조건들이 벌이는 갈등이 우리 경험에서 다른 근본적인 복잡한 문제와, 그리고 이 책의 전반부에서 전개한 인간 상황에 관한 해명에서 중요한 역할을 수행한 문제와 어떻게 연결되는지를 보지 않으면 안 된다. 이 복잡한 관계는 우리가 발전시키고 살아가는 사회적·문화적 질서와 우리가 맺고 있는 관계이다. 이 질서는 우리의 정체성을 형성하고, 우리는 그러한 질서로부터 우리 자신을 완전히 분리시킬 수 없다. 그러나 그 질서 내부보다는 우리 안에 항상 더 많은 것이 있다. 질서는 우리를 결코 고갈시킬 수 없다. 그 질서가 도전과 수정에 맞서 강고하게 구축되어 있다고 하더라도, 또한 그 질서가 우리를 질서의 집행자로 전락시켜 놓았더라도, 우리는 결국 항상 그러한 질서에 저항하고 전복하는 힘을 보유하고 있다. 질서는 우리와 관련해서는 유한하지만, 우리는 질서와 관련해서는 무한하다.

자유롭게 되려면, 더 온전하게 평정 상태에 이르려면, 전심전력을 다해 질서에 몰입하지 않으면 안 된다. 우리는 또한 비판과 초월의 능동적인 능력을 (가능하다면 질서를 통해서, 불가피하다면 질서에 대항해서) 보유하지 않으면 안 된다.

역사적 경험상 사물은 이러한 역량을 성취하기 쉽게 배치되어 있지 않다. 참여는 투항이 될지 모르고, 저항은 고립이 될지 모른다. 그러한 투항과 고립 사이에서 선택해야만 한다는 것은 위축과 부자유를 의미한다. 이러한 선택은 평정의 가능조건들 사이의 또 다른 갈등이다.

이 갈등을 풀 해법은, 사회적 세계를 재생산하는 일상적인 활동과 사회적 세계를 점진적이고 단계적으로 변화시키는 비상적인 활동 사이의 격차를 줄이는 관행과 일상을 형성하는 것이다. 그렇게 되면 우리는 세계 안과 세계 바깥에 동시에 존재할 수 있다. 참여하면서 투항하지 않는 방법을 터득하게 된다.

사회 속에서는 경험의 가장 큰 두 가지 문제(주체와 타자의 관계, 맥락과 주체 및 인간의 관계)가 동시에 등장한다. 인간의 무한한 역량이 인간을 제약하는 온갖 사회적·문화적 질서를 채우고 변화시키는 작용은 인간의 상호 관계를 움직이고 변혁시킨다. 바로 이 여분 때문에 우리는 인격적인 사랑이나 혁신 지향적인 협력 속에서 역할과 맥락을 초월하는 창의적 존재로서 서로를 인정하고, 서로 헌신할 수 있는지 모른다. 바로 이 여분 때문에 자기 포상과 회피의 형태를 어떠한 공식으로 미리 한정하는 것이 불가능하다.

초월(맥락과 인간의 관계)의 문제가 연관성(우리와 타자의 관계)의 문제를 변혁시키는 신호는, 인정과 수용에 대한 채울 수 없는 욕망을 포함해서 인간의 충족 불가능성이다. 우리는 다른 사람(우리가 사랑하는 사람뿐만 아니라 사랑하지 않는 사람)에게 어떠한 인간도 서로 줄 수 없는 것을 요구한다. 즉, 우리는 사멸하는 유기체이자 맥락을 초월하는 정신으로서 모든 인간을 위한 자리가 세상에 존재한다는 무조건적인 보험을 요구한다. 그러나 그 무엇도 이 욕구를 채워 줄 수 없고, 어느 누구도 만족을 줄 수 없다.

인간의 충족 불가능성은 인간의 광대함의 표현이다. 따라서 충족 불가능성은 우리 자신뿐만 아니라 타인을 포함해 인간의 불가해성과 관련되어 있다. 헤라클레이토스가 타인의 영혼은 전인미답의 어두운 대륙이라고 말했을 때, 그는 타인의 경험에 대한 상상력을 포함하여 상상력이 역사를 가질 수 있다는 점은 깨닫지 못했으나, 인간의 광대함이 감춰져 있다는 점은 인정한 것이다.

이 충족 불가능성은 우리가 인간성을 무시하지 않는 한 극복할 수 있는 성질의 것이 결코 아니다. 주체와 사회의 위계질서에 대한 보편적인 가르침이 권고했듯이, 우리가 우리 자신에게 만족시킬 수 없는 욕망을 잠재우고 위험한 사랑보다 고요하고 초연한 자선을 베풀어야 한다고 주문을 거는 것은, 삶을 어슴푸레하게 만들어 충족 불가능성을 무디게 하는 것일 뿐이다. 우리는 서로의 내적 무한성을 인정하지 않음으로써 서로 간의 관계를 오염시킨다. 인간이기를 멈춘 때 우리는 비로소 충족 불능(제약된 것에서 무제약적인 것을 요구하는) 상태를 중단시킬 수 있다.

그럼에도 불구하고, 연관성의 문제와 초월의 문제 간의 관계는 단지 인간 본성에 관한 초시간적인 사실이 아니라 하나의 역사적 발견이자 정치적 성취다. 정신의 조월성을 긍정하는 온갖 종교적 혁신, 공고하게 구축된 사회 분업과 위계질서를 흔드는 온갖 사회적 갈등, 강제와 정복 없는 협력에 대한 온갖 정치적 예언, 타인의 감춰진 경험을 상상하는 능력의 강화 작업은 모두 그러한 양자 관계의 발전에 기여한다. 의식의 두 번째 측면(탈공식적 창의성의 능력, 회귀적 무한성의 능력과 부정의 역량)이 사회와 문화가 조직된 방식에 따라 정도의 차이는 있어도 정신적 경험의 전면에 나타날 수 있듯이, 사회와 믿음의 세계는 조직되는 방향에 따라 우리의 충족 불가능성을 드러내고 자극하거나 숨기고 억압할 수 있다.

그래서 모든 것은 급작스럽고 전면적인 재탄생을 통해서가 아니라 권태와 몰입 또는 허영과 자부심을 느끼는 경계점에서 지속적인 확장으로 혁신될 수 있다. 우리는 충족 불가능성이라는 관념의 형성을 통해 권태 관념을 형성할 수도 있다. 우리는 허영심(우리 자신에 대한 타인의 평판에 연연해 하는 태도)이나 자부심(그런 평판에 냉담한 척하는 태도)의 성격이 점차 특수한 것(명예로운 소명이나 관습적인 역할의 수행)이 아니라 좀 더 일반적인 것(맥락에 대한 투쟁으로 주체의 무한성을 일깨우는 주체의 정념情念)으로 통하는 요구에 의해 변화된다는 점을 알 수도 있다. 다른 모든 것과 마찬가지로, 연관성의 문제와 초월의 문제의 관계는 시간 안에서 펼쳐진다. 인간적인 것이 다 그렇듯이, 관계는 역사 속에서 펼쳐진다.

이제 우리는 우리의 불행을 초래하는 자기 분열의 다른 측면의 문턱에 이르렀다. 우리는 모두, 열망하는 철저한 창조적 인물로서 참여하되 투항하지 않고 인격적인 사랑 속에서 서로에게 헌신하거나 혁신 지향적인 협력 속에 타자와 협동하는 역량을 갖춘 존재가 아직(최소한 온전한 의미에서) 아니다. 우리는 아직 그런 사람들이 아니다. 우리가 사회와 문화를 혁신해야만 우리는 완전하게 그러한 사람들이 될 수 있으며, 그리하여 인격적인 사랑과 혁신 지향적인 협력이란 제한적 상황에서 구체화된 예외적인 경험 형태들을 더 넓은 경험의 영역에서 실현시킬 수 있다. 우리는 이 같은 방식으로 인간을 위해 세계를 안전하게 만들 수 있고, 우리 자신을 고양시킬 수 있으며, 우리 자신을 더욱 신과 같이 만들 수 있다.

이러한 방향의 헌신과 이를 활성화시키는 인간관은 오랫동안 전 세계에 엄청난 권위를 누리고 있는 민주주의와 권한강화empowerment라는 거대한 기획 속에 지금도 살아 있다. 그럼에도 불구하고 사회를 거대한 기획의 이름으로 재형성하자는 결정에 논쟁의 여지가 전혀 없는 것은 아니다. 오히려 이 결정은 전환기마다 저항을 받는다. 결정의 지지자들도 사회생활을 재편하자는 이 결정의 의미를 둘러싸고 논쟁을 펼친다. 그로 인한 불화는 지난 몇 세기 동안 이데올로기적 갈등의 소재를 이루었다. 이 갈등은 그 내용과 형태에서 변화를 보일 뿐 결코 종식되지 않을 것이다.

주체와 맥락의 문제(초월의 문제)뿐만 아니라 주체와 타자의 문제(연관성의 문제)를 해결하려면 우리의 세계, 사회적 세계를 재구성해야만 한다. 그러나 이 재구성은 투쟁으로 바뀔 것이다. 진보의 경로는 항상 논란거리가 될 수밖에 없다. 투쟁은 평화적일 수도 있지만 폭력적일 수도 있다. 평화로운 투쟁조차 상처와 위험으로 가득할 것이고, 결과적으로 투쟁은 두려움을 유발할 것이다. 이러한 투쟁의 위험을 완화시키려 한다면, 우리가 할 수 있는 일이라곤 민주주의와 실험주의를 통해 조직적인 자체 교정에 열려 있는 사회생활 형태를 조직하는 정도이다. 이에 반해 자체 변혁이 추구하는 목적과 자체 변혁을 중지시키거나 억제하려는 가치들에 대한 싸움뿐만 아니라 집단적인 자체 변혁이 조직되는 방식을 둘러싼 투쟁에서도 우리는 서로 적대적으로 맞설 수밖에 없다. 이러한 적대성은 우리가 변화의 위기 의존성을 감소시키는 정도에 비례하여 완화될 것이다.

이 변혁은 마땅히 포기할 수 없는 경로이다. 만약 우리가 관념들 뿐 아니라 타자들과의 관계에서도 이러한 경쟁을 억누른다면, 우리는 주체 형성의 가능조건들 사이의 이중적 긴장(타인과 우리 관계의 긴장, 제도와 믿음이라는 집단적 맥락과 우리 관계의 긴장)을 완화시키는 데 실패할 것이다. 그 실패의 신호는, 우리의 헌신과 애착이 도전과 자체 개혁의 능력을 감추고 약화시키는 굴종적 태도로 오염되는 상황이다. 도전과 자체 개혁 능력은 인간의 첫 번째 본성에 본질적인 것이고, 두 번째 본성에도 중심적인 것이 되어야 한다. 극단적인 한계에 이르러 사회와 문화는 동일한 관계로 정복, 교환, 충성을 섞어 버리는 방향으로 조직될 것이고, 불균등한 교환의 감상적 처리가 사회생활의 특징적인 공식이 될 것이다.

이러한 경험 영역에서 분열과 불행의 궁극적 원천은 평정의 가능조건들이 내가 기술한 대로 갈등한다는 데에 있지 않다. 우리는 이 갈등을 주목할 수 있고, 점차 감소시킬 수도 있다. 심지어 갈등을 얼마나 줄이는지가 진보의 기준을 제공한다. 이러한 해법을 위해 우리가 반드시 지불해야 하는 대가는 분열과 불행의 씨앗이다. 그 대가는 향후 진로를 놓고 반드시 타자와 투쟁해야 한다는 점이다. 우리가 처음부터 원하고 필요로 했던 부분이 화해였음에도 불구하고, 이러한 문제들과 씨름하는 것은 타자와 투쟁하는 것이 된다. 어떻게 우리는 투쟁 없이 혁신할 수 있으며, 타자에게 상처를 주지 않고 투쟁할 수 있는가?

주체와 성격

행동과 인식의 일상 속에 그리고 확립된 성격 속에 갇힌 주체의 경직된 형식과 인간의 관계는 존재와 비존재 사이의 제3의 영역the tertius, 즉 육화된 정신이자 사멸하는 유기체로서 인간에게 적합한 세계를 건설하는 과업을 전개하는 영역이다. 우리는 반복을 수용하지 않을 수 없으나, 반복에 맞서 영원한 전쟁을 전개하지 않으면 안 된다.

우리는 반복과 그 코드화를 동일한 성격 속으로 수용해야만 한다. 왜냐하면 반복과 코드화는 주체의 발진에 불가피한 경제와 통합의 원칙들을 표현하기 때문이다. 주체의 확립된 형식 속에서 반복과 그 표현을 거부하는 것은 자기 자신을 수용하지 않는 것과 같다. 반복을 거부하는 것은 정신적 야망과 일상생활 사이에 해결할 수 없는 모순의 무대를 만드는 것과 같다. 정신은 낭만주의와 부정의 방법via negativa 으로 따분한 세계를 영원히 떠돌 것이며, 이러한 세계에는 창조가 가능할 정도로 반복이 많을 수밖에 없다.

그렇다면 우리는 오류의 그림자 속에 살아온 것이다. 제도와 관행, 일상과 강제의 죽은 손을 잠시나마 내 몸에서 간신히 들어 올릴 때, 우리는 이내 그 손이 나를 덮칠 것이라는 것을 알면서, 그 순간에만 내가 완전하게 살아 있을 수 있다고 그릇되게 생각하면서 그렇게 한 것이다. 우리가 어떤 제도와 관행을 다른 것으로 교체하는 역할만 수행하는 자가 아니라는 점을 깨닫지 못한 채 그렇게 한 것이다. 우리는 제도와 관행을 재생산하는 일상적인 활동과 이를 변화시키는 비상적인 활동 사이의 격차를 줄임으로써 우리를 더 위대하고, 더 자유롭고, 더 온전하게 인간적으로 만드는 제도와 관행을 고안할 수 있다. 우리는 개인적·사회적 생활에서 반복의 위상을 바꿀 수 있고, 비록 엄청난 비용과 더디고 고통스러운 단계를 거쳐야 하지만 반복을 창조와 초월의 조건으로 전환시킬 수 있다.

우리 자신을 그저 판에 박힌 존재로 축소시킬 때 우리는 온전하게 인간적이기를 멈춘다. 우리 자신을 사소하게 만듦으로써 우리는 죽어 가기 시작한다. 그리하여 육화된 정신의 조건인 온갖 유한한 결정 요소들에 대한 초월의 속성을 부정한다. 그 결과, 타자와의 관계뿐 아니라 맥락과의 관계에서 제기된 문제들을 해결하기는커녕 그 문제들을 적절하게 파악할 수단마저도 상실하게 된다. 우리는 타자와의 관계에서 중간점보다 더 좋은 지점을 발견하고자 우리 자신을 실험할 수 있어야만 한다. 제도 및 믿음의 집단적 구조와 인간의 관계를 변화시키려면, 인간의 성격 및 습관과 인간의 관계부터 변화시켜야 한다. 우리 자신이 움직이지 않는 존재로 남아 있는 한, 우리는 세계를 움직이게 할 수 없다.

우리 경험에는 분열과 불행의 제3의 원천이자 평정의 또 다른 장애물이 있다. 우리가 우리의 성격과 습관을 포용하고 동시에 이를 흔들고 변혁시킬 수 있어야 한다고 말하는 것은 해법이 아니다. 그것은 단지 해법의 이름일 뿐이다. 맥락 안에 있지만 맥락을 초월하는 주체의 관념을 형성하는 것이 훨씬 더 중요하다. 어쨌든, 습관의 보호벽을 약화시키고 성격의 간계奸計를 흔들어 놓는 상황에 우리 자신을 신중하게 위치시키고, 앞으로 발생할 일을 기대하면서 동시에 그 일이 낙담과 비탄으로 귀결될 수도 있다는 점을 의식하면서 의도한 방식으로 살아가는 것이 필수적이다.

모든 이에게 장비와 보호 방책을 제공하여 의존성과 무능력의 제약을 완화시키고, 공포로 인한 혼동을 약화시키는 사회조직은 이러한 자기 혁신 작업을 지지해 줄 것이다. 자기 변혁과 자기 초월을 위한 고양된 감응성을 지향하는 문화는 자기 혁신 작업을 고취시킨다. 어쨌든 우리는 단 한 번, 지금 이 순간을 살기 때문에 역사의 긴 시간 속에서 이러한 혁신 작업이 성취되기를 마냥 기다릴 수만은 없다.

역사적 시간과
전기적 시간

우리 경험에 존재하는 분열과 불행의 이 세 가지 이유 | 현상계와 감춰진 세계 간의 통일성 상실, 진로를 놓고 타인과 벌이는 투쟁의 불가피성, 우리 자신의 성격에 맞서는 투쟁 등이 앞의 세 절에서 다루어졌다. | 는 답변을 요구하고 허용한다. 그 답변이란 사회와 문화를 특정한 방향으로 재편하는 것이다. 그러나 이것은 진정한 해법이 아니며, 적어도 자신에게 할당된 짧은 생애밖에 살 수 없는 개인들에게는 만족할 만한 해법이 아니다. 그것은 기껏해야 장기적 역사의 관점에서 인간 종種에 해당하는 해법이다.

실존적인 문제(어쨌든 이 문제가 풀릴 수 있는 범위 안에서)가 정치적 해결을 허용한다는 점은, 이 장에서 논의한 세 영역(앞의 세 가지 원인을 다룬 현상계와 감춰진 실재, 평정의 가능조건들 사이의 갈등, 주체와 성격) 가운데 두 번째 영역과 관련하여 아주 분명하게 드러난다. 주체 형성의 가능조건들 사이의 갈등을 극복할 방법은 무엇일까? 타자와 연결되면서 동시에 이로 인해 굴종과 인격 상실이라는 희생을 치르지 않는 방법은 무엇인가? 달리 말하면 특정한 사회와 문화에 동참하지만 우리 자신의 저항과 초월의 능력을 사회와 문화에 굴복시키지 않는 것이 어떻게 가능한가? 그러한 변화가 취하는 형태를 둘러싸고 투쟁이 불가피한 상황에서, 어떻게 타자와 투쟁하면서 동시에 화해할 기회를 상실하지 않을 수 있을까? 그 유일한 해결책은, 사회생활의 배후 조건을 변화시키는 것이다.

이런 문제들에 직면해 개인은 자신의 생애 안에서는 줄 수 있는 답변이 없어 보이고, 답변이 있다손 치더라도 정치적인 답변만 있다고 느낀다. 정치적 답변은 생활 조건의 누적적인 수정을 함께 요구한다. 이와 관련해 나는 이 책 후반부에서 사회적 교정을 위한 일반적인 실천의 속성과 요구 사항을 논의하겠다.

사회를 자체 발견과 자체 교정의 실천 관행을 확립하는 쪽으로 개혁하고 상상하면 할수록, 우리는 투항 없는 참여의 기회와 주체의 인정을 포기하지 않은 채 타자와 연결될 좋은 기회를 얻게 된다. 결과적으로 우리 자신이 되고자 투쟁(타자와 투쟁)할 필요도 줄어든디.

우리가 사회와 문화를 혁신한다고 해서 우리 경험에 존재하는 분열과 불행의 다른 원인들까지 함께 처리할 수 있을지는 분명치 않아 보인다. 그러나 우리는 할 수 있다.

행동과 인식의 일상을 형성하는 동시에 이를 흔들 수 있는 더 좋은 기회를 취하려면, 개인이 자신에게 안정성과 역량을 함께 주는 사회, 삶의 가능성을 실험할 기회를 확장시켜 주는 사회, 자신이 직접 쓰지도 않고 간신히 이해하는 정도의 대본에 따라 개인에게 앵무새 역할이나 요구하는 것을 거부하는 사회에 살아야만 한다. 관행과 담론이 서로 대립하는 문화, 기존 것의 재생산과 그 재편 사이의 간격을 줄이는 그러한 문화에서 반드시 살아야 한다.

정신이 현상계를 장악하면서 동시에 습관적인 인식과 익숙한 범주들의 결합에서 스스로 해방되려면, 개인은 과학과 탐구 방법 간의 구별을 상대화하려는 일반적 시도로서 과학과 예술의 경직된 차이를 점진적으로 해소하는 문화에서 살아야 하고, 또한 시간과 차이의 실재성에 대한 경험을 억압하고 전복하기보다는 과학과 예술을 활용해 이를 심화하고 다듬는 문화에서 살아야 한다. 상상력의 권능을 엘리트 선지자들의 몫으로 국한시키지 않고 인민 전체에게 일깨우고 공급하는 사회에서 살아야 한다.

그러나 분열과 불행의 문제를 풀 해법이 사회와 문화의 장기적인 재형성을 요구하는 것이라면, 그것은 어떤 의미에서는 해법이 아니다. 그러한 해법은 역사적 시간historical time에서만 가능하다. 그러나 우리는 전기적 시간biographical time에서 살고 있으며, 그와 같은 장기적인 해법이 실재적인 것이 되기 전에 우리는 죽고 만다.

역사적 시간과 전기적 시간의 차이(종種이 달성할 수 있는 것과 개체가 달성할 수 있는 것)는 인간적 세계 안에서 냉정한 자연과 나약한 인간 간의 비대칭을 다시 확립시킬 우려도 있다. 인간 삶의 척도가 아니라 시간의 척도에서만 우리가 세계를 발전시킬 수 있다면, 세계, 즉 공허함에 대해서도 세계 자체의 의미를 지속시킬 수 있는 우리만의 세계를 만든다는 것이 과연 우리에게 어떤 유익함이 있는가? 우리가 우리 자신을 변혁의 집단적 기획의 희생 도구로 삼고자 한다면, 이는 우리 자신에게 적이 되고 인류에게 위험이 되는 것을 무릅쓰는 짓이다. 그렇게 되면 현실적이고 구체적인 주체는 자신의 이익과 배치되는 이해관계와 시각의 제약 안에서 희생적 용단이라는 구실로 견강부회하며 다시 저항하게 될 것이다.

답변을 찾고자 한다면 하나의 답변이 있으며, 이는 번역을 거쳐 예언이 된다. 개인은 집단적 희망을 지금 이 순간의 삶의 방식으로 번역해야 한다. 예컨대, 개인은 타인들을 맥락을 초월하는 존재이자 철저한 창조적 존재로 상상하고 상대하는 방법을 터득해야만 한다. 동시에 투쟁하는 가운데 누군가에 의해 무아경에 이를 수 있다는 점도 수용해야만 한다. 개인은 과학과 예술의 협착에 반항하지 않으면 안 된다. 과학과 예술이 아직까지 전달할 수 없는 것, 예컨대 시각적 직접성과 인과적 탐구의 조화를 상상력 속에서 요구하고 예시豫示해야 한다. 반복적인 일상을 아직 반복할 수 없는 것을 실행하는 데 필요한 자극으로 취급해야 한다. 이 모든 방법을 통해 개인은 미래(인류의 먼 장래와 자신의 임박한 장래)를 위해 살아야만 한다. 그것이 실존의 현재 여건에 의해 전면적으로 결정되지 않는 존재로서 개인이 현재를 살아가는 방법이다.

예술의 예언들

개인적이고 집단적인 실존의 변화를 위한 이러한 방향이 단순한 사변적 환상이 아니며, 동시에 그 방향이 자아분열과 불행의 원천인 바로 그 실존의 실재들 속에 뿌리내리고 있음을 입증할 징표가 있다. 바로 우리 삶에서 예술이 차지하는 위치다.

예술은 행복의 약속이다. 예술의 내용과 수준에 따르면, 예술은 서로 다른 두 종류의 행복, 곧 전체성의 행복과 결단의 행복에 대한 약속이다. 비극적 예술 작품은 자아분열을 극복하는 길을 우리에게 보여 주지 않지만, 비전과 행동의 장대함을 통해 우리 경험을 괴롭히는 분열의 양 측면을 어떻게 고수할 수 있는지를 보여 준다. 우리는 반쪽짜리 인간으로 머무는 것에 저항할 수 있고, 그래서 전체가 될 수 있다. 희극적 예술 작품은 우리에게 전체성 이상의 것, 즉 분열상의 극복과 변화된 삶 속에서의 화해를 약속한다. 영원한 철학에 대해 내가 이 책에서 주장하는 대안이 정당하다면, 실제로 희극은 비극보다 심오하거나 진실하다.

그러나 특수한 예술 작품의 내용은 잊어버리고, 오로지 작품의 형식에, 그리고 온갖 방식으로 예술을 만들고 거기에 참여하는 실천에 주목하라. 그러면 예술이 본성적으로 내용의 비극성과 상관없이 더 원대한 희망(결단의 희망)을 구체화하고, 이러한 희망을 이상의 형식으로 전환하는 것을 주의 깊게 보게 된다. 예술은 절망적으로 보일지라도 희망에 차 있다. 각 예술 유형은 그 표현 매체에 따라 각기 다른 방식으로 희망적이다.

음악은 반복을 수용함으로써, 동시에 우리 자신을 수용하는 능력과 반복을 거부함으로써 우리를 자유롭고 위대하게 만드는 능력에 대한 예언이다. 음악은 전적으로 소리에서 반복되는 것과 이탈하는 것 사이의 변증법으로 생성된 주문이고, 환희이자 각성이다. 반복은 음악에서 감옥이기를 멈추고, 우리의 경험이 보여 주듯이 새로움의 조건이 된다. 화음과 불협화음에 관한 일견 동떨어져 보이는 탐구도 우리 인간에게 중요한 희망을 표현한다.

시각예술은 차이와 변화로 이루어진 현상계에 대한 상상과 감춰진 구조의 발견을 화해시키는 인간의 권능에 대한 예언이다. 시각예술의 보편적 주제는 표층의 깊이다. 사물의 표층이나 사물의 지각된 속성을 고수하면도 이러한 표층을 관통하여 부재하는 것을 표상하고 그 변화를 상상하는 것이 시각예술에서 우리가 희망하는 바이다.

구연 예술과 문자 예술은 자신의 특징적인 경험과 독특한 목소리를 포기하지 않고 우리 자신과 타자를 연결시키는 우리 능력에 대한 예언이다. 이 예술이 내용상 비극적이고 결단을 체념한 듯 보일지라도 예술은 그 형성 과정에서 일종의 결단을 제시한다. 작가와 독자 또는 화자와 청자의 연관은 이들의 소통이 자아 투영과 상호 오해의 교환 이상의 것이 될 수 있다는 희망을 확인시켜 준다. 즉, 작가와 독자들은 각자의 의식 속에 갇혀 있는 상태를 탈출할 수 있다.

이 예언들을 이해할 수 없는 인생관이 진실일 리 없다. 우리가 예언에 입각하여 어떻게 행동을 시작할 수 있는지를 알려 주지 못하는 인생 변혁 프로젝트도 그 이름값을 못하기는 마찬가지다.

9

사회

미래의 영구적 창조

아직 완전한 의미에서 우리는 맥락을 초월할 뿐만 아니라 이러한 맥락을 초월하는 역량을 인정하고 배양하는 맥락까지도 만드는 존재가 아니다. 그래서 우리 자신을 그와 같은 존재로 만들지 않으면 안 된다. 이 일은 민주주의의 과업이기도 하다. 더 일반적으로 말해서, 우리는 사회와 사유에서 개혁으로 나아가는 과업을 통해 맥락을 보존하는 활동과 맥락을 변혁하는 활동 간의 격차를 줄인다. 우리가 이러한 방향으로 충분히 전진한다면, 미래(대안적 미래들)를 영구적으로 창조할 수 있다. 그러한 시도를 위한 실천 이데올로기로서 봉사하려는 것이 무제약적 실용주의unshackled pragmatism의 주요한 실천적 과업이다.

이 개혁 활동이 풍요롭고 현실적인 것이 되려면 현실적 발전과 연관을 맺지 않으면 안 된다. 여기서 현실적인 발전이란 그러한 변화(인간의 삶, 사고의 조직적인 구도와 인간이 맺는 관계의 성격적 변화) 방향에 대한 관념과 흡사하고 이를 예시(豫示)하는 기획을 구체화하는 것이다. 이 기획은 이미 존재하지만, 그 제도적이고 개념적인 형태는 역사(제도 및 관념의 역사)의 사건들에 둘러싸여 있다. 기획은 모호함과 미결정으로 가득하다. 더 포용적이며 실험적인 방향으로 갈지, 더 엄격하고 독단적인 방향으로 갈지는 우리가 조종할 수 있다. 기획의 결과는 우리가 가까스로 얻게 될 결과지만, 우리의 미래는 기획의 결과와 분리될 수 없다.

이러한 기획을 '실험주의적 협력'이라고 부르자. 실험주의적 협력은 오늘날 주로 기업과 학교(최고의 기업체와 학교)에 뿌리내리고 있으며, 정치와 문화 조직으로까지 파급되고 있다.

실험주의적 협력은 실천적 과업을 수행할 혁신 지향적 방식으로서 다음과 같은 특성이 있다.

첫 번째 특성은, 감독 역할과 집행 역할 간 구분의 완화이다. 과업은 실행 과정에서 새로 발견한 기회와 제약 사항을 고려하여 다시 규정된다.

두 번째 특성은, 첫 번째 특성과 밀접하게 연관된 것으로, 집행 역할의 규정 자체의 상대적 유동성이다. 노동에 대한 엄격한 기술적 정의는 없다.

세 번째 특성은, 실천적 제약 사항이 허용하는 범위 안에서 아직 작업들을 공식화하는 방법을 터득하지 못해서 반복하지 못하는 작업 영역으로까지 새로운 노력의 초점을 이동시키는 능력이다. 우리는 공식으로 반복할 수 있는 개념적·실천적 운동이라면 무엇이든지 원리적으로 기계 속에 구현시킬 수 있다. 구체적으로 말해서, 반복 가능한 것과 아직 반복할 수 없는 것 간의 이동을 재촉하고, 반복 가능한 것의 기계적 구현 방식을 활용해 반복 불가능한 것에 쓸 시간과 에너지를 비축하는 것이다.

앞의 세 가지 특성은, 실험주의적 협력의 당사자들 사이의 실천적 작업이 실천적 근거 자체의 구성 요소들 간의 관계를 구체화하는 것을 가능하게 만든다. 과업의 실험주의적 분해와 재조합을 통해 분석과 종합에서 일어나는 모든 변화가 작업의 조직으로 변환된다. 실험주의적 협력은 사회를 상상력의 귀감으로 전환시키려는 노력이다.

이 실천의 다음 두 측면은 실천의 작동에서 가장 중요한 사회적 성향의 특성을 시사한다.

네 번째 특성은, 동일한 영역에서 협력과 경쟁을 조합하고 부과하려는 의향이다. 예컨대, 협력적 경쟁 체제 아래에서 사람들은 어떤 측면에서는 경쟁하고 다른 측면에서는 자원, 관념, 노력 등을 공유한다. 결과적으로 사람들은 규모의 경제와 창의적 유연성 사이의 긴장을 극복하지는 못해도 조정하게 된다.

다섯 번째 특성은, 실험주의적 협력에 참여한 집단이 자신들의 집단적 이해관계와 정체성을 주어진 것으로 단순히 수용하기보다는 이것을 상황에 부합하게 재해석하려는 성향이다.

여기에 협동 작업에 접근하는, 스미스의 핀 공장 ㅣ애덤 스미스가《국부론》에서 분업 원리에 입각한 생산 증대 효과를 설명하는 사례로 핀 제작을 거론했다.│이나 포드의 대량생산 조립라인이 대표할 수 없는 접근이 있다. 이 접근을 장려하는 생산적 기회의 관점에서 말하자면, 스미스의 핀 공장과 포드의 조립 생산라인은 제한적인 변형을 보여 줄 뿐이다. 이 변형은 일정한 조건 아래서만 정당화되고 혁신 지향적인 경제의 조건이나 그러한 경제가 존재하는 사회와 문화의 조건에는 점차 부합하지 않게 된다.

오늘날 이러한 실천 관행에 가장 익숙한 근거지는 선도적이고 지식집중적인 기업과 학교이다. 우리는 바로 이러한 기업과 학교에 창의성과 부를 기대한다. 우리가 형성하기 시작한 세계적인 네트워크는 글로벌 경제에서 지도적인 힘을 발휘할 전망이다. 문제는, 그러한 선진적 부문이 경제와 사회의 나머지 부문과 미약하게 연결되어 있다는 점이다. 가장 부유한 나라에서조차 국민 대다수는 선진 부문에서 배제되어 있고, 거기에 참여할 전망을 거의 갖지 못한다. 선진 부문의 활력은 독립적인 숙련노동이나 고등교육적 재능, 공동체 조직, 좋은 정부의 진동과 같은 특수한 조건에 의존한다. 그러나 이 조건들은 세계 대부분의 국가에 결여되어 있다.

조세와 이전을 통한 보상적 재분배와 소규모 가족 단위의 사업체에 대한 정책적 지원은, 경제와 사회의 선진 부문과 후진 부문의 분할이 가져오는 이 같은 불평등과 배타적인 결과들을 시정하는 데 이용할 수 있는 두 가지 위대한 장치다. 그러나 현실은 그다지 만족스럽지 못하다. 이 장치들은 분할을 완화시키기는 해도 혁신하거나 대체하지 못한다. 이 장치들은 어쩔 수 없다고 생각하는 바를 인간화하고 있

 　　　　　9 사회_미래의 영구적 창조

을 따름이다. 분열된 사회를 그대로 방치할 뿐, 대다수 보통 사람들에게는 자신의 에너지를 개발하고 자극할 수 있는 제도와 기금은 봉쇄된다.

이 분열의 결과들에 선별적이고 미약하게 대응하는 정도를 넘어서, 분열 자체를 극복할 방법은 없는가? 이러한 선진적인 실험주의는 좀 더 큰 범위의 협력적 실험주의적 역량의 최신판이자 극단에 불과하다는 점을 인정해야 한다. 개별 국가들이 거둔 실천적 성공은 바로 그러한 역량의 보유와 증식에 의존한 것이다.

일부 국가들은 시장 지향적이면서 동시에 **통제주의적** 제도를 형성하는 데 성공한 듯이 보인다. 이 국가들은 다양한 제도적 모델을 상황에 따라 쓸 수 있는 가면처럼 취급하며, 상황이 요청하는 대로 제도 사이에서 움직이는 능력을 보여 준다. 다른 국가들은 통제주의적 접근과 시장 지향적인 접근들을 뒤죽박죽으로 만들었다. 이 국가들은 한 방향에서 거둔 실패를 다른 방향으로 이동시키는 방법으로도 결과를 교정하지 못했다.

지난 200년간 제기된 친숙한 제도적·이데올로기적 논쟁들은 경제조직과 경제성장을 견인하는 대립된 대들보로서 국가와 시장에만 주목했기 때문에 사회생활의 실천적 성공을 이끌어 내는 조건들에 관한 중요한 사항을 포착하는 데 실패했다. 그 논쟁들이 포착하지 못한 것은 미래의 영구적 창조에 필요한 조건과 그 장점들이다.

어떤 협력 체제는 다른 체제보다 공학적·조직적·사회적·문화적 혁신에 우호적이다. 그러한 체제는 재화와 용역의 생산과 교환을 포함한 실천적 활동에서 중심적이고 지배적인 협력과 혁신의 조건들 간에 존재하는 불가피한 긴장을 조정한다. 앞서 기술한 실험주의적 협력은 어떤 방향에서 하나의 걸음에 불과하고, 협력과 혁신의 상호의존적 조건들 간의 간섭을 감소시키는 거대하고 개방적인 실천 활동의 일부에 불과하다.

사회와 교육을 조직하는 방식 중에는 어떤 방향에서 운동을 유리하게 만드는 것도 있고, 반대로 운동을 좌절시키는 것도 있다. 어떤 조직 방식은 협력과 혁신의 조건들을 조화시키는 데 기여하여, 사회가 비슷한 성공 가능성을 가지고 있는 상이한 제도적 정책 지향들 사이에서 상황에 따라 이동할 수 있도록 한다. 그러한 관행을 가능하게 하는 역량들을 보유하고 증식하는 데에서, 어떠한 사회도 상대적으로 불리한 현재 수준에 머물러서는 안 된다. 이 역량들을 더 온전하게 구사하고 그 편익을 수확하려면 계속해서 사회를 재편해야 한다.

다음의 세 가지 조건을 고려해 보자. 이 조건들은 그 제도적 내용과 결과가 풍요롭기 때문에 사회가 그러한 역량을 완전하게 구사할 수 있게 하며, 우리의 사회적 경험을 통해 교정과 초월의 능력을 확산시킨다. 또한 이 조건들은 일반화된 민주적 실험주의의 요구 사항이자 속성으로서 혁신 지향적인 협력의 강화와 확산을 위한 사회적 기초가 될 뿐 아니라, 이 책의 앞 장에서 논의한 주체 형성의 가능조건들 사이의 갈등에 대한 정치적 답변을 위한 우호적인 도구이기도 하다. 바로 이 조건들 덕분에 우리는 우리 자신을 포기하지 않으면서 타인과 연결하고, 사회와 문화에 투항하지 않으면서 참여하는 사회생활 형식의 발전을 희망할 수 있다.

첫 번째 조건은, 자원이나 결과의 평등을 비타협적으로 고수하고, 기회와 존중과 인정에서의 극단적인 불평등을 회피하는 것이다. 개인이 자신의 운명을 개선(자식들이 그들의 운명을 개선시키는 것을 보는 것)시킬 수 있다는 사실보다, 사회적 분업과 위계 구조가 사람들이 협동할 수 있는 방법을 확고하게 예정하지 않는다는 사실이 더 중요하다. 중요한 것은, 협력에 접근하는 방법을 지도하는 사회적·문화적 대본이 확정되어 있지 않다는 점이다. 협동 작업에서 가장 중요하게 고려해야 할 점은 변통變通을 확보하는 것이다.

이 목표는 가족제도를 통한 경제적·교육적 장점의 상속을 제한할 필요성을 제기한다. 이 상속은 확고하고 극단적인 업적주의와 양립할 수 없다. 업적주의는 재능이라는 단일한 서열을 특권화하고, 이러한 서열 구조 안에서 성공한 이에게 이익을 몰아주는 제도이기 때문이다.

기회의 평등equality of opportunity은 너무나 미미한 효과를 발휘할 것이다. 예컨대, 기회의 평등은 대중의 의사에 기초한 사회경제적 결정을 저지하고 일부 엘리트가 사회를 좌지우지하는 업적주의와 양립할 수도 있기 때문이다. 반면에 여건의 평등equality of circumstance은 지나치게 강화될 것이다. 여건의 평등을, 가장 열악한 처지에 있는 이들에게 편익을 주는 불평등을 관용하는 원칙으로 국한하더라도 마찬가지다. 여건의 평등은 실제로는 부차적인 목적에 지나지 않는 것에 부당한 우선권을 부여하는 것이다. 중요한 점은 개인적으로나 집단적으로 인간을 더욱 크고 자유로운 존재로 만드는 것이고, 인간의 창의성을 억누르는 극단적인 불평등을 추방하는 것이다.

특정 집단이나 계급이 행동하고 참여할 기회와 수단을 부정하는 불평등(기회와 자원의 불평등이든지 존중과 인정의 불평등이든지)의 누적을 존속시켜서는 안 된다.**(행동의 원칙)** 금전의 이전뿐만 아니라 개인적 보살핌과 같은 약자를 배려하는 사회적 보상 노력 없이 개인의 행동 및 활동 역량의 훼손을 방치해서는 안 된다. 사람들은 서로를 돌보는 데에 책임 있는 존재가 되지 않으면 안 된다.**(연대의 원칙)** 우리는 우리의 관계를 억누르는 사회적 분열과 위계 제도의 기준을 제거하지 않으면 안 된다.

두 번째 조건은, 보통 사람들을 정부 및 사회의 압제로부터 보호하고 교육적·경제적 기회를 제공하여 그들의 역량을 제고하는 것이다. 이 기회의 제공을 특수한 직업의 보유나 특수한 역할의 수행과 관련지어서는 안 된다. 여기에는 기본적 자원이나 사회적 성속의 최저 지분에 대한 요구뿐 아니라, 매 단계별로 일반적인 실천적·개념적 역량과 전문 기술을 연마하는 평생교육에 대한 요구도 포함될 수 있다.

개인으로 하여금 행동하고 저항하게끔 준비시키는 교육, 혁신 지향적인 협력의 진보를 지지하게 하는 교육은 뚜렷한 특징이 있다. 이러한 교육은 단순히 정보 전달에 치중하지 않고 분석적이고 문제 중심적이며, 백과사전적이기보다는 선별적이며, 개인주의적이거나 권위주의적이기보다는 협력적이며, 교조적이기보다는 변증법적(즉, 견

　　　　　9 사회_미래의 영구적 창조

해의 대립을 통한 전개)인 특징을 갖는다. 학교는 공동체나 정부가 아니라 미래에 대해서 말해야 한다. 학교는 어린이를 말문이 닫힌 예언자로 인식해야 하며, 아이를 아이의 가족과 계급 그리고 아이가 처한 시대에서 구출해야 한다.

개인의 역량을 보호하는 보증 수단과 역량을 향상시키는 자원과 관련된 일련의 제도는 헌법적으로 확고한 보호 장치를 마련하여 단기적인 정책 의제에서 면제시켜야 한다. 일부 면제 형식은 다른 것보다 사회를 더 경직시킬 우려도 있다. 우리가 해야 할 일은, 사회를 최소한으로 경직시키고 실험과 발명에 최대한 개방적인 면제 형식을 선택하는 것이다.

세 번째 조건은, 실험적 변혁과 관련된 모든 제도와 관행의 감수성을 사회생활 전체로 확대시키는 것이다.**(수정의 원칙)** 각 사회문화적 질서들은 도전과 변화에 방어하는 정도가 다를 수 있으며, 제도적·이데올로기적 구조 안에서 일상적인 운동과 구조에 도전하고 변화를 만드는 비일상적인 운동 간의 격차를 오히려 확대시킬 수 있다. 사회문화적 질서는 그것이 공고하게 구축될수록 스스로 인간이 만든 인공물이라기보다는 자연적 대상인 양 위장하고 사이비 운명으로 변질될 것이다. 이러한 사고는 결국 변화의 위기 의존성을 극대화하여 인간을 인간이 만든 집단적 피조물의 노예로 전락시키고 만다.

우리의 관심사는 이와는 정반대되는 방향으로 운동을 조직하고, 맥락을 보존하는 운동과 맥락을 변혁하는 운동 간의 격차를 좁히는 관행과 제도를 채택하고, 변혁의 트라우마에서 벗어나 그에 대한 의존성을 줄이고, 사회와 문화의 구조를 변화시키는 것이다. 이러한 관심은 특수한 힘과 우선성을 가지고 우리의 정치적 제도에 적용된다. 그렇게 변화한 정치적 제도는, 우리가 다른 제도를 수정하고, 더 나아가 그러한 수정의 조건을 수정하는 데 대한 조건을 설정한다.

수정주의적 실천은 시장경제와 자유로운 시민사회에 관한 법제에 반드시 혁신을 포함시켜야 한다. 사유재산과 사회적 재산이라는 서로 다른 체제가 동일한 지역적·국가적 또는 글로벌 경제 안에서 실험적으로 공존해야 한다. 경제행위자들은 그들이 속한 기업의 성격에 따라 이 체제들 사이에서 가능한 한 자유롭게 이동할 수 있어야 한다.

이 세 가지 조건, 특히 세 번째 조건의 달성이 성공의 징표이며, 이는 우리가 변화의 위기 의존성을 감소시키고 재난의 도발 없이도 사회와 생활 자체를 의식과 집중력이 고도로 발휘되는 단계로 끌어올리는 것이다.

이 조건들은 내가 '실험주의적 협력'이나 '혁신 지향적인 협력'이라고 부른 특징적인 역량을 형성하는 우호적인 조건으로 그치지 않는다. 인류를 지속적으로 괴롭히는 빈곤, 허약함, 고된 노동의 부담을 덜어 주고 물질적인 진보를 촉진한다는 측면만으로 이 조건들을 평가해서는 안 된다. 이 조건들은 주체 형성의 가능조건들 사이의 근본적인 갈등에 정치적이고 집단적인 답변을 제공하는 데 필요한 진보의 토대까지 일정 정도 형성한다. 그뿐인가. 이 조건들은 '낱낱이 캐묻는 민주주의'라는 공공 문화를 지지하며, 이런 문화는 실용주의의 관심과 야망이 아무런 제약 없이 만개할 수 있는 최상의 기회를 제공한다. 한 마디로, 이 조건들은 진부함의 어둑한 세계에서 빛을 발견하고 보통 사람들의 능력에서 구성적인 천재를 발견하는 힘을 증대시키면서 평범한 인간을 고양시킨다.

그러나 이 조건들이 자동적이고 필연적으로 그런 힘을 발휘하는 것은 아니다. 앞서 기술한 제도와 조건들이 고에너지high-energy 민주정치 제도와 관행 및 정신의 발전과 결합된 경우에만 위력을 발휘한다. l웅거는 이 책 이전에 '권한강화 민주주의empowered democracy'라는 개념을 사용했는데, 이 책에서는 '고에너지 민주정치' 또는 '고에너지 민주주의'라는 표현을 사용한다. 제한적인 대의제 민주주의에 맞서는 웅거의 개념으로서 다양한 수준에서 갈등과 알력을 조정하고, 개인들이 공적 의사결정 과정에 참여할 수 있는 기회를 확보하고 최종적으로 사회의 제도와 구조를 실험주의적으로 혁신할 수 있는 고출력의 민주체제라고 할 수 있다.l 우리가 바라는 고에너지 민주정치는 교착 상태의 신속한 해소와 지속적인 시민 참여, 특수한 부문에서 국민 생활을 지배하는 기존 방식을 대신할 대안의 지속적인 시험, 능력을 향상시키는 재능과 면제에 대한 접근성을 보장하는 사회적 상속 형태의 일반화, 마지막으로 사람들이 활용 가능한 경제적이고 정치적인 노력으로 탈출할 수 없을 만큼 강고하게 구축된 온갖 불이익과 배제의 계획적인 파괴 등을 촉진하는 방향으로 조직될 것이다.

민주주의의 심화는 전 지구적 수준에서 이루어지지 않으면 안 된다. 민주국가들로 이루어진 세계에서 국가들 사이의 차이 및 국민적 주권의 가치는, 인류의 권능과 잠재성을 각기 다른 방향에서 개발하는 것에 있다. 인간 생활의 자연적 형태 같은 것이 존재하지 않듯이, 민주주의와 시장경제와 자유로운 시민사회를 위한 결정적인 제도적·문화적 공식도 존재하지 않는다. 그리하여 국민국가와 지역 공동체들은 인류 안에서 정신적 분화의 도구로 발전할 수밖에 없다.

우리는 지금 이런 지구적 질서의 구성에서 이중적 역설에 직면해 있다. 우선, 동질성을 구성할 차이가 필요하다. 공통적인 인간성의 발전은 다양하게 뻗어 가는 국가적, 하위국가적, 초국가적 실험의 강화를 요구한다. 실험과 타협을 수용하는 진정한 차이에 대한 의지가 필요하다. 국가들 사이의 현실적인 차이가 사라지는 과정에서 이 차이를 고수하려는 무기력하고 격앙된 의지야말로 가장 경계해야 할 위험이다. 조직과 경험 면에서 비슷해지면서 각 국가들은 그들에게 없는 차이와 잃어버린 차이 때문에 서로를 더 증오할 수도 있다. 각 국가들에게 집단적 독창성의 도구를 부여하는 것은 인류가 추구해야 할 가장 위대한 이익 중 하나이다.

그런데 우리에게는 거꾸로 차이를 위한 동질성도 필요하다. 화석이 된 선동에 기초하기보다는 개인적 권리와 민주적 권한강화에 근거하여 차이를 창조하는 능력, 즉 상속받은 차이보다 창조하는 차이를 더 중요하게 만드는 우리의 능력은, 현대사회로 하여금 정치·경제·시민사회 조직에서 민주화와 실험주의적 혁신이라는 공통의 관문을 통과할 것을 요구할지도 모른다. 우리는 이제 사회생활의 모든 영역에서 좁은 범위의 제도적 선택지(즉, 국가와 회사, 가족 또는 학교를 조직하는 상이한 방식들)를 발견하게 된다. 이 제도적 레퍼토리는 현대 사회의 운명이고, 따라서 이러한 레퍼토리를 확장하는 것은 운명에 맞서 반란을 일으키는 것이다.

다만 이 반란을 우리가 서 있는 곳에서 시작해야 한다면, 우리의 최초 과업은 고에너지 민주주의 제도와 관행, 즉 민주화된 시장경제, 조직적이고 독립적인 시민사회, 행동과 저항에 필요한 개인의 교육적·경제적 재능을 발전시키는 것이다. 이러한 효과를 발생시킬 수 있는 개혁은 그 개혁을 시행할 가능성이 있는 국가들에서 유사해 보일지도 모른다. 그러나 이러한 개혁을 정당화하는 사유 중 하나는, 개인적 권리와 재능, 민주 정치, 일반화된 실험에 기초하여 이루어진 개혁이 시간이 지남에 따라 더 근본적인 차이를 만들어 낸다는 점이다.

이러한 과업은 생활 형식의 무제한적인 다원주의를 위한 프로그램이 아니다. 이것은 개방성의 가치를 포용하지만, 중립성의 환상을 뿌리 뽑는다. 따라서 옳음과 좋음 간의 무조건적인 구별을 거부한다. 이 과업은 민주주의와 실험주의를 위해 세계를 안전하게 만들고, 모든 헤게모니 권력을 억제 및 상쇄하고, 궁극적으로 약화시키는 지구적 질서를 필요로 한다. 이것은 자유무역의 극대화보다는 개방적인 세계경제 안에서 국가적 발전의 상이한 경로들 간의 화해를 목표로 삼는 지구적 무역 체제를 제안한다. 이 과업은 재화와 자본이 자유로이 세계를 배회하도록 방임하면서, 노동을 국가 안에 또는 상대적으로 동질적인 국민국가의 공동체들 안에 가두려는 지구적 경제의 구성 원칙을 거부한다. 이 과업은 자본과 노동이 소규모로, 점진적 조치를 통해 국경선을 넘어갈 권리를 함께 획득해야 한다고 주장한다. 더 나아가, 노동의 자유 이동(개인이 우연히 태어난 국가를 떠나서 다른 나라로 이주할 수 있게 하는 보증 수단)을 가장 강력한 평등화 요소이자 개인적 권리의 기둥으로 본다.

차이를 통한 발전을 옹호함에도 불구하고 이러한 제안은 특수한 예언을 고수한다. 이 제안은 예언을 인간의 가장 강력한 물질적·도덕적 관심과 동일시하고, 국민 생활에서 개방적이지만 제한적인 일군의 집단적 실험을 통해 비전을 발전시키려고 시도한다. 이 제안은 고전적 자유주의자나 진보파와 뜻을 같이하면서도 서로 연관된 두 가지 결정적 쟁점에서 오늘날의 자유주의자나 사회민주주의자에 반대한다.

첫째로, 이 제안은 평등보다 위대함(보통 사람들의 권력과 경험의 향상, 인류 안에서 강력하고 특징적인 인성과 생활 형식의 확산)을 높이 평가한다. 물론 영웅적이고 귀족적인 자기초극론(이는 억압적일 뿐 아니라 자기기만적이고 자기논파적이다)은 민주화 과정에서 반드시 혁신되어야 하며, 확고하세 구축된 극단적 불평등은 권력과 기회와 헌신을 확산시키는 데 극복할 수 없는 장애를 초래한다. 그런데 사회적 여건에서 엄격한 평등을 추구하는 것도 에너지를 고도로 활용하고 인성을 특징적으로 확산시키는 것을 방해할 것이다.

둘째로, 사회적 권리social entitlements와 보상적 재분배 조치를 통해 기존의 사회제도가 안고 있는 불평등과 배제의 효과를 완화시키려는 것이 이 제안의 야심이라고 속단해서는 안 된다. 이 제안은 재구성적

    9 사회_미래의 영구적 창조

의도 아래 20세기 사회민주주의자들이 쉽게 포기해 버린 정치와 생산의 재편이라는 영역에 다시 발을 들여놓으려고 한다. 이러한 의미에서 이 제안은 관행과 제도를 개혁해서 기획을 발전시키려고 했던 고전적 자유주의자들과 입장을 같이한다. 그러나 이 제안은 고전적 자유주의의 제도적 프로그램뿐만 아니라, 제도와 제도적 변화에 대해 자유주의자들과 사회주의자들이 공유했던 시각이 부적절하다는 점도 동시에 주장한다. 이 제안의 과업은, 청사진의 제공이 아니라 누적적이고 점진적인 변화로 규정된 방향의 확정이다. 즉, 급격하고 포괄적인 영향이 아닌 지속적 실험을 통해서 훨씬 더 파급력을 발휘할 방향을 추구한다. 이 제안은 제도 개혁과 관념의 수정 사이에 존재하는 변증법적 연관성 그 양측에 다 압력을 행사한다. 이 제안은 우리를 다른 민주주의 견해로 이끌고, 우리 자신에 대해 다른 견해를 형성시킨다.

만약 차이의 창조가 해법이 아니라 도리어 문제라거나, 작은 정부가 위대한 국민에게 부합한다는 견해를 고수한다면, 재정립된 세계화 안에서 심화된 민주주의를 달성할 수 없다. 이는 대규모의 제도적 개혁 프로그램에 대한 교조주의적 헌신으로도 성취할 수 없다. 오직, 이미 검증된 이익들에 대한 설득력 있는 재해석을 통해서만 거기에 도달할 수 있다.

가난한 나라이든 부유한 나라이든 전 세계를 통틀어 가장 큰 관심사는, 소규모 사업체small business와 더 큰 주체the bigger self를 동시에 꿈꾸며 어느 정도의 성공과 자립을 열망하는 대다수 민중의 관심이다. │여기에서 소생산자의 경제적 자립과 사회적 연대와 부조를 동시에 추구하는 프루동의 정치사상을 엿볼 수 있다. 웅거의 중국인 제자인 칭화대학교 교수 취지유안崔之元은 웅거의 사상을 쁘띠 부르주아 사회주의로 판단한다.┃ 그런데 사회제도와 문화의 신화 속에서 관습적인 수단을 변혁하는 것만으로 이 열망을 재정립할 수 있을까? 이것이 어느 곳에서든지 진보파의 압도적 고민거리다.

재분배에 관한 이론적 급진주의와 제도에 관한 실천적 보수주의를 고집스럽게 결합시키는 방식으로는 문제에 긍정적으로 답할 수 없다. 위기와 재난의 개입 없이도 사회제도와 전제들에 대한 도전과 변화가 가능하도록 우리 생활의 실천적 구도를 재편하는 방법을 발견하는 것 외에는 달리 방법이 없다. '민주적 실험주의'와 '급진적 실용주의'라는 공통의 대의는 사회를 인간화하는 것이 아니다. 오히려 종의 역사뿐만 아니라 개인의 삶 속에서도 인간을 신성화하는 것이다.

정치

운명의 거부로서의 민주주의

민주적 / 실험주의

새로움의 영구적 창조는, 사회적 세계 안에서 우리가 행하는 습관적인 활동과 세계를 혁신하는 특별한 활동 간의 격차를 축소하라고 요구한다. 새로움의 영구적 창조는 변혁의 위기 의존성을 감소시키고, 변화를 사회생활에 내재적인 것으로 만들고, 과거가 미래에 끼치는 영향력을 약화시키라고 요구한다. 새로움의 영구적 창조는, 트라우마의 도발 없이도 우리가 역량을 향상시키듯이 일상적인 체험도 더 강화시킬 수 있다고 가정한다.

사람들에게 질서를 부여하기란 생명을 부여하는 것보다 더 쉽다. 그러나 정치의 가장 큰 야망은, 사람들에게 질서가 아니라 생명을 부여하는 것이 되어야 한다.

이러한 프로그램을 추진하면서 가장 우선되어야 할 것이 정치적 실천이다. 정치적 실천은 여타 모든 실천의 수정에 필요한 조건을 설정하고, 더 나아가 그 조건의 수정에 필요한 조건을 설정한다. 이 프로그램에도 적합하고, 인간을 더욱 신처럼 만들려는 프로그램의 목적에도 적합한 인민의 정치적 생활 형식이라면 반드시 다음의 두 가지 친숙한 대립적 사고에서 해방되어야 한다.

우선, 일상적 정치와 혁명적 정치 간의 대립이다. 혁명적 정치는, 국가적 위기 상황에서 비전을 가진 지도자들과 열정적인 다수가 주도하여 사회제도와 이데올로기적인 가정을 변화시킨다. 일상적인 정치는, 커다란 경제적 위험이나 군사적 위험이 없는 상황에서 전문 정치인들을 매개로 이익과 비전의 타협을 통해 제도적·이데올로기적 기성 구조 안에서 물질적·상징적 자원을 재분배한다.

그러나 혁명적 정치 관념은 단지 신화이거나 적어도 제한적인 사례에 지나지 않는다. 혁명적 정치 관념은 고전적인 유럽의 사회이론이 뿌린 편견에 물들어 있다. 이 이론에 따르면 사회생활의 제도적·이데올로기적 질서는 불가분적인 체계를 이루며, 이 체계의 부분들은 처음부터 끝까지 일관되게 결합된다. 이러한 편견이 진당한 깃으로 수용되면, 위기가 없는 상황에서는 국민의 정치 생활에서 혁명적 변화를 가져올 기회는 부정될 것이고, 정치 생활은 개량주의적 땜질로 한정될 것이다.

전체를 바꾼다는 환상적인 관념으로 인해 혁명적 정치 관념은 오히려 이런 정치의 반대물, 즉 우리가 다시 상상하고 혁신하는 방법을 더 이상 알지 못하는 어떤 질서를 인간화하는 것에 대한 변명이 된다. 현대사회에서 **질서의 인간화**(제7장 참조)와 관련된 형식은 크게 두 가지다. 조세와 이전을 통해 보상적 재분배를 추구하는 것이 그 하나이고, 공익 지향적 정책과 객관적인 권리 원칙들의 보고로서 법을 이상화하는 것이 다른 하나이다. 정치적 권력, 경제적 자본, 문화적 권위와 관련된 자원들을 놓고 갈등을 일으키는 기성 제도와 가정의 구조 안에서 우리가 꾀할 수 있는 변화는 부분의 변화이다. 그러므로 혁명적 정치란 현실적으로 혁명이 아니라 혁명적 개혁revolutionary reform일 수밖에 없다.

실제로 우리는 모든 현대 정치체제를 보며 일련의 재정립refoundation 계기와 정상화 주기를 관찰한다. 예컨대, 미국사에 있었던 재정립의 계기는 독립국가의 창설, 남북전쟁과 그 이후, 이어서 20세기의 경제적 대공황과 세계대전의 시기 등이다. 그렇지만 열탕과 냉탕의 리듬은, 사회에 관한 자연적 사실이 아니다. 그것은 다만 제도, 관행, 관념이 국민의 정치 생활에서 반복과 혁신의 관계를 조직화하는 방식의 산물일 따름이다.

민주적 체제를 포함해서 역사상 모든 정치체제는 사회문화적 질서에 씌워진 '자연적 필연'이라는 허위적 외관을 제거하는 데 완전히 실패했고, 사회문화적 제도를 인간의 재조합과 쇄신 능력 앞에 던져 놓았다. 예컨대, 모든 정치체제는 정부의 압제나 사적인 압제에 대한 개인의 권리 보장과, 실험적인 도전 및 수정과 관련하여 기존에 확립된 사회생활의 보호 사이에 과장되고 불필요한 연상聯想을 확립시켜 놓았다. 이 점에서 정치체제는 열탕과 냉탕의 교대를 낳도록 기여했으며, 우리는 이 현상을 역사의 근절할 수 없는 특징으로 오해한다.

우리는 개혁과 혁명의 범주를 혼합해야 한다. 우리에게 필요한 것은, 사회생활에서 모든 것을 변화시키는, 그러나 한 번에 한 가지씩 변화시키는 정치 생활 형식이다. 이런 형식은 방법에서는 점진적이지만 결과에서는 혁명적이다. 이 형식은 무한한 확산과 지향을 산출하며, 변화를 촉진하는 자극제로서 폐허 상태를 필요로 하지 않는다. 이런 정치 생활 형식은 우리로 하여금 문제를 실천적으로 생각하는 것과 대안을 예언자적으로 생각하는 것 간의 간극을 좁히도록 하고, 우리로 하여금 날마다 각자의 작업을 수행하듯이 점진적으로 우리를 둘러싼 맥락을 변화시키도록 한다.

우리가 탈피해야 할 또 다른 대립은, 정치적 관심사가 사적인 이해관계를 흡수해 버리는 신비한 공화국의 관점과, 정치가 그저 정치적 영역 바깥에서 형성된 물질적·도덕적 관심을 대변하고 거기에 봉사하는 현대 민주정치의 탈신비화된 관점 사이의 대립이다. 두 관점 사이에 진정한 종합은 존재할 수 없다. 후자의 관점은 현실적이며, 전자의 관점은 관념에 지나지 않는다. 우리는 다만 전자의 관점으로 '국민이 위대해지려면 정치는 반드시 작아져야 한다'는 현재 영향력 있는 신념에 유감을 표현할 따름이다.

우리의 과업은 현실적인 측면(역사의 북소리로부터 물러나 협애한 관심과 견해를 가진 구체적인 개인의 측면)을 취하는 것이고, 이어서 현실적인 측면에서 개인의 책임과 동정심과 권능의 범위를 확장시키는 것이다. 이러한 노력에서 첫 번째 성공의 징표는, 위기가 없는 경우에

  10 정치_운명의 거부로서의 민주주의

도 에너지 수준뿐만 아니라 정치의 구조적 내용(실험과 대안의 생산에 서 정치의 다산성)을 동시적·상호적으로 고양시키는 것이다. 두 번째 징표는, 정치 생활의 예외적이고 황홀한 특성, 즉 일상적인 결정 및 조정 형식과 정치 사이에 존재하는 차이를 완화시키는 것이다. 세 번째 징표는, 사회에서 효과적인 정치적 행동, 즉 조직적인 논쟁과 갈등 과정에서 형성된 집단적 해법을 통한 집단적 문제 해결에 관한 경험을 일반화하는 것이다. 네 번째 징표는, 다양한 직업을 수행하는 수많은 개인의 정신 속에 사회 세계에 참여하면서 투항하지 않는 능력의 보증이자 운명의 해독제로서 정치 생활에 대한 관념을 강화하는 것이다.

내가 서술하는 방향에서 볼 때, 오늘날 이러한 두 가지 대립을 극복할 수 있는 정치는 민주적 실험주의 정치일 수밖에 없다. 이러한 정치는, 민주주의를 보통 사람들의 변혁적 잠재력, 즉 자신의 문제를 자주적으로 처리하는 능력과 사회적 현재 안에서 집단적인 미래를 형성할 수단에 대한 특권을 주장하는 특정 계급이나 집단에게서 그 권력을 탈취해 오는 능력에 대한 믿음을 실천적이고 제도적으로 표현하는 것이라고 이해한다. 이 독트린은 어떠한 유형의 민주주의를 가리키는가?

민주주의의
급진화

우리의 이상과 이익은 항상 이를 사실상 대표하는 제도와 관행의 인질이다. 20세기에 발생한 엄청난 참화와 분쟁들, 공상적인 희망의 몰락 이후에 인류는 사회생활의 각 부분을 조직하는 제도적인 선택지 면에서 매우 한정된 레퍼토리에 묶여 있다. 이 선택지들은 현대사회의 운명이다. 이 레퍼토리를 쇄신하고 확장해야만 이러한 운명에서 벗어날 수 있다.

이를 위해서 우리는 기존 사회사상이 제공한 변혁 정치의 방침을 무너뜨린 사이비 필연성의 환상(사회 조직 체계의 완결성, 각 체계의 불가분성, 법칙적 힘의 압력을 받는 역사적 계속성에 관한 관념들)에서 깨어나지 않으면 안 된다. 우리는 밑바닥에서, 내면에서부터 대안을 찾는 상상력을 불러일으켜야 한다. 이를 위해서는 사소한 제도적 변화가 엄청난 실천적인 효과를 발휘할 수 있으며, 보폭보다 전진의 방향이 중요하다는 점을 깨달아야 한다.

정치의 역할이 사회 전면을 수정하는 외적 한계를 설정하는 것이라면, 우리의 작업에서 가장 중요한 부분은 민주주의의 재구성이다. 현대사회의 생활과 사유에서 널리 활용 가능한 관념과 제도의 자료로 구성된 **다섯 가지 유형의 쇄신 방안**을 고려해 보자. 이 방안들은 각기 현재 안에서 미래를 어떻게 창조할 것인지에 대한 일반적인 사유 방식의 특징적인 측면을 보여 준다. 이 프로그램상 특수한 부분들은 상황적이고 일시적인 관심사이지만, 이 프로그램을 규정하는 사유의 절차와 정신의 습관은 더 오래갈지도 모른다. 각 프로그램이 취하는 방향은 이 책에서 전개한 인간관이 실천적인 생활 형식 속에서 어떻게 실현될 수 있는지를 보여 준다.

첫 번째 유형의 쇄신 방안은, 공민적 삶에서 정치적 동원과 대중적 참여 수준을 지속적으로 향상시킨다. 이 쇄신안은 정치의 비용 조달 구조를 개혁하고, 사회운동이나 정당이 대중매체에 더 자유롭게 접근하도록 하고, 국민 생활에 존재하는 명료한 대안들의 차이를 장려하는 운동이 될 것이다.

이 쇄신 방안의 원칙은 정치를 활성화하는 것이지만, 반제도적 또는 비제도적 수단보다는 조직적인 방식을 고수한다. 조직적인 방식을 부인한다면, 우리는 매디슨과 무솔리니 사이에서 선택하지 않을 수 없다. |미국 헌법의 기초자이자 미국 제4대 대통령인 제임스 매디슨은 헌법 제정 과정에서 보수적인 연방주의자 관점에서 민주주의와 대중적 열정으로부터 체제를 보호할 방편으로서 헌법 체제를 마련했다. 그의 이러한

생각은《페더럴리스트 페이퍼The Federalists Papers》(1788) 제10번에 가장 잘 드러난다. 그가 연방주의자에서 이탈하여 제퍼슨과 같은 정당을 형성한 것은 그 후의 일이다. 매디슨의 반대중적인 정치와 달리, 이탈리아 파시스트인 무솔리니는 체제를 전복하고 유지할 목적으로 대중의 열정을 광범위하게 동원했다.| 이 원칙은 열정의 동원과 정치의 제도화 사이에 반비례 관계가 존재한다고 여기는 보수적인 정치과학의 가정과 직접적으로 모순된다. 정치적 제도는 대중의 정치 참여를 장려하고 지지하는 정도에서 크게 차이를 보인다.

이 쇄신 방안의 근본적인 관념은 정치적 생활 형식상의 에너지 수준과 대안 생산에서의 다산성이 서로 관련되어 있다는 것이다. 이 온도가 높아지면 높아질수록 사회생활 구조는 더욱더 유동적으로 변한다. 첫 번째 유형의 쇄신 방안은 사회 세계 내부에 있는 것과 외부에 있는 것 간의 격차 감소를 더욱 원활하게 허용하는 제도들을 만들려는 우리의 관심과 직접 연결되어 있다.

두 번째 유형의 쇄신 방안은, 대의제 민주주의와 직접민주주의의 특징을 결합함으로써 첫 번째 쇄신 방안의 성취를 심화시키고 확산시킨다. 대의적인 제도의 지원 없이는 직접적이고 참여적인 민주주의는 규모가 큰 국가에서 실제로 작동하지 못한다. 직접민주주의와 대의제 민주주의를 혼합할 수 없거나 혼합해서는 안 된다는 태도는 독단적인 편견이며, 이러한 태도는 민주적 이상과 제도적 실험이 잠재적으로 서로 영향을 주고받는다는 상상력을 발휘하지 못하게 가로막는다.

대의제 민주주의 조직 속에 직접민주주의의 특성을 누적적으로 통합하는 것은, 끊임없이 형태를 바꾸는 과두지배를 억제하는 가장 강력한 해독제가 된다. 이 방안은 인민의 정치 생활에서 개인적인 행동이 실효성을 발휘한다는 느낌을 강화하고, 정치적 행동이 무의미하다는 느낌을 타파하고, 정치와 나머지 사회적 경험 사이의 격차를 해소하는 데에 가장 효과적인 수단이다.

대의제 민주주의와 직접민주주의의 혼합은 사회정책과 예산 결정의 수립과 이행 과정에 지역공동체들이 참여하는 것에서부터, 권력 분립의 정부 체제 하에서 정부의 정치적 부문들이 교착 상태에 빠지는 걸 타파하거나, 정부 체제 안에서 포괄적이고 프로그램적인 국민 표결을 이용해 정책과 법을 변경하는 방식에 이르기까지 다양한 형태를 취할 수 있다.

이 쇄신 방안의 근본 정신은, 행동과 책임이 역량과 희망을 만든다는 것이다. 행동과 책임은 사적인 관심을 공적인 대의에 종속시키거나 희생시키는 대신에 일상적인 관심과 공감의 범위를 조금씩 확장시켜서 역량과 희망을 만들고, 마침내 더 포괄적인 영향력을 갖게 된다. 우리는 이러한 방식으로 인위적인 구조들에서 자연성과 필연성의 외관을 제거한다. 이제 우리는 변화의 산파로서 특별한 재난 없이도 전진할 수 있게 된다. 그리하여 변화가 내부에서, 즉 사회 안에서, 우리 안에서 더 많이 출현하도록 만드는 데 성공한다.

세 번째 유형의 쇄신 방안은, 정치권력의 중심 부문이 교착 상태에 빠졌을 때 이를 신속하고 단호하게 해결함으로써 변혁적 정치에 박차를 가하고 사회생활의 정치적 쇄신을 수월하게 만드는 것을 목표로 한다. 미국의 대통령제와 같은 권력분립 하에 놓여 있는 자유주의적 입헌주의의 특징은, 권력을 분할하려는 자유주의적 목표와 정치의 속도를 늦추려는 보수적인 목표를 결합시켰다는 점이다. 그 귀결은 정치적 기획의 변혁적 사정거리와, 정치적 기획을 채택했을 때 반드시 극복해야만 하는 헌법적 장애의 심각성 사이에 소통의 테이블을 만드는 것이다. 그러나 이 연결은 거짓일 뿐만 아니라 민주적 실험주의의 야망에도 해롭다. 우리는 보수적인 원칙을 제거하면서 자유주의적 원칙을 유지할 수 있다.

예컨대, 미국식 대통령제 하에서 의회와 대통령이 양대 선거를 동시에 요구하는 것을 허용할 수 있다. 선거를 요구한 쪽이 선거에서 패배할 위험을 감수하면 된다. 또는, 교착 상태를 해소하고자 국민투표에 부쳐 국민적 토론과 그 결정에 회부할 수도 있다. 이처럼 단순하고 친숙한 방식으로 우리는 체제의 정치 논리를 전복할 수 있고, 정치 논리를 변혁적 정치의 감속이 아니라 가속을 위한 장치로 바꿀 수 있다.

권력분립(예컨대, 고전적인 의회주의 체제)이 없는 곳에서는 이 쇄신 방안들이 필요 없다. 인위적인 사회질서를 본질적인 것으로 오도하는 작용은, 정치적 혁신의 기회를 약화시키는 경우뿐 아니라 거부권을 효과적으로 보유한 강력하게 조직된 이해관계들 간의 협상 관행에서도 발생한다. 해법은 민주주의의 급진화를 위한 프로그램에서 앞의 두 가지 쇄신 방안을 고수하는 것이다. 이 방안들은 권력에 대한 과두제적 족쇄를 약화시킨다. 동시에 집단적 이익의 자연성, 필연성, 권위의 외관이 인민의 정치적 배제에 의존한다는 점을 고려하여, 트라우마가 없는 상황에서도 집단적 이익에 대한 결정結晶된 관점들을 녹여 버린다.

이 쇄신 방안의 지도적인 관념은, 권력의 변혁적 잠재력을 소멸시키지 않으면서 권력을 분산시키는 방법을 우리가 제도와 통찰의 한계 때문에 터득하지 못한다는 것이다. 정치적 자유를 유지하기 위해 정치 생활을 정당들이 내놓은 차선책의 예행연습장이 되도록 조직할 필요는 없다. 국민의 정치 생활에서는 속도가 본질적인 덕성이며, 이는 마치 더 이상 의존하고 싶지 않은 위기의 한가운데 우리가 있는 듯이 매 순간을 중요하게 만든다.

네 번째 유형의 쇄신 방안은, 특정한 방향에서 단호하게 실험하는 우리의 힘을 다른 방식으로 증대시키면서도 손실을 방지하는 것이다. 이 쇄신 방안은 특정한 영역과 부문들이 기존의 법 규칙에서 벗어나 다른 규칙을 시험하는 것을 허용한다. 국가가 국내 정치의 결정으로 규정된 경로를 밟아 간다는 점을 고려할 때, 국가의 제도들은 국가 영토나 국가 생활의 부분적인 영역에서 국가의 미래에 관한 다른 모델을 실험하는 것도 가능하게 한다.

이 쇄신안은 두 가지 점에서 전통적 연방주의에서 불완전하게 구현된 원칙이다. 첫째로 이 원칙은 전통적인 연방제 아래에서 오로지 영토적인 형식만을 취한다는 점, 두 번째 더 근본적으로 연방의 다른 단위들이 전형적으로 동일한 정도의 변형의 자유를 향유한다는 점에서 그러하다. 요점은, 중심의 결정적인 행동과 확립된 규칙에서 벗어나려는 특수한 부문의 과감한 이탈이 양립할 수 있는 범위를 확장시키는 것이다. 이때 이탈하려는 권력에 부여해야 할 중대한 제약은, 이 권력이 새로운 희생자가 쉽게 탈출할 수 없는 새로운 형태의 배제와 불이익을 구축하는 데 사용되어서는 안 된다는 점이다.

이 쇄신 방안의 근본적인 정신은, 정치는 선호하는 것들의 단순한 기록이 아니라 집단적인 학습과 집단적인 주체 형성의 과정이라는 점이다. 우리가 만들 수 있는 대안적 미래에 대한 관념이 대중을 계몽할 권위를 얻으려면, 그 관념이 손으로 만져질 만큼 구체적이어야 한다. 믿고자 한다면, 반드시 그 상처를 만져 보아야 한다. |직접 만져 보지 않고서는 예수의 부활을 믿을 수 없다는 도마*Thomas*의 말에서 기원한 표현으로 추정된다.(요한복음 21장 25절) 성경 속에서 예수는 완악한 도마를 질책하지만 웅거는 이러한 태도를 긍정적으로 활용한다. |

다섯 번째 유형의 쇄신 방안은, 사회를 더 강렬한 실험주의로 이끄는 능력을 키우는 조건으로서 개인의 보증 수단과 역량을 강화하는 것이다. 중심의 설정적 행동의 여지와 주변부의 결정적 행동의 여지 사이에, 또는 권력을 분화하는 것과 권력의 변혁적 용도를 강화하는 것 사이에 불변적인 반비례가 존재하지 않듯이, 개인의 권리 및 권능과 사회의 실험 사이에도 고정된 반비례가 존재하지 않는다. 서로 경합하는 이상과 이익들의 양립 불가능성은 그러한 이상과 이익을 구현하는 특수한 제도에 달렸다. 실천적이고 프로그램적인 상상력의 과업은, 경험적인 상충과 긴장을 극복 불가능한 갈등과 구별함으로써 비극을 희극으로 용해시키는 데 있다.

우리는 이 다섯 번째 쇄신 방안에 작동하는 원칙을 기본권fundamental rights이라는 전통적 언어에 대한 비판에서 끌어낼 수 있다. 형이상학적 상부구조를 제거하고 나면, '기본권'이라는 언어에는 두 가지 요소, 즉 실천적 도구와 동기부여 관념이 남는다.

실천적 도구로서의 기본권 관념은, 일정한 제도를 단기적 정치의 의제에서 배제하여 이에 대한 공격에서 벗어나게 하는 면제immunity를 제공한다. 이 기본권을 규정하는 규칙을 폐지하는 데 대한 헌법적 방책(압도적 다수의 요건)은 이 면제 효과를 달성하는 하나의 방법이고, 기본권에 이데올로기적인 성스러움의 후광을 부여하는 것은 또 다른 방법이다.

동기부여 관념은, 더 원대한 인간적 가능성을 위한 보증과 역량의 제공 행위라고 할 때 가장 잘 이해된다. 부모가 자식에게 세상 안의 한곳을 확보해 주면서 아이에게 보이는 무조건적인 사랑과, 성장의 위험을 기꺼이 감수하려는(아예 두려움이 없는 것은 아니나 최소한 덜 느끼며) 아이의 의지 간의 관계를 떠올려 보면 알 수 있다.

민주주의를 급진화하려면 이러한 실천적 도구를 포기하거나 동기부여 관념을 부정해서는 안 된다. 오히려 실천적 도구를 변형하는 식으로 동기부여 관념을 확장해야 한다.

개인에게 개인의 이익과 역량을 보호해 주는 안식처를 보장하는 제도는, 한편으로 그 개념상 사회생활의 가소성可塑性에 대한 제약을 의미한다. 그러나 거꾸로 제도는 제약을 더 신속하고 확실히 파괴할 수 있게 하는 제약이기도 하다. 그런 제도들이 없다면 개인은 겁에 질리고 무력해질 것이다. 그렇게 되면 사람들에게 생명을 부여하려는 목표를, 사람들에게 질서를 부여하려는 목표에 희생시키게 된다.

안전을 규정하고 제공하는 관행과 제도는 사회생활을 다소간 경직시킬 수 있다. 안전에 대한 감정과 확고한 집단생활 형식의 보존을 결부시키는 신분제도는, 19세기 고전적 자유주의가 자유사회와 등치시킨 고전적 권리 체계보다 사회를 더 경직시킨다. 사실 너무나 적게 주고, 너무나 많이 경직시킨다. 우리에게 필요한 것은, 신분제도가 이상적인 신분 체제를 전제하듯이 고전적인 권리 체계가 전제하는 일련의 제도이다. 이 과제의 이행은, 정부의 억압과 사적인 억압에 대항하여 개인을 보호하는 핵심적이고 전통적인 장치 이외에 하나의 선물과 하나의 구제를 요구한다.

그 선물이란, 사회적 상속에 관한 보편 원칙의 점진적 발전이다. 이 보편 원칙은 다음과 같다. 사회의 경제적 진보가 허용하는 한에서, 모든 개인은 '사회적 기금 계정social-endowment account'이나 '최저수입minimum incom 요구권'의 형태로 물질적 자원의 기본적 최저한에 의지할 수 있어야 한다. 기금이든 수입이든, 이러한 최저한은 예외적인 필요를 위한 특별한 보상이나 비범한 재능을 활용할 추가적인 교육과 기회에 대비한 특수한 지원이라는 보완적 원칙에 따라 상방향으로의 유동성을 확보해야 한다.

구체적인 구제 방향은, 보통 사람들이 활용할 수 있는 경제적·사회적·정치적 행동 수단을 이용하더라도, 탈출할 수 없는 국지화된 사회적 배제와 불이익의 성채들에 개입하는 것을 목표로, 재정과 설

비까지 갖춘 특별한 권력을 국가 안에 설치하는 것이다. 특별한 조직이나 관행에 개입하고, 확립된 불이익이나 배제를 낳은 인과적 배후를 공략하고, 참여자들이 자립할 수 있을 때까지 조직이나 관행을 재구성하는 과업을 현대 정부는 그 실천적 역량이나 정치적 정당성으로 인해 감당하기 어렵다. 그러나 이 과업은 심화된 민주주의 아래서는 정부의 주요한 책무가 되어야만 한다.

다섯 번째 유형의 쇄신 방안에 흐르는 비전은, 인정된 이익과 공언한 이상을 우리가 쉼 없이 발전시키고 수정하듯이 우리 자신을 더욱 신처럼 만들려는 더 큰 규모의 기획에서는 하나의 작은 사건에 불과할 인민의 정치 생활의 변혁에 관한 것이다. 정치는 우리의 관계를 압박하는 확고하게 구축된 사회적 분할, 위계질서, 필수적인 사회적 역할 등의 부담을 제거하는 과정의 일부이다. 정치란 고양의 과정이다. 이 고양은 정치가 제공하는 권력과 정치가 만드는 실험을 통해서 이루어진다.

이 모든 방향에서 정치는 운명거부론anti-fate에 기초한다. 그러나 정치가 단지 삶의 기회를 형성하는 과정에 작동하는 사회적 행운과 불운의 영향력을 감소시키는 정도에 그친다면, 정치는 사회의 책임에 해당하지 않는 불운에서 우리를 구제하지 못한다. 그런 유형의 불운은 유전적 상속의 운명, 우리를 지배하는 사건들과 병약함의 운명, 처음에는 스스로 시작했지만 나중에는 빠져나오지 못할 만큼 경직된 주체와 성격의 운명, 마지막으로 타인의 조건 없는 친절과 사랑으로 구원받아야 할 보편적 필요가 있음에도 불구하고 거절당하는 운명에서 생겨난다. 이 운명의 형식들은 우리가 민주주의를 철저하게 관철시키면 약화될 것이고, 우리는 더욱 강해질 것이다. 사회질서의 인위적인 부정의에 흔들리지 않을 때, 우리는 운명의 형태를 더 명료하게 볼 수 있으며 운명의 효과를 더 예리하게 느낄 수 있다.

우리가 사회에 요구할 수 있는 것은 다음과 같다. 사회는 다양한 형태의 운명들이 만드는 결과들을 더 나쁘게 만들어서는 안 된다. 사회는 성취를 평가하는 기준의 다각화를 장려해야 한다. 사회는 기회를 살리고자 분류를 약화시키는 경우에도 우리가 전복할 수 없는 운명을 공유한다는 전망 안에서 성과주의를 제한해야 한다. 재능의 개발 수단을 제공해도, 재능에 대한 보상은 제한해야 한다. 재능은 그것이 적극적으로 발휘되는 것으로 충분히 보상받았다고 할 수 있을뿐더러, 보상의 제한은 기왕의 성취에 대해 일정한 부담을 부과할 수 있음을 인정하는 것이다. 사회는 타인의 경험을 상상하는 우리의 역량을 키우는 쪽으로 가야 한다. 사회는 참여와 연결의 기회를 증가시켜야 한다. 사회는 극단적인 불운에 극단적인 자비로 대응해야 한다. 그러한 자비는 자원의 보상적 이전으로 확인될 수 있고, 능력을 갖춘 성인이라면 의당 곤경에 처한 타인을 직접 돌보는 것을 정상적인 책무로 삼는 경우에도 확인된다.

우리가 우리 자신에게 요구해야 할 것은, 만약 우리가 정치의 유용성뿐만 아니라 그 한계도 이해한다면 주체 변혁의 대체물을 사회변혁에서 추구해서는 안 된다는 점이다.

　　　　　　　　　　　　　　

희망과 투쟁

　이렇게 조합된 제도적 관념들은 하나의 청사진을 제공하지 않는다. 하나의 방향과 단계적 조치들을 제시함으로써 프로그램적 상상력이 담당하는 고유한 작업을 보여 줄 뿐이다. 논쟁적인 것은 방향만이 아니다. 특정한 국가가 처한 상황에서 방향을 잡는 방법을 둘러싼 해석도 언제나 논쟁적이다.

　방향의 논쟁적인 성격은 정치적 관념들의 근절할 수 없는 특징, 즉 좋음에 관한 시각과 옳음에 대한 관념을 완전하게 분리하는 것이 불가능하다는 점에서 비롯된다. 이 분리는 고전적 자유주의 철학의 지론이기도 했다. 어떠한 사회생활 형식도 인간 경험의 발전에서 다음의 인접한 단계적 조치들 사이에서 중립적이지 않다.(인접한 단계적 조치들은 가능한 것에 관한 의미의 실천적 여분이다.) 사회생활의 제도화는 어떤 형식의 경험을 권장하고, 다른 형식의 경험을 단념시킨다. 이런 방향이 아니라 저런 방향을 선택할 때, 우리는 인간 본성을 특정한 방향으로 발전시키기로 선택한 것이다. 그 발전은 경계부에서 진행되지만 분명히 누적적이고 불가피하게 이루어진다.

폭넓은 경험을 허용하고 도전과 변화에 자신을 개방하는 것이 사회적 생활 형식의 미덕이다. 그런데 중립성의 환상은 보편성과 수정 가능성이라는 현실주의적이고 상호 연관된 목표를 달성하는 것을 방해한다. 중립성 관념은 자유사회 관념의 특정한 제도적 표현에 면제권을 부여하거나 그 표현을 신성화하기 때문이다.

어느 방향이든 방향을 취하는 것은 도박이지만 동시에 희망의 표현이기도 하다. 이런 정치적 프로그램을 활성화시키는 희망은, 인간의 생산적인 역량을 개발하는 데에 대한 실천적인 관심들이 서로 교차하는 지대 안에서, 이미 확립된 사회적 분업과 위계질서로부터 개인을 해방시키는 것에 대한 도덕적 관심과 우리가 살 수 있고 초월할 수 있는 사회적·문화적 세계를 형성하는 것에 대한 정신적 관심을 전진시키자는 매우 기본적인 관심에 호소한다. 이 세 가지 관심의 제도적 요구 사항이 서로 겹치는 지대를 발전시키려면, 사회생활이 현재 고수하는 제도적 관념과 제도의 제약된 레퍼토리를 혁신하고 확대시켜야 한다.

제도적 실험을 통해서 원대하고 근본적인 결단을 추구하는 것과, 현대 사회 및 문화 안에서 인정된 집단 이익과 공언한 사회적 이상을 방어하는 것이 서로 보완적이거나 상호 수렴한다고 생각할 수도 있다. 이런 생각의 근거는 정치 생활에 존재하는 두 가지 다른 특성에서 비롯된다. 그것은 바로 집단적 이해관계를 규정하고 방어하는 방식의 이중성, 그리고 이해관계와 이상을 사유하는 것과 제도와 관행을 사유하는 것 사이의 내적 연관성이다.

우리는 승인된 집단적 이익이나 계급 이익을 항상 두 가지 다른 방식으로 규정하고 방어한다. 한 가지 방식은 제도적으로 보수적이고, 사회적으로 배제적이다. 이 입장은 기성 제도 아래서 특정한 집단이 차지하고 있는 현재 위치를 자연스러운 것으로 전제하고, 사회적 공간에서 인접한 집단들을 적으로 표상한다. 다른 방식은 제도적으로 변혁적이고, 사회적으로 연대적이다. 이 입장은 특정한 집단이 차지한 지위와, 이 지위의 기초를 이루는 제도를 수정 가능한 것으로 보고, 인접한 집단을 잠재적인 동맹 세력으로 상정한다. 이 입장은 변화된 제도와 관행에 기초하여 전술적 동맹에서부터 집단적 이익과 정체성의 재구성까지 폭넓게 아우른다. 우리가 이익의 계산과 대안의 비전을 결합시키려고 할 때 눈을 돌릴 수밖에 없는 것이 바로 이 두 번째 방식이다.

관행과 제도는 단순히 사회공학의 일부에 그치지 않는다. 만약 사회공학의 관점만 취한다면 그저 미리 확정된 이상을 집행하는 것에 불과할 것이다. 그러나 관행과 제도는 이상과 이익에 관한 우리의 이해와 내적으로 연관되어 있다. 모든 사회적·정치적·경제적 이상은 두 가지 방향, 한편에서는 미숙하고 부실하게 규정되지만 초월적인 열망을 지적하고, 다른 편에서는 우리가 일상에서 이상의 표현으로 당연시하는 제도의 특수하고 우연적인 배경을 지적한다. 현실에서든 상상에서든 제도적 표현을 실험할 때, 우리는 일련의 다양한 단계적 조치들을 통해서 제도의 의미에 감춰진 모호성과 다양한 발전 전망을 드러낼 수 있다. 이러한 과정을 장악하는 것, 즉 이러한 과정을 하나의 사건에서 채택할 만한 방식으로 전환시키는 것이 민주적 실험주의의 야망이다.

내가 묘사한 '민주주의의 급진화'라는 방향은 곧 호소력 있고 불가항력적인 장점을 갖고 있음이 밝혀질 것이며, 그 약점도 경험의 관점에서 자체 교정될 것이라고 희망한다. 물론 희망은 희망일 뿐 보증은 아니다. 이러한 희망의 선포는 역사의 종말의 선언이 아니라, 시간의 야만과 호전적인 제국 아래서도 역사는 지속된다는 선언이다.

방향에 대한 논쟁은 실천적인 결과를 포함한다. 이 논쟁은 갈등의 영구적 잠재성뿐만 아니라 전쟁 방식을 둘러싼 필사적인 투쟁도 포함한다. 우리는 이 투쟁을 억제하고, 조직하고, 정신화하고, 한동안 이를 평화롭게 유지하기를 희망할 수 있다. 우리가 개인에게 중요한 이익과 역량을 보호해 주는 안식처를 보증하는 동시에, 이 보증이 주변의 사회적 공간을 경직시키는 것을 최소화한다면, 투쟁의 이면에 드리워지는 두려움의 감정을 잠재울 수 있다. 보통 사람들에게 영감과 자극을 제공해 그들이 자신의 상상적 삶(주관적인 경험의 차이)을 심화시키고 발전시키는 데에 성공하면, 다른 사람의 경험을 상상하는 우리의 능력 또한 향상될 것이다.

그러나 그렇다고 해서 정치적 생활에 본질적인 투쟁을 우리는 억압할 수도, 투쟁이 폭력으로 상승하는 것을 확실하게 방지할 수도 없다. 그렇게 할 수 없는 첫 번째 이유는, 우리는 옳음의 구성과 선의 선택을 분리할 수 없다는 것이다. 방향을 선택할 때 우리는 집단적으로 되고자 하는 바를 선택하고, 우리가 가장 좋아하는 것과 가장 우려하는 것을 선언한다. 두 번째 이유는, 어떠한 통찰도 선의 선택을 둘러싼 논쟁을 종결시킬 수 없다는 것이다. 세 번째 이유는, 주체들 간의 차이는 뿌리 깊고, 이 차이의 심화는 위험한 것임에도 불구하고 우리의 관심사라는 점이다. 네 번째 이유는, 인간의 욕망이 관계적이라는 점이다. 우리의 가장 강력한 비전과 충동은 공유된 생활 형식에서 표현되고자 하며, 그 결과 서로 충돌한다. 다섯 번째 이유는, 지금까지 세계사나 여타 형식에서 주인공이었던 민족이나 문명은 권력을 서로 다른 방향으로 발전시킴으로써, 반드시 그렇게 해야만 힘을 발전시킬 수 있었다는 점이다. 이 다섯 가지 이유는 서로 결합하여 대립을 정치적 경험의 근본적 특징으로 만들고, 대립을 억제하려는 섭리적인 노력을 불완전하고 덧없는 것으로 만든다.

내가 탐구한 다섯 가지 제도적 열망의 관점에서 재편된 민주주의는 시민과 예언자의 격차를 줄이고, 실천적인 땜장이(개혁가)와 시민 간의 격차를 줄인다. 민주주의가 제안하는 정치적 생활 관념은, 정치적 헌신을 통한 사적 관심의 파괴가 아니다. 오히려 우리의 일상적인 관심의 범위를 외부로 확장하는 것이다. 이러한 프로그램의 관점에서 보면 민주적 정치는 허다한 실천들 중 단지 하나의 실천으로 그치지 않는다. 민주적 정치는 정치 생활에서 작동하는 혁신 지향적인 협력 방식에 다름 아니다. 민주적 정치는 최종적인 발언권을 기성 질서에 부여하지 않고 우리 자신에게 유보함으로써 참여하고 동시에 초

월하는 인간의 권능을 가장 완전하게 드러내고 가장 효과적으로 향
상시키는 활동이 된다.

개혁의 계기
사회민주주의의 재창조

사회민주주의의 여섯 가지 원칙

개혁의 방향에서 사회적·정치적 변화가 무엇을 의미하는지, 더 나아가 그것이 무엇을 요구하는지를 보려면 동시대의 한 가지 특수한 경험을 탐구하는 것이 유용하다. 이 경험의 자질구레한 사항은 그저 일시적인 관심사에 불과하다. 자질구레한 것들은 지금도 아직 꿈조차 꾸지 않은 다른 문제들로 변모하는 중이다. 그런데 급진적 실용주의에 입각한 민주적 실험주의는 이러한 일시적인 곤경에 접근하는 한 가지 방법을 제시한다. 이 접근법은 사회변혁 운동의 방향과 사회의 미래를 사유하는 방법을 보여 줄 것이다.

오늘날 지구상에서 가장 강력한 매력을 발산하는 사회조직 모형은 스칸디나비아 3국의 사회민주주의다. 세계가 투표권을 행사할 수 있다면 세계는 미국보다는 스웨덴 쪽에 투표할 것이다. 미국 사회의 극단적인 불평등과 역사적 배제, 냉혹함은 물질적 풍요와 문화적 활력을 누리기 위해 미국인들이 지불하는 비싼 대가(그런 대가가 꼭 지불되어야 한다면)라고 널리 받아들여진다. 세계 곳곳에서, 상대적으로 가난하고 후진적인 나라들에게 사회민주주의를 약속하는 달콤한 중도좌파 담론은 자칭 진보적인 사람들의 공통 언어가 되었다.

그런데 역설적으로 유럽 사회민주주의 명성은 사회민주주의의 전통적 핵심 강령이 공동화空洞化되면서 나타났다. 제2차 세계대전 이후 30년간 강화된 사회민주주의에 대한 객관적 견해는 사회민주주의가 세 가지 쌍으로 구성된 여섯 가지 방침에 기초한다고 인정한다. 다양한 사회민주주의 체제들은 이러한 방침들을 다른 상황에서 다른 방식으로 발전시켰으며, 그럼에도 불구하고 이 방침들을 포용했다.

처음 두 가지 방침은 일정한 집단의 경제적 안정을 향상시키기 위해서 시장이 야기하는 불안정에 제약을 가하는 방식이다. 그리하여 **첫 번째 원칙**은, 노동자들에게 각자의 직업에서 기득권에 가까운 것을 인정함으로써 생산과 노동시장의 불안정에 맞서 노동자를 보호하는 것이다. 사실 이 원칙은 모든 노동자에 대해서가 아니라 특권적인 노동 부문에 간간히 효과적으로 적용되어 왔다. 그 결과는 내부자와 국외자를 분할하고, 역사적으로 높은 수준의 실업을 가저왔다.

두 번째 원칙은 자본시장의 불안정, 특히 기업의 통제를 받는 시장의 위협에 맞서 생산적 자산assets의 소유자들을 옹호하는 것이다. 연관 기업들의 네트워크 안에서 상호보유지분cross holdings뿐만 아니라 기업과 기관투자자 간의 특권적 관계가 불안정성을 줄이는 특징적인 보호 장치가 되었다.

두 번째 유형의 방침은 경제적 결과뿐만 아니라 사회적 결과에 비추

　　　　　11 개혁의 계기_사회민주주의의 재창조

어볼 때 높이 평가할 만한 기업 조직 형식을 침식하는 시장 권력에 일정한 한계를 설정하는 것이다. 첫 번째 유형의 방침과 마찬가지로, 이 방침은 시장경제의 누적적 재편보다는 시장경제의 극복을 추구한다.

세 번째 원칙은 소규모 토지보유농을 포함하여 영세 사업을 국내외적 경쟁에서 보호하는 것이다. 많은 나라의 정부가 소시민계급과 동맹을 맺는 데 성공했지만, 19세기 유럽의 좌익은 이 동맹을 파괴적으로 경멸했다. 소기업의 옹호는 현재까지도 어떤 과업의 기대이자 성취하지 못한 과업의 흔적을 의미한다. 그 과업이란 적당한 성공과 자립의 욕구에 부응하도록 시장경제를 제도적으로 재편하는 것으로, 이는 프롤레타리아계급보다는 중간계급의 희망에 부합하는 것이며, 현재는 세계적인 열망이라고 할 수 있다. 이 열망을 고립된 소규모 자산에 대한 과도한 집착으로부터 끊어 놓고, 이 열망에 좀 더 열린 실천적 제도들의 선택지들을 제공하기 위해서 그러한 방식은 혁신이 필요하다.

네 번째 원칙은 크든 작든 가족기업을 경쟁의 압력에서 보호하는 것으로, 이는 업적주의와 연고주의의 타협이라고 할 수 있다. 가족을 통한 경제적·교육적 편익의 상속은 약한 형태라고 하더라도 계급사회의 현실을 재생산한다. 또한 이 원칙은 규제와 재분배를 추구하는 국가로 하여금 가족 관계에 기초한 충성심과 에너지(오로지 정치적이고 종교적 신조만이 이와 경쟁할 수 있다.)와 타협하도록 허용한다.

마지막 두 가지 방침은 소득과 부의 분배와 관련된 거시경제적 정책의 조처에 관한 것이다. **다섯 번째 원칙**에 따르면, 중앙 및 지방정부와 대기업과 조직노동자 간의 '사회적 동반자 관계'는 경제정책의 분배적 파급효과를 두고 타협을 달성해야 한다. 이 타협은 분배적 갈등이 경제의 '건전한' 경제적 운용과 부의 창출에 지장을 초래하는 것을 막아 준다. 그러나 아직 사회의 많은 부분이 조직된 이해관계의 영역 바깥에 남아 있다. 그래서 사회 협정social contract의 협상 과정에서 미조직노동자들은 조직노동자들에 의해 사실상 대표되거나 정부에 의해 직접적으로 대표되어야 한다.

여섯 번째 원칙은 조세와 이전을 통한 회고적 재분배는 모든 사람이 이용 가능한 높은 수준의 사회적 권리, 특히 경제적 불안정성 앞에 취약한 일반 노동자들의 수익권을 유지하는 데 사용되어야 한다는 것이다. 제한적이지만 회고적 분배를 위한 '사회적 시장경제social market economy'나 '복지국가welfare state'라는 보상적 프로그램의 재원이 대체로 거래 지향적인 소비세라는 역진적 장치에 의존해 왔다는 것은 명백히 역설적이다 그러나 더 중요한 사항은 조세 총액과 그 사용 방식이다. 만약 역진세逆進稅 |과세 물건의 수량이나 금액이 증가할수록 오히려 세율이 낮아지는 조세| 가 저축과 투자와 고용을 유인하는 기존 수단을 해치지 않으면서 사회적 지출에 필요한 공적 재정수입을 더 많이 유도한다면, 역진세도 진보적 기획을 떠받칠 수 있다. 누진세의 부과로 인해 상실되는 부분이 고율의 세금에 입각한 재분배적 사회적 지출로 상쇄되는 부분보다 클 수도 있기 때문이다.

이 여섯 가지 프로그램은 점차 공동화되었다. 유럽의 사회민주주의 본거지는 마지막 두 가지 방침을 잘 유지하려고 앞의 네 가지 방침에서 후퇴했으며, 심지어 여섯 번째 방침 때문에 앞의 다섯 가지 방침에서 후퇴하기도 했다. 이로써 높은 수준의 사회적 권리가 최후의 방어선이라는 점이 증명되었다. 유럽식의 사회적 유연성과 미국식의 경제적 유연성 간의 제3의 길이라는 떠들썩한 종합은 말이 종합이지 투항에 지나지 않았다.

그 과정에서 두 가지 거대한 힘이 이 역사적인 사회민주적 해법과 충돌하며 그 해법의 해체를 향해 작동했다. **첫 번째 힘**은 활동적이고 야심 있는 부유층과 식자층 사이에서 일어났다. 그것은 보호 정책과 낡은 해법의 '사회적 동반자 관계'로 구축된 기득권이라는 값비싼 제약을 해체하려는 관심과 충동이다. 이 관심이 역사적 사회민주주의의 공동화에 주된 역할을 했다. **두 번째 힘**은 수백만의 실업자, 불완전취업자, 소시민계급의 정체성을 가진 불안정 근로자를 포함해 미조직 불안정 생활자까지, 한 마디로 특권과 보호 체제에서 버려진 고아들이 자신들에게 불리하게 작동하는 제도를 변화시키는 데 갖는 관심이다. 그러나 이러한 관심은 일반적으로 정책에 영향력을 발휘하지 못했다.

따라서 사회민주주의 표어는 '더 많은 포용성을 배제한, 더 많은 유연성'이었다. 이 방향은 경제의 선진적인 부문과 후진적인 부문 간의 엄격한 분리를 극복하거나 완화하는 장치를 발전시키지 않은 채, 유연성을 방해하는 요소를 제거하는 프로그램을 정당화했다. 진보적 대안은 포용성을 가진 유연성을 요구한다. 그러나 진보적 대안은 사회민주주의의 프로그램과 달리 사회민주주의의 역사적 레퍼토리 안에서 작동할 수 없었다. 진보적 대안은 생산적 자원에 대한 접근을 철저하게 민주화하기 위해서 시장경제의 제도적 형식을 혁신하는 것을 필요로 한다. 진보적 대안은 민주주의를 심화시키고 변형하지 않고서는 시장경제의 제도적 형식을 혁신할 수도 없다.

제2차 세계대전의 장기적 결산으로 재정립된 사회민주적인 해법뿐만 아니라 유럽식 사회적 보호와 미국식 경제적 유연성 간의 사이비 종합에 입각한 해법의 후속적인 취사선택 방법도 현대 유럽 사회민주 체제가 안고 있는 문제들을 해결하지 못한다. 이 문제들은 새로운 실험주의적 실천과 대안적 제도들을 통해서만 효과적으로 다룰 수 있다. 그 실천과 제도를 발전시키려면 이 책이 주창하는 급진적인 실용주의에서 영감을 받은 민주적 실험주의가 추천한 방향을 따라야 한다. 그러나 이 작업을 수행하려면 사회민주주의를 현재의 모습으로 변질시킨 실천적이고 이데올로기적인 타협의 조건들을 전복하고 동시에 혁신해야 한다.

서로 관련된 다음 **세 가지 문제**를 고려해 보자. 이 문제들은 사회민주주의가 중요한 의미를 가졌던 모든 유럽 사회에서 이러저러한 형태로 등장했다.

사회민주주의 체제의 **첫 번째 문제**는, 경제의 발전된 부문에 들어가는 것을 가로막는 사회적 진입 장벽이다. 세계경제는 점차 부유한 국가뿐 아니라 개발도상국의 선도적인 기업을 주축으로 확립된 생산적 전위들의 네트워크의 지휘를 받고 있다. 이 부문들은 아이디어, 관행, 인력뿐만 아니라 자본, 기술, 서비스를 서로 공유한다. 그런데 경제와 사회의 나머지 부문과는 매우 약하게 연결되어 있다.

생산적 전위들의 심장은 자본·기술·지식의 축적이 아니라, 일련의 혁명적 실천 관행의 채택에 있다. 이 혁명적 관행들은 감독 역할과 집행 역할 사이뿐만 아니라 집행 기능들 간의 엄격한 구분의 완화, 협력과 경쟁의 유동적 혼합, 생산적 과업과 절차는 물론이고 집단적 이익과 정체성의 지속적인 재규정을 포함한 실험주의적 협력을 규정한다. 그러나 현재의 생산적 전위 조직들은 혁명적 실천 관행을 재산과 계약의 상속된 체제의 멍에에 굴복시키고, 그러한 실천 관행을 단지 기업을 실효적으로 지배하는 소유자나 경영자들의 이익에 이바지하도록 만드는 방편으로 채택할 따름이다. 사회와 경제의 넓은 부문에까지 그러한 실천 관행을 전개시키고 확산시키는 것은 대체로 제도적 구조를 혁신해야 가능하다.

선진적인 부문과 후진적인 부문의 분열이 초래하는 불평등한 산출 결과를 시정하는 데에는 전통적으로 두 가지 장치가 활용되었다. 하나가 조세와 이전을 통한 보상적 재분배로서 한때 역사적 사회민주주의의 자랑거리였지만 현재는 미약한 유물이다. 다른 수단은 정부의 지원을 통한 소규모 가족 재산과 가족 기업의 확산과 보호이다. 그러나 이 중 어느 방안도 경제의 위계적 분열에 뿌리박은 엄청난 불평등을 극복하지 못한다. 두 가지 모두 공정성을 위해 경제적 효율성을 제한하고, 사회적 통합과 정의를 위해 경제성장을 (최소한 단기적으로) 제한하는 수준에 머물고 있다. 두 가지 방식은 똑같이 포용성과 응집성의 방침을 혁신과 성장이라는 제도적 논리 속에 안착시키지 못한다.

상대적으로 평등을 내세우는 유럽의 사회민주주의 사회에서도 인구의 상대적 소수만이 이런 생산적인 전위 조직과 보조적인 전문 서비스 영역에서 입지를 확보하고 있다. 그럼에도 불구하고 부와 재미는 바로 이러한 앞서 나가는 부문에 점차 집중되고 있다.

이러한 체제 아래서 사회는 크게 네 종류의 계급으로 구분된다. 이 계급 구조는 업적주의적 원리로 약화되기보다는 이 원리와 무난하게 양립한다. 특정한 지적 능력의 배정에서 유전적인 요인을 포함하여 가족을 통한 경제적·교육적 편익의 상속은 업적주의와 계급의 종합을 가능하게 만들고, 이것이 바로 모든 선진 사회의 특징을 이루고 있다. 이러한 종합이 민주주의의 효력 범위를 제한하고 보통 사람들을 좌절시키고 있다.

최상층에는 **전문가와 사업가 계급**이 있는데, 이들은 업적주의적 원칙의 발전과 가족을 통한 교육적·경제적 편익의 상속을 조화시키려고 안달하며, 자신의 지위가 점차 경제의 선진적인 부문과의 특권적인 관계(직접적이든 간접적이든)에 의존한다는 섬을 인식한다. 이 전문가와 사업가 계급 아래에 **소기업가 계급**이 있다. 이들은 현대의 대기업 방식 이전의 경제생활 형식 속에서 피난처를 찾았다. 그 다음 **화이트칼라와 블루칼라 노동계급**은 대부분 사무실·점포·공장에서 계속적으로 노동하는데, 이런 곳의 특징은 그들이 생산적인 과업에서 변화를 추진할 수 없고 그저 낡은 방식에 따라 수동적으로 과업을 집행한다는 점이다. 맨 아래에는 **임시직 노동자**가 있다. 이들은 때로 인종적으로 낙인찍히고, 법적인 보호를 박탈당하고, 경제적으로는 항상 불안정하고, 장래성이 없는 서비스업에 종사한다.

소기업가 계급과 노동계급으로 구성된 인민people의 다수는 극단적인 궁핍과 불안정을 겪지 않는다. 사회민주주의 체제에서 사는 경우에는 특히 그렇다. 그러나 그들은 성공, 재량, 창조의 여지가 있는 선진적인 부문에 접근할 기회를 갖지 못한다. 그들은 자신의 가족 관계와 취미 생활에서 위안을 찾는다.

이러한 상황의 가장 중요한 사회적 귀결은 사회의 계급 구분을 파괴하기보다는 수정하는 것이다. 이러한 사회적 귀결의 가장 중요한 도덕적 함축은, 다수의 노동자들이 자기 노동에 대해 도구적인 태도 이상의 것을 가질 기회를 부인당한다는 것이다. 이 상황이 가져오는 가장 부담스러운 경제적 효과는, 에너지와 재능을 대규모로 탕진하고 단순노동자의 날개를 꺾는 것이다. 부를 창조할 수 있는 사람들에게서 기회를 박탈하는 것은 공공재정에 장기적으로 감당할 수 없는 부담을 부과하는 결과를 가져온다. 즉, 시장경제 조직뿐만 아니라 공공교육의 결핍에서 생겨난 불평등의 결과를 조세와 이전으로 보상하는 것은 장기적으로 감당할 수 없는 부담이다.

이 공공재정 문제를 풀 해법은 이중적이다. 한 가지 실마리는 생산의 선진적인 부문에 참여할 기회를 확대하는 것이다. 즉, 그러한 참여에 필요한 교육, 전문적 식견, 공학 기술, 신용에 접근할 조건들을 철저하게 확장하는 것이다. 더 많은 범위의 사회적·경제적 상황에서 더 많은 사람들의 더 많은 접근은 생산적인 활동을 위해 사람과 자원을 결합하는 더 많은 방법을 요구할 것이다.

이 해법의 다른 요소는, 선진적인 경제 관행이 전통적으로 번영했던 좁은 영역을 넘어 선진적인 관행을 확장시킬 우호적인 조건들을 창출하는 것이다. 이는 전위적인 부문 바깥에서의 전위주의이다. 흔히 포스트포드주의적 관행의 발전에 유용한 전^前산업사회적 수공예와 훈련 전통이 없는 곳에서는, 이 전통이 실천적·개념적 역량에 필요한 일반적 능력의 개발을 강조하는 교육으로 대체될 수밖에 없다. 지역공동체 업무에서 결사체적 생활과 참여의 촘촘한 네트워크가 부재하고 이로 인해 실험주의적 협력에 필요한 고도의 신뢰 관계가 불가능한 때에는 새로운 유형의 결사체가 성장할 수 있도록 책임 범위를 설정하고, 자원을 제공하고, 기회를 열어 놓는 공적인 단체와 민간 단체의 협력을 통해서 촘촘한 네트워크를 만들지 않으면 안 된다. 대기업 방식보다는 작은 규모의 팀이 잘 어울리는 유동적이며 혁신 지향적인 생산에서 규모와 범위의 경제가 성공의 중요한 요소가 된다면, 제도적 장치와 사법^{私法} 체제는 사적인 생산자들 간의 협력적 공생(경쟁하는 팀과 기업들 간의 공동 자원 출자)이 용이한 쪽으로 획립되어야 한다.

경제 분야에서 전위 조직과 전위주의에 접근할 기회가 협소하다는 문제를 풀 이 두 가지 해법은 정부와 사기업 간의 다양한 협력 형태를 요구한다. 이 재구성의 설계자는 정부에 의한 팔길이 사업 규칙 arm's-length regulation of business, 정부가 지원은 하되 간섭을 하지 않는다는 의미에서 법, 경제, 문화의 영역에서 작동하는 공공 정책의 원리 과 관료

    11 개혁의 계기_사회민주주의의 재창조

제를 통한 일관된 중앙집권적 거래 및 산업 정책 수립 사이에서 한쪽을 선택하도록 강요해서는 안 된다.

이 양자택일을 피하려면 공적인 단체와 민간단체 간의 새로운 유형의 연합이나 협력을 발전시켜야 한다. 그러한 협력 관계는 위로부터 내려오는 것이 아니라, 조직된 무정부라는 시장 지향적인 관념의 모방 혹은 급진화라고 부를 정도로 분권화되지 않으면 안 된다. 이 협력 관계는 반드시 다원주의적이어야 하며, 생산과 거래에 관한 단일한 전략을 부과하기보다는 다양한 전략의 실험적 공존을 장려해야만 한다. 이 협력 관계는 그 목적부터 개방적이어야 하며, 청사진을 그대로 따르는 것이 아니라 생산적 전위주의의 조건들의 점진적 성취를 목표로 삼아야 한다. 그런 가운데 행위자와 수혜자의 범위에 포용적이어야 하고, 생산의 선도적 부문에 몰두할 것이 아니라 후진적인 부문을 움직여야 한다.

공적인 단체와 민간단체의 협력을 장려하는 제도적 수단의 쇄신은 시장경제의 제도적 혁신의 출발점이 될 수 있다. 상이한 계약과 재산 체제는 정부와 기업이 협력하는 서로 다른 조건에서 성장할 수 있다. 같은 민주적인 시장경제 안에서 이처럼 다양한 사법 체제들의 실험적 공존이 시작될 수도 있다. 이러한 방식으로 우리는 이미 주어진 것으로 수용하고 있는 제도적 구도 안에서 생산요소들을 재조합할 자유에 대한 자유시장 지향적 헌신을 일반화하고 심화시킬 수 있으며, 더 나아가 생산요소들을 재조합할 자유를 교환과 생산과 관련된 제도적 구도를 재조립하고 교체하는 더 큰 자유로 전환시킬 수 있다.

현대 사회민주주의 체제의 **두 번째 문제**는 사회적 유대가 지닌 본성 및 강도와 관계돼 있다. 네 개의 부문으로 이루어진 사회와 경제를 상상해 보자. 첫 번째 부문은 사회적 부와 혁신의 중요한 몫을 담당하는 생산과 학습의 선도적 형태들이다. 두 번째 부문은 대량생산의 사양산업이다. 세 번째 부문은 사람들이 서로 보살피고, 특히 어린이와 노인, 병약자를 보살피는 돌봄경제caring economy이다. 여기서는 대체로 국가가 일자리를 창출하고 대가도 지급한다. 네 번째 부문은 보호권을 박탈당한 불안정한 노동의 영역이다. 이 영역에는 임시·불법 노동자들이 집중되어 있는데, 그들은 대체로 외국인이나 인종적 소수자들이다.

현재 공동화된 사회민주주의의 형식 아래서 익숙한 국가의 주요 업무는, 누군가로부터(특히 첫 번째 선도적 부문의 참여자) 돈을 모아서 이를 사회적 급부의 수혜자들(특히 세 번째 부문의 구성 인자들)에게 배분하는 것이다. 이러한 상황에서 사회적 연대는 편지와 수표를 통한 기부로 전락한다. 각각의 부문은 다른 세계이며, 그래서 다른 부문에 있는 사람들은 서로를 알지 못한다. 사회적 연대는 깨졌다고 할 정도로 옅어진다. 공유하는 과거, 즉 국민적 기억이라는 감상적인 황혼 이외에는 공통점이란 남아 있지 않다.

사회적 연대가 실재적인 것이 되려면 개인이 자기 돈의 일부를 희사하는 것으로는 부족하고, 인생의 일부를 기꺼이 내놓는 원칙을 수립해야 한다. 몸을 움직일 수 있는 성인이라면 원칙적으로 생산 체제

    11 개혁의 계기_사회민주주의의 재창조

뿐만 아니라 돌봄경제에서도 일정한 역할을 해야 한다. 매주 또는 매년 일정 시간을 쏟지는 못하더라도 전체 생애로 봤을 때 어느 정도의 시간은 가족 이외의 타자를 돌보는 책임을 이행하는 데 써야 한다. 이와 함께 정부는 시민사회가 자체적으로 재편되도록 지원하여 시민사회가 사회적 서비스의 제공을 조정하고 감시할 수 있게 해야 한다. 그렇게 되면 사람들은 서로에게 책임 있는 존재가 될 것이고, 그리하여 사회적 연대에 필요한 직접적이고 구체적인 지식을 성취할 것이다.

현대 사회민주주의 체제의 **세 번째 문제**는 작은 삶의 경계를 탈출할 수 있는 기회를 개인들에게 제공하지 못한다는 점이다. 지난 100년간 사회민주주의의 근거지였던 유럽의 대다수 보통 사람들에게 비루한 일상에 생기를 불어넣는 탈출은 반드시 전쟁이라는 치명적인 시련을 통해서 이루어졌다. 국가와 그 영광과 자유를 위한 순교는, 많은 사람들에게 자신보다 뭔가 대단한 것을 위한 삶의 방식이 되었다. 전쟁은 끔찍하고 혐오스러운 것이었지만 비루한 일상을 벗어나는 탈출구가 되었다.

그러나 피로 얼룩지고 환상과 기만으로 가득 차고, 수난과 탕진과 환멸로 귀결된 위대함의 체험은 평범한 인간성을 고차원적인 의식과 고결함으로 상승시키는 것이라기보다는 도달할 수 없는 이상에 대한 혐오스러운 대용물이 되었다.

그리고 이후의 평화는 의식의 수면발작적 마비 상태를 야기했다. 유럽인들은 20세기 전반부는 서로를 도륙하는 데에, 후반부는 자신들의 슬픔을 소비하고 위로하는 데 탕진했다. 슬픔과 쾌락으로 점철된 20세기 말경, 유럽인들은 개인을 위대하게 만드는 데에 정치는 아무런 역할도 하지 못한다는 해로운 교리를 가르치는 정치인과 도락가와 철학자들의 수중에 떨어졌다. 그리하여 유럽의 인민은 잠들어버렸다. 설사 나중에 깨어나지 못하더라도 유럽인들은 여전히 부자로 남아 있을 것이다. 그러나 그들은 평등과 자유와 위대함에서 온전한 수준에 이르지 못할 것이다.

그렇다면 대다수 보통 사람들이 친밀성과 사랑의 테두리 바깥에서 남의 앞잡이나 전사로 전락하지 않으면서 의식의 수면발작적 마비 상태에서 깨어나려면 사회와 문화가 어떻게 조직되어야 하는가? 똑같은 문제가 적과 동지의 투쟁이나 전쟁의 끔찍한 모호성에 아무런 영향도 받지 않는 다른 형태의 삶에서도 제기된다. 어느 조그만 나라에 태어난 개인은 어떻게 원대한 삶을 살 수 있는가? 개인이 원대한 삶을 살 수 있는 무대를 확장하는 데에 국가는 어떤 도움을 줄 수 있는가?

이에 대한 일반적인 답변은, 일상적인 활동을 지속적으로 수행하듯 자신의 일과 인생의 확립된 구조의 부분들을 변화시킬 기회를 개인에게 부여하고, 동시에 그 기회를 확대시키는 정치적·경제적·사회적 제도와 관행을 발전시켜야 한다는 것이다. 그런 제도와 관행은 변화의 재난 의존성을 줄이면서 개인을 고양시켜 마침내 신과 같은 존재로 만들 것이다. 한편, 이 문제들에 대한 특수한 답변은, 개인이 사소한 존재로 전락하지 않도록 국가가 도와야 한다는 것이다.

    11 개혁의 계기_사회민주주의의 재창조

아동 시절에 시작되어 전 경제활동 기간 동안 지속되는 교육은 반드시 낡은 것으로부터 새로운 것을 만들어 낼 수 있는 일반적·개념적·실천적 능력을 함양시켜야 한다. 교육은 현재에 저항하는 수단을 개인의 의식에 반드시 제공해야 한다. 바로 이러한 이유로 학교는 아이들에게 '우리처럼 되어라'라고 말하는 국지적인 가족공동체의 통제를 받아서는 안 된다. 동시에 학교는 중앙 교육 관료제의 수동적인 도구가 되어서도 안 된다. 교육 관료제는 협애한 공동체의 울타리에서 구출해 낸 아이들을 다시 보편적인 공식에 복종시키는 것일 뿐이다. 학교는 다양한 지원에 의지하고 다양한 책임 요소들에 부응해야 하지만, 동시에 다양한 지원과 책임 요소들 간의 경쟁을 작동시켜 집단적인 기억이 개인적인 상상력에 봉사하는 공간을 활짝 열어젖혀야 한다.

국가는 학교가 시작한 바를 이어서 해야 한다. 국가는 개인에게 세계 어느 곳에서나 통할 수 있는 경제적 수단뿐만 아니라 교육적 수단을 제공하는 데에 반드시 힘을 보태야 한다. 예컨대, 작고 부유한 나라는 국민을 국제적인 봉사 엘리트로 신중하게 전환시키는 일에 착수할 수 있다. 기업, 자선단체, 사회적 행동주의social activism에 이르기까지 전 세계가 개인의 활동 무대가 될 때 국민 생활의 진로도 바뀌게 된다. 지구적인 체험과 원대한 야망이 조국으로 되돌아온다.

현대 사회민주주의의 세 가지 특징적인 문제의 공통점은, 이 문제들이 사회민주주의 프로그램을 형성한 규제적이고 재분배적인 정책들로는 해결되지 않는다는 데 있다. 사회민주주의는 이미 생산과 정치를 재편하려는 시도를 포기함으로써 스스로 사소한 것으로 변질되었다. 사회민주주의는 정치와 생산의 두 영토에서 후퇴하고, 그 대신에 분배나 재분배의 영역에서 난공불락으로 보이는 입장을 발전시켰다. 사회적 약자 보호와 경제적 유연성의 화해라는 명분 아래 진행된 현재 사회민주주의의 공동화 현상은 이 퇴각 논리를 확인해 줄 뿐이다. 그러나 이제 사회민주주의가 출범했던 순간에 바로 퇴각해 버린 두 영토로 복귀하지 않으면 사회민주주의가 안고 있는 문제들을 해결할 수도, 그 생명을 유지할 수도 없다는 점이 분명해졌다.

시장경제의 제도적 형식에서 혁신이 이루어지지 않는다면, 이 문제들 중 어느 것도 해결할 수 없다. 민주주의를 심화시키지 않는다면, 제도적 실험주의를 작동시키지 않는다면, 변화의 위기 의존성을 줄이고 고에너지 민주주의 제도를 창조하지 않는다면, 시장을 민주화할 수 없다.

엄청난 경제적·정치적 파국이 없더라도 이 변혁을 추진할 수 있는 실재적인 사회적 힘은, 선도적인 생산과 학습의 섬들로부터 배제되어 있으면서도 이러한 섬에 진입하려는 근로대중의 욕구이다. 전체 구조를 바꾸기 시작하지 않는다면, 보통 사람들은 그러한 영역으로 받아들여질 수 없으며, 더 많은 기술적·경제적 유연성이 더 많은 사회적 통합과 조화를 이룰 수도 없다. 우리는 전체 구조를 조금씩 그리고 한 걸음씩 바꿀 수 있을 뿐이다. 우리는 청사진이 필요하지 않으며, 청사진을 원해서도 안 된다. 우리에게 필요한 것은, 명료한 방향

    11 개혁의 계기_사회민주주의의 재창조

관념과 후속 조치들에 대한 풍부한 잠정적인 억측들이다.

　느슨하게 규정했지만 엄밀한 조건을 갖춘 실험주의적 협력은 수단이자 목적이고, 방법이자 결과이다. 그러나 실험주의적 협력은 개혁의 방향과 일련의 후속 조치들을 제안하는 경쟁적인 프로그램들의 지원을 받기 전에는 불완전한 것이다. 이제 급진적 실용주의는 변혁적 정치로 변한다.

12

종교

주체를 깨우다

연결과 초월의 문제를 재론하다

오직 바보만이 인생에서 무엇을 할 것인지에 대해 명료하고, 포괄적이고, 신뢰할 만한 가르침을 주는 추상적 원칙을 구한다. '나는 무엇을 해야 하는가'의 문제는 인격적인 것에 우선성을 부여하는 철학이라면 반드시 답변해야 하는 문제이다. 이 책의 논거는 주체의 관념에 의존하고 있으며, 바로 이 관념이 사회에서 새로운 것의 영원한 창조에 관한 관념들을 촉진한다. 주체 관념은 발전된 도덕적 전망을 생성하거나 유지시킬 수 없지만 인생의 중심적인 문제들에 대한 어떤 태도를 시사한다. 주체 관념은 인생 경로에 대한 소상한 설명이나 권위적인 옹호를 제공하지 않지만, 그럼에도 불구하고 특정한 방향을 가리킨다.

우리 인생의 중요한 수수께끼와 갈망을 생각할 때, 우리에게는 피할 수 없는 두 가지 문제가 생긴다. 바로 연결connection과 초월transcendence 의 문제이다. 이 두 가지는 이 책의 서두에서 다룬 주체 관념 속에 이미 내포되어 있으며, 관념에서 지향으로 전환한 제7장에서 표면으로 부상했다.

연결의 문제는 주체 형성의 가능조건들이 벌이는 갈등이다. 우리는 실천적으로, 정서적으로, 인지적으로 타인을 필요로 한다. 타인에 대한 필요는 무한하고 결코 충족되지 않는다. 우리는 우리를 위해 타인이 행한 모든 것을, 완결할 수 없는 거래에서 납입한 첫 번째 할부금처럼 경험한다. 우리는 연결을 통해 주체를 형성한다. 그러나 타인이 우리에게 초래하는 위험 역시 무한하다. 즉, 온갖 종류의 개별적인 이익과 의사의 충돌 말고도, 타인은 존재하는 것만으로도 우리에게 끝없는 압력이 된다. 그래서 우리는 타인에게 접근하기도 하고 멀어지기도 하면서, 다가서기와 거리 두기 사이에서 동요한다. 그리고 보통은 신중하게 중간쯤의 거리에서 타협한다.

평정으로서의 자유는 주체 형성의 가능조건들이 벌이는 이 알력을 해소하거나 조정하려고 한다. 그 화해를 증명하는 가장 설득력 있는 체험은 개인적 사랑이다. 다시 말해, 개인적 사랑은 타자를 상상 속에서 근본적인 개인으로 인정하고 수용하는 경험을 제공한다. 그러니 개인적 사랑의 경험이 친밀하고 포괄적인 접촉의 영역을 뛰어넘어 사회생활에까지 지대한 영향을 미치기는 매우 어렵다.

초월의 문제는, 우리가 살고 있는 조직적인 사회문화적 세계들에 우리가 제기하는 두 종류의 요구에서 비롯된 모순이다. 우리는 인간에 대한 확정적 구조(행하고, 느끼고, 생각할 만한 전부를 수용하는 사회와 문화의 자연적 공간)를 찾을 수 없다. 그러한 자연적 공간은 없다.

우리가 세우고 거주하는 특정한 세계들만이 존재할 따름이다.

그리고 그런 특정 세계들이 우리를 현재의 우리로 만든다. 세계들이 우리를 형성한다. 그러나 그 세계들은 우리를 끝까지 완성시킬 수는 없다. 행위, 연상, 열정, 가치 있는 통찰에 쓰일, 아직 활용하지 않은 역량의 여분은 항상 남아 있다. 과거의 맥락이든 미래의 맥락이든 그 어떠한 맥락보다 우리 자신 안에 더 많은 것이 있다. 이 맥락들에 견주어 보면 우리는 무한하다. 맥락의 한계들과 부딪힐 때 우리는 우리 자신 안에 더 많은 것이 존재한다는 것을 깨닫는다.

승인된 이익과 공언한 이상을 실현하려면 결국 기성 구조가 허용하는 범위를 뛰어넘어야만 한다. 우리가 이 범위를 넘어가기 시작하면 이익과 이상의 그럴듯한 명료성도 사라지기 시작한다. 그러한 외견상의 명료성이, 인간 정신이 이익과 이상을 전통적인 관행과 친숙한 제도에 연결지어 떠올리게 한 탓임을 발견하게 되는 것이다. 그리하여 맥락의 교란은 인간 각자 안의, 만인 사이의 투쟁을 수반하며, 만인 간의 투쟁은 대화에서 전쟁까지 모든 수단을 수반한다.

우리의 특수한 이익과 이상뿐만 아니라 우리의 인간성도 우리에게 저항하고 싸울 것을 요구한다. 이 모든 경험을 통해 우리는 연결에 대해 우리가 제기하는 상충되는 요구들만큼 중요한 인간성을 규정하는 두 가지 조건이 벌이는 갈등에 직면한다. 우리는 특정한 사회적·문화적 세계에 참여해야만 한다. 자유는 연결뿐만 아니라 참여에서 나온다. 그러나 참여는 투항으로 전락할 우려가 있다. 즉, 주인에서 꼭두각시로 후퇴할 수 있다. 그래서 매 전환점마다 우리 자신을 해방시키면서 동시에 속박하는 참여와 정신적 유보(외부적 반란은 아니지만)에 의한 불참 사이에서 선택을 강요받는 것처럼 보인다. 이러한 불참은 우리의 독립성을 지켜 주지만, 그 실질은 상실하고 만다. 혼신의 힘을 다해 참여하면서 동시에 투항하지 않는 것이 우리가 원하는 바다.

그래서 우리는 우리가 항상 최종적으로 모반할 수밖에 없는 제도와 믿음의 맥락이 지닌 기본적인 성격과 구체적인 내용을 바꾸려는 야망을 품게 된다. 우리는 세계 안에 존재하는 것과 세계 바깥에 존재하는 것의 격차, 규칙을 따르는 것과 규칙을 바꾸는 것 사이의 격차를 감소시키는 방향으로 세계를 만들고자 한다. 이 일에 성공한다면, 우리는 우리의 특수한 이익과 이상을 더 효과적으로 실현시킬 수 있을 뿐만 아니라 우리의 인간성을 더 완전하게 개발할 수 있다. 세계는 망명지나 감옥이라기보다는 분명히 무한성의 징표들을 품고 있다.

초월의 문제는 연결의 문제에 연루되어 있다. 타인에 대한 무한한 필요와 타인이 초래하는 위험의 통제, 이 두 가지를 화해시키는 인간의 역량은 개인적 사랑의 특권적 영역 바깥에서는 제한적이나. 일상적으로 가장 좋은 방법은 중간적인 입장을 취하는 것이다. 자유롭고 번영하는 현대 민주주의 체제에서도 우리는 사회적 분업과 위계질서의 강제적 구도, 사회적 역할의 전형적인 배정에 따라 고용된 하인으로서 계속 복무한다.

우리는 아직까지도 우리 자신을 완전한 개인으로 만들지 못했기 때문에 개인적인 사랑의 변경 너머에서는 우리 자신을 완전한 개인으로서 서로에게 내주지 못한다. 우리가 서로에게 기꺼이 자신을 내

주도록 허용하는 것은 실험주의적 협력과 고에너지 민주주의의 작업이다. 실험주의적 협력과 고에너지 민주주의는 개인들에게 더 위대하고 다양한 역량을 제공하며, 더 나아가 문화의 세습 경향과 사회의 자동 장치들로부터 개인의 해방을 강화한다. 실험주의적 협력과 고에너지 민주주의는 더 많은 사람들에게 더 넓은 영역에서 강한 인간으로서 대범함을 가능하게 만든다.

연결의 문제는 조건이자 목표로서 초월의 문제에 연루되어 있다. 아이가 부모의 사랑 속에서 안전하다는 것을 느낄 때 주체 형성에 따르는 위험을 더 잘 감수할 수 있듯이, 성인도 타자와의 연결 속에서 그리고 기본적 권리와 역량 면에서 안전하고 보강받을수록 맥락에 더 훌륭하게 도전하고 맥락을 변화시킬 수 있다. 자유가 더 완전하고 생산적으로 타자와 연결할 수 있는 토대를 제공하지 못한다면, 미래의 영구혁신과 맥락의 질적인 변혁을 통해 획득할 수 있는 자유는 목표로서는 너무 투박하고 비인간적이며, 이상으로서는 영웅적이나 너무 아슬아슬하고 위태로워진다.

삶에서
이러한 문제들과 만나는 방법

삶 속에서, 즉 세계와 경화된 주체 관념에 저항함으로써 주체 형성의 교훈을 가슴에 새기는 사람들이 살아온 삶 속에서 연결과 초월의 문제는 순차적으로 변장을 하고 나타난다.

첫째로, 우리는 다중적인 주체와 다중적인 삶에 대한 환상을 포기하지 않으면 안 된다. 우리는 반드시 특수한 경로를 포용하고, 앞으로 개인으로서 우리가 이르게 될 그러한 경로의 귀결을 수용하지 않으면 안 된다.

이제 잃어버린 사지의 환영을 느끼고자 행하는 자기 절단이라는 폭력적 행동을 모방하지 않으면 안 된다. 즉, 우리는 가상적 사랑의 행동을 통해 우리가 되지 못하는 타인의 체험을 상상해야 한다. 이와 같은 주체의 확장은, 타인을 수용하고 상상하는 기초를 수립하는 동일시와 연민의 초기 경험과 부합한다.

나중에 우리가 세계의 특수한 장소에서 우리의 상황과 통찰의 한계와 씨름하며 환멸을 지혜로 착각하는 유혹에 맞서는 순간이 되면, 성격과 타협으로 구성된 '갑각층'이 우리 주위에서 생기기 시작할 것이다. 이러한 갑각층의 일부는 내부에서 생겨난다. 주체의 습관적인 성향은 성격을 형성한다. 이런 의례적 일상은 없어서는 안 된다. 그 일상이 우리에게 모험과 실험에 착수할 수 있는 정합적이고 안전한 장소를 제공한다. 그러나 우리의 자유와 생명력은 또한 우리 자신의 성격에 대한 저항뿐만 아니라 무한한 것을 유한한 것으로, 의외성을 공식에 따른 것으로 환원하는 태도에 저항할 것을 요구한다. 갑각층의 또 다른 일부는 외부에서 온다. 그것은 개별적인 상황의 한계에 대한 체념이다. 그리하여 우리가 영위하는 삶이 우리가 영위하게 될 유일한 삶이라고 생각하기 시작하고, 그 결과 이른바 운명을 수용하는 상태로 몰락한다.

경직된 성격과 당연하게 받아들여지는 타협의 결합은 주체를 미라로 만든다. 그러면서 우리는 수많은 작은 죽음을 체험하기 시작한다. 주체를 에워싸기 시작하는 이 미라를 산산조각 낼 때 비로소 삶을 영위할 수 있다. 덕과 의를 이루기 위해서가 아니다. 오히려 인간은 꼭 한 번 죽는다는 사실을 피하지 않고 살기 위해 우리는 미라를 박살낸다.

의지의 직접행동으로는 미라를 산산조각 낼 수 없다. 의지는 도덕적 입장의 도움을 받는 경우에 간접적이지만 강력하게 작동할 수 있다. 우리는 참여와 주체 변혁의 역동성을 통해 진보한다. 만약 반어적 초연함 속에 물러나 있다면, 육체에서 돌로 변하고 말 것이다. 그 경우 삶의 특수한 믿음과 형식을 우리 자신과 동일시함으로써, 이 동일시를 통해 패배와 실망을 받아들임으로써, 사유와 경험 속에서 신념의 전복을 감행함으로써 우리는 사는 것을 계속한다. 우리는 행동을 통해 희망을 품는 것을 배운다.

인간 상황에 내포된 고통과 모호성을 인정하지만, 내가 출발했던 주체 관념에 기반을 두면서도 미라를 깨뜨리고 삶을 영위하려는 인간의 야망을 정당화할 수 있는 관념은 어떤 것인가?

먼저 우리가 연결과 초월의 딜레마에 직면하여, 인생 경로에 대한 특징적인 표현을 체험하는 더 큰 상황을 고려해 보자. 우리는 선동과 권태 사이에서 우왕좌왕할 것이다. 일시적으로 야망과 좌절, 잔재미(특수한 것들 사이에서의 끊임없는 흔들림, 감당할 수 없는 짐을 특수한 것들에 지우려는 필사적인 노력)를 가까스로 침묵시키고 나면 냉담한 시선과 권태의 상태로 추락할 것이다. 당면 과제에 대한 참여와 타인에 대한 참여라는 행복한 순간들은 곧 상실과 공허 속으로 사라진다. 이러한 감수성 속에서 우리는 유한에서 무한을 요구하고, 무한에서 접근로를 요구하는 불가항력적인 인간성의 귀결을 고통으로 체험한다.

다른 한편, 어둠은 꿈결처럼 고통받는 인간의 실존을 감싸고 있으며, 그 어둠은 인간이 결코 지속시킬 수 없는 기쁨들로 멈추고, 육체의 충동·노고·고통으로 점철된다. 자연과학의 발전도 이 어둠을 결코 제거할 수 없을 것이다. 결국 과학은 우리에게 보편적인 것과 찰나적인 것의 역사, 더 나아가 이러한 역사의 특정 시점에서 발생할 수 있는 구속적 규칙성들만 알려 줄 뿐이다. 과학은 존재와 무의 차이를 줄이지 못하며, 존재가 무로부터 어떻게 왜 생겨날 수 있었는지, 왜 우리가 신이 아니라 필사의 존재에 불과한지를 해명하지 못한다. 과학은 지금도 그리고 이후에도 이 문제들 중 어느 것도 해명할 수 없다. 과학은 신의 정신이 아니라 인간의 육화된 정신으로 생각하기 때문이다.

필사의 운명으로 인해 인간 경험은 하나의 신비에서 또 다른 신비로, 간결하고 불가역적이며 극적인 행진에 집중한다. 우리가 서로에게, 그리고 우리의 일상과 애착에 눈을 돌림에 따라, 우리는 무한한 것을 향한 무한한 갈망이라는 짐을 이러한 덧없는 만남, 질박한 일상, 오류일 수도 있는 헌신에 지우게 된다. 그러나 그것들은 이 짐을 감당하지 못한다.

문제와 무지라는 배경에 비추어 연결과 초월의 문제를 풀 세 가지 해법, 즉 구원의 서사敍事, 주체의 초극, 주체의 각성을 고려해 보자.

구원의 서사는 우리가 연결과 초월의 문제와 벌이는 씨름을 의미와 희망이라는 더 큰 맥락에 위치시킨다. 사람들 간의 관계는 신과 우리의 관계를 미리 보여 주며, 우리가 신을 필요로 할 때조차 신은 우리를 필요로 하며 역사적 시간에 극적으로 결정적으로 불가역적으로 개입한다. 이 개입은 역사와 더불어 시작되어 영원까지 지속되며, 신은 우리와 세계로 하여금 유한한 상황과 무한한 동경 사이의 갈등뿐만 아니라 연결의 필요와 연결의 두려움 사이의 갈등을 극복하도록 예비시킨다. 우리의 위대한 세속적인 기획들(민주주의라는 대의와 빈곤과 억압의 완화라는 대의 등)마저도 그것들이 이 구원의 작업 안에서 담당하는 역할을 통해 의미를 획득한다.

우리가 이 구원의 서사를 믿고 싶다고 해서 믿을 수 있는가? 만약 우리가 이러한 서사를 은유로 다룸으로써, 즉 신과의 인격적인 만남의 기록을 비인격적인 경건성과 도덕성의 비전으로 바꿔서 우리의 믿음을 구하고자 한다면, 그것은 우리의 염려와 희망을 직접적이고 강력하게 말하도록 허용하는 바로 그 특징들을 이 서사에서 공동화시키는 행위다. 오직 이 서사를 펼쳐 가는 경우에만 우리는 서사를 복구할 수 있다.

우리는 서사가 자세히 기술하는 역사적·초역사적 사건들의 진리, 한 마디로 서사에 대한 진리의 판단을 피할 수 없다. 만약 서사가 의지를 일으키고 정신을 위로하는 방법이라면, 구원의 서사 역시 오랫동안 변혁적 정치에 영감을 주고 동시에 이를 오도한 마르크스주의와 같은 정치적·사회적·경제적 구원의 역사적 서사가 안고 있는 결함을 피할 수 없다. 우리가 우리에게 걸어 둔 주문呪文은 우리 상황을 제약하는 조건과 기회를 그릇되게 표상하도록 유도한다. 결과적으로 우리는 상대적으로 명료하게 보지도, 자유로워지지노 못한다.

실용주의적 주제와 방책을 추구하는 논의에서 진실성에 대한 불평을 늘어놓는 것이 낯설어 보일 수 있다. 실용주의 전통이 단순히 도구적 진리관을 제공한다는 통속적인 견해가 널리 유포되어 있기 때문이다. 내가 이 책에서 가장 적극적으로 구출하여 발전시키고 싶은 실용주의의 요소는, 편의성을 위해 믿음을 희생시키는 태도가 아니라 비인격적인 것에 대해 인격적인 것의 우월성을 견지하는 태도이다.

바로 인격적인 것과 역사적인 것의 영역에서, 진리의 발견을 전략 수립의 문제로 환원하는 것에 저항할 가장 강력한 근거를 확보할 수 있다. 우리의 자연 지식은 세계에 대한 표상으로서보다는 실천적 개입에 대한 안내로서 더 신뢰할 만하다. 왜냐하면 자연에 대한 지식은 대상과 의식 간의 비대칭으로 제약받고, 비인격적인 이율배반에 포위당하기 때문이다. 분명히, 사회와 인격에 관한 강력한 견해들은 모두 일종의 자기충족적인 예언이다. 이 예언은 예언을 실현시키는 방향으로 우리를 추동한다. 그러나 이 근절하기 어려운 자기완성의 충동은 자기규제적이다. 우리는 곧 현실 그대로의 사람들과 현실 그대로의 사회가 부과하는 저항에 맞닥뜨리게 된다. 그래서 사회적·인격적 관념에서 자기충족적 예언은 우리로 하여금 위안거리를 진리로 착각하게 하는 대신에 현실과의 대면을 강요한다.

실존의 문제를 풀 두 번째 해법은, 주체의 초극이다. 주체의 초극 문제는 쇼펜하우어와 플로티노스의 철학, 부처나 노자의 가르침 속에 다채롭게 나타난다. 이들의 해법은 주체 너머에 있는 보편적이고 궁극적인 실재와 의식을 일치시켜서 개인적 분투를 중단하라고 제안한다. 그리하여 현상적인 차이와 개인적 주체의 실재성을 철저히 낮추어 평가하는 방식으로 타인들뿐 아니라 사회 및 문화와 화해한다.

여기서 형이상학적 그림과 실존적 지향은 유기적으로 연결된다. 다양체 안에서 차이들의 궁극적 실재성을 부정하는 것은 불안과 권태의 끔찍한 반복 속에서 분투의 포기를 정당화한다. 분투의 중단은 현상계의 차이들을 우리의 의식 속에 홀로 생생하게 유지시킬 수 있는 대치선에서 눈을 돌리게 한다.

주체를 초극하는 데 지불하는 도덕적 비용은 주창자들이 그 편익이라고 주장한 바로 그 효과이다. 이러한 형이상학을 채택함으로써 그리고 이 치료법을 세계에서 실천함으로써 우리가 상실하는 것은 세계이고, 삶이다. 우리의 경험은 확장의 구실 아래 움츠러든다. 우리의 구체적 체현과 사회적 위치 때문에 우리가 주체에서 궁극으로의 복귀라는 허세를 감당할 수 없을 때, 우리는 우리가 노동한 장소에 감금된 채 더 초라한 모습으로 전락할 것이다.

이 도덕적 비용은 인식론적 비용으로 가중된다. 우리는 의식 속에 검증 시험이 오로지 외부에서(거리 두기와 부정으로 정복당하기를 거부하는 인격적·사회적 실체들이 바깥에서 문을 노크하는 것) 올 수 있는 상황만을 설정한다.

세 번째 해법은 타인과 현상계에 대한 주체의 각성awakening of self이다. 주체의 각성은 우리의 경험, 특히 사람뿐만 아니라 현상의 차이에 관한 경험에 참여를 집중시키는 것이다. 그러한 각성은 고통과 기쁨의 순간에 돌발하는 수면발작적 마비에서 현존, 주의, 연관성으로 이동하는 것이다. 경험의 집중화와 차이의 인정이 연결되어 있다는 것은 개인적 주체의 실재감에서 가장 온전하게 드러난다. 이 실재를 부수현상이라고 기각하지 말고 만사에 규정적인 힘을 가진 실재로 간주해야 한다.

따라서 주체의 각성은 모든 점에서 주체의 초극을 향한 시도의 바탕을 이루는 실존적 태도와 형이상학적 비전을 역전시키는 것이다. 이 각성은 주체에 대한 관념과 주체의 세계에서 벌이는 투쟁에 관한 관념(내가 급진적인 실용주의의 중심에 놓자고 제안한)을 취하고, 이를 실존의 문제에 대한 응답으로 발전시킨다. 주체의 각성은 그 의도에 관한 많은 징표를 보여 주며, 각성 자체를 그 주장들이 제기하는 수많은 시험에 응하게 한다.

정치와 문화에서 그러한 각성은 우리를 미래의 영원한 창조로, 보통 사람들의 권력과 일상적인 경험이 권위를 갖는 쪽으로 이끈다. 사회의 구조는 상상력의 작업 방식을 꼭 빼닮게 된다.

도덕적 비전과 도덕적 행동의 형성에서 이 각성은 주체의 미라화化에 저항을 불러일으키고, 더 일반적으로는 초월의 문제에 대한 응답에 연결의 문제를 통합하려는 노력을 함께 일깨운다. 우리가 실천적 역량을 발전시킬수록, 우리의 중대한 도덕적 목적은 주체와 만나는 경험을 통해 위대함과 사랑을 화해시키는 쪽으로 바뀌게 된다. 영웅적 윤리라는 환상에 오염되지 않고, 일상적인 경험의 자극에 열려 있고, 보통 사람들의 역량을 존중하는 화해를 추구하게 된다.

주체의 각성은 실제로 협소하고 우연한 시점에서 보고 이해할 수 있는바, 전체 세계에 대한 상상을 통해 아동의 관점에서 느낀 세계를 다듬고 변형하면서 회복하려는 시도를 자극한다. 예술과 과학은 현실 세계를 변혁적 변주와 가능성의 배경 속에 위치시켜서, 현실 세계 안에서 보고 발견하고 상상하고 예언하고 창조한 차이에 관한 인식

을 심화시키는 작업을 공동으로 벌인다. 변화에 대한 상상력은 실재
와 실재적 차이에 대한 감각을 흐리게 하기는커녕 더 예리하게 한다.
비록 우리가 세계를 만들지 않았지만, 광활한 세계 전체는 우리의 꿈
이 되고, 세계 안의 모든 것은 꿈을 꾸는 의식의 시각적 안도감 속에
서 우리에게 나타난다.

실존적
선택들

주체의 길에 관한 문제를 다른 시각에서 상상해 보자. 그것은 우리 시대의 가장 야심 차고 포괄적인 사유로 우리에게 제시된 실존적 선택지의 시각이다. 다른 출발점에서 출발하더라도 우리는 똑같은 결과에 도달할 것이다.

우리는 죽음의 확실성과 최종성을 피할 수도, 우리의 실존이나 세계의 실존에 관한 신비를 제거할 수도 없기 때문에, 흔히 인생살이와 타자에 대한 애착, 갈등에 말려들어간다. 이 참여는 우리의 의식을 차지한다. 그러한 참여가 집중적일 때에는 비록 적대감, 모호함, 후회와 두려움의 그림자가 동반하더라도 우리는 기쁨으로 채워진다. 이 집중은 과업에 대한 헌신이나 타자에 대한 열망으로 발전할 수 있다.

그러나 이 집중은 흔들린다. 일상 속으로 빨려 들어가 사라질 우려가 높다. 문제는 우리 경험의 필수적 특징인 반복과 습관이 아니다. 문제는 우리가 반복의 와중에 신성성(맥락 초월적인 정신의 특질)을 지속시키지 못한다는 점에 있다. 즉, 일상 속에서 정신을 구현하는 데에 실패한다는 것이다.

결과적으로 우리는 마치 누군가 써 놓은 대본에 따라 연기하는 것처럼 우리 삶의 많은 부분을 미망 속에서 살아간다. 여기서 그 누군가는 개인도 아니고 심지어 집단도 아니다. 그 누군가는 바로 우리가 사는 세계에서 우리의 준거 틀을 설정하는 사람들과 권력을 행사하거나 예속 상태를 겪는 사람들의 비인격적이고 우월적인 집단적 권위를 의미한다. 우리는 그러한 사람들이 되지만, 그들은 우리 각자가 되지 않는다.

생명력의 명멸은 부분적인 죽어 감이고, 점진적인 죽어 감이다. 그것은 위안을 수반한다. 쇠락하는 의식의 수면발작적 마비 상태는 인간이 엄청난 상실을 주시하고 상황에 대처하는 것을 방해한다. 물질적 필요와 경제적 빈곤의 압력은 우리를 실천적 책무에 묶어 둔다.

이제 다음 세 가지 답변을 검토해 보자. 이 답변들은 모두 우리 시대의 사상과 예술, 경험에서 고유한 역할을 수행한다. 그러나 오로지 세 번째 답변만이 인간 실존의 사실들과 양립할 수 있는 신성화의 길로 우리를 이끈다.

첫 번째 답변인 **구원의 서사**는, 죽음으로의 몰락과 무의미한 것에 대한 집착의 광경을 우리 눈앞에 냉혹하게 펼쳐 보여 준다. 그 목표는 우리 내부에서 끔찍한 공포와 사나운 혐오를 유발하여, 능동적이고 의식적인 인성을 부인하려는 것에 반란을 꾀하도록 자극하는 것이다.

왜 그렇게 하는가? 냉정을 잃지 않도록 하기 위함이다. 이로써 우리는 삶의 대의들을 다시 주창하기보다는 우리의 일상적인 체험을 채우고 있는 차이들의 중요성이나 실재성을 부정함으로써 냉정을 유지한다. 현상계의 차이들을 근본적인 실재의 외연으로 보고 존재의 광휘를 확인한다. 우리는 세계에 주의를 기울이고, 세계를 환호하고, 세계의 맹진을 확인한다. 우리는 우리 자신을 버림으로써 무지와 죽음을 극복한다.

이렇게 뒤떨어지고 왜곡된 이교적 사상은 고대의 주체초극 이론의 다른 모습이다. 이 사상은 영원한 철학의 형이상학적 관념으로 정당화되곤 했다. 오늘날에도 이 사상은, 현상계의 특수자들을 이해하고 그 세계에서 변혁적인 행동의 경로를 조종하려는 시도와 철학 전통은 다 부질없으며 끝장났다고 아주 빈번히 주장한다.

이 응답의 결과들은 그 오류들을 보여 준다. 수수방관과 기다림이나 환호와 주시의 행동만으로는 의식이 수면 상태로 몰락하는 것에 저항하는 참여를 존속시킬 수 없다. 비록 고대적인 주체초극 이론과 그 황홀한 침묵의 프로그램을 영원한 철학에 의존하지 않고 새로운 가면 아래서 갱신하는 일이 개별 철학자와 예술가들의 몫이라고 할지라도, 우리 자신뿐 아니라 세계에 대해 투쟁할 때에만 이 참여를 지속시킬 수 있다. 따라서 이 답변은 어느 누구도, 심지어 그 고안자들조차 실행할 수 없는 이론이다.

두 번째 답변인 **주체의 초극**은, 의식의 쇠퇴와 자동 반응을 초래하는 개인성의 억압에 주목한다. 그리고 독창적인 인성을 망가뜨리는 제도적 장치, 고정된 역할, 경직된 의식 형태에 저항하자고 제안한다. 우리는 영원한 부정의 길(즉, 집단적이고 개인적인 모반을 통해서 모든 구조에 반드시 '아니오, 아니오, 아니오'라고 말하는)을 걸을 때에만 우리를 더욱 신성하고 인간적으로 만드는 특성을 재확인할 수 있다는 것이다.

구조에 대한 영구반란은 통찰의 실패와 마음의 동요를 드러낸다. 영구반란은 통찰의 실패이다. 영구반란이 모반하는 구조들이 그 질이나 내용에서, 즉 구조를 벗어나는 행위자의 역량과 구조가 맺는 관계가 다를 수도 있다는 점을 인정하지 않기 때문에 영구반란은 통찰의 실패이다. 구조들은 도전과 변화에 대항하여 상대적으로 더 확고하게 구축될 수 있으며, 행위자에게는 자연적 필연이나 낯선 운명으로 나타난다. 아니면, 일상생활의 활동 과정에서 상대적으로 더 원활하게 수정의 대상이 될 수 있다.

이 같은 대안적 방향에서 구조를 개혁할 때 우리는 비로소 실천적 역량을 제고하고 구축된 사회적 분업과 위계서열의 본질적인 토대들 약화시키는 것 이상을 수행할 수 있다. 구조 내부에 있는 것과 구조 외부에 있는 것 간의 간극을 없앨 수 있다. 우리 안의 무한한 것들에 더욱 적합한 구조를 만들 수 있다. 이와 같은 변화의 가능성을 깨닫지 못하면 굴종의 형식인 미신의 노예로 살게 된다.

영원한 부정의 길은 구조, 즉 일상과 반복, 법과 관행 안에서 정신을 살게 만드는 우리의 능력에 관한 절망을 드러내기 때문에 영구반란은 마음의 동요이기도 하다. 이러한 희망의 상실 상태는 우리가 우리 자신에게 저지른 죄악이고, 이탈·초월·변혁을 겨냥한 우리의 역량에 저지른 죄악이다. 영구반란에는 두 가지 형식이 있다. 하나는 정치적 형식이고, 다른 하나는 개인적인 형식이다. 정치적 형식의 영구반란은, 맥락을 보존하는 활동과 맥락을 변혁하는 활동 간의 격차를 좁히고 변화를 사회생활에 내재적인 것으로 만드는 쪽으로 사회와 문화를 조직하려는 모든 시도를 폐기한다. 개인적인 형식의 영구반란은 제도들, 특히 결혼 제도와 공동생활의 대화와 상호적 희생 속에서 사랑이 살아 있도록 만드는 모든 기도를 접어 버리는 것이다. 낭만적 사랑(일상 속에서 육체를 갖지 못하고 육화될 수 없는 정신)은 반복을 죽음으로 이해한다. 희망을 상실하는 정치적 형식과 개인적인 형식은 똑같은 폐업閉業의 사례들이다.

세 번째 답변은 내가 주장한 **주체의 각성**이다. 앞에서 기술한 두 답변과 마찬가지로 이 답변이 갖는 매력은, 인간의 필멸성과 인간의 무지(우리가 가장 높이 평가하는 필멸성이 어떻게 필요와 분주함, 부질없는 일로 인해 무의미의 진공 속에서 흔들리는지에 대한 무지)와 기어이 대결하려는 노력에 의존한다.

이 도덕적 기획을 좌절시키는 가장 큰 위협은 주체의 포획이다. 우리는 우리가 영위하는 삶이 우리가 살게 되는 유일한 삶이라는 점을 갑자기 깨달을지도 모른다. 우리는 우리의 무한성, 달리 말해 우리의 인간성을 부정하는 상황에 붙잡혀 있다. 이제 우리는 저항한다.

이 저항의 한 가지 형식은, 구조를 초월하는 인간의 본성을 인정하고 이를 함양하고 개발하는 구조를 창조하려는 노력으로 사유와 정치를 재정립하는 것이다. 한편으로 미래에 대한 지향성은 인간이 사회 및 문화의 기성 조직을 통해 전면적으로 결정되지 않은 존재로서 현재를 살아가는 방식이기도 하다. 이 길은 자유롭고 평등하고 번영하는 사회에서도 오직 소수에게만 직접적으로 열려 있다. 그리고 심지어 이 소수에게도 부적절한 해법을 제공한다.

우리가 투쟁으로 요구했던 사태들이 발생하고, 그것이 우리가 원하던 바가 아니라는 점이 증명되는 것을 보기도 전에 대개 우리의 삶은 끝난다. 우리 앞의 사람, 우리가 살고 있는 순간, 우리가 헌신하는 과업, 지금 기억나는 체험(꿈속에서처럼 고양되고, 사유와 정치에서처럼 다음 단계에 대한 상상력으로 변형되고, 그렇지만 일상적인 깨어 있는 생활에서처럼 제약의 규율과 반복의 요구에 복종하는 현상계에 대한 의식의 집중)이 바로 위축당한 존재의 삶 안에서의 죽음, 그 독성을 없앨 해독제이다.

현상계로의 정신의 전향은 역설적으로 미래에 대한 지향과 연결되어 있다. 상상력의 작동 구조는 이 연결을 조명한다. 사태나 현상을 파악하는 것은, 사태나 현상이 일정한 개입 행동의 결과로서 나른 것으로 변화할 수 있다는 점을 통찰하는 것이다. 사태를 변혁적인 변형의 범위 안에 놓기 전에는 사태를 파악한 것이 아니라 그저 바라본 것에 불과하다. 이러한 상상적 작업의 핵심 구조는 세계 속에서 행동하는 것, 행동에 대한 저항에 맞서는 것, 그 저항을 극복하는 것에 관한 우리의 경험이다.

우리가 직접 쓰지도 않은 대본의 꼭두각시로, 우리 내부에서 맥락을 초월하는 존재로서 우리의 참모습을 인정하지 않는 상황의 포로로 머문다면, 우리는 현상계와 타인들에게 우리 자신을 온전하게 헌신할 수 없다. 인간 해방을 시작하고자 사회와 문화의 변혁을 기다릴 필요가 없다. 우리는 지금 당장 시작할 수 있다. 행동과 사유의 모든 영역에서 극단적인 박탈과 병약을 겪지 않는 한, 우리의 입에서 나오는 질문은 '우리는 다음에 무엇을 해야 하는가?'가 되어야 한다. 프로그램적 사고와 재구성적인 행동의 야심 찬 형식들은 간단히 이 질문 범위를 확대하고 답변의 범위도 동시에 확장한다.

전환점마다 '다음에 우리는 무엇을 해야 하는가'라고 묻도록 허용하는 것은 상상력과 실존적 태도의 결합(새로움과 체험의 희망적이고 참을성 있는 활용)이다. 우리로 하여금 이러한 태도를 지속할 수 있게 하는 것은, 우리 자신의 능력(안전과 역량)을 발휘하면서 드러내는 상승 일로의 자신감과 사랑(세계뿐만 아니라 타인에 대한 사랑)의 결합이다.

단기적인 정치 의제에서 배제된 권리들로 확립되는 근본적 보호 수단과 재능의 영역을 마련하는 것은 더 일반적인 진리의 가장 중요한 정치적 표현에 지나지 않는다. 아이에 대한 부모의 사랑이 아이에게 세상에서 무조건적인 위치를 확인시켜 주고 주체 형성을 위해 아이가 기꺼이 위험을 감당하도록 장려하듯이, 이러한 역량을 향상시키는 권리들은 개인들이 각자의 방어기제를 풀고 새로운 것을 찾도록 조력한다. 단기적으로 이 권리들의 변화를 더 곤란하게 하는 규칙과 원칙들로부터 이 권리를 보호하고, 정치 영역에서 이를 부분적으로 끄집어내는 것은 역설적인 결과를 낳을 수도 있다. 정치적 도전에 맞서 이 권리들을 확고하게 구축하는 것은, 정치의 범위를 확장시키고 정치의 집중력을 증대시킨다.

그러나 이때 우리의 목표는 사회적 공간의 엄격성을 가능한 한 완화시키는 방향으로 이 보호 수단과 재능을 한정하는 것이어야 한다. 개인의 안전과 집단생활의 두드러진 형식에 대한 불가침성을 동일시하는 신분 체계는 개인의 안녕이나 정체성과 사회적 엄격성을 혼동한 극단적 사례이다. 우리가 마땅히 희망해야 하는 것은 그 반대 극단, 곧 역량을 향상시키는 권리 및 기금의 구축과 여타 모든 제도의 구축 간의 분리다. 우리에게는 이 반대 극단의 구축에 활용할 만한 예가 없다. 재산과 계약에 관한 근대 법 전통을 포함하여 현존하는 경제적·사회적·정치적 조직의 형식들은 이러한 가상의 스펙트럼에서 서로 다른 중간 지점에 서 있다. 다른 곳과 마찬가지로 여기서도 개인들은 평정심과 연결을 관련시킴으로써, 정치와 법이 사회생활의 규율 방식으로서 아직 제공하지 못한 바를 반드시 만회해야 한다.

주체의 각성에 영감을 주는 것은, 현상 세계의 근본이라고 추정되는 통일적인 존재의 빛이 아니다. 그러한 빛은 현대판 주체 초극 관념을 고취시킬 뿐이다. 주체의 각성을 고취시키는 것은 진짜 사랑, 현실의 인간들이 실제로 주고받는 사랑이다. 세계에 대한 사랑은 이런 인간적 사랑의 유출로 나타난다. 플로티노스의 샘은 위에서 아래로, 저 위에 감추어진 존재에서 현상계로 흘렀다. |고대 로마 철학자인 플로티노스는 '신플라톤주의' 사상가로 분류되는데, 모든 실재는 일자一者로부터의 유출로 이루어지며, 사람의 영은 일자와 합체를 이룰 때까지 끊임없이 재생

   12 종교_주체를 깨우다

을 거듭한다고 주장했다. | 그러나 이제 샘은 똑바로 흐른다. 세계에 대한 사랑은 더 밝은 불꽃, 즉 인간적 사랑의 반영부半影部이다.

인간의 무지와 필멸성의 조건에 대한 **첫 번째 답변** |구원의 서사| 은 고대적 주체 초극설의 현대판에 불과하다. 이는 전통적인 주체 초극의 교리를 지지했던 영원한 철학의 요지들을 현대인이 만족할 만한 언어로 바꾼 것에 불과하다. 구조에 대한 영구적인 낭만적 반란이라는 **두 번째 답변** |주체의 초극| 은 개인의 구원을 다룬 위대한 세계종교들 안에서 항상 이단으로 존재한 '부정의 방법via negativa'의 정치적·도덕적 견해의 형태로 민주주의 아래서 존속한다. 주체의 각성이라는 **세 번째 답변**은 신학적 배경은 없지만, 구원 서사의 특징을 이루는 일련의 도덕적·심리적 신념의 일환으로 보일 수도 있다.

진술의 형식으로 말하자면, 주체의 각성은 그리스도나 교회가 없는 기독교에 불과할지도 모른다. 이러한 관점에서 주체의 각성은 지난 500년간 서구에서 기독교의 황혼을 장식한 관념들과 닮아 있다. 주체의 각성은 어떤 권력을 누리든지 간에 그 권력을 모두 주체의 각성과 사라진 신앙 간의 관계에서 얻기 때문이다. 많은 사람들이 기독교도임을 공언했을 때 이교도가 되었고, 어떤 사람은 이교도로 변했을 때 기독교도가 되었다. 즉, 배교의 순간이 회심의 순간이었다.

그러나 이러한 계보학적 언급의 제약된 진실에서 통찰이나 행동을 위한 결론은 분명히 나오지 않는다. 신과 인간 사이의 교섭(개종한 배교자들이 더 이상 믿을 수 없는)은 우리 자신에 관한 진실의 불가결한 보고寶庫인가? 아니면 이러한 종교적인 견해가 우리 안에서만 근거를 가질 수 있는 것의 근거를 우리 바깥에서 제공하려는 시도를 의미하는가?

인생에 대한 지침으로서 주체의 각성이라는 교리는 자력으로 스스로를 추천하지 않으면 안 된다. 사회민주주의의 재정립이 급진적 실용주의의 귀결일 수 없듯이, 주체의 각성은 내가 주창하는 급진적 실용주의의 귀결이 아니다. 철학적 입장은 다양한 경험 영역에서 부상하는 통찰과 자극을 연결하고 일반화할 뿐이다. 그런 통찰과 자극에서 반사되는 빛을 이 통찰과 자극에 되비출 뿐이다.

지금 이 작업을 한다는 것은 무엇을 의미하는가? 우리는 주체와 그 신성화에 관한 견해를 고취시켰던 믿음을 잃어버렸다. 믿음을 잃어버렸을 때 사실은 복원 중이라고 자위했으나, 우리는 확신할 수 없었다. 우리는 모두 중요한 것이라면 어떤 것도 우리가 변화시킬 수 없을 거라는 느낌과 더불어 만물이 원리적으로 서로 다를 수 있다는 관념을 이미 알았다. 필연주의에 대한 승리는 허울뿐인 것으로 보였다. 우리는 다른 문명의 주요 원리를 파괴하는 서구의 공격이 앞세운 혁명적 관념을 목격했다. 그 결과, 다른 문명은 오로지 소도구나 고루한 화석으로 남았다. 세계를 혁명의 불바다로 만든 사회적·개인적 변혁에 관한 관념들은 제국을 통해 세계를 정복하고, 승리의 순간에 말라죽은 것처럼 보였다. 인류의 주요한 철학적 전통이 나눈 대화는 죽은 자들의 회합이 되었다. 우리는 더 이상 믿을 수 없는 전제들에 입각한 필연적 진보라는 서사시를 통해 변혁의 의지를 일깨웠다.

그러나 이제 우리에게 남은 것이라곤 신물 나게도 사슬에 매여 노래하고, 우리 자신에게 주문을 걸고, 사적인 쾌락을 실험하고, 고대의 평정 윤리를 쇄신하는 것뿐이다. 냉소적 거리 두기는 투항과 죽음을 의미할 것이다. 우리에게는 항상 인간 문명의 영원한 도덕적 공식이 있었다. 19세기와 20세기 소설이 스러져 가는 빛의 마지막 깜박거림으로 그 공식을 제시했다. '당신은 세계를 바꿀 수 없을지라도 당신 자신을 바꿀 수 있다. 그리고 당신 자신을 바꾸는 길은 세계, 곧 당신의 세계를 바꾸려고 시도하는 것이다. 비록 당신이 세계 자체를 바꿀 수는 없을지라도.' 우리는 이 믿음을 진리라고 말했으며, 이 진리를 확증해 주는 행동 방식과 이 믿음을 부조리에서 구출하는 사유 방식을 발견하고자 했다.

주체의 두 가지 각성

주체는 두 번 각성한다. 첫 번째 각성은, 의식의 긍정과 의식을 통한 개별적 인성의 긍정이다. 우리는 의식적인 생활의 경험 속으로 완전히 진입함으로써 의식을 긍정한다. 의식적인 생활의 경험 속으로 완전히 진입한다는 것은, 그 경험을 확대하고 그 한계를 확장하는 것이다. 그런데 이 확장은 개별적 의식과 정체성의 상실이라는 상반된 경험을 낳는다. 우리는 겁에 질려 의식적 주체의 요새로 물러나 과거에 상실조차 무릅썼던 바를 새로운 힘과 명료함으로 고수한다. 주체의 첫 번째 각성이 던지는 주된 역설은, 주체감sense of self(의식의 파악과 인성 차이의 고수)을 더 훌륭하게 재확인하려면 상실을 무릅쓰지 않으면 안 된다는 점이다.

서구 전통에서 플로티노스만큼 이 역설을 탐구한 사상가는 없다. 그러나 고대 인도 철학자들 사이에서는 수세기에 걸쳐 친숙한 논제였다.

자의식에 관한 우리의 경험을 확장시키고 모험해 볼 수 있는 두 가지 방향이 있다. 하나는, 우리 신체의 삶 속으로 더 전면적으로 진입하는 것이다. 이는 이상해 보이지 않는다. 의식은 고통과 쾌락 또는 인식의 신체적 상태를 가리키는 상세한 지도이고, 스피노자가 늘 말하던 신체의 관념으로 전환된 정신이다. 우리가 신체의 기분과 변화를 면밀하게 추적하고, 통상 인식에 부여한 범주적 기준을 제거함으로써 의식 속에서 신체를 더 온전하게 확인하면 할수록, 차이감은 점점 소멸할 것이다. 그 결과, 전체 현상계와 이 세계 안에 육화된 주체는 흐릿한 불빛(즉, 멀리서 신체와 세계를 근심스레 바라보면서 의식의 요새 안에서 바짝 경계하며 머무는 한에서만 유지했던 개별적 주체감의 황혼) 속으로 소멸하기 시작한다.

다른 방향에서 보면, 우리는 두 종류의 몰입 때문에 의식의 요새를 버린다. 하나는 자기 변명적이고 소모적인 것으로 경험하는 활동에 몰입하는 것이고, 다른 하나는 우리의 주의를 끌기에 충분한 것으로 체험하는 주변 현상계의 광경에 몰입하는 것이다.

첫 번째 유형의 몰입을 통해서 우리는 한동안 온갖 불안과 염려를 잠재우는 일에 집중한다. 몰입하여 그 일에 집중하는 동안 그 일은 의식적인 삶 전체를 장악할 만큼 대단해 보이기 때문에 우리는 권태를 느끼지 않는다. 시간에 대한 우리의 경험은 변화한다. 우리는 운동과 변혁을 겪으며, 시간에 대한 감각을 실재적인 것으로 만든다. 그러나 죽음을 향해 무제한으로 돌진하는 시간은 정지된 것처럼 보인다.

두 번째 유형의 몰입을 통해서는 현상계에 눈을 뜨게 된다. 현상계

는 우리에게 꿈속에서처럼 온갖 차이와 광휘가 강화된 채로 나타난
다. 그 세계는 우리의 주의를 완전하게 사로잡아서 의혹, 불만, 의심
의 여지가 전혀 없다.

두 종류의 몰입 모두 외적으로 표출하며, 자의식과 차이에 관한 우
리의 핵심적인 경험의 향상을 표현한다. 그러나 둘 다 주체와 주체 외
부에 존재하는 것을 나누는 경계의 명료성을 침해하고, 의식에 관한
우리의 체험이 의존하는 거리를 좁히면서 스스로 향상시킨 바를 위
협한다.

신체로의 하강과 두 가지 몰입으로의 상승은 우리를 놀라게 하고
강화시킨다. 우리는 물러나 수세적인 주체의 벽 안으로 들어간다. 이
러한 외화外化와 복귀, 확장과 좁히기, 의식의 다양한 층위들 사이에서
끊임없는 이동이 **주체의 첫 번째 각성**이다. 이는 개별적 인성과 육화
된 정신의 경험에 대한 각성이다. 각성은 이중의 그림자, 즉 타인을
고려해야 할 필요 그리고 사회구조와 화해해야 할 필요의 그림자 아
래서 이루어진다.

우리는 삶의 물질적 유지에서부터 주체의 의미 확인에 이르기까지
모든 면에서 타인을 필요로 하고, 동시에 타인을 우리의 독립적 생활
에 대한 위협으로 느끼기 때문에 친밀과 배척 사이에서 불안하게 움
직인다. 일상적으로 우리는 잘못된 중간 위치를 택한다.

사회의 질서는 언제든지 다시 시작될 수 있는 투쟁(서로에 대한 사
람들의 요구 조건을 둘러싼 투쟁)의 일시적인 중단이나 억제에 불과하
다는 점을 인정하기 때문에, 우리는 사회생활에서 야만과 위험의 암

류^{暗流}들을 제거하는 규칙과 예의범절을 유지하려고 한다.

주체의 두 번째 각성은 우리 안에서 무한한 것과 절대적인 것에 대한 요구의 발견이다. 그러한 요구가 일단 발견되면 인간은 그 요구에 저항할 수 없으며, 그것을 반드시 실행하지 않으면 안 된다. 이러한 요구의 실행은 우리가 이전에 경험한 것의 의미를 모두 바꾸어 놓는다. 따라서 두 번째 각성은 의식과 차이의 경험에서 하나의 혁명이다.

두 번째 각성은 처음에는 첫 번째 각성의 특징을 이루는 경험들의 중단과 재정립의 형태로 발생한다. 일단 이러한 중단과 재정립의 성격을 이해하고 나면, 우리는 두 번째 각성이 어떻게 인성과 사회에 관한 특정한 믿음들의 확산으로 촉진되는지, 두 번째 각성의 표현이 어떻게 사상과 정치에서 발전을 요구하는지를 알 수 있다. 두 번째 각성은 사회적이고 개인적인 변화에 대한 통찰의 진보뿐만 아니라 민주주의의 역사와도 분리될 수 없다.

서로 연결되어 있는 두 가지 사건이 두 번째 각성의 뿌리를 이룬다. 첫 번째 사건은, 사회적 세계와 자연적 세계에서 인간이 소외되었다는 점과 인간의 무한성(여건과 구조에 대한 인간의 우월성)에 대해 이 세계들이 무관심하고 적대적이라는 점을 발견하는 것이다.

우리는 자연적인 존재이다. 우리의 초월 능력은 뇌의 가소성^{可塑性} |128쪽 옮긴이주 참고| 과 신체적 특징들로 예시된다. 인간의 행위 영역을 통찰하는 능력을 시험적으로 확장해야만 알 수 있는바, 자연은 인간을 더 신적인 존재로 만드는 우리의 노력에 냉담하고 우리에게

좌절과 파산을 선고한다.

우리는 사회적 존재이다. 이왕에 초월의 역량을 드러내고자 한다면, 우리는 삶과 사유의 기성 구조에 도전하고 변화시키는 힘을 발휘하는 데에 이 역량을 쏟아야만 한다. 이 초월 역량은 크게도 작게도 표출할 수 있다. 그러나 지금까지 존재한 어떠한 사회나 문화도 우리가 투쟁을 멈추어야 할 정도로 이 역량을 인정하지도 함양하지도 않았다. 따라서 자연과의 분리 및 사회변혁은 이러한 소외의 발견에 대한 불가피한 답변이다.

주체의 두 번째 각성의 원천을 이루는 두 번째 사건은, 자연적 세계와 사회적 세계로부터 우리가 소외되었다는 점 이외에 타자를 향해 우리가 무한한 동경을 가지고 있다는 점을 인정하는 것이다. 우리는 타인에게, 특히 일부에게 다른 사람들이 주고받을 수 있는 것보다 많은 것을 요구한다. 우리는 육화된 정신이자 맥락을 초월하는 존재로서 그 타인들에게 물질적이고 정신적인 지지뿐만 아니라 세계 안에 우리를 위한 자리가 존재한다는 사실에 대한 철저한 수용과 확인까지 요구한다. 그러므로 우리가 서로 줄 수 있는 것은, 어느 누구도 지킬 수 없는 약속이 고작이다.

우리가 알기로 유일한 해법은 실낱같은 사랑이다. 사랑은 우리 필요의 투영投射으로서가 아니라 있는 그대로의 타인에 대한 상상과 수용으로서 이해되며, 자발적으로 주고 자발적으로 거절하는 사랑은 피보호자에 대한 보호자의 자선에 오염되지 않은 때에만 완전하며, 사랑이 개인적 만남의 핵심 영역에서 더 큰 사회생활로 움직일수록 공동생활의 일상 속에 깊이 침투하고 스러진다.

주체의 두 번째 각성의 근저에 있는 두 가지 사건은 서로를 형성한다. 우리는 우리 자신을 발전시키고 서로를 상상하고 수용할 역량이 있는 존재로서 서로를 인정하는 우리의 노력을 방해하는 자연적·사회적 세계와 거리를 두고 있다. 그리고 자연과 사회가 거부한 것으로 생각되는 바를 서로에게 요구한다.

주체의 첫 번째 각성은 언제 어느 곳에서든지, 어느 사회와 문화에서든지 이루어질 수 있다. 반면에 주체의 두 번째 각성은 하나의 발견이자 교란이다. 즉, 무한성이라는 비밀을 발견하는 것이자, 동시에 이 비밀을 은폐하고 억압하는 제도와 믿음을 교란시키는 것이다. 두 번째 각성이 언제 어느 곳에서 예언으로서 예시豫示될지 모르지만, 인생에서 두 번째 각성의 정상적 실현은 개인적 성취이자 집단적 성취다. 두 번째 각성은 사유와 사회의 변혁을 통해 준비된 영토에서만 번창한다. 두 번째 각성은 기적이 아니라 성취다. 이러한 발전은 대부분 민주적 실험주의의 기획과 급진적 실용주의의 가르침을 정당화한다.

두 번째
각성의 요구

그렇다면 주체의 두 번째 각성을 지도 이념으로 삼는 사람들은 어떻게 살아야 하는가? 사회적·경제적 생활에서 아직 반복 불가능한 일을 수행하고자 시간을 절약하려고 한다면, 표준화된 실천과 기계의 도움으로 구체화된 반복 기법을 사용하지 않을 수 없다. 마찬가지로 도덕적 생활에서도 주체를 찾고 주체를 극복하고자 한다면 습관적인 성향들(덕성들)을 사용하지 않을 수 없다.

이 덕성에는 세 가지 유형이 있다. 연결과 정화, 신성화神聖化가 그것이다. 연결과 정화의 덕성은 도덕적 경험의 다른 두 가지 측면과 관련돼 있다. 이 덕성들은 동일한 층위에 있으며, 서로를 보완한다. 신성화의 덕성은 다른 층위에 속한다. 이 덕성은 주체의 두 번째 각성을 전제하며, 다른 덕성의 경험과 의미를 변화시킨다.

연결의 덕성(존중과 관용과 공정성의 덕성)은 우리가 서로를 고려하는 방식에 관한 것이다. 이러한 덕성은 순수한 형태로는 두 번째 각성의 발견이 가져올 편익을 고려하지 않는다. 연결의 덕성들은 우리를 속박하기도 하고 타인을 억압하기도 하는 자기중심성(견해와 이익의 편파성)을 억제하는 능력에 의존한다. '존중'이란 우리의 공통적 인간성에 대한 개별적인 인정을 의미한다. '관용'이란 타인이 자기 의견을 표현하고 이익을 주장할 수 있는 공간을 확보할 수 있도록 우리의 의견 표명과 이익의 주장에 스스로 부과하는 억제를 의미한다. '공정성'은 타자와 연결하기 위해 각자가 지불하지 않으면 안 될 굴종과 몰인격화의 대가를 감소시키는 표준에 따라 타자를 처우하는 것을 의미한다. 바로 지금 이 자리에서 변화시킬 수 있는 것과 없는 것이 있다는 점을 감안할 때, 공정하게 처우하는 것은 타인과의 연결이라는 목적을 위해 인간이 할 수 있는 최상의 것을 이행하는 것이다.

정화의 덕성들(소박함과 열광과 주의력)은 첫 번째 각성 과정에서 주체의 고양과 관련돼 있다. 이 덕성들은 앞에서 언급한 마음을 사로잡는 활동에 대한 몰입이나 현상계를 수용할 때의 몰입을 예비하거나 실현한다. '소박함'은 군더더기의 제거, 특히 사물에 대한 집착의 제거이자 방어벽의 이완이다. 소박함은 우리를 무장해제시키고 우리에게 초점을 맞춤으로써 우리의 상승을 예비한다. '열광'은 연결의 덕성과 의무를 해치지 않는 범위 안에서 한동안 남김없이 또는 유보 없이 우리를 사로잡고 마치 영원히 지속될 것처럼 보이는 활동에 주체를 내던지려는 마음가짐이다. '주의력'은 지각과 의식에서 차이와 광채로 가득 찬 다양체로서 수용되고 표상되는 현상계에 관심을 기울이는 것이다. 열광은 적극적이고 주의력은 소극적인 것으로 보이지만,

열광과 주의력에 관한 실제 경험은 이러한 외견상의 대조가 그릇된 것임을 보여 준다. 열광에서 우리는 사로잡혔다고 느끼며, 주의력에서는 의식의 고양과 팽창을 느낀다. 이러한 미덕의 산물이 의식의 경험이며, 의심의 경험으로 포착되지 않는 것은 존재하지 않는다.

신성화의 덕성들, 즉 새로운 경험과 타인에 대한 열린 자세는 주체의 두 번째 각성 과정에서 우리가 활용하는 자원이자 지향하는 목적이다. 이 덕성을 통해 우리는 신이 되지는 못해도 더욱 신과 같이 되며, 우리 안의 무한성을 실현한다. 신성화의 덕성들은 서로 연관되어 있다. 각각의 덕성은 우리에게 다른 덕성을 더 훌륭하게 준비시킨다. 실험주의적 문화와 민주적 정치의 주요한 목표들 중 하나는, 우리에게 그러한 덕성을 체험하고 연결시키는 더 좋은 기회를 제공하는 것이다.

새로운 것에 열린 자세는 개인적이거나 집단적인 인간성과 사회 및 문화의 조직적 구조들이 맺고 있는 진정한 관계를 보여 준다. 즉, 구조들은 우리와 관련해서는 유한하지만, 구조에 대해서 우리는 무한하다. 그런데 그 구조도 교정이 필요할 수 있고, 구조는 다만 우연적이고 일시적인 구성물이라는 사정을 간과하는 순간, 구조는 우상으로 변한다. 그때 우리는 본디 인간에게 속한 생명력을 우상이 빨아들이는 것을 막기 위해 우상을 파괴하지 않으면 안 된다.

타자에 대한 개방적 태도는 개인적인 사랑에서 가장 온전하게 실현된다. 개인적 사랑이 비록 강도는 약해도 더 확산된 형태를 취할수록, 그것은 실험주의적 협력의 실천 관행들이 의지하는 더 높은 신뢰

   12 종교_주체를 깨우다

관계로 변한다. 다만, 낯선 사람들 사이에서는 태도의 변화만으로는 신뢰가 일반화되기 어렵다. 신뢰의 일반화는 앞에서 검토한 제도와 재능의 변화를, 그리하여 다시 한 번 민주주의의 진보와 주체의 두 번째 각성의 연결을 요구한다.

신성화 덕성의 실천은 연결의 덕성들이 지닌 의미와 내용을 수정한다. 이 실천은 존중을 연민이나 동료 감정(고차적인 자선의 자기변호적 수사로 때 묻지 않은)으로, 관용을 자기희생으로, 공정함을 자비로 변모시킨다. 이러한 실천은 정화의 덕성에서 중요한 주체 상실의 경험을 변화시킴으로써 주체를 더욱 훌륭하게 회복시킨다. 그리하여 소박함, 열광, 주의력을 통한 주체의 고양이 결정적으로 재정립된다. 주체는 평정을 찾고자 소극적으로 문제에서 물러나지 않고, 오히려 자신의 무한성을 발견하고 긍정하고 표현하고자 문제를 찾아 나서게 된다.

철학

슈퍼과학과 자기위안을 넘어서

철학은 대개 슈퍼과학superscience이거나 자기위안이었다. 그리고 대체적으로 슈퍼과학으로 위장된 자기위안이었다.

슈퍼과학은 일반적이고 정초적인 지식, 즉 우리 자신의 피조물에 관해 획득할 수 있는 친밀하고 한정적인 지식이 아닌 보편적인 지식과, 과학을 통해 우리가 성취할 수 있는 오류일 수도 있는 막연한 지식보다는 근본적인 지식에 대한 요청을 의미한다. 그 가치뿐 아니라 지식 면에서도 비인격적인 것보다 인격적인 것이 우월하다는 관념은 슈퍼과학의 주장에 매우 치명적이다.

여기서 '자기위안'이라는 말의 뜻은 우리가 흔히 쓰는 의미와 꼭 같다. 자기위안은 삶의 여건을 통제할 권리가 우리에게 없는 세계에서 행복하고 성공적으로 사는 방법에 관한 지침이라고 할 수 있다.

자기위안을 슈퍼과학으로 위장하는 것은, 사회적 통제와 주체의 내적 분열뿐만 아니라 운명과 행운을 상대로 한 투쟁에, 어떤 공식公式

을 궁극적 실재나 고차적인 지식에 관한 담론 형태로 제공하는 것이다. 삶의 명령과 세계의 비전을 이렇게 연결하는 것은 종교적 경험의 표징이다. 슈퍼과학과 자기위안의 결합은 종교의 과업을 수행하겠다는 철학의 주장이다. 그러나 철학이 수행할 수 있는 종교의 과업은 매우 불완전하며, 이 과업을 이행하는 순간, 철학이 지금까지 인류에게 제공하고 지금도 민주주의에 제공하고 있는 기여는 위태로워진다.

슈퍼과학과 자기위안의 협력 관계는 매우 오래전부터 시작되었다. 가장 완벽하게 구현된 모델 중 하나가 헬레니즘 시대의 철학이다. 그러나 이후 사람들이 신에 대한 믿음을 잃고 보통 사람들에 대한 믿음을 목표로 투쟁하면서, 이 협력 관계는 새롭고 특별한 의미를 취하게 되었다. 명백한 종교적 믿음의 어려움 때문에 종교를 대체할 것에 대한 갈구가 강화되었다. 개인적이고 집단적인 주체를 창조해야 한다는 민주적 신조는 우리 자신을 어떻게 어떤 방향으로 혁신해야 하는지 말해 줄 관념들의 가치를 끌어올렸다.

그러나 슈퍼과학 위에 자기위안을 수립하려는 계획은 치명적인 결함을 안고 있다. 어디에도 슈퍼과학은 존재하지 않고, 더구나 철학이 수립할 수 있는 슈퍼과학이란 존재하지 않기 때문이다. 그럼에도 불구하고 공통의 경험을 뛰어넘는 자기위안에서 안내자를 찾고 싶다면, 예술과 문학, 종교와 정치, 단순한 기쁨과 대단한 경합, 실망과 환멸 등 영감을 발견할 수 있는 곳이라면 어디든지 찾아 나서지 않으면 안 된다.

자기위안을 슈퍼과학에 결부시키려는 희망의 퇴조는, 철학이 하는 작업에 대한 일관된 입장 없이 철학을 그대로 방치할 우려가 있다. 이 희망이 약해질수록, 슈퍼과학이라는 낡은 관념의 모조품 이외에는 그 어떤 것도 철학에 남지 않을 것이다. 철학은 사상경찰이 되어 기준도 없는 개념들을 명료화하고, 목적을 상실한 방법을 갈고닦으려 할 것이다. 그리고 이러한 경찰 활동은 어느 누구도 관심을 갖지 않는 서비스를 제공하게 된다. 철학의 실행자들은 곧 그들이 서로에게만 말을 걸고 있다는 사실을 알게 될 것이다.

슈퍼과학에 대한 주장이 만들어 낸 난파선과, 슈퍼과학과 자기위안의 결합 실패에서 우리는 뭔가를 구출할 수 있으며 구출해야만 한다. 우리는 슈퍼과학 관념과, 모든 지식은 특정 영역에서 전문 지식에 불과하다는 믿음 사이에서 선택을 강요당해서는 안 된다. 슈퍼과학도 아니고 자기위안도 아닌 제3의 선택지를 확인한 순간, 우리는 개인적이고 집단적인 주체 혁신의 실천에 힘을 보태고 영감을 주는 데 그 선택지를 사용할 수 있어야 한다. 그래야만 그 선택지 속에서 인격적 미라화[化]와 제도적 우상숭배를 피할 수 있는 강력한 수단을 찾게 될 것이고, 그 수단은 맥락을 극복하는 존재로서 민주주의 아래 사는 인간이 현재를 살아가는 특정한 방식으로 미래를 위해 살아가는 데에 기여할 것이다.

학술적 분과의 실천적인 조건들에서 보자면, 슈퍼과학 위에 자기위안을 수립하려는 희망을 품지 않는 철학은 대학 체제의 전문적 학문 분과들과 평화롭게 공존한다. 그러나 마땅히 쓸모 있는 것을 발견하려면, 지적 경찰의 조롱을 살 만한 쓸데없는 일을 피하려면, 슈퍼과학과 자기위안의 결혼이라는 신비한 조개 속에서 이성적인 진주를 구출하려면, 이 책에서 윤곽을 제시한 바와 같은 지적인 프로그램들을 개발하려면, 철학은 이런 전문적 지식과 평화롭게 공존할 수 없다. 철학은 반드시 평화를 깨뜨려야 한다.

대학 체제 내의 전문 분과들은 이중적인 아교로, 즉 일정한 범위의 현상에 한정된 주제와 분석적이고 논증적인 실천 관행으로 풀칠되어 있다. 교수들은 실체와 방법이 당연히 조화를 이룬다는 허황된 생각에 빠져 있다. 그들은 자신의 사고와 논증 방식이 다른 영역에 적용될 가능성에 대해서는 확신하지 못하지만, 자신의 학문 분과를 규정하는 영역에서는 그러한 방식이 가장 적합하다고 믿는다. 예컨대, 경제학자는 경제를 연구하고 학자로서 생각하는 것에 자신의 전문성이 있다고 생각한다. 이것은 물론 그가 교육받은 전통적인 분석적 실천 관행에 따라 생각한다는 것을 의미한다. 이 관행의 우수성을 확신하고 나면, 경제학자는 이를 정치학이나 심리학과 같은 인접 영역에 적용해 봐야 한다. 그래야만, 오직 그 경우에만 방법과 실체의 강요된 결합이 해체되기 시작한다.

마치 각 분과의 지배적인 방법들이 해당 주제 영역에 본질적이며 아울러 인간 이해의 특징적이고 지속적인 측면을 표현하는 것처럼 이 방법들을 취급하려는 태도는 사회와 문화 탐구에서 가장 해롭다. 그러한 태도는 사회와 문화의 탐구 영역에서 인간과 그 형성물에 관해 우리가 획득하기를 바라는 친밀하고 변혁적 지식에 대한 접근을 부정할 우려가 매우 높기 때문이다. 오로지 방법에 대한 전망의 고통스러운 승리를 통해서, 통찰을 심화시키기 위해 방법을 주기적으로 전복함으로써, 우리는 통찰의 진전을 희망할 수 있다. 이러한 압력이 없는 경우, 사고는 사고의 관행을 실재로 착각하고, 현실을 필연성으로 혼동하는 충동에 휘둘리는 항구적인 위험에 빠진다. 그렇게 되면 어떤 예상치 못한 대격변만이 갑자기 우리를 정지시키고 우리를 이해력의 한계점까지 일깨운다. 지식의 발전에 대한 이러한 접근법은 인간의 이해력을 타락시키고, 인간성의 본질을 이루는 저항, 이탈, 초월과 같은 능력을 제대로 파악하지 못한다.

이러한 잘못들이 자연과학에서도 우리의 사고를 혼란시킨다는 것은 전문 학자들의 전형적인 연구 역정에서도 볼 수 있다. 그들은 초기 교육 훈련에서 분석적이고 논증적인 도구를 터득하고 이어서 전문가로서 서서히 보완되기는 하나, 기본적으로 당연시되는 기계를 가변적인 질료에 적용하느라 생애의 후반부를 허비한다. 이것이 구조에 투항하는 정신의 전형적인 모습이며, 우리 모두가 묶여 있는 완만하고 반복적인 죽음의 과정이다.

철학은 느슨하지만 강력한 기준이다. 철학은 별들의 세계가 아니라 내부에서 말하고, 배타적인 방법에 맞서 통찰을, 확립된 구조에 맞서 정신을 옹호하기 때문이다. 철학은 정신의 조직적이고 집단적인 작업에서 여분이며, 그런 집단적 작업에 흡수되지 않은 채로 남아 있기 때문에, 동시에 그러한 흡수에 저항하기 때문에 비축되어 있는 여분이다. 철학의 일반적인 관념들은 특수한 반란을 선동하는 데 기여한다. 이렇게 남아 있는 통제 불가능한 전복 능력은 철학적 슈퍼과학의 실추된 기획이 남겨 놓은 유산이다.

상상력은 의식의 분리된 역량이 아님을 기억하라. 상상력이란 정신의 계산하기 가장 까다롭고 공식으로 처리하기 가장 까다로운 측면이다. 철학은 수많은 분과 중에서 하나의 분과가 아니며, 으뜸 분과도 아니다. 철학은 교전 중인 상상력이며, 기성 방법과 담론들이 사유와 논의 대상으로 삼는 것조차 허락하지 않는 바로 그것을 탐구한다. 그 담론과 방법들을 실제로 생각하고 논의할 수 없기 때문에 그 관념들을 거론하지 않는 것인지, 아니면 단지 그것을 아직 사고하거나 거론할 수 없기 때문에 그 관념들을 거론하지 않는 것인지의 여부는 항상 철학적 사고의 주요한 관심사 중 하나이다.

무장한 정신이 18세기의 국지전이 아니라 20세기의 전면전의 정신으로 이 투쟁에 돌입할 때, 철학은 이 사명에 가장 충실하고 우리에게도 가장 유용하다. 사유의 전면전이 내세울 특징적인 목표는, 우리 자신에 관한 가장 중요한 진리(아직 해석되지 않은 인간의 경험과 허비되고 있는 인간의 역량이 사유와 조직에서 인간을 통제하고 있는 구조를 능가한다는 점)를 활용하는 사유와 행동 양식을 개발하는 것이다. 급진적 실용주의는 이러한 목표를 특징적으로 변형한다. 급진적 실용주의는 여분의 능력, 즉 비밀스러운 무한성의 에너지를 직접 표현하기 때문에 세계를 인간화하고 인간을 신성화하는 모든 것에서 유용성을 증명하는 사유 방식을 개발하고자 한다. 전면전의 주요한 방법은, 기성 구조가 표현 불가능하다고 간주한 것들의 일부나마 언급하고 기성 구조가 불가능하다고 간주한 것들의 일부나마 실행하는 데, 기성 구

　　　13 철학_슈퍼과학과 자기위안을 넘어서

조보다 우리에게 적합한 형태로 착종된 활용 가능한 방법과 담론들을 선별적으로 동원하는 것이다.

그러면 철학의 용도는 무엇인가? 우선적으로 우리는 전문적인 분과지식의 체계를 타파하는 데 철학을 사용할 수 있다. 이러한 측면에서 철학은 미신에 대한 불완전한 해독제 역할을 수행한다.

다음으로 우리는 철학을 사용하여 개인적이고 집단적인 자기 창조의 실천에 영감을 불어넣을 수 있다. 철학이 어떻게 물질적 진보와 민주주의를 통해 인간의 권한을 강화하려는 우리의 집단적 노력과 도덕적 모험에서 우리가 수행할 개인적인 실험에 영감을 줄 수 있는지가 이 책의 바로 앞 네 장의 주제였다. 이러한 방식으로 활용되는 철학이 사회 개혁이나 존재의 재정립을 위한 포괄적인 프로그램을 제공하지는 않는다. 그러나 철학의 소임은 개인적이고 집단적인 주체 형성을 위한 우리의 투쟁을 억제하거나 오도하는 지적 편견들을 약화시키는 일에 한정되지 않는다. 철학은 메시지를 가지고 있다. 그 메시지란, 우리가 꿋꿋하게 눈을 크게 뜨고 현재를 더 완전하게 더 온전하게 살아가는 방식은 바로 미래를 위해 사는 것을 말한다. 비록 특정한 시대의 관심사를 반영하는 언어로 표현되었지만, 이 메시지는 자기위안의 실천으로서 철학이 물려받은 합당한 유산이기도 하다.

철학의 과업을 이렇게 생각하는 것은, 자기위안과 슈퍼과학 사이의 분열과 관련돼 있지만 이 분열과는 또 다른 대비[對比]를 반대한다. 그 대비란 바로 철학자 흄*David Hume*의 대비, 즉 역사의 비밀을 풀어내는 정신의 역량을 확신하고 사회적 관습과 정신적 관행을 전복하려는 태도와, 계속해서 더 잘 살아가고 더 잘 연결하려고 관행과 관습의 통치를 수용하려는 태도 간의 대비다. 별들의 관점에서 지식을 찾으려는 희망의 근저는, 행위자로서 인간이 처한 여건을 아랑곳하지 않은 채, 세계를 있는 그대로 파악하기 위해서 인간의 여건은 반드시 꿰뚫어야 하는 장막에 불과하다는 그릇된 관념이다.

절대적 통찰의 주장은 자의적인 도그마와 퇴조하는 회의주의 간의 충돌을 야기하고, 모든 인간과 관련하여 우주의 사회적이고 정신적인 연쇄cement of the universe ｜영국의 경험주의 철학자 데이비드 흄의 용어이다. 흄은 인과성에 대한 판단은 전적으로 마음이 구성한 것이고 관습custom이나 습관habit의 결과라고 보았다. 그러나 흄은 이것이 나쁜 것이라고 말하지 않았다. 이러한 습관조차 없다면 우리는 일상생활을 헤처 나갈 수 없기 때문이다. 이러한 이유로 흄은 인과율을 '우주의 시멘트'라고 불렀다. 철학자 매키는 인과관계의 문제를 연구한 결과를 '우주 시멘트'라는 제목으로 출간한 바 있다. John L. Mackie, *The Cement of the Universe : A Study of Causation*, Oxford University Press, 1980. ｜ 를 형성하는 전통과 관행을 침해한다. 자연과학의 실천 관행과 도구들에 더 이상 구속받지 않게 되면, 사변적 통찰은 혼미 상태로 빠진다. 형이상학적 사변이 관습적이고 관행적인 세계에서 우리를 구제해 주는 것처럼 보이지만, 우리는 바로 그러한 세계에 사는 타인들과 다시 연결됨으로써 이러한 혼미 상태를 탈출한다. 이 경우 철학이 산출하는 가치 있는 결과는 그저 소극적인 방식이 될 것이다. 즉, 철학은 그 극단의 상태에서 인간의 사회적·도덕적 진보에 무형적 장애가 되는 미신들을 타파하는 데 기여할 수 있다.

냉철함과 현실주의로 치장한, 그 보수적인 결과가 빤히 보이는 이러한 대비는 이 책의 중심을 이루는 정신, 즉 주체와 사회의 관념을 부정한다. 우리의 맥락은 우리를 현재의 모습으로 만들기 때문에, 동시에 우리는 맥락 초월적인 공간으로 이동하는 것을 희망할 수 없기 때문에, 어디에서도 신의 눈으로 사태를 볼 수 없으므로, 우리는 반드시 실제로 혼미 상태로 귀착되는 여행을 포기해야 한다.

관습과 관행에 대한 투항은, 사변적 혼미 상태 속에서 사회적이고 정신적인 실천을 판단하는 것과 마찬가지로 연결과 참여 요구에 대한 모욕이다. 이러한 투항은 우리가 현재적으로나 미래적으로 맥락을 초월하는 독창적 존재로서 서로를 인정할 수 없게 만든다. 우상파괴적인 태도를 취하지 않으면서 존경의 태도를 갖는다는 것은 불가능하다. 초월의 능력이 연결의 경험과 결부되어 있다는 점을 무시하는, 사회생활에서 공유되는 어떠한 양식도 우리에게 우리의 실제 모습대로 살아가도록 허용하지 않을 것이다. 일상적인 사회적 경험에서 정신의 또 다른 측면(탈공식적 창의성, 회귀적 무한성과 부정의 역량)을 탁월하게 만드는 방법을 찾아 나서지 않는 사회적 세계에 참여하는 것은, 인간의 개인적이고 집단적인 향상과 절대로 양립할 수 없다.

터무니없는 꿈이 세계를 혁신하는 데 무의미한 것처럼, 사변적 혼미 상태에 대한 실망이 기성 질서와 믿음의 맥락에 투항하는 것으로 귀결되어서는 안 된다. 우리는 맥락을 바꿀 수 있다. 우리는 시간(역사적 시간뿐만 아니라 전기적 시간)을 거치면서 모든 맥락과 우리 관계의 성격을 변화시킬 수 있다. 그 방법은 바로, 모든 제도와 관행을 개혁하여 우리가 혼신의 힘으로 세계 안, 즉 우리의 세계 안과 세계 바깥에 동시에 존재할 수 있도록 만드는 것이다. 공허한 문구를 사용하자면, 세계의 외부에 존재하면서 세계 속에 존재할 수 있도록 하는 것이다.

이러한 제3의 입장(혼미와 투항을 동시에 넘어가는 입장)은 철학과 인간성에 관한 입장이다. 이 관점에서 보자면, 철학적인 것과 인간적인 것은 동일한 것이다. 이러한 입장의 가장 중요한 전제들은 변혁의 변혁으로 이해된 시간의 실재성, 다음 단계들로 번역을 통해서만 구체적이고 분명해지는 가능한 것들의 개방성, 우리 실존의 유한한 결정을 통한 인간 능력의 무궁무진성 등이다.

이 제3의 입장이 견지하는 기본적 태도는 인간성의 변혁과 관계된 일련의 야망을 규정한다. 이 태도는 신성화의 덕성의 관점에서 연결과 정화의 덕성을 재고하고, 개혁할 것을 촉구한다. 이 태도는 비움을 요구하며 비움은 또한 개방이다. 이 태도는 민주주의와 실험주의의 지배 아래서 인간의 도덕적 경험을 발전시킬 지침을 기술한다. 이 태도는 환상도 냉담도 요구하지 않는 행복을 약속한다.

어떤 이들은 이 책이 제시하는 원리들이 우리에게 필요한 것을 제공했을지는 몰라도 우리가 원하는 것을 제공하지는 않는다고 반박할지도 모른다. 우리는 존재의 고통에 대한, 모든 변에서 사라져 가는 우리의 삶을 둘러싼 의미와 목표의 공허함에 대한 위로를 원한다. 우리가 실제로 신이 아닌, 몰락과 죽음이 예정되고 실존의 신비에 대한 통찰력이 부족한 유한한 존재라고 한다면, 능력과 평정심에서 더욱 신적으로 된다는 것이 우리에게 어떤 이익을 주는가? 우리를 파괴하기 전에 우리를 신비롭게 하는 목적을 향해 우리가 몰락하고 있다면, 우리의 어리석은 행진의 체감 속도를 가속시키는 것은 우리에게 어떤 이익이 있는가?

그러나 이러한 반박은 메시지를 놓친 것이다. 우리는 더욱 신적인 존재가 되기 위해 살지는 않는다. 우리는 살기 위해 더 신적으로 변할 뿐이다. 우리는 미래를 지향하면서 현재를 살고 있다. 우리에게 다른 미래를 창조할 수 있게 하는 실천들은 미묘한 유성 폭풍을 우리에게 쏟아 놓는다. 그러한 실천들이 내포한 위험들, 즉 소란과 상처, 기쁨은 갑옷을 때리고 파괴하며, 우리는 그 갑옷을 입은 채 서서히 죽어가는 중이다. 그 위험들은 우리 각자가 별안간 사망할 때까지 행동과 의식 속에 살아갈 수 있도록 한다.

이 위험들은 주변의 현상과 사람들에게 우리를 열어 준다. 그것들은 오래전에 우리가 잃어버린 시각적 직접성으로 우리를 되돌려 놓는다. 우리로 하여금 타인을, 우리가 쓰지 않아서 이해하기 어려운 어떤 집단적인 대본에서 한 자리 차지하는 자가 아니라 우리 각자가 능동적으로 알고 있는 철저하게 창의적인 인간으로 바라볼 수 있게 한다. 우리로 하여금 상황이 결코 고갈시킬 수 없는 존재로서 인간을 더 완전하게 장악할 수 있도록 만든다. 이 위험들은 이런 방식으로 우리로 하여금 바로 지금 여기에서 명백하게 드러난 실재의 현존과 직접

대면시킨다.

이처럼 우리는 철저히 맥락 안에서 번영하고 바라보지만, 맥락이 부과한 한계에 맞서 투쟁하지 않으면 그리고 그 투쟁에서 패배한다면, 우리 삶과 이해 또한 서서히 멈춘다는 것이 바로 우리 인간 존재와 사고가 안고 있는 치명적 역설이다. 이 작은 죽음을 죽어 가면서 현상과 타자들도 우리로부터 멀어져 간다. 그들의 쇠락은 우리 자신의 소멸을 예고한다.

따라서 우리는 살아 있는 것에 대한 죽은 것의 독재를 전복시키고, 우리의 정신을 더욱 자유롭고 완전하게 주위의 타자와 현상들에 돌릴 수 있도록 새로움의 영원한 창조 작업을 촉진하고 이끌지 않으면 안 된다. 민주주의의 미래와 마찬가지로 상상력의 미래도 우리가 그러한 타자들과 현상들을 복원할 수 있는 더 좋은 기회를 사회와 사유 속에서 창조하는 데에 있다.

도그마보다는 상상력이, 부동심不動心보다는 감응성이, 의무보다는 열망이, 비극보다는 희극이, 경험보다는 희망이, 기억보다는 예언이, 반복보다는 새로움이, 비인격적인 것보다는 인격적인 것이, 영원보다는 시간성이, 다른 모든 것보다 삶이 우선되어야 한다.

자연의 위치

처음에, 인간은 자연을 너무 많이 필요로 한 나머지 자연을 숭배하였다. 그리고 이제는 자연을 점점 덜 필요로 하게 되었다. 우리는 이러한 해방의 결과를 되돌릴 수 없다. 인간은 단지 앞으로만 갈 수 있을 뿐이다. 한때는 인간을 사로잡았던 필요에서 점점 더 멀리 전진하여 지금 인간을 당황하게 만드는 자유를 향해 가고 있다.

문명은 자연에 대한 인간의 의존 상태를 풀어 줄 해독제이다. 그러나 기나긴 인간의 역사에 걸쳐 인간은 안팎의 자연적 힘들에 취약했기 때문에 인간을 사로잡았던 자연적 힘의 이미지에 지속적으로 신성성을 투영시켰다. 허약함, 두려움, 존중의 감정은 공포심을 주지만 비극적이지는 않았다. 인간은 자신의 창조 능력에 잠시 안도감을 느꼈다. 인간은 제도와 기계들을 발명하여 무력한 상태를 극복하기 시작했다. 인간은 인간 정신이 허약한 신체와 누추한 여건을 극복할 수 있다는 사실을 깨달은 후 인간과 마찬가지로 자연을 극복한 신을 상상하게 되었다.

이 같은 능력의 성장 결과, 자연에 대한 인간의 체험은 네 가지로 나눠졌으며, 이 각각은 자연 세계를 대하는 인간의 네 가지 특징적 태도와 열망을 드러낸다. 이 중 하나만이 우리의 초기 필요와 공포의 징표를 담고 있고, 네 가지 중 하나만이 비극적이다.

첫째로, 정원사의 기쁨이다. 이는 자연을 투쟁과 분투에서 미적 자유로 탈출하는 데 필요한 구도로 취급하는 것이다. 미적 자유의 대상은 우리가 만든 게 아니라 발견한 어떤 것이라는 사실이 자연의 매력을 증대시킨다. 왜 지구 전체를 사회에 대한 실망 때문에 짜증난 사람들을 위로할 공원으로 바꾸지 않는가? 우리는 유정과 툰드라의 교역 조건이나 종이와 정글의 교역 조건을 초조하게 계산하면서 재충전을 위해 생산에서 얼마나 많은 것을 차감할 여력이 있는지를 고민한다. 실제로 부와 기예가 증대하고 인구 증가가 안정되면서 더 많은 장소를 정원으로 바꿀 수 있게 되었다. 기계적이고 조직적인 장치들을 이용해 지구의 일부를 여타 인공물로부터 차단시킬 수도 있게 되었다.

둘째로, 관리인의 책임이다. 이는 우리 자신을 미래 세대의 신탁을 받아 재생 불가능한 자원의 상각기금을 관리하는 자로 간주하는 시각이다. 우리는 소비의 요구와 절약의 의무 사이에서 균형을 맞춘다. 이는 환상에 입각한 우려이다. 발명의 어머니로서 필요는 현대사에서 인간을 이전보다 풍요롭게 만들었지만, 아직도 자원의 희소성에 대한 과학적·공학적 답변을 제시하지 못했다. 만약 지구 자체가 소모품이라면, 우리는 지구를 벗어나 다른 우주 공간으로 가게 될 것이다. 그리고 나중에 우리가 폐기한 이 볼품없는 지구를 다시 방문하여 지구가 완전한 소진 상태 이르지 않았다면 다시 비옥하게 가꾸어 거주하려고 할 것이다. 물은 사라져 버릴까? 석유는 고갈될까? 이런 문제들에는 신중한 접근이 필요하다. 이런 일들이 아직도 창의성의 대상이 되지 못했다는 사실을 부정하는 것은 어리석다.

셋째로, 필사의 운명을 가진 존재의 허약성이다. 세계 인구의 극히 일부만이 우리 조상들을 그토록 괴롭힌 자연재해의 위협에서 아직도 벗어나지 못했다. 물론 이 숫자는 우리를 지속적으로 괴롭히는 많은 질병의 희생자 수보다 훨씬 적다. 홍수와 가뭄의 공포조차도 기술적 예방책, 상업적 대체, 농촌의 인구 감소에 자리를 양보하기 시작했다. 인류가 정신을 사용하여 자연보다 우월한 능력을 획득할 때까지 항상 고통을 겪었듯이, 오늘날 우리가 거듭 겪고 있는 하나의 경험 영역이 존재한다. 바로 질병과 죽음의 처리 문제이다. 질병과 죽음 앞에서 우리는 겁에 질려 혼비백산한 나머지, 우리의 능력과 고차적인 섭리를 의심하면서 우리를 소진시키는 질병들을 치료하고자 일하고 불로장생을 꿈꾼다.

넷째로, 거인의 모호성이다. 이제 우리는 자연을 덜 필요로 하기 때문에 과거 무력한 조상들이 모면했던 갈등에 직면하게 되었다. 우리 행동이 주변의 살아 있는 자연과 죽어 있는 자연에 끼치는 영향을 문제 삼을 수 있게 되었다. 더 광범위한 동료 감정을 발휘해 이기적인 욕구를 희생해야 하는지 아닌지를 생각하게 되었다. 그러나 우리는 신이 아니다. 우리는 인간과 더불어 세계를 공유하는 생명 형태나 생명 없는 존재 형태에 대해 인간의 특권적 능력을 발휘하는 데 무관심하기에는 너무 강하고 앞장서기에는 너무 약한 반신반인에 불과하다. 여기에 마지막 갈등이 있다. 우리는 이 갈등의 해결을 바랄 수 없다. 그저 견디고, 이해하고, 방향을 잡을 뿐이다.

자연에 대한 우리의 체험은 이렇게 네 조각으로 나눠진다. 그렇다면 혼선을 겪을 때 우리는 어디에서 어떻게 지침을 발견할 수 있는가? 자연의 필요에 대한 불편한 승리로 우리는 무엇을 해야 하는가? 어떠한 방향으로 전진해야 하는가? 그리고 어떠한 제약 사항을 중시해야 하는가?

경험의 역설에 귀를 틀어막은 잿빛 추상이 아니라, 우리를 현재적 능력으로 이끈 역사의 근거에 가까운 단순한 관념이야말로 우리에게 필요한 것이다. 미래, 즉 대안적인 미래에 열려 있는 역량이 결정적이다. 같은 견해의 두 측면을 고려해 보자. 한 측면은 우리 바깥에서 자연의 정복을 말하고, 다른 하나는 우리 안에서 자연에 대한 우리의 실험을 말한다.

우리의 정신은 자연 속에 분산된 속성을 주목하기 때문에, 무궁무진하고 단순화할 수 없고 억제할 수 없다. 그래서 우리는 본성상 산만하다. 자연, 사회 또는 문화의 제한된 구조도 우리(종으로서의 인간과 개인으로서의 인간)가 생각하고 느끼고 행할 수 있는 것을 전부 수용하지는 못한다. 자연에 대한 우월한 능력을 주장하는 충동을 포함하여, 우리의 욕구는 우리의 무궁무진함에서 유래한다. 우리는 기쁨, 관리 또는 숭배의 이름 아래 자연에 대한 인간의 지배를 보강해 주는 주도적 기획을 억압해서도 안 되며, 많은 범위에서는 억압할 수도 없다.

그럼에도 불구하고 때로 자제하는 것도 당연하고, 의지의 전제專制와 사회의 명령에서 자유로운 활동을 위해 우리가 아껴 둔 지구의 영역과 인간 생활의 부분을 점진적으로 확장시키는 것도 당연하다. 우리는 프로메테우스와 같은 태도Prometheanism를 경건성에 복종시키려고 노력하기보다는, 자연에 대한 끊임없는 정복과 자연과의 소박한 만남 사이에서 시대를 구분하는 방식으로 우리 자신의 야만화를 방지할 수 있다.

이제 같은 견해의 다른 측면을 고려해 보자. 우리 사회와 문화는 우리를 현재의 우리 모습으로 만든다. 그러나 현재 사회와 문화 속에 있거나 있을 수 있는 것보다 더 많은 것이 항상 우리(인류로서의 우리와 개인으로서의 우리) 안에 존재한다. 그것들이 우리를 형성한다. 사회와 문화가 우리 실험주의의 기회를 배가시키고 그 도구를 강화시킨다면, 사회와 문화를 더 기꺼이 지속적으로 변혁시킬 수 있다. 우리의 가장 큰 관심사는 사회와 문화를 미래 앞에 열어 두고, 자체적으로 수정의 기회를 확보하도록 이를 조직하는 것이다.

이런 관심은 민주주의 아래서 최고의 가치를 발휘한다. 왜냐하면 민주주의는 보통 사람들이 사회질서를 다시 상상하고 쇄신할 수 있는 능력을 부여하기 때문이다. 이것이 바로 민주주의 아래서 예언이 기억보다 큰 목소리를 갖는 이유이다. 이것이 바로 민주주의자들이 인간의 뿌리가 과거가 아니라 미래에 있다는 것을 발견한 근거이다.

민주주의에서 학교는 국가나 가족이 아니라 미래를 말해야 한다. 동시에 가족의 편견, 계급의 이해관계, 시대의 환상에서 스스로를 구제할 수 있는 수단도 아이들에게 제공해야 한다.

이 관념은 유전공학을 이용해 우리 안의 본성을 교정하는 노력을 자극한다. 질병과 기형을 피하려고 유전 암호에 새겨진 타고난 신체 특징을 수정하는 것을 금지할 이유는 없다. 현재가 그 사람의 모습을 복제한 미래를 제공할 인간들을 만들어 내는 지점에서 유전적 수정을 금지해야 한다. 죽은 자가 죽은 자를 매장하게 하라는 주장은, 미래가 우리의 목소리를 통해 현재에 말할 수밖에 없는 것이다. 미래가 자유롭게 전진하도록 만드는 것은 권력 그 이상을 보여 줄 것이다. 그것은 지혜를 보여 줄 것이다.

철학의 보편적 척도

세계 철학사에는 몇 가지 지적인 입장이 계속해서 재등장한다. 그러나 실재 전체를 다루는 철학인 형이상학의 영역에서 이러한 입장들이 재등장하는 방식은, 사회생활과 인간 행동을 다루는 실천철학인 정치학과 윤리학에서 특정 입장들이 재발하는 방식과 전적으로 다르다.

형이상학에서는 변화가 매우 미미했고, 만약 다음 두 가지 요인이 없었더라면 그 변화는 더욱 미미했을 것이다. 첫 번째 요인은 철학적 사유에 앞서 철학자들이 지닌 기질과 주변 여건, 혹은 열정과 야망 자체가 서로 달라 차이를 심화시킨 점이다. 지난 몇 세기 동안 더 중요한 의미를 갖게 된 두 번째 요인은, 자연과학이 변한다는 점이다. 만약 형이상학이 과학을 시간적으로 지체시킬 수 없다면(물론 형이상학은 이 일을 할 수 없다.), 형이상학은 과학의 변화에 적응하지 않으면 안 된다. 그러나 형이상학에서 일어난 변화가 너무나 미미했기 때문에 형이상학자들은 그들이 인간 의식이 파악할 수 있는 한에서 세계의 많은 것, 즉 세계의 가장 중요한 부분들을 최종적으로 발견했다고 자부할 수 있었다.

정치학, 윤리학과 같은 실천철학에서도 다양한 어휘로 전개된 소수의 지적인 입장들이 가장 영향력 있는 관념들의 가장 중요한 부분을 해명했다. 그러나 많은 것이 발생하고, 발생할 수 있으며, 때로는 매우 급격하게 발생한다. 처음에는 다루기 힘들어 보이는 철학적 입장들의 경쟁은 사실상 특정한 방향으로 해소되고, 영겁회귀나 진자운동이 아닌 누적적 변화 과정 위에 사고를 정립한다.

형이상학의 역사는 지적 대안들의 유일하고 압도적인 축을 중심으로 조직되었다. 이 대안들은 존재와 현상의 관계, 존재와 지식의 관계를 다룬다. 우리는 주요한 대안적 입장들이 서구 철학 전통의 범주들 안에서 표현되는 것에 더 익숙하다. 우리는 처음에 고대 그리스인들에게서 범주를 지칭하는 말을 배웠다. 그러나 아주 유사한 범주를 인도 철학과 중국 철학뿐 아니라 이슬람 철학에서도 볼 수 있다. 이슬람 철학은 고대 그리스 사상을 중세와 근대 유럽에서 확립된 것과는 다른 형태로 지속적으로 발전시켰다.

이러한 축의 한쪽 극단에는, 차이와 변화로 이루어진 현상계는 진짜가 아니며 최소한 궁극적으로 실재하지 않는다는 관념이 있다. 현상계는 수반 현상이며, 세계에 대한 우리의 지각이 만들어 낸 것artifact이다. 존재는 하나다. 우리가 실재하는 한에서 우리는 존재의 일부이

다. 이런 이유로, 다양한 변형을 갖고 있는 현상계의 이론은 환상이
다. 우리는 라이프니츠의 용어에 따라 앞서 '영원한 철학'이라고 불렀
던 것을 고수함으로써 이러한 환상에서 우리를 구제할 수 있다. 스피
노자의 윤리학은 초기 근대 과학이 내포한 바를 이해하려고 시도한
견해 중 하나이다.

　이 축을 따라, 현상계의 실재성을 수용하는 방향에는 숨겨진 원형
들의 이론이 존재한다. 플라톤이 〈파르메니데스Parmenides〉에서 탐구
한 형상form 이론이 고전적인 예이다. 존재 형상들에는 위계질서가 존
재한다. 현상계의 차이와 변형은 자연적 종류나 기본적 형태의 레퍼
토리를 보여 준다. 모든 것이 각각 기원이 되는 원형을 갖고 있다. 존
재가 더 실재적이면 덜 드러나고, 존재가 더 드러나면 덜 실재적이다.
엄청난 대가를 치러야만 획득할 수 있는 참다운 지식은, 현상계에서
허깨비와 같고 찰나적인 표현물에 관한 지식이 아니라, 숨겨져 있으
되 다양한 원형들에 관한 지식이다.

　만약 우리가 현상을 구하고자 존재의 원리와 극단적으로 대립하는
것으로 보일 수도 있는 바를 향해 나아간다면, 그것이 우리가 예상한
것만큼 극단적이지 않다는 것을 알게 될 것이다. 드러난 것의 세계를

강하게 고수하기로 결정한 실재론자realist로서 형이상학자가 본인이
유지하려는 실재를 단단히 붙들고자 한다면 어떻게든 구조 속에 현
상을 정립시킬 필요가 있다. 실재론자로서 형이상학자는 이렇게 함
으로써 상식적인 실재론의 주장에 매우 근접하게 된다. 상식적인 실
재론은 형이상학적 입장에 신념을 제공하고 동시에 형이상학에서 신
념을 수용하면서 항상 형이상학적 입장의 협상 상대였다.

현상의 표층 아래에 그러한 구조가 없다면, 정신은 현상의 세계를
차이로 해체할 것이고 개별적인 현상과 사건들을 범주적 구조의 관
점에서 조명할 수단을 갖지 못할 것이다. 결과적으로, 정신은 현상들
간의 경계에 대해 명료성을 상실하기 시작할 것이다. 현상이 곤죽으
로 떨어지면, 현상을 구제하려는 노력은 정반대로 존재의 통일성 이
론으로 전락할 위험을 무릅쓰게 될 것이다. 기존 철학사에도 이런 극
단적인 현상주의가 때때로 출현했지만, 현상을 구하려는 노력이 자
충수로 귀결되는 것을 막지는 못했다.

수많은 전통과 문명의 철학사를 살펴봐도 이 문제에 대한 해법은
항상 미진했다. 형이상학자는 현상의 표층 바로 아래에 일련의 존재
구조structure of kinds of being가 존재한다고 상상한다. 이 구조 안에는 개별

적인 현상과 사건들 속에 존재들이 실현되는 것을 통제하는 일련의
규칙성이 확립되어 있다. 아리스토텔레스가《형이상학Metaphysics》에서
제시한 질료형상론hylemorphism은 이 구조의 가장 유명한 사례이고, 존
재마다 그 종에 본질적인 탁월성을 발전시키는 경향이 있다는 이 이
론은 그러한 규칙성의 표준적인 예이다.

그러나 이 해법은 다른 문제를 만들어 낸다. 종들의 구조 및 실현
체제가 분명하지 않다면, 종들이 개별적인 존재의 궁극적인 실재성
을 인간의 이해력이 미치지 않는 영역에 보존하는 것을 우리가 어떻
게 막을 수 있을까? 개별적인 사람이든지 개별적인 현상 혹은 사건이
든지 개체는 파악하기 어려운 것이다. 어쨌든 아리스토텔레스는 개
체는 형언할 수 없다고 상기시킨다. 개별 현상이나 사건을 존재들의
긴 명단 속에 포섭하는 식으로 개별 현상이나 사건의 특수성을 파악
한다고 가정해 보자. 각 존재는 사건이나 현상의 특수성을 약간 더 덜
어낸다. 결국에는 특수한 것들의 특수성은 도달할 수 없는 한계로 남
는다. 우리는 우리의 지각 범위 너머에 있는 실재들에 대한 참된, 이
데아에 입각한 인식을 갈구한 나머지 죽을 지경이다. 이러한 파생적
인 문제와 이에 대한 불확실한 해법들이 형이상학 이론사에서 익숙

한 일련의 논쟁을 발생시켰다.

자연과학자나 자연과학의 숭배자는 다음의 두 가지 방법으로 이같은 운명, 즉 특수한 것에서 특수성의 여분을 발견하지 못하는 운명에서 탈피하려고 시도할 것이다. 첫 번째 방법은, 자신의 과학 개념과 범주에 논쟁의 여지없는 실재성을 고집스레 부여하는 것이다. 이에 따라, 개념과 범주들을 (이로부터 자극받은 개입과 적용으로 확증된) 억측과 은유라기보다는 우주의 구조의 일부라고 사고한다. 둘째, 현상계의 개별적인 나머지(세계를 분별하는 데 사용한 종류들과, 밝혀냈다고 주장하는 법칙적 인과관계로는 포착되지 않는 부분)를 중요하지 않은 여분, 즉 필연과 우연의 결합이 낳은 부산물로 기각하는 것이다.

어쨌든, 우리는 환영幻影을 통해서만 과학의 관념들을 세계의 구조로 착각할 수 있다. 이러한 환영을 추방하고 우리를 당혹감으로 돌려놓는 것은 형이상학적인 반론이 아니라 과학사이다. 과학적 관념은 변하고, 때로는 급격하게 변한다. 과학적 관념의 주기적인 전복은 그 관념이 의식의 구성물이라기보다는 자연 자체라고 확신시키는 능력을 약화시킨다. 우리를 위로하는 환영에서 탈피한 순간, 우리는 현상계의 특수한 것들을 파악하려는 열망을 가짜 상품을 얻을 요량으로 너무 헐값에 팔아 치웠다는 것을 알게 된다.

형이상학의 역사에서 이러한 지적인 대안들의 재등장은 그것이 전통과 영향력 탓이라고 치부하기에는 너무나 보편적이고 집요하다. 칸트가 말한 이성의 이율배반은 이 난제들에 적용시켜도 타당하다. 난제들은 정신의 초월에서 생겨난다. 그러나 초월은 필요하지 않다. 우리는 초월을 멈출 수 있으며, 멈추어야 한다.

형이상학을 '메타인간학metahumanity'으로 부르는 편이 더 좋겠다. 형이상학은 마치 우리가 인간이 아니라 신인 것처럼, 우리 바깥의 멀고도 높은 곳에서 우리 자신을 보려는 비밀스러운 야망을 품고 있다. 그러나 우리는 신이 아니다. 이 사실을 인정할 때에 비로소 우리는 우리 사신을 소금씩 신성화하는 일을 시작할 수 있다. 별의 위치에서 아래를 내려다보는 자연주의적 편견은, 존재와 현상의 관계에 관한 형이상학적 관념을 괴롭히는 극복할 수 없는 문제와 불만스러운 대안의 시작이다.

실천철학의 세계사는 전적으로 다른 상황을 제시해 준다. 여기에서도 마찬가지로 비교적 짧은, 재발하는 문제들과 그 해법 목록이 존재한다. 그러나 모든 것을 변화시키는 뭔가가 일어날 수 있고, 실제로 일어났다. 정치적이고 윤리적인 사유는 메타인간학을 필요로 하지 않는다. 이 사실이야말로 그 문제가 해결되었음을 증명한다.

정치 이론에서 중요한 문제는 "무엇이 보통 사람들로 하여금 사회 생활의 편익들을 향유할 수 있도록 사회를 결합시키고 또한 결합시켜야 하는가?"이다. 여기에는 두 가지 제한적인 해법이 있다. 각 해법은 나름의 극단성과 편협성으로 인해 불충분하다는 점이 밝혀졌다. 그럼에도 불구하고 각 해법은 극단적 해법 사이의 커다란 중간 지대에서 이루어진 절충에 활용되지 않으면 안 되는 요소들을 포함하고 있다.

한쪽 끝에는 위에서 부과된 강제라는 해법이 있다. 다른 쪽에는 사람들이 서로 주고받는 사랑이라는 해법이 있다.

권력을 획득한 통치자는 만인에 대한 만인의 냉혹한 투쟁을 끝낼 것이다. 그는 가능한 한 폭력을 독점하려고 할 것이다. 그러면 사회에 가장 근본적인 선, 즉 안전을 제공할 수 있다. 안전이 확보되지 않는 한, 사람들은 그 어떤 선도 추구할 수 없다.

그런데 검을 사용하는 자는 통치하는 데에 또 다른 수단이 필요하다는 것을 곧 알게 된다. 우선, 통치를 강화하려면 자기 권력과 경쟁

관계에 있다는 이유만으로 모든 매개 조직을 파괴하지 않을 수 없다. 다음으로, 권력이 권위로 발전하지 못하고 피치자의 관점에서 정당성을 얻지 못하면 항상 도처에 반란의 기운이 서리게 된다. 머지 않아 공포심은 야망으로 전화될 것이다.

강제가 충분하지 않으면 사랑도 충분하지 않다. 사람들은 쉽게 동료 감정과 연애 감정으로 결합한다. 어려움은 이러한 힘의 지속성과 확산을 담보하는 데에 있다. 이 힘은 흔들리고, 더 큰 사회적 공간으로 확장되면서 약화된다. 동료 감정은 약화되면서 신뢰로 변하고, 연애 감정은 약화되면서 충성이나 충실로 변한다.

강제와 사랑 둘 다 그 자체로는 충분하지 않다. 그러나 둘 다 사회적 결속에 필수적인 지주柱이다. 둘 다 뜨겁다. 냉각되지 않으면 안 된다. 우리는 사회생활의 좀 더 냉정하고 중간적인 공간에서 법과 계약을 발견한다. 그러면서 강제적인 폭력은 제도적 실천과 법질서의 궁극적이고 지연된 보증책으로 전화된다. 사랑이 확산되고 정화되면서 사랑은 서로 간의 믿음으로 서서히 변모한다. 사랑은 특히 혈연집단의 다른 구성원들보다도 타인을 신뢰하는 능력으로 변모다.

궁극적으로 규제된 강제력과 확산된 사랑으로 밑받침되는 **법의 지**

배와 **타인들과의 신뢰 경험**은 사회적 유대를 유지하는 데 필수적인 세 가지 수단 중 두 가지다. 세계 정치 이론사에서 그렇게 배웠다. 그러나 법의 지배와 신뢰의 경험은 허약하다. 이 허약성을 이해하고 이를 상쇄시키는 다양한 방법이 정치사상사에 존재하는 많은 주요한 입장들을 설명해 준다.

사람들이 서로 다를수록, 그 차이가 클수록 법의 필요성은 점점 커진다. 그러나 만약 경험, 이익, 가치와 전망에서 그 차이가 너무 크면 법의 해석과 적용에 필요한 공통의 토대가 무너지게 된다. 경험과 전망이 완전히 분열되어 법이 가장 필요로 하는 곳에서 역설적으로 법의 실효성은 가장 떨어진다.

다른 한편, 신뢰는 그것이 사실이든 상상이든 혈통에 입각한 결속 없이는 존속하기 어렵다. 혈통에 입각한 결속 없이 신뢰가 유지되는 때에는, 협력의 가장 선진적인 실천과 협력적 실험주의의 배경으로 요구되는 높은 수준의 신뢰가 아닌 시장경제의 전통적 형식, 즉 낯선 사람들 사이의 단순한 협력 형식이 요구하는 낮은 수준의 신뢰가 되기 쉽다.

따라서 법의 지배와 최저 신뢰에 반드시 뭔가가 추가되어야 한다.

이 제3의 요소가 바로 계급이나 신분으로 이루어지는 **사회적 노동 분업**이다. 계급사회의 노골적인 사실에 호소하는 것으로는 충분하지 않다. 그 사실들은 관념을 정화하고 신성화하는 때에는 반드시 감추어야 한다. 사회는 자연적으로 계급이나 계층으로 분열되어 있고, 계급과 계층은 개인이 세상에 태어나면서부터 사회적 운명과 개인적 역량의 할당에 따라 정해진다는 관념이 널리 만연해 있다. 고대 인도유럽 민족에 공통적으로 나타난 사회 계급의 자연적 3분론(제1계급은 제사와 지도를 담당하고, 제2계급은 전쟁과 통치를 담당하고, 제3계급은 노동과 생산을 담당하는)은 이를 보여 주는 가장 중요한 역사적 사례이다.

출생이라는 우연한 사건이 특권이나 장애의 상속을 통해 특정한 사회석 지위를 결정하는 것을 왜 수용해야 하는지, 왜 출생이 각 사회적 지위의 업무에 필요한 재능의 자연적 배정을 함축하는 것인지 이에 대한 설명이 반드시 있어야 한다. 그렇지 않으면, 출생 서열에서 각 개인이 차지하는 위치가 각자 전생前生의 성취와 비성취로 결정되는 사태에 이를 수도 있다.

계급과 신분이라는 외적 위계질서는 정서라는 내적 질서를 지지하고, 내적 질서의 지지도 받는다. 그러한 내적 질서는 인간 정신이 지

닌 다양한 역량들의 올바른 배치로서 이성은 분투를 지배하고, 분투
는 육체적인 욕구와 힘에 기초한다. 사회적 부조화와 도덕적 궤도 이
탈은 서로 의존한다.

　강제와 사랑이라는 영원한 배경 속에서 법과 신뢰, 계급적 노동 분
업의 다양한 연관 방식은 세계 정치사상사에서 일련의 친숙한 문제
와 입장들을 발생시킨다. 정치사상사는 그 성격상 형이상학의 역사
와 유사하다. 즉, 일단의 관심과 관념들이 사소한 변주 속에서 무한히
재조합된다.

　모든 것이 변할 때까지만 정치사상사가 그렇게 보인다. 세계 정치
사상사에서 모든 것을 변화시키는 것은 서로 연관된 두 가지 발전이
다. 하나는 사회적 관념상의 변화이고, 다른 하나는 사회의 실천적 제
도상의 변혁으로, 이 두 발전은 동시에 진행된다.

　모든 것을 변화시키는 첫 번째 발전은 계급사회 관념을 불완전하
나마 지속적으로 흔드는 것, 즉 신성한 권위는 아니어도 자연적 필연
성으로 승인된 위계서열적인 사회적 노동 분업을 흔드는 것이다. 우
리들 간의 차이는 만사를 규정하지 못한다. 새로운 관념에 따르면, 사
회의 계급 조직(이는 오늘날 약화된 형태로 가족에 의한 경제적·교육적

편익의 상속으로 계속 재생산되고 있다.)은 자연적이거나 불변하는 사실이 아니다. 언제 어디서나 사회 계급의 내용은 확립된 제도와 지배적인 믿음의 성격에 의존한다.

개인들이 지닌 재능의 방향이나 정도에서 나타나는 현저한 차이들이, 공통되는 인간성의 인정과 이 인정에 기초한 동등한 존중의 의무를 압도해서는 안 된다. 물질적 지원이나 정신적 장려가 부족하여 민주적 문명의 본질적인 교리(보통 사람이 자신을 고양시키고 세계를 변화시킬 수 있다는 교리)를 부정하거나 억압해서는 안 된다. 사람들 간의 협력적 실천을 증진시키고, 더 좋은 실천과 제도뿐만 아니라 더 강력한 관념과 장치를 구비함으로써 소소한 해법의 누적 효과를 이끌어내어 엄청난 난제를 해결하는 것이 바로 보통 사람들이다. 이 창의성은 현존하는 사회와 문화 조직이 용이하게 감당할 수 있는 것보다 더 많은 것을 이행하는 우리 능력의 친숙한 표현이다.

모든 것을 변화시키는 두 번째 발전은, 사회생활의 다양한 영역에서 제도적 가능성들의 선택지를 신속하고 폭넓게 확장하는 것이다. 사회가 자연적 형태를 갖고 있지 않다는 관념은 우리가 사이비 필연성의 환상을 떨쳐 버림에 따라 온전한 의미를 갖게 된다. 사이비 필연성의 환상은, 불가분의 사회 체계들의 예정 조화적인 진화적 연속이라는 특징적인 관념을 가진 고전적 유럽 사회이론의 오류들과 역사에서 구조적 불연속을 그럴싸하게 합리화하면서 무시하는 현대 사회과학의 오류들을 의미한다.

우리의 관심, 이상, 정체성 등은 이를 실천적으로 구현한 것이라고 수용하는 관행과 제도에 속박되어 있다. 우리가 어떤 목표에 따라 이 제도를 수정하면, 그러한 관심과 이상, 정체성 등에 관한 이해 역시 수정하지 않을 수 없다. 이 과정을 거듭하며 우리는 사회 개혁과 우리 자신에 관한 믿음의 수정 간의 변증법을 조명하고 촉진한다.

계급 구분이 만사를 규정하지 못한다는 확신은 제도적 상상력의 확대와 결합하여 대안에 대한 생각을 근본적으로 확장시킨다. 그 돌파구의 하나는, 협력적 실험주의의 가장 선진적인 형식에 필요한 다음의 네 가지 주요 조건을 발전시키는 것이다. 그 결과, 사회적·경제적 생활에서 실천적 진보의 두 가지 요건, 즉 협력과 혁신 간의 간섭을 억제하게 된다.

첫 번째 조건은, 개인의 역량을 향상시키는 경제적이고 교육적인 재능의 개발이다. 이 재능은 제도로써 형성된다. 제도는 단기적인 정치 의제로부터 어떤 것을 (기본권으로 규정되는 것과 같이) 제외하지만, 사회적이고 경제적인 공간을 최소한으로만 경직시킨다. **두 번째 조건**은, 자원과 여건의 엄격한 평등을 기각하고, 이미 구축된 극단적인 기회 불평등을 전복하는 것이다. **세 번째 조건**은, 모든 사회와 문화에 실험주의적 충동을 전파하는 것이다. 이러한 충동은 학교를 통해 배양된다. **네 번째 조건**은, 변혁의 위기 의존성을 줄이면서 변화를 사회생활에 내재적인 것으로 만드는 담론과 실천의 선호이다.

이 각각의 조건은 제도, 실천, 방법을 실험할 기회를 제공한다. 그 어느 조건도 자명하고, 확고한 제도적 표현물은 없다. 이 조건들이 다 같이 직접적으로든 간접적으로는 실험주의적 실천을 강화한다. 결합 형식을 규정하는 특정한 완결된 대본의 지배력을 완화시켜 실험주의적 실천을 직접적으로 강화해야 한다. 간접적으로는, 처음 보는 사람들이 서로를 대할 때 시장경제의 관행적인 형식이 요구하는 낮은 수준의 신뢰를 넘어 풍요로운 협력적 실천이 요구하는 높은 수준의 신뢰로 이동할 가능성을 높여서 실험주의적 실천을 강화해야 한다.

계급 구분이 인간성의 기초를 본격적으로 다루지 못한다는 관념과, 사회적 이상의 확정적인 제도적 형태는 사실상 존재하지 않는다는 발견의 결합은 정치사상의 끝없는 후렴에 종지부를 찍는다. 강제적인 질서와 성애적 헌신이라는 두 가지 불가능한 뜨거운 극단 사이에서 더 차가운 현실적인 중간 지점으로서 법과 계약은 간단히 사회생활의 재창조를 촉진할 수 있는 불특정한 열린 공간이 된다.

유사한 변화가 비슷한 이유로 도덕이론의 세계사에도 발생했다. 그러나 어느 누구도 대학교수들이 쓴 철학사에서 도덕 사상의 발전에서 핵심이 무엇인지를 추측해 낼 수 없었다. 교수들의 설명을 읽으면서 고차적인 학설 비교가 핵심이 아닐까 추정할지도 모르겠다. 예컨대, 도덕 판단의 압도적인 관심 사항은 그것이 쾌락의 추구인지, 행복의 탐색인지, 덕의 성취인지 아니면 보편적 규칙에 대한 복종인지의 여부를 추정하는 것이다. 그러나 이렇게 추정된 차이를 면밀하게 검토하는 순간, 그 차이는 무너져 내리기 시작한다.

이제 도덕철학사에서 무엇이 관건인지에 대한 이러한 견해가 안고 있는 더욱 근본적인 약점을 생각하게 된다. 우리는 인생에서 해야 할 바에 대한 어떠한 전망일지라도 그것을 외견상 양립할 수 없는 온갖 윤리적 언어로 번역할 수 있다. 그 메시지는 각각의 번역에서 똑같지 않을 것이다. 그러나 그 메시지는 판이하게 다르지도 않을 것이다.

세계 도덕 사상사에서 다른 모든 물음을 압도하는 두 가지 중복되는 물음은 '내 인생에서 나는 무엇을 해야 하는가'와 '나는 어떻게 살아야 하는가'이다. 사회와 문화 규범들이 인생의 선택을 미리 결정한 경우에는 두 번째 물음이 첫 번째 물음 속으로 흡수되었다.

이러한 물음에 대한 답변의 방향은 크게 두 가지였다. 문제에서 벗어나기 아니면 문제로 뛰어들기, 즉 부동심serenity 아니면 감응성vulnerability이다. 도덕철학사에서 첫 번째 방향의 이유들이 최근까지 압도적으로 보였다. 종교적 스승들이 2천 년에 걸쳐 두 번째 방향을 촉구했지만, 그들의 예언은 최근 수백 년을 거치며 현재의 놀라운 권위를 획득했다. 세계사에 일어난 가장 위대한 도덕적 혁명의 위력이다.

인간 실존의 불변하는 조건들과 무의미의 가운데서 해체를 향한 돌진에 직면하여 최초의 자세는 '평정심을 잃지 말자'이다. 부동심을 가져다주는 주문을 우리에게 걸어 보자. 허깨비 같은 외양과 비본질적인 성취로 이루어진 세계에서 덧없는 분투에서 벗어나 보자.

변화와 차이의 부수 현상론과 이에 연결된 실재의 통일성 관념(영원한 철학)은 부동심의 윤리학에 가장 설득력 있는 형이상학적 배경을 제공하는 것으로 보일지 모른다. 그러나 변화와 구분의 실재성을 부정하는 입장뿐만 아니라 존재와 현상의 관계에 대해 되풀이되는 모든 주요한 입장들도 평정심의 윤리학에 기여했다. 헬레니즘 시대처럼 형이상학적 입장과 윤리적 대안 사이의 관계가 매우 투명했던 시대를 고려해 보면 많은 것을 볼 수 있다. 헬레니즘 시대 이전에 이미 아리스토텔레스는 인간을 신적인 것에 가장 근접시키는 체험으로서 사변적 소극성에 대한 변론과 현상들의 세계를 옹호하는 투쟁을 결합시켰다.

우리의 헛되고 끊임없는 욕망에 종지부를 찍는 것에 대한 압도적인 관심을 확인하기 위해, 우리는 다른 사람과 관계를 맺지 않으면 안 된다. 그 구체적인 방법은, 사회가 정한 관계의 본성에 따라 타자에 대한 자기 의무를 인정하면서 상호 책임의 실천 관행을 확립시키는 것이다. 이 경우, 거리를 두는 자선慈善의 자세는 바랄 수 있는 최대치다. 이러한 자세는 사랑으로 주입될지도 모른다. 그러나 이 사랑은 타자의 철저한 인정과 상상으로서의 사랑이 아니며, 그러한 인정과 상상에 대한 요구로서 거절과 오해, 비탄의 온갖 위험을 내포하는 사랑도 아니다. 가능하다면 이 사랑은 저 멀리서 저 높은 곳에서 내려오는 친절로서의 사랑이 될 것이다.

인류의 도덕사에 무형의 독특한 사건, 즉 인간의 삶과 그 가능성들에 대한 다른 전망이 등장하면 이 모든 것이 변하게 된다. 타자의 필요성과 서로에게 가하는 위험에 대한 우려를 조화시키려는 노력은 정신과 구조 간의 관계에 대한 새로운 통찰로 변화된다. 우리는 우리 자신을 구조를 초월하는 존재로 인정하고, 서로에게 적정한 거리를 유지하는 것 이상을 요구할 것이다. 우리의 관계는 무제약적인 것에 대한 무제약적인 요구로 오염되거나 숭고해진다.

이렇게 하는 목표가 단지 평정심일 리 없다. 우리의 목표는 우리 자신과 타인을 위해서 원대한 삶을 사는 것이다. 이를 위해 우리 자신을 더 훌륭하게 바꾸고자 한다면 세계를, 우리가 속한 직접적인 세계의 부분을 변화시키지 않으면 안 된다. 문제를 찾아 나서야 한다. 큰일에서 과감하게 행동하려면 작은 일부터 신중하게 행동해야 한다. 이러한 희생과 모험에서 금보다 납을 선택하면서 얻는 선은 매우 값진 것이다. 그 선은 생 자체, 즉 생을 지속하는 능력, 갑자기 사망할 때까지 수많은 작은 죽음들을 회피하는 능력이다. 그 선은 유한한 것 안에 갇혀 있는 무한한 자로서 생을 더욱 온전하게 영위하는 것이다. 그 선은 우리 실존의 불변적인 여건을 부정하지 않으면서 신성화의 과업을 시작하는 것이다.

인간성에 대한 도덕적 사고가 이러한 방향으로 움직이고, 죽음도 없고 삶도 없는 부동심의 이상을 포기하고 나면 의무의 보편화, 즉 칸트의 정언명령定言命令 | 칸트 철학에서 행위의 결과와 상관없이 행위 그 자체가 선이기 때문에 무조건 수행해야 하는 도덕적 명령 혹은 당위. | 의 계기가 등장한다. 그러나 이 보편화의 계기는 마치 육화된 정신이 규정집을 읽고 속옷을 걸친 것처럼 도덕법이라는 불완전한 방패 속에서 우울증 환자 특유의 타자에 대한 두려움과 신체와 욕망에 대한 금욕주의자의 두려움을 가진 채로 타자에게 다가가는 것이다.

인격적 감응성의 인정, 주체 변혁을 위한 세계 변혁(그렇게 변화된 부분이 아무리 사소할지라도) 투쟁과 세계 변혁을 위한 주체 변혁의 분투는 삶을 조직하는 이상이 된다. 이 사고방식에는 두 가지 뿌리가 있는데, 시간이 가면서 이 뿌리들이 서로 얽히게 된다. 하나의 뿌리는 예언자적 영감과 종교적 혁명으로 부침을 거듭하는 도덕 사상사에 있다. 다른 뿌리는 민주주의의 진보에, 인간이 서로 기대하고 요구하는 바에 사회 분업과 위계질서의 강고한 기존 구도가 행사하는 지배력을 일관되게 완화시키는 것에 있다.

정치적·도덕적 사상에서 세계사적 재정립으로 전달되는 메시지 같은, 인간에 대한 보편적 가치의 메시지를 포함하는 돌파구는 특정한 문명이나 특정한 시대의 특권적 전유물이 될 수 없다. 실제로 인간이 사회나 문화의 완전한 포로가 될 수 없다면, 그러한 메시지는 심지어 메시지 내용에 이질적이고 적대적으로 비치는 시대와 상황의 역류 속에서도 등장할 것이다. 메시지가 전파되면서 일어난 다툼을 거치고 나서 오랜 시간이 흐른 후, 학자들은 이렇게 말할 것이다. "선진先秦 시대의 제자백가 사상가들도 이미 유사한 관심을 가졌고, 유사한 제안들을 내놓았다." 하지만 방향의 전환으로 드러난 진리가 심오하고 강력하다면, 사람들은 인제 어디서나 (흔히 매우 희미하지만 때로는 매우 명료하게) 그 진리를 인정하지 않을 수 없을 것이다.

그러나 시간과 변화와 차이가 실재적인 것이고, 역사가 보이는 바와 같이 위험하고 결정적인 것이라면, 이러한 보편적 메시지의 발견과 확산은 역사적 경험의 특수성 속에 휘말려들어 갈 수밖에 없을 것이다. 그 일은 위태로운 역류를 전도양양한 신조로 전환시킨 개종과 갈등의 체험으로 특수한 상황에서 특수한 행위주체들이 감당했다. 보편적 메시지를 결여한 특수성은 얼개에 불과하다. 우리는 단지 얼

개의 특수성(특수한 민족, 문화, 계급, 개인을 통한 줄거리의 전개)이 메시지의 보편성을 오염시키지 않도록 주의해야 한다. 놀라움, 사건, 역설적 반전으로 가득 찬 얼개는 육화된 정신이 특수자들의 세계가 지닌 무게(제국적 권력의 무게뿐만 아니라 이에 대한 저항의 무게를 포함하여)를 전부 감당해야만 한다고 우리에게 상기시킨다. 누가 정복자한테서 진리를 들을 것이며, 누가 인정을 거부하는 자에게서 지혜를 전수받을 것인가?

정치적·도덕적 사상의 방향에서 이런 변화를 통해 얻은 통찰과 내밀하게 관련된 하나의 사실은, 바로 우리의 전통과 문명은 영원하지 않다는 점이다. 전통과 문명이 현재의 우리를 형성하는 데에 기여한 것은 분명하지만, 그것은 궁극적으로 우리를 제약하기 때문에 우리가 이를 궁극적으로 초월한다면 우리는 결국 전통과 문명이 아니다. 오늘날 세계적인 경쟁에서 특징적인 민족문화들이 서로 뒤섞이면서 공동화되고 있는 현실에서, 문화들 간의 실제적인 차이의 쇠퇴는 차이를 향한 격앙된 의지를 더욱 불러일으킨다. 민족문화는 그것이 구체적인 생활 방식으로 생명력을 유지한 시대에 존재한 것이기 때문

에, 그 내용을 제거당하면 타협의 여지도 줄고 어중간한 타협의 대상
조차 될 수 없다. 구체적인 내용이 제거되면서 해로운 차이에 대한 집
착만이 남게 된다.

어쨌든 해법은 이러한 전통과 문명을 표본실의 화석처럼 보존하지
않는 것이다. 차이에 대한 집단적 의지의 허구를, 현실적인 차이(서
로 다른 제도적 질서로 실현된 다양한 삶의 형식들)를 낳는 집단적 능력을
강화시키는 제도와 관행으로 대체하는 것이다. 해법은 민주주의 세
계에서 인민이 맡는 역할을 인류 안에서 도덕적 분화의 형식으로, 즉
인간의 역량을 서로 다른 방향으로 전개하고 민주적 사회를 일련의
대안적 제도 속에 실현하는 형식으로 재해석하는 것이다. 해법은 '정
신의 법칙'에 복종하는 것이다. 이 법칙에 따르면, 우리는 우리가 혁
신하는 것만을 보유할 수 있으며 동시에 우리가 지금까지 포기해 온
것들만 혁신할 수 있다.

도덕적인 전향과 정치적인 전향의 결합은 철학의 세계사적 틀을
깨뜨린다. 이렇게 결합된 두 가지 전향은 형이상학을 과학의 발견들
로 가까스로 수정되는 일상에 내려놓는다. 이러한 전향은 우리 자신
에 대한 생각을 영원히 변화시킨다.

철학의 보편적 척도에 대한 탐구에서 어떤 결론을 획득할 수 있는 가? 우리는 결코 신이 될 수 없다는 것, 그리고 우리는 더욱 신과 같이 될 수 있다는 것, 바로 이 두 가지다.

주체의 각성

2012년 11월 25일 초판 1쇄 발행
2013년 5월 15일   2쇄 발행

지은이 ㅣ 로베르토 망가베이라 웅거
옮긴이 ㅣ 이재승
펴낸이 ㅣ 노경인

펴낸곳 ㅣ 도서출판 앨피
출판등록 ㅣ 2004년 11월 23일 제318-313000025100200400272호
주소 ㅣ 서울시 영등포구 양평동 2가 양평빌딩 406-1호
전화 ㅣ (02)336-2776 팩스 ㅣ 0505-115-0525
전자우편 ㅣ lpbook12@nanver.com

ⓒ 앨피

ISBN 978-89-92151-46-7 93300